U0138997

實用公司法

賴源河／著、王志誠／修訂

五南圖書出版公司 印行

LAW

四版序

　　我國公司法自 1931 年 7 月 1 日施行以來，共歷經 27 修訂。近期分別於 2015 年 7 月 1 日、2018 年 8 月 1 日及 2021 年 12 月 29 日進行三次修正。

　　首先，2015 年 7 月 1 日之修正要點，即為建構我國能成為適合全球投資之環境，促使我國商業環境更有利於新創產業，吸引更多國內外創業者在我國設立公司，並因應科技新創事業之需求，賦予企業較大自治空間與多元化籌資工具及更具彈性之股權安排，特引進英美等國之閉鎖性公司制度，增訂「閉鎖性股份有限公司」專節，近年來已有不少閉鎖性股份有限公司之設立及主管機關之解釋。

　　其次，2018 年 8 月 1 日之大幅修正，更促進我國公司法之進化，其重點包括：1.因應國際洗錢防制評鑑，新增董監事及股東等資料的申報義務，並廢除無記名股票，避免無記名股票成為洗錢工具。2.為建立友善新創環境，不僅明定公司經營業務得採行增進公共利益之行為，尚規定公司得發無面額股、新增多種特別股類型如黃金股，及允許公司得每季或每半年分紅，提高投資意願。3.為增加企業經營彈性，除股份有限公司可只設一位董事或二位董事外，並刪除發起人持股 1 年之限制及擴大員工獎酬工具，例如開放庫藏股、認股權憑證、員工酬勞、新股承購權及限制權利新股之發放、轉讓或發給對象，可及於符合一定條件之控制或從屬公司員工；亦允許非公開發行公司可發行無實體股票、非公開發行公司股東會得以視訊開會，以因應無紙化及數位化潮流。4.為強化保障股東權益，不僅增列股東會不得以臨時動議提出之

事由、保障股東提案權及股東提名權，明定公司或董事會不得任意剔除股東提案或股東提名之董監事候選人，並明定繼續持有 3 個月以上之過半股份股東得自行召集股東臨時會，不須經主管機關許可。5.為強化公司治理，一則明定董事長不召開董事會，過半董事得自行召開，解決僵局；二則確保召集權人得取得股東名簿，明定公司或股代不得拒絕提供；三則明定董事之配偶、二親等內血親或有母子關係之公司，與公司交易時，董事也要揭露說明；四則降低少數股東提起訴訟之門檻，並明定裁判費超過六十萬元部分暫免徵收。6.推動與國際接軌，除廢除外國公司認許制度，符合國際潮流外，並新增公司外文名稱登記，以利企業進行跨國業務，提升國際識別度。

再者，2021 年 12 月 29 日之修正重點，主要鑑於公司如因天災、事變或其他不可抗力情事，中央主管機關得公告公司於一定期間內，得不經章程訂明，以視訊會議或其他經中央主管機關公告之方式開會，俾利公司彈性運作及保障股東參與股東會之權利。又因公開發行公司股東會以視訊會議之方式開會應符合之條件、作業程序及其他應遵行事項，證券主管機關另有規定者，從其規定。故公開發行公司召開視訊輔助股東會及視訊股東會，尚應遵守「公開發行股票公司股務處理準則」及「公開發行公司股東會議事手冊應行記載及遵行事項辦法」等規定。

本次修訂，除配合公司法、證券投資人及期貨交易人保護法、企業併購法等法規之修正加以更新外，並對若干條款進行解釋論之論述、精選增列具有參考價值之司法實務見解及行政解釋，謀求及時更新，以饗讀者。

本次改版，尚應感謝五南圖書出版公司同仁之鼎力協助編纂與校對，隆情厚意，筆者永銘於心。

賴源河、王志誠

序於 2023 年 8 月 15 日

自 序

一、為對有志於學習商事法之人士提供一便利之工具，前曾編著「實用商事法精義」一書，該書除盡可能納入相關判解，以求理論與實務兼顧外，並力求提綱挈領，條舉清晰，簡明易解，俾初學者能輕易學習，準備相關考試的人亦得迅速掌握商事法的內容。自出版以來，隨著商業之發達，商事法之漸受重視，該書亦廣受各界的愛用，而堪值欣慰。

二、惟該書因囿於篇幅之限制及事實上之需要，對於海商法及保險法僅論述若干重要的概念，而偏重於公司法及票據法，且有如書名所稱，既名為「精義」，當然無從就重要問題深入探討，因此該書對於有意深入研究之人士或法學院相關系所的學生而言，雖容易把握重點，卻似乎過於膚淺，而無法滿足需求。為求能滿足讀者進一步的需求，筆者乃於百忙之中抽空完成本書之編著，以遂多年之心願。

三、本書的內容係以「實用商事法精義」一書中有關公司法之部分為基本架構，再就一些重要課題大量參考相關通說及實務判解，深入予以探討，故理論與實務兼備，且保有體系分明，提綱挈領，而簡繁兩用之優點。

四、筆者雖已審慎力求完美，但匆忙之中難免有疏漏謬誤之處，尚祈
　　各界賢達，不吝指正。

五、本書之得以順利出版，要感謝銘傳大學法律學院姜伯鋆同學及五
　　南圖書出版公司之鼎力協助與校對。

賴源河

序於 2014 年 7 月 20 日

目次

第一章
緒　論

第一節　公司法之目的與地位

一、公司法之目的

　　公司法之基本問題在於公司為何人而治理？主張股東優位論（shareholder primacy）者認為，公司經營者僅可為股東謀取最大利益，不得擅自使用公司資源，謀求股東以外利害關係人，包括員工、消費者，乃至於社會整體之利益。相對地，主張公司社會責任論（corporate social responsibility）或利害關係人論（stakeholder theory）者認為，公司經營者不能只為股東之利益而經營，董事不論係由股東選任或有員工等利害關係團體之代表，在公司內部決策之過程，皆應考量股東與其他利害關係人及整體社會之利益[1]。

　　質言之，股東優位論主要焦點於公司股東與經營者之內部關係，公司法之目的在設計一種監督與制衡機制，合理規範股東與經營者間之權利與責任。經營者應謀求股東之最大利益，不應追求股東利益以外之目的，否則即可能違反其受股東委託經營事業之意旨。至於其他利害關係人利益之實現，則應以立法或另訂契約方式給予保障。反之，公司社會責任論或利害關係人論強調公司係利用社會資源始能夠發展組織及追求利潤，社會必須提供企業良好的經營環境，因此公司與社會是相互依存之關係。經營者應在股東最大利益與利害關係人利益間，謀求二者之均衡[2]。

---

[1] 賴英照，股市遊戲規則——最新證券交易法解析，自版，第 3 版第 2 刷，2017 年 9 月，頁 139。

[2] 賴英照，從尤努斯到巴菲特——公司社會責任的基本問題，臺灣本土法學雜誌，第 93 期，2007 年 4 月，頁 160。

　　隨著世界經濟之蓬勃發展，公司已成為各國經濟活動之核心組織，掌握絕大多數之社會資源與財富，甚至富可敵國，影響日益深遠。原則上，由於公司在本質上是由股東所組成之私益性社團組織，是以營利為目的，因此就公司法之立法政策而言，本不宜過度介入公司之經營事項，而應容許公司有較多之自治空間，自行決定公司經營之事項。然而鑑於公司所營事業或活動範圍之擴張，其影響層面不斷擴大，故公司正常營運與否，除與股東利益息息相關外，亦涉及員工、債權人、上下游廠商、消費者、社區居民等利害團體之利益[3]，從而從公共利益之角度，似亦必須予以一定程度之規範。

　　職是之故，公司法之目的，似應定位在如何公平調整各種利害團體之利益，以建立公司之組織體，並確保公司得以適正營運，為其中心之課題[4]。換言之，如何調和公司之私益性與公益性之衝突，緩和兩者間二律背反之緊張關係，以及尋求公司法強行規範與公司自治間之平衡[5]，乃公司法根本之目的所在。有鑑於此，為使公司得以享有較廣之自治空間，使公司得以追求經營效率，在立法政策上，自應鬆綁公司法之強行性規定，期使公司法更具彈性，避免因法律規範之僵化，而阻礙公司之發展[6]。惟如一味追求公司自治，放任公司經營者擅斷妄為，則恐滋生弊端，而損及公司股東、債權人、員工等利害團體之權益，甚至於造成嚴重社會問題。因此，似應相對採取強化公司監控之有效措施，以免破壞公司法之核心價值。

---

[3] 王志誠教授曾提出「社會結合體理論」，來解釋現代大規模公司所具有之特質。亦即，大規模公司與社會上諸多利害團體關係密切，因此應認為其乃股東、員工、債權人、投資人、存款人、上下游廠商、消費者或社區居民等所共同形成之社會結合體組織。參閱王志誠，論公司員工參與經營之制度——以股份有限公司經營機關之改造為中心，政治大學法律學研究所博士論文，1998 年 10 月，頁 227-228。

[4] 落合誠一，會社法の目的，法學教室，第 194 號，1996 年 11 月，頁 6-7。

[5] 應注意者，另有見解認為，公司法不論是有關公司內部關係之規定或公司外部關係之規定，皆應解為屬於強行法之性質。參閱黑沼悅郎，會社法の強行法規性，法學教室，第 194 號，1996 年 11 月，頁 10。

[6] 早川勝，会社法の規制緩和と会社內部の透明化：1996 年ドイツ「株式法改正」參事官草案を中心として，同志社法學，第 48 卷第 6 號，1997 年 3 月，頁 224-225。

二、公司法之地位

　　公司法主要規範公司之組織及其行為關係，具有適用上之一般性，可說是居於企業基本法之地位，不僅旨在確認公司之法律地位，亦在保障公司之合法經營及正當權益。惟由於公司之活動日益複雜且影響層面日趨深遠，我國在立法政策上，針對公司之組織及行為關係方面，乃基於保障投資人、存款人、要保人、委託人、消費者、勞工權益及維護競爭秩序之理念，遂另有證券交易法、期貨交易法、銀行法、保險法、信託業法、證券投資信託及顧問法、證券投資人及期貨交易人保護法、金融消費者保護法、企業併購法、消費者保護法、勞動基準法或公平交易法等法律之制定，對於公司組織與行為之自由，設有特別之規範或限制。

　　由此可知，公司法既有之制度體系，已隨著近代諸多特別法之制定，而逐漸受到侵蝕，實質上不僅呈現支離破碎之面貌，且其規範效力之射程範圍，亦受到某程度之扭曲或變更。其結果，公司法原所具有企業基本法之地位，自然亦隨而動搖。因此，如何體察現代型企業生活之真實面相，以構建公司法之理論基礎，進而適時檢討傳統公司法之制度設計，甚至做全盤性之體系修正，誠為公司法得以持續發展之不二法門。

第二節　公司法之制定

　　臺灣目前所實施之公司法，是沿用 1929 年國民政府所制定之《公司法》而來，但由於 1929 年之公司法，仍受滿清政府時期所頒行《公司律》及民國初年所公布《公司條例》之影響，因此如欲全面了解我國公司法之發展史，誠不可置《公司律》及《公司條例》於不顧。

一、1904 年之公司律

　　滿清末年，鑑於西方國家公司制度之發達，亟思改革，爰於 1902 年始由法律館先後擬定商律草案，並於同年 9 月 7 日設立商部，正式著手公

司法之立法作業。1903 年商部迫於需要，遂擷取商律草案中之有關公司部分，纂為《商人通律》9 條及《公司律》131 條，於 1903 年 12 月 5 日頒布施行。觀諸《公司律》之基本內容[7]，共分十一節，分別為「第一節：公司分類及創辦呈報法」、「第二節：股份」、「第三節：股東權利各事宜」、「第四節：董事」、「第五節：查賬人」、「第六節：董事會議」、「第七節：眾股東會議」、「第八節：賬目」、「第九節：更改公司章程」、「第十節：停閉」及「第十一節：罰例」。此外，商部嗣後並奏定《公司註冊試辦規則》共 18 條。

按《公司律》之內容，約有五分之三之條文仿自日本明治 32 年（1899年）之商法，五分之二仿自英國公司法。前者繼受德國 1870 年所修正之股份法[8]，表現大陸法系之立法特色，後者則為英美法系之典型代表。職是之故，《公司律》可說是英美法與大陸法之混合體[9]，具有高度之繼受法性質。問題在於，由於當時立法技術之限制，益以無法從事實證研究，事實上《公司律》並未將外國之公司法制加以內化，從而如與現行之公司法相比較，難免有內容簡單、結構混亂及法理未明等缺失。然而鑑於《公司律》不僅首度引進西方現代之公司制度，而將公司分為合資公司、合資有限公司、股份公司及股份有限公司等四種，同時在公司機關之制度設計上，更融入政治上三權分立之民主原則，就當時公司法之立法而言，誠有重大意義。

二、民國 3 年之公司條例

在《公司律》頒布後，滿清政府於 1907 年，依修訂法律大臣沈家本之奏請，特設修訂法律館，從事各種基本法規之調查及起草。其中對於《商人通例》及《公司律》，曾予以根本之修正，草定《商律草案》，惟尚未及施行，清室顛覆。民國肇建，百端待舉，民國元年 3 月 10 日，臨時大總

---

[7] 王保樹、崔勤之，中國公司法，中國工人出版社，1995 年 4 月，頁 5-6。

[8] 王志誠，論公司員工參與經營之制度——以股份有限公司經營機關之改造為中心，政治大學法律學研究所博士論文，1998 年 10 月，頁 172。

[9] 賴英照，公司法論文集，財團法人中華民國證券市場發展基金會，1988 年 5 月，頁 9。

統乃通令全國，凡前清法律，與國體不相牴觸者，一律可以援用，故《公司律》仍有其效力。惟因《公司律》不符實際，不如沈家本主編之《商律草案》，所在多有。因此當時之農商部，爰將《商律草案》之總則及公司兩編略加修正，制定《商人通例》73 條及《公司條例》251 條，於民國 3 年 1 月 13 日由當時之大總統袁世凱將該二種單行法，加以公布，並定於同年 9 月 1 日施行[10]。另外，同年復制定《商人通例施行細則》、《公司條例施行細則》、《公司註冊規則》及其施行細則、《商業註冊規則》及其施行細則等附屬法規，公司法制油然確立。其後，於民國 12 年，《公司條例》並曾一度修正，但為數僅有 3 條，且均是有關股份有限公司之規定[11]。

綜觀《公司條例》之內容，因沈家本主編之《商律草案》是以日本學者志田鉀太郎之草案為藍本，故深受當時日本商法之影響，其制度設計，表現濃厚之大陸法系色彩。另《公司條例》雖仍多掛漏而不備，但其將公司分為無限公司、兩合公司、股份兩合公司及股份有限公司等四種，似已逐漸確立現代公司之類型[12]。

三、民國 18 年之公司法

國民政府定都南京後，中央執行委員兼立法院院長胡漢民，於民國 18 年夏草擬公司法原則凡 32 項，提付第 190 次中央政治會議討論。旋經指定胡漢民、孔祥熙及李文範等為特別委員，予以審查，並於第 191 次中央政治會議提出審查報告，決定公司法立法原則 36 項。惟其後因公司法立法原則中第 29 項至第 32 項，乃關於保證有限公司之規範，於第 205 次中央政治會議時，由胡漢民提議加以變更，認保證有限公司不適於國情，暫予保留。立法院於接奉公司法立法原則後，即著手起草，並在民國 18 年 12 月 7 日通過《公司法》共 233 條，即於同年 12 月 30 日由國民政府公布，定於民國 20 年 7 月 1 日施行，而成為第一部經立法程序制定完

---

[10] 查《公司條例》因未經法律制定程序，故不稱為律，而以條例名之。
[11] 梅仲協，商事法要書（上冊），自版，1957 年，頁 5。
[12] 林咏榮，新版商事法新詮（上），五南圖書出版公司，1986 年 7 月，頁 115。

成之公司法，亦為臺灣現行公司法之根源所在。此外，立法院於民國 20 年 2 月 14 日復通過《公司法施行細則》計 33 條[13]，同年 6 月 30 日則又由當時之實業部制定《公司登記規則》。

　　觀諸民國 18 年公司法之立法精神，是本於「節制資本」之意義，注重小股東利益之保護，並限制大股東之權力[14]。至於公司之種類，則與民國 3 年《公司條例》所規定者相同，亦即仍將公司分為無限公司、兩合公司、股份兩合公司及股份有限公司等四種。

第三節　民商合一制度

　　中國原本只有合夥經營事業，公司制度來自外國。清末海禁大開，中外互市發跡，光緒年間仿歐陸、日商法體例制定大清商律，編纂有《商人通律》9 條及《公司律》131 條。民國成立，援用清代商律，而於民國 3 年修訂公司法規，定名《公司條例》，共 251 條，分公司為無限公司、兩合公司、股份有限公司及股份兩合公司四種。迨民國 16 年國民政府奠都南京後，為適用新興工商業之發展，開始民商法之編纂，民國 18 年依瑞士立法例採用民商合一主義，編訂民商統一法典。

　　我國在立法體例上，形式上雖將民法與公司法、票據法、海商法、保險法或有限合夥法等各種分別立法之特別商法，但因各種特別商法中並未如採取民商分立制之國家有特別訂定「商人」（商主體）與「商行為」等規範，故實質上仍採民商合一制之精神[15]。具體而言，民法「債」編第二章「各種之債」中，設有「經理人及代辦商」，其在民商合一制國家，屬於商法通則或商主體之問題；「交互計算」、「居間」、「行紀」、「倉庫」「運送」及「承攬運送」等節，則為商行為之範疇；「指示證券」及「無記名

---

[13] 梅仲協，商事法要書（上冊），自版，1957 年，頁 5-6。

[14] 賴英照，公司法論文集，財團法人中華民國證券市場發展基金會，1988 年 5 月，頁 17。

[15] 王志誠，誠信原則在公司法解釋之運用：以股東權行使之爭議為中心（上），月旦法學教室，第 154 期，2015 年 8 月，頁 51-52。另參閱臺灣新北地方法院 83 年度國字第 2 號民事判決：「國家賠償，除依國家賠償法規定外，適用民法規定，國家賠償法第五條定有明文。而本國法制採民商合一，保險法亦為民法體系一部分，自為國家賠償之適用法源之一。」

證券」，則與契約法無關，性質上屬於特別商法之領域[16]。因此，我國不僅未制定商法通則，且在民法「各種之債」中，亦設有商主體、商行為及特別商法之相關規定，應定位為採民商合一制之立法體例。申言之，奠都南京當時只不過將一般應歸屬於商法通則或商主體之「經理人及代辦商」與應歸納入商行為之「交互計算」、「居間」、「行紀」及「倉庫」、「運送」及「承攬運送」等，編列於民法典債編「各種之債」中，而再分別制定票據法（民國 18 年 10 月 30 日）、公司法（民國 18 年 12 月 6 日）、海商法（民國 18 年 12 月 30 日）、保險法（民國 18 年 12 月 30 日）、商業登記法（民國 26 年 6 月 28 日）等單行商事法規。其後，尚制定其他商事法律，例如：商業會計法、銀行法、證券交易法、金融控股公司法、票券金融管理法、企業併購法、有限合夥法等。質言之，我國雖在形式上採用民商分別立法，但在實質上仍採取民商合一制度之立法精神。

　　理論上，在民商合一制下，民法為商法之基本法，公司法、票據法、海商法、保險法、銀行法、證券交易法、金融控股公司法、票券金融管理法、企業併購法或有限合夥法等為特別法，依特別法優先適用於普通法之原則，商法設有規定者自應優先適用，商法未設規定者，則回歸適用民法之補充規定。反之，在民商分立制下，民法與商法不僅各有其法源基礎，且其解釋方法及運用技術亦有所不同。詳言之，民法與商法皆是私法之組成，二者均為普通法，具有平行地位，彼此間並無普通法與特別法之上下位階關係，其規範對象之區分，主要在於行為與主體之不同。

第四節　公司法之歷次修正

　　現代公司法乃經濟社會之產物，用以規範企業之組織及活動。因其必須因應當時經濟及社會環境之需要，自應順應時代之變化，而加以立即調整及修正，始能迅速解決企業生活之問題，並引導企業之正常發展。

　　基本上，從歷史演進之角度來探討公司法，不僅可完全了解其立法政

---

[16] 藍瀛芳，民法「各種之債」的特徵及其探討——兼談比較法學對「民商合一」法制研究的必要性，輔仁法學，第 9 期，1990 年 6 月，頁 162。

策及立法背景之原貌，同時亦能有助於公司法之正確適用及解釋，對立法論或解釋論之發展，皆具有極為正面之意義與功能。觀諸我國公司法之發展史，遠自滿清覆鼎前，受日本明治維新之影響，乃至民國 18 年前後所制定《公司律》、《公司條例》及《公司法》，可謂我國公司法著名之三次立法運動。其中，截至目前一直為我國所沿用者，則為民國 18 年國民政府所制定之公司法。由於公司法具有高度進步性之特質，因此隨著經濟社會之變遷，我國公司法業已歷經多次大小修正，其內容與民國 18 年甫制定之公司法，誠有所差異，逐漸蛻變成一套較適合於我國經濟社會之公司制度。

　　至於如要觀察公司法之歷史發展，不僅可從形式上或實質上之觀點來剖析[17]，亦可以縱斷面或橫斷面之方法去鑽研[18]，因此，原則上擬以制定法之縱向修正及發展為主，而就公司法之發展及課題，加以整理及分析。

一、民國 35 年 4 月 12 日之修正

　　國民政府於民國 32 年鑑於太平洋戰爭爆發，對日抗戰勝利在望，經濟重建工作亟待展開，即著手策劃復員建國之偉業，而公司法之修訂，亦認為當務之急。當時立法院乃於民國 35 年 3 月 23 日完成修正工作，同年 4 月 12 日公布施行，計十章共 361 條，其修正重點主要如下[19]：

(一)　增訂定義一章，規定各種公司之定義。

(二)　增訂有限公司一種，使公司種類變為無限公司、兩合公司、股份兩合公司、有限公司及股份有限公司等五種。同時有限公司採董事制

---

[17] 按公司法有所謂形式意義公司法與實質意義公司法之分。參閱梅仲協，商事法要書（上冊），自版，1957 年，頁 1-2。故公司法之形式上觀察，是指以公司法之成文法或制定法為研究範圍而言，至於公司法之實質上觀察，則指其研究範圍不以公司法之制定法或成文法為限，尚應包括一切規範公司組織或活動之法令、習慣及法理，乃至於與公司功能類似之企業組織及其法令規範。

[18] 所稱從公司法之縱斷面觀察，乃就公司法之立法過程及修正內容，來研究公司法之演進；至於所稱公司法之橫斷面觀察，毋寧係針對公司法之各個制度設計，研究其現況及發展方向。

[19] 姜聯成，新公司法精粹，自版，1966 年 7 月，頁 4-5；賴英照，公司法論文集，財團法人中華民國證券市場發展基金會，1988 年 5 月，頁 17-18；王保樹、崔勤之，中國公司法，中國工人出版社，1995 年，頁 7。

與執行業務股東制之雙軌制。

(三)　增列外國公司之規定，明定外國公司之認許條件、認許程序及認許後之權利義務，以吸引外人投資。

(四)　增訂公司之登記及認許一章，而將原來之《公司法施行細則》及《公司登記規則》納入公司法。

(五)　明定經理人之資格、選任及權責。

(六)　將股份有限公司之最低人數自 7 人減為 5 人，董事最低人數從 5 人減為 3 人，以利股份有限公司之籌設。

(七)　明定招股章程之應記載事項，以加強公司發行股份之公開，保障投資人。

(八)　刪除董事及監察人最低持股數之規定，同時規定董事及監察人於任期中轉讓全部股份者，當然解任。

(九)　明定董事會之組織，以及董事長、常務董事之名稱，以因應實際需要。

(十)　明定政府或法人為股份有限公司之股東時，應由自然人代表，人數不限 1 人。

(十一)　無記名股票發行之限額，由股份總數三分之一改為二分之一，以促進國民投資及便於流通。

(十二)　增列公司收買自己股份之例外，並規定應於收買後 3 個月內賣出。

(十三)　放寬募集公司債之限制，規定公司債之募集，僅須董事會之決議即可。

(十四)　放寬股東不得以其對公司之債權抵繳股款之限制，但如公司資本有虧損時，不在此限。

(十五)　放寬股東會決議之定足數規定。亦即原本規定股東會決議必須有股東過半數且代表股份總數過半數出席，以出席股東表決權過半數行之，修正為僅須代表股份總數過半數股東出席，出席股東表決權過半數同意即可。

二、民國 55 年 7 月 19 日之修正

　　1949 年後，因經濟情事之急劇變化，舊有之公司法已無法配合，故於 1959 年成立「修訂公司法研究小組」，從事公司法之修訂。其所擬修正草案雖於 1961 年由行政院通過後即送請「立法院」審議，但卻延至 1966 年 7 月 5 日方獲立法院三讀通過，而於同年 7 月 19 日公布施行，歷時五年有餘，共分九章，多達 449 條。觀諸其修正內容，對公司法之章節結構多所修改，並大體援用至今，茲臚列其要點如下[20]：

（一）強化公司組織結構

　　舊公司法中有關股份有限公司之組織結構，乃以股東會為最高意思決定機關，董事為執行與代表機關，監察人為監督機關，但在實際運作上，仍未能適應當時工商業之需要，故本次修正乃同時參考英美及日本之立法例，強化個別股東權，確保少數股東權，同時縮小股東會之權限，強化董事會之組織及其權責，以因應「企業所有」與「企業經營」分離之走向。換言之，一方面加強董事會之職權，規定公司業務除法律或章程明文規定由股東會決定者外，均由董事會決定之。另一方面，因股東會之職權遭到削減，為平衡計，遂同時加強小股東之地位，其主要內容為：

1. 限制委託代理人出席股東會（公§177）。
2. 限制股東表決權之行使（公§179）。
3. 反對股東之股份收買請求權（公§186）。
4. 股東對董事會違法行為之制止請求權（公§194）。
5. 董事之選舉方法改為累積投票制（公§186）。
6. 少數股東可向法院提起解任違法董事之訴訟（公§200）。
7. 少數股東得對董事提起訴訟（公§214）。

---

[20] 賴源河，我國戰後公司法之變遷及其展望，收錄於戰後中日法學之變遷與展望研討會專刊，中國比較法學會，1987 年 11 月，頁 77-82；劉甲一，公司法要論，五南圖書出版公司，1980 年 10 月，頁 9-11。

（二）緩和嚴格之資本確定原則

　　參照日本之立法例[21]，改採折衷式授權資本制，規定公司設立或發行新股時，無需將章程上所登記之資本額一次認足，但至少應認足四分之一以上，其餘四分之三，則授權董事會於適當之時機，自行決定一次或分次發行，以免公司因資本增加之需要，而必須經常變更章程（公§129③、§130 I ②、§156 II、§266）。

（三）增設股份有限公司最低資本總額之限制

　　舊公司法中對股份有限公司之資本總額並未設有限制，故資本額低者亦可設立公司，而生濫設公司之結果，影響社會大眾對公司之信賴，因此本次修正公司法時，特於第 156 條第 3 項規定：「股份有限公司之最低資本總額，得由主管機關分別性質，斟酌情形，以命令定之。」

（四）增列股份有限公司得為重整之規定

　　1960 年 11 月，唐榮公司發生財務危機，我國當局基於唐榮公司乃重要之工業指標，員工眾多，影響層面廣泛，爰於 1960 年 11 月，依當時仍有效存在之「國家總動員法」第 16 條及第 18 條規定，頒布「重要生產事業救濟令」，作為援助唐榮公司之依據[22]。惟由於上開行政命令，畢竟是為特定公司而訂定，且牽涉人民實體債權債務關係，其合法性及正當性頗受懷疑，因此乃趁本次修正公司法之機會，參考日本及英美之立法例，引進公司重整制度，以配合時代之需求（公§282〜§314）。

（五）將經理人之規定改列於第一章《總則》

　　按舊公司法將經理人之規定列於股份有限公司章中，導致解釋上經理人之規定並不直接適用於其他種類之公司。惟事實上，經理人並非股份有限公司所特有，故本次修正乃改列在第一章《總則》中，以符法學方法上

---

[21] 惟亦有以為是採英美之授權資本制，以促進公司籌集資本之彈性與效率。參閱賴英照，公司法論文集，財團法人中華民國證券市場發展基金會，1988 年 5 月，頁 21。

[22] 賴源河，我國戰後公司法之變遷及其展望，收錄於戰後中日法學之變遷與展望研討會專刊，中國比較法學會，1987 年 11 月，頁 79。

之體系解釋原則。又為使經理人與公司間之法律關係更為明確，更另增訂公司經理人委任、解任及報酬之規定（公§29）。此外，亦明文規定經理人之消極資格，俾達成公司合理健全之經營。

（六）增訂公司資金運用之限制規定

首先，針對公司之借款加以限制，亦即規定公司為擴充生產設備，增加固定資產或轉投資於其他事業時，應按所需資金增加資本或發行新股，不得舉債，其以政府核准之長期債款，或約定之分期付款增加固定資產者，於每期清償時，亦應辦理增資或發行新股。又如擴充生產設備，未達生產設備四分之一時，得以特別盈餘公積先行支付，而於達四分之一時，再行增資或發行新股。公司負責人如違反規定時，各科四千元以下之罰金，並賠償公司因此所受損害（公§14）。其次，尚增設股份有限公司得經主管機關之核准，而向外募集公司債之規定（公§248、§251）。再者，為健全公司之財務結構，公司法第 15 條第 2 項尚修正為：「公司之資產，不得借貸與其股東或其他個人。」

（七）明定公司股票及債券之轉讓應以背書方式為之

按本次修正公司法第 164 條規定：「記名股票由股票持有人以背書轉讓之。」又公司法第 260 條亦修正為：「記名式之公司債券，得由持有人以背書轉讓之。」其結果，不僅可使其轉讓之手續明確化，同時如有遺失，亦得循民事訴訟法所定公示催告程序補救之。

（八）增訂公司得不經解散清算之程序變更組織

本次公司法之修正，規定公司有變更組織之必要者，得在形式上為變更登記即可，而不必經解散清算之程序。

第一，如屬無限公司，則在下列情形下，可變更為兩合公司：1.經全體股東之同意，以一部股東改為有限責任，或另加入有限責任股東，變更其組織為兩合公司（公§76Ⅰ）。2.股東變動而不足本法所定最低人數時，得加入股東繼續經營（公§71Ⅰ④、Ⅲ），若所加入者為有限責任股東，即

變更為兩合公司。

第二，如有限公司增加資本，得經全體股東同意，由新股東參加，此時如股東人數超過 7 人以上者，得經全體股東之同意，變更為股份有限公司（公§106Ⅲ）。

第三，如屬兩合公司，亦得變更為無限公司。例如有限責任股東全部退股時，無限責任股東得以一致之同意，變更其組織為無限公司（公§126Ⅱ）；又無限責任股東與有限責任股東，如經全體之同意，得變更其組織為無限公司（公§126Ⅲ）。

第四，股份有限公司亦得變更為有限公司，即股份有限公司其記名股票之股東若有不滿 7 人者，本應解散，但若經全體股東之同意，得變更組織為有限公司（公§315Ⅲ）。

（九）增列特別清算之規定

為保護一般債權人或股東之權益，以補充或救濟普通清算程序不足，乃特別修正公司法第 325 條之規定，亦即為普通清算程序時，如發生顯著之障礙，法院得依債權人、清算人或股東之聲請或依職權，命令公司開始特別清算；公司負債超過資產有不實之嫌疑者，亦同，但其聲請以清算人為限。

（十）增訂員工入股制度

有鑑於當時我國各界對採行員工持股制度之呼聲日益高漲，本次公司法之修正，乃首度將「員工入股」之制度付諸明文。依公司法第 267 條第 1 項之規定：「公司發行新股時，除經政府核定之公營事業外，應保留不低於發行新股總額百分之十之股份，由公司員工承購，其餘向外公開發行或洽由特定人認購之 10 日前，應公告及通知原有股東，按照原有股份比例盡先分認，並聲明逾期不認購者，喪失其權利，原有股東持有股份按比例有不足分認一股者，得合併由共同認購或歸併一人認購。」惟應特別注意者，乃本次公司法之修正，尚未將「員工分紅」及「員工分紅入股」等

制度導入[23]。

（十一）對股東表決權之限制改為強制性規定

舊公司法原規定股東持有之股數超過法定數額時，公司得以章程限制其表決權，亦即限制與否，乃委諸公司章程自行決定。本次公司法之修正，為強化少數股東之保護，遂規定一股東如持有已發行股份總數百分之三以上者，應以章程限制其表決權（公§179）。

（十二）其他修正

本次公司法之修正幅度極大，除上開修正重點外，其他諸如增訂公司發行新股時，如公司股東及員工或協議認購之特定人超過 50 人者，股票應公開發行（公§268）。此外，亦將股份有限公司股東最低人數從 5 人增加至 7 人，以使股份有限公司增加其公開化之程度（公§2）。另外，增訂董事或監察人於任期中，如轉讓其持有股份達二分之一以上時，應予解任。又為確保股票之真實性，並規定縱非上市股票，亦應經簽證。

三、民國 57 年 3 月 25 日之修正

公司法在 1968 年並曾就第 108 條及第 218 條加以修正。觀諸其修正內容，僅屬於技術性及文字性修正，未涉及實質性內容，茲不復贅。

四、民國 58 年 9 月 11 日之修正

公司法於民國 58 年之修正，主要是針對公司資金之運用及限制。其修正要點如下：

(一)　放寬公司轉投資之限制，將其限額從民國 55 年舊「公司法」所規定之四分之一，放寬為三分之一（公§13）。

(二)　緩和公司資金運用之限制，亦即公司若因擴充生產設備，而增加固定資產時，僅規定其不得以短期債款支應（公§14），且如以長期債

---

[23] 王志誠，論我員工持股制度之現況與前瞻，集保月刊，第 62 期，1999 年 2 月，頁 19。

款支應者，並免其辦理增資或發行新股之手續。換言之，不必履行如 1966 年舊公司法所規定之程序。同時規定公司如以公積金撥充資本者，不得視為「公司法」第 14 條第 1 項之增資（公§241）。

(三) 為充實及維持公司之資本，特別規定法定盈餘公積及資本公積，原則上除填補公司之虧損外不得使用（公§239）。

五、民國 59 年 9 月 4 日之修正

公司法民國 59 年之修正，其更動條文多達 56 條，規模頗大，惟觀諸其修正內容，大多是為克服公司法在施行上所遭遇之實際困難，故偏重於技術性之修改。茲將其修正內容歸納如下[24]：

(一) 限制得申請重整公司之資格，為公開發行股票或公司債之公司，因財務困難，有暫時停止營業之虞者。蓋民國 55 年舊公司法於引進重整制度時，對得申請重整公司之條件並未限制，申請者眾而趨於浮濫，對社會之經濟顯然弊多於利，故特予限制。此外，並明定重整所應遵守之程序及其補充規定，使重整制度更充實及可行。

(二) 對有限公司之人數，雖仍維持民國 55 年公司法之標準，亦即最低 2 人，最高不得超過 20 人，但本次公司法之修正，將因繼承、遺贈致使其人數超過 20 人之情形，明定不受限制。

(三) 刪除「公司法」第 268 條之規定。蓋規定公司原有股東及員工或協議認購之特定人超過 50 人者，股票必須公開發行，並無實質意義，且徒增實務上之困擾。

(四) 依原公司法之規定，無限公司、有限公司及兩合公司之股東轉讓其股權，均需得到其他股東之同意，故本次公司法之修正，特增列法院依強制執行程序，將股東之股權轉讓他人時，通知公司及其他股東於 20 日內指定受讓時，如逾期未指定或指定之受讓人不依同一

---

[24] 賴源河，我國戰後公司法之變遷及其展望，收錄於戰後中日法學之變遷與展望研討會專刊，中國比較法學會，1987 年 11 月，頁 82-83；賴英照，公司法論文集，財團法人中華民國證券市場發展基金會，1988 年 5 月，頁 24-25。

條件受讓時，則擬制其同意受讓，並同意修改章程，以解決股東故意阻撓強制執行進行之困擾。

(五)　鑑於公司法已採行授權資本制，故本次公司法之修正，為顧及公司籌措資金之時效性，特規定股款應一次繳足。

六、民國 69 年年 5 月 9 日之修正

按本次公司法之修正，共修改 122 條，增訂 6 條，刪除 28 條，誠亦可謂是一次全盤性修正。其修正要點如下[25]：

（一）刪除股份兩合公司之規定

股份兩合公司之經濟效用，其主要之著眼點，一方面在於利用股份無限責任股東執行公司業務，以增進公司之信用；另一方面，則可利用股份有限責任股東，以吸收小額游資。然而在實務運作上，股份無限責任股東為數相當少，並無足以增加公司之信用，而股份有限責任股東，又常處於附庸之地位，故罕見該種公司之設立[26]。有鑑於此，乃藉由本次修正公司法之機會，刪除股份兩合公司之規定，以簡化公司之種類。

（二）放寬公司轉投資之限制

1969 年修正公司法以放寬轉投資之限制，其目的在於鼓勵投資，帶動生產，使資金得到有效之應用。但又為避免公司以大部分之資金投資於他公司，致廢弛自己之本業經營，增加信用危機，乃至於作為控制他公司之途徑，亦不得不加以適當之限制[27]。本次公司法之修正，則仍僅對轉投資之限額略作放寬，亦即將轉投資之最高限額，由原來實收資本額之三分之一提高為百分之四十。同時為避免爭議，明定公司轉投資達到最高限額後，因被投資公司以盈餘或公積增資時所獲之配股，不受轉投資最高限額之限制（公§13）。此外，亦廢除以往國營事業經法定程序核定者，得轉投

---

[25] 呂榮海、陳昭華、王碧雲、顧立雄、王慧芬，公司法修正理由詳論，1980 年 7 月，頁 15-27。

[26] 劉甲一，公司法要論，五南圖書出版公司，1980 年 10 月，頁 399。

[27] 賴源河，我國戰後公司法之變遷及其展望，收錄於戰後中日法學之變遷與展望研討會專刊，中國比較法學會，1987 年 11 月，頁 83。

資至實收股本二分之一之規定，使國營事業與一般民營公司歸於一致[28]。

（三）健全公司財務

在本次修正公司法時，鑑於當時大多數公司之財務處理並不健全，故本於加強公司管理，促進商業會計上軌道之理念，特規定資本額在一定數額以上之公司，其每年財務報表，包括營業報告書、資產負債表、財產目錄、損益表及盈餘分配表或虧損撥補表，應於股東同意或股東會承認後，30 日內報請主管機關查核，以求財務報表之完整。另外，亦規定資本額在一定數額以上者，其資產負債表及損益表，於送交主管機關查核前，應先經會計師簽證，以期正確。至於其數額之多寡，則由主管機關另定之，且如有違反，處一千元以下罰鍰（公§20）。

（四）有限公司之改革

基於「公司大眾化」之基本理念，以及有限公司改採「董事單軌制」之考量，乃將有限公司之最低人數，從 2 人提高為 5 人，而最高人數則自20 人提高為 21 人，以利於在表決時形成決議（公§2）[29]。此外，有限公司經營機關之設計，改採所謂「董事單軌制」，以取代以往「董事或執行業務股東之雙軌制」。亦即過去有限公司得以章程訂明採取「執行業務股東制」，準用有關無限公司之規定，或者亦可訂明採行「董事及監察人制」，而準用有關股份有限公司之規定。除此之外，為配合有限公司改採「董事單軌制」，更對公司法第 101 條、第 102 條、第 105 條、第 109 條、第 110條、第 111 條及第 113 條等規定加以修正。

（五）促進企業公開

為促進企業公開，本次公司法之修正，乃在第 156 條第 4 項增訂：「公司資本額達一定數額以上者，其股票須公開發行，該項數額由主管機關以

---

[28] 蓋從現行之法律制度而言，公、民營事業原則上應一體適用相同之法律規範，除非有正當性理由，否則在法律上不宜為相異之處理。參閱王志誠，我公司經營機關改造之方向與評價，集保月刊，第57 期，1998 年 7 月，頁 13。

[29] 賴源河，我國戰後公司法之變遷及其展望，收錄於戰後中日法學之變遷與展望研討會專刊，中國比較法學會，1987 年 11 月，頁 84。

命令定之。」其立法意旨，主要在於股份有限公司之組織，原為最佳之集體投資方式，故為便利大眾投資，促進工商進步，似有促使一定規模之公司，公開發行其股票之必要。至於其數額，依經濟部之函令規定，則以公司實收資本額有無達新臺幣二億元為劃分標準[30]。

（六）規定股票發行期間

舊「公司法」第 161 條第 1 項原僅規定：「公司非經設立登記或發行新股變更登記後，不得發行股票。」亦即屬於一種消極性規定，而未積極規定何時發行。其結果，股份有限公司成立後，實務上迄未發行股票者為數甚多，因此股數無法確定，易滋糾紛。有鑑於此，本次公司法之修正，遂增訂公司法第 161 條之 1 規定：「公司應於設立登記或發行新股變更後，三個月內發行股票。公司負責人違反前項規定不發行股票者，除由主管機關責令限制發行外，各科三千元以下罰鍰，如仍不於期限內發行時，各科四千元以下罰鍰。」

（七）股份有限公司經營機關之改革

依舊公司法之規定，董事及監察人之選舉是採取分別選舉制度，而一般因監察人人數較少，故常需仰賴大股東之支持始能當選，進而導致董事與監察人利害關係密切之現象，易失監督之效果。故本次公司法之修正，為強化監察人之獨立性，乃修正公司法第 198 條之規定，改採合併選舉制度，期使監察人之產生，脫離董事之控制。

又董事是以集會方式執行業務，故舊公司法除規定董事至少 3 人外，並鑑於董事如人數眾多集會不易，爰規定股份有限公司得設置常務董事會。惟如董事僅 4、5 人，而亦設有 3、4 位常務董事，則失去設置常務董事之原意，故本次公司法之修正，乃增訂常務董事人數不得超過董事人數三分之一，加以限制，以改進常務董事制度。同時亦規定公司得設副董事長一人，以因應工商界之需要（公§208）。

另外，本次亦對董事會召集之相關規定，予以修正。其修正要點包括：

---

[30] 經濟部 70.2.14.商字第 05325 號函。

1.原則上由董事長召集。2.每屆第一次董事會之召集，應於改選後15日內召集之。3.第一次董事會之召集，出席董事未達選舉常務董事或董事長之最低出席人數時，原召集人應於15日內繼續召集，並適用「公司法」第206條之決議方法選舉之。4.所得選票代表選舉權最多之董事，未於規定之期限內召集董事會時，得由五分之一以上之董事報經地方主管機關許可，自行召集之（公§203）。

再者，由於在舊公司法之下，當時上市公司存有「先除息、後追認」之爭議，故本次修正乃於公司法第240條第4項規定：「公開發行股票之公司，其股息及紅利之分派，章程訂明定額或比率，並授權董事會決議辦理者，得以董事會三分之二以上董事之出席，及出席董事過半數之決議，依第1項及第2項規定，將應分派股息及紅利之全部或一部，以發行新股之方式為之，並報告股東會。」亦即，公司得以在章程中訂明之方式，授權董事會得以特別決議分派股利。

除此之外，本次公司法之修正，尚進一步強化監察人之權限及獨立性，其修正重點如下：1.增訂董事發現公司受有重大損害之虞時，應立即向監察人報告（公§218-1）。2.增列董事執行業務有違反法令章程之行為，或經營登記範圍以外之業務時，監察人應即通知董事停止其行為（公§218-2）。3.監察人除依舊公司法不得兼任公司之董事及經理人外，本次修正更增列不得兼任其他職員（公§222），期能以超然之立場行使職權，以杜流弊。

（八）倡導員工分紅制度及員工分紅入股制度

基本上，本次公司法之修正，亦嘗試將員工分紅制度及員工分紅入股制度加以法制化，而修訂公司法第235條、第240條及第267條等三個條文[31]。其中於公司法第235條增訂第2項規定：「章程應訂明員工分配紅利之成數。」期使員工得以分享公司之經營利潤。此外，公司法第267條第1項前段之規定更修正為：「公司發行新股時，除經政府核定之公營

---

[31] 王志誠，論我員工持股制度之現況與前瞻，集保月刊，第62期，1999年2月，頁20。

事業外,應保留發行新股總額百分之十至十五之股份,由公司員工承購。」亦即將員工新股認購數額之比率,調整為百分之十至十五。

應注意者,乃當時為徹底實施員工持股制度,除保留公司法第 240 條第 1 項規定外,尚在同條增訂第 2 項規定為:「前項以紅利轉作資本時,依章程員工應分配之紅利,得發行新股或以現金支付。」另外,由於公開發行公司以未分配盈餘轉增資,依當時證券交易法第 22 條之規定,尚須申請核准,因此公司法第 240 條第 3 項亦配合加以修正為:「依第 1 項發行新股,除公開發行公司,須申請主管機關核准外,於決議之股東會終結時,即生效力,董事會應即分別通知各股東,或記載於股東名簿之質權人;其發行無記名股票者,並應公告之。」

(九) 推動轉換公司債制度

由於舊公司法對於轉換公司債之規定並不具體,已發行公司債仍為還本付息之債權,一般投資大眾缺乏興趣,多半由金融機構吸收,甚少在市場上流動[32]。有鑑於此,本次公司法之修正,爰將有關條文配合為下列修改,以推動轉換公司債之新金融商品:

1. 為活絡債券市場,推動轉換公司債之發行,於第 248 條第 5 項後段增訂:「其審核標準,由主管機關以命令定之。」

2. 為加強轉換公司債之管理,將第 257 條第 1 項中段修正為:「……有擔保或轉換股份者,載明擔保或轉換字樣。」

3. 為配合推動轉換公司債之政策,增加公司籌資之管道,並於第 267 條第 4 項增訂:「本條之規定,對於因合併他公司或以轉換公司債轉換為股份而增資發行新股時,不適用之。」以期適用上得以明確。

4. 由於轉換公司債之債權人,對是否轉換為股份,享有選擇權,從而有無債權人願意轉換或轉換股數額多寡,公司皆無法事前正確預知,故於第 278 條第 3 項規定轉換公司債之發行,不適用該條對增資之限制規定。

---

[32] 賴源河,我國戰後公司法之變遷及其展望,收錄於戰後中日法學之變遷與展望研討會專刊,中國比較法學會,1987 年 11 月,頁 87。

（十）簡化登記手續

　　本次公司法修正之另一特點，乃就公司登記之諸多手續，予以簡化，其要點如下：

1. 依舊公司法之規定，公司如變更組織必須分別辦理解散登記與設立登記，徒增手續之繁雜，且對公司可能造成損害，故修正公司法第 24 條規定，使公司變更組織後，可逕行變更登記，以資簡化。

2. 修正公司法第 37 條規定，免除非公開發行公司經理人申報持股之義務，以符實際。

3. 修正公司法第 422 條規定，使公開發行公司於申請發行新股之登記時，免送股東名簿。

4. 修正公司法第 420 條規定，刪除公司營業概算書之送審，以免流於形式。

（十一）其他修正

　　本次公司法之修正幅度亦相當大，除上開修正重點外，其他諸如修訂公司法第 10 條、第 28 條之 1、第 172 條、第 181 條第 2 項、第 210 條第 2 項、第 241 條及第 317 條之 1 等規定，以配合實際上之需求[33]。

七、民國 72 年 12 月 7 日之修正

　　公司法於民國 69 年修正時，原擬將罰則提高，以嚇阻經濟犯罪，惟在立法院審議時，爭議頗多，乃決議由經濟部通盤研究。經濟部則於民國 72 年 4 月再提出「公司法部分條文修正草案」，經立法院於同年 11 月 22 日三讀通過，同年 12 月 7 日公布施行。茲將本次公司法之修正重點摘要如下：

（一）強化罰則規定

　　為防制經濟犯罪，本次公司法之修正，乃將罰金提高 5 倍，罰鍰提高

---

[33] 至於其修正之詳細內容，參閱賴源河，我國戰後公司法之變遷及其展望，收錄於戰後中日法學之變遷與展望研討會專刊，中國比較法學會，1987 年 11 月，頁 87-88。

3 倍，同時罰鍰並設有下限之規定[34]。此外，亦對股款繳納不實，虛設公司者，規定應處 5 年以下有期徒刑、拘役、科或併科二萬元以下之罰金。至於公司負責人對其業務上之文書或申請文件虛偽記載者，本次公司法之修正，則改由依刑法或特別刑法處罰[35]。

（二）刪除向主管機關申報財務報表之規定

依所得稅法第 76 條及證券交易法第 36 條等規定，公司即有應向主管機關定期申報財務報表之義務，為免重複且流於形式起見，特予刪除。惟為防弊，另明定上開財務報表應提請股東同意或股東會承認（公§20）。

（三）增訂特別決議之決議方法

為使大規模公司遇有特別決議時，股東會易於召集及決議，在不違反多數決議之原則下，乃增訂公開發行公司之特別決議方法（公§151、§159、§185、§186、§187、§209、§240、§241、§277、§316）。

舉例而言，由於依公司法第 240 條第 1 項規定，是否採行員工分紅入股乃應經股東會特別決議之事項，必須有代表已發行股份總數三分之二以上股東出席，就公開發行股票公司而言，在適用上不無困難，從而為緩和股東收購委託書之壓力，爰於公司法第 240 條增列第 2 項規定：「公開發行股票之公司，出席股東之股份不足前項定額者，得以有代表已發行股份總數過半數股東之出席，出席股東表決權三分之二以上同意行之。」但為尊重公司之章程自治及實情，並於公司法第 240 條增列第 3 項規定：「前二項出席股東股份總數及表決權數，章程有較高規定者，從其規定。」[36]

（四）回歸董事及監察人分別選舉制度

本次公司法之修正，刪除民國 69 年修改董事及監察人合併選舉之規定，又回歸民國 59 年董事及監察人分別選舉之規定（公§198、§327）。

---

[34] 事實上，僅將罰金及罰鍰提高，並未能達到防制經濟犯罪之效果，理論上似應將各種經濟犯罪加以類型化，衡量其倫理非難性之高低，再決定其刑度或罰則。

[35] 當時所謂之特別刑法，例如「非常時期農礦工商管理條例」、「懲治走私條例」等即屬之。惟應補充者，乃臺灣地區許多特別刑法於「解嚴」後，已陸續廢止。

[36] 王志誠，論我員工持股制度之現況與前瞻，集保月刊，第 62 期，1999 年 2 月，頁 21。

（五）加強少數股東權之行使

為使少數股東亦能監督董事之業務執行狀況，乃修正公司法第 200 條規定，將股東持股比例由百分之五降為百分之三，使少數股東較易提起解任董事之訴。此外，亦修正公司法第 214 條規定，將股東持股此例由百分之十降為百分之五，降低少數股東提起代位訴訟之門檻。

（六）公營事業或特定公司員工入股之特殊規定

鑑於公營事業或經目的事業主管機關專案核定之特定公司，因其設立通常具有特殊之政策目的，與一般公司有所不同，在辦理員工分紅入股或保留員工入股上確有窒礙難行之處，而不宜適用員工分紅入股之相關規定，因此在民國 72 年修正公司法時，爰分別於第 235 條及第 267 條增訂除外規定。其中於第 235 條第 2 項增列但書規定為：「章程應訂明員工分配紅利之成數。但經政府核定之公營事業及目的事業主管機關專案核定者，不在此限。」以排除特定事業適用員工分紅入股之規定。至於第 267 條第 1 項規定則修正為：「公司發行新股時，除經政府核定之公營事業及目的事業主管機關專案核定者外，應保留發行新股總額百分之十至十五之股份，由公司員工承購，其餘於向外公開發行或洽由特定人認購之 10 日前，應公告及通知原有股東，按照原有股份比例盡先分認，並聲明逾期不認購者，喪失其權利，原有股東持有股份按比例有不足分認一新股者，得合併共同認購或歸併一人認購。」[37]

八、民國 79 年 11 月 10 日之修正

由於經濟之不斷成長，工商企業發展迅速，為健全商業營運主體，促進商業現代化，建立經濟發展良好環境，經濟部遂認為公司管理應待加強改進，從而針對實務上之迫切需要，擬具「公司法部分條文修正草案」，計修正 17 條，增訂 1 條，於民國 78 年 10 月 13 日由「行政院」函請立法院審議，而於民國 79 年 10 月 24 日經立法院三讀通過。茲列舉其修正重

---

[37] 王志誠，論我員工持股制度之現況與前瞻，集保月刊，第 62 期，1999 年 2 月，頁 21。

點如下[38]：

（一）增列公司命令解散之事由

　　為建立公司登記與營利事業登記之勾稽，並防制公司未辦理營利事業登記即行營業，爰於公司法第 10 條增列公司於辦理設立登記、變更登記後，未於 6 個月內辦妥營利事業登記，為公司命令解散之事由。又公司有違反法令或章程之行為，足以影響正常經營者，原公司法未按情節輕重異其處理方式，欠缺彈性，爰修正由主管機關視違規輕重，得分別為限期改正、罰鍰、命令解散或逕行解散之處分，以落實管理（公§10）。

（二）增列不受轉投資限額限制之例外規定

　　公司轉投資之限制，原為健全公司資本結構，保障股東及債權人權益而設，惟本次公司法之修正，則為配合企業經營多角化與自由化，促進投資意願，乃增列如公司章程另有規定或不同種類之公司於取得股東同意或股東會決議者，其所有投資總額，亦不受不得超過實收股本百分之四十之限制（公§13）。

（三）修正公司資金貸放之規定

　　為維持公司資本之充實，以保護公司全體股東及債權人之利益，爰於公司法第 15 條第 2 項規定：「公司之資金，不得貸與股東或其他個人。」惟實際上，由於該條項不夠嚴謹，致公司股東可透過第三家無關之公司轉借，且當時實務上亦採公司之資金雖不得貸與股東，但仍得貸與非股東之法人，而使該條項失其實質規範意義，故修正為：「公司之資金，除因公司間業務交易行為有融通資金之必要者外，不得貸與股東或任何他人。」

（四）增訂應撤銷公司登記之事項

　　公司經營業務如有違反法令受勒令歇業之處分者，為建立「登記」與「管理」之勾稽，遂增訂公司如有上開情事者，應由處分機關通知主管機

---

[38] 參閱立法院秘書處編印，公司法部分條文修正案，法律案專輯，第 156 輯，1993 年，頁 1-5；梁宇賢，公司法論，三民書局，1993 年 8 月修訂再版，頁 39-42。

關撤銷其公司登記或部分登記事項（公§17-1）。

（五）放寬公司名稱使用之限制

　　公司法原規定同類業務之公司不得使用相同或類似名稱，然因公司家數遽增，公司名稱選用不易，為配合工商業多角化之經營，爰於公司法第18條第2項規定增訂：「二公司名稱中標明不同業務種類者，其公司名稱視為不相同或不類似。」且同條第3項規定更增訂：「公司名稱標明業務種類者，除法令另有規定外，其所登記經營業務範圍不以所標明之業務種類為限。」

　　另外，刪除公司不得使用外語譯音之規定，俾免徒增執行之困擾。又為實際需要，增列公司不得使用有妨害公共秩序或善良風俗之名稱，並授權主管機關訂定公司名稱及業務登記審核準則（公§18Ⅳ、Ⅴ）。

（六）增列公司應編造之財務報表

　　為加強公司管理，本次公司法之修正，增訂公司每屆營業年度終了，除依規定應編製之財務報表外，尚應編造股東權益變動表及財務狀況變動表，以明瞭股東權益項目變動及公司某一期間有關投資及理財活動情形，以利業務需要（公§20、§228、§230）。

（七）修正公營事業員工分紅入股及員工入股之規定

　　本次公司法之修正，為配合公營事業民營化之政策，並針對公營事業與民營事業在本質上之差異，乃就當時公司法第235條有關公營事業員工分紅入股及第267條有關保留員工入股等相關規定，加以適度修正。首先，為使公營事業亦有實施員工分紅入股之機會，不僅將第235條第2項規定修正為：「章程應訂明員工分配紅利之成數。但經目的事業主管機關專案核定者，不在此限。」同時並增列第3項規定：「公營事業除經該公營事業之主管機關專案核定，並於章程訂明員工分配紅利之成數外，不適用前項前段之規定。」其次，更將第267條第1項規定配合修正為：「公司發行新股時，除經目的事業主管機關專案核定者外，應保留原發行新股

總額百分之十至十五之股份，由公司員工承購。」同時亦於同條增訂第 2
項規定：「公營事業經該公營事業之主管機關專案核定者，得保留發行新
股由員工承購；其保留股份，不得超過發行新股總額百分之十。」以為因
應[39]。

（八）增訂員工所認購新股之轉讓限制

為落實員工入股政策，促進勞資合作，並於公司法第 267 條增訂第 6
項規定：「公司對員工依第一項、第二項承購之股份，得限制在一定期間
內不得轉讓，但其期間，最長不得超過三年。」亦即公司得對員工所認購
股份之轉讓，設有一定期間之限制。

（九）修正發行可轉換公司債之規定

本次公司法之修正，尚明定公司債可轉換股份之數額，應於章程載
明，以供未來債權人請求轉換時換發新股，並增訂公司章程載有公司債可
轉換股份之數額者，於計算公司法第 278 條第 1 項及第 2 項所規定之股份
總額時，不包括可轉換股份之數額（公§130、§248、§278）。

（十）修正公營事業募集公司債及發行新股應提出之表冊

由於證券交易法乃公司法之特別法，公營事業募集公司債及發行新股
時，其所應提出之財務報告，仍應適用證券交易法及依該法所發布之行政
命令，並須經會計師查核簽證。且審計機關對公營事業之審核，乃依審計
法而來，公司法規定與否，對審計權之行使並無影響，故刪除公營事業年
度表冊得以審計機關審定代替之規定，以資配合（公§248Ⅲ、§268Ⅲ）。

（十一）提高刑事罰則規定

為加強商業管理，將違反經營登記範圍以外業務、資金貸放限制及未
經登記而營業或為其他法律行為者，提高其罰則為各處 1 年以下有期徒
刑、拘役或科或併科五萬元以下罰金（公§15、§19）。

---

[39] 王志誠，論我員工持股制度之現況與前瞻，集保月刊，第 62 期，1999 年 2 月，頁 21-22。

（十二）增訂罰則規定

為強化公司之管理，本次公司法之修正，並增訂諸多行政處罰之規定，以期公司負責人能切實遵守主管機關所為之行政命令（公§10Ⅲ、§20Ⅴ、§21Ⅱ、§22Ⅱ）。

九、民國 86 年 6 月 25 日之修正

公司法自民國 18 年制定以來，在制度設計上一貫以單一公司個體為規範對象，直至公司法增訂關係企業章以前，對關係企業之運作始終未設有完整、直接之規範。惟隨著企業生活及環境之變化，臺灣企業經營規模已走向集團化或關係企業之形態，逐漸取代單一企業而成為企業經營形態之主流。按關係企業乃經濟發展之產物，公司如為業務或獲利之目的，轉投資於其他公司，不但可使業務發展穩定，亦可分散經營風險，原值加以鼓勵。但在實務上卻常見有控制公司利用旗下之從屬公司從事不利益之經營，導致該從屬公司及其少數股東、債權人遭受損害，而使控制公司或其他從屬公司獲利。抑有進者，則由控制公司操縱交易條件、調整損益，從事不合營業常規之交易，以達逃漏稅之目的，影響從屬公司之正常經營甚鉅，從而實有必要訂定關係企業之相關法令來規範[40]。

又在民國 79 年修訂公司法以放寬轉投資之限制時，由於關係企業更易形成，立法院亦附帶決議要求經濟部應盡速訂出規範關係企業的專章，或制定使一部關係企業法、促使經濟部更積極研擬規範關係企業之法令，而於民國 80 年將公司法關係企業章草案送請立法院審議，最後終於在民國 86 年 5 月 31 日經立法院三讀通過。觀諸本次公司法之修正，其內容重點如下[41]：

---

[40] 王志誠，論關係企業章之經營影響範疇與周邊財經立法，會計研究月刊，第 141 期，1997 年 8 月，頁 21。

[41] 立法院秘書處編印，公司法部分條文修正案，法律案專輯，第 212 輯（上），1997 年，頁 3-5、28；立法院秘書處編印，公司法部分條文修正案，法律案專輯，第 212 輯（下），1997 年，頁 557-593。

（一）界定關係企業之範圍

本次公司法之修正，將關係企業分為二種，一為有控制與從屬關係之公司，一為相互投資之公司（公§369-1）。蓋關係企業之形成，主要在於公司間存在指揮監督關係，而此種關係則藉由控制公司對從屬公司之控制來達成，從而有控制與從屬關係之公司，即為關係企業之第一種類型。舉凡公司持有他公司有表決權之股份或出資額超過他公司已發行有表決權之股份總數或資本總額半數者，或公司直接或間接控制他公司之人事、財務或業務經營者，其相互間即具有控制與從屬關係（公§369-2）。此外，公司與他公司間如有執行業務股東或董事半數以上彼此兼任，或股份總數或資本總額有半數以上為相同股東持有或出資者，亦推定為有控制與從屬關係（公§369-3）。

又公司與他公司相互投資各達對方有表決權之股份總數或資本總額三分之一以上者之相互投資公司（公§369-9 I），是為關係企業之第二種類型。另外，如相互投資公司各持有對方已發行有表決權之股份總數或資本總額超過半數者，或互可直接或間接控制對方之人事、財務或業務經營者，則互為控制公司與從屬公司（公§369-9 II）。

（二）從屬公司股東及債權人權益之保護

從屬公司既為控制公司所控制，則從屬公司股東及債權人之權益即易受控制公司之侵害。因此理論上應認為控制公司及其負責人應對從屬公司負善良管理人之注意義務及忠實義務。有鑑於此，為保障從屬公司股東及債權人之權益，以加強投資人之信心，爰規定控制公司使從屬公司為不合營業常規或其他不利益之經營者，如未於營業年度終了時為適當補償，致從屬公司受有損害，應負賠償責任（公§369-4 I）。至於控制公司負責人如使從屬公司為前項之經營者，亦應與控制公司就前項損害負連帶賠償責任（公§369-4 II）。再者，從屬公司之債權人或繼續一年以上持有從屬公司已發行有表決權股份總數或資本總額百分之一以上之股東，尚得以自己之名義行使前二項從屬公司之權利，向控制公司、其負責人或受有利益之

其他從屬公司請求賠償（公§369-4Ⅲ）。同時上開權利之行使，不因從屬公司就該請求賠償權利所為之和解或拋棄而受影響（公§369-4Ⅳ）。

除此之外，控制公司如使從屬公司為不合營業常規或其他不利益之經營，致他從屬公司受有利益，受有利益之該他從屬公司於其所受利益限度內，就控制公司所應負之賠償，亦應負連帶責任（公§369-5）。

（三）限制控制公司之權利行使

為警惕使從屬公司為不合營業常規或其他不利益經營之控制公司，更引進美國判例法上之「深石原則」，限制其抵銷權、別除權及優先權之行使[42]。亦即控制公司直接或間接使從屬公司為不合營業常規或其他不利益經營者，如控制公司對從屬公司有債權，在控制公司對從屬公司應負擔之損害賠償限度內，不得主張抵銷。又上開債權無論有無別除權或優先權，於從屬公司依破產法之規定為破產或和解，或依公司法之規定為重整或特別清算時，應次於從屬公司之其他債權受清償（公§369-7）。

（四）損害賠償請求權之短期時效

為免控制公司及其負責人或受有利益從屬公司之責任久懸未決，特規定請求權人自知悉控制公司有賠償責任及賠償義務人時起，請求權 2 年間不行使而消滅，且自控制公司賠償責任發生時起逾 5 年不行使者亦消滅（公§369-6）。

（五）公司投資狀況之公開

公司轉投資雖為公司法第 13 條所允許，但公司間相互投資每有虛增公司資本之弊端，而應藉由公司公開相互投資之事實，使利害關係人周知，以免為資本虛增之假象所蒙蔽。因此，本次公司法之修正，乃對投資情況符合一定條件之公司，設有下列初次通知義務、繼續通知義務及公告義務之規定，且如有違反時，並設有行政處罰之規定：

1. 公司持有他公司有表決權之股份或出資額，超過他公司已發行有表決

---

[42] 王志誠，論關係企業章之經營影響範疇與周邊財經立法，會計研究月刊，第 141 期，1997 年 8 月，頁 23。

權之股份總數或出資總額三分之一者，應於事實發生之日起 1 個月內以書面通知他公司。

2. 公司為初次通知後，如所持有表決權之股份或出資額有所變動時，尚應於事實發生之日起 5 日內，以書面再為通知。具體言之，例如有表決權之股份或出資額低於他公司已發行有表決權之股份總數或出資總額三分之一、有表決權之股份或出資額超過他公司已發行有表決權之股份總數或出資總額二分之一或有表決權之股份或出資額再低於他公司已發行有表決權之股份總額或出資總額二分之一等情形，即應繼續通知。

3. 又受通知之公司，則應於收到通知 5 日內，載明通知公司名稱及持有股份或出資額之額度公告周知（公§369-8）。

（六）相互投資公司表決權行使之限制

公司間相互投資除有虛增資本之弊端外，尚有董事及監察人用以長久維持其經營控制權或控制股東會之缺點，為避免相互投資之現象過度擴大，爰應就其表決權之行使予以必要之限制。故本次公司法之修正，乃明定相互投資公司知有相互投資之事實者，其得行使之表決權，至於以盈餘或公積增資配股所得之股份，仍得行使表決權。惟如公司依公司法第 369 條之 8 之規定通知他公司後，於未獲他公司相同之通知，且未知有相互投資之事實者，其股權之行使仍不受不得超過被投資公司已發行有表決權股份總數或資本總額三分之一之限制（公§369-10）。至於在計算所持有他公司之股份或出資額時，尚應將從屬公司所持有他公司之股份或出資額，以及第三人為該公司及其從屬公司之計算而持有之股份或出資額，一併計入（公§369-11）。

（七）股份或出資額之計算

按「公司法」第 369 條之 2 第 1 項、第 369 條之 3 第 2 款、第 369 條之 8、第 369 條之 9 第 1 項、第 369 條之 10 第 1 項等規定，其股份或出資額之計算與比例皆與其法律地位或權利義務息息相關。有鑑於此，為

防止公司以迂迴間接之方法持有股份或出資額,以規避相互投資之規範,並為正確掌握關係企業之形成,乃規定在計算本章公司所持有他公司之股份或出資額,應連同下列各款之股份或出資額一併計入:1.公司之從屬公司所持有他公司之股份或出資額。2.第三人為該公司而持有之股份或出資額。3.第三人為該公司之從屬公司而持有之股份或出資額(公§369-11)。

(八)關係報告書等書表之編製

為明瞭控制公司與從屬公司間之法律關係及往來情形,以確定控制公司對從屬公司之責任,在每營業年度終了,從屬公司應造具關係報告書,載明相互間之法律行為、資金往來及損益情形(公§369-12 I)。又公開發行股票之控制公司,則應於每營業年度終了,編製關係企業合併營業報告書及合併財務報表(公§369-12 II)。至於證券暨期貨管理委員會則應依公司法第 369 條之 12 第 3 項之授權規定,訂定關係報告書等書表之編製準則。

(九)變更罰金罰鍰之貨幣計算單位

此外,公司法自民國 18 年制定以來,有關罰金罰鍰之條文規定,皆是以銀元為貨幣計算單位,故為符事實,爰將有關條文改以新臺幣為單位,其中有關罰金條文合計 31 個條文,至於有關罰鍰條文共有 35 個條文,有關罰金、罰鍰均規定於同一條文者,則計有 5 個條文。

十、民國 89 年 11 月 15 日之修正

本次僅修正第 5 條及第 7 條條文:

(一) 配合行政程序法第 15 條及訴願法第 7 條至第 9 條之規定,增訂第 2 項規定,中央主管機關得將本法所規定之事項委任附屬機關、委託或委辦其他機關辦理(公§5)。

(二) 審酌公司登記主管機關為查核公司登記資本之確實性,爰將原條文修正為「公司申請設立、變更登記之資本額應先經會計師查核簽證;其辦法,由中央主管機關定之」(公§7),以符合行政程序法。

十一、民國 90 年 11 月 12 日之修正

（一）強行規定之鬆綁

按本次公司法之修正，基本是從下列幾個重點，適度鬆綁公司法之強行性規定，以增加公司經營之彈性或減輕公司營運之成本，並尊重市場原理。

首先，就公司之設立及經營而言，乃採取調降有限公司最低股東人數（公§2 I ②、§98 I）、承認「政府」或法人股東 1 人股份有限公司之設立（公§2 I ④、§128-1）、刪除公司執照之規定（公§6）及簡化公司名稱及營業項目之登載（公§18）、刪除公司舉債之限制（公§14）、刪除經營範圍之限制（公§15 I）、放寬公司資金借貸之限制（公§15）、放寬公開發行公司得折價發行股票之限制（公§140）、修正強制公開發行之規定（公§156Ⅳ）、放寬印製股票及公司債之規定（公§161-1、§162-1、§162-2、§257-1、§257-2）、增訂員工庫藏股之規定（公§167-1）、增訂員工認股權契約之規定（公§167-2）、明定董事會得以視訊會議方式開會（公§205Ⅱ）、簡化公開發行公司對畸零股股東之信息公開程序（公§183Ⅱ、§23Ⅱ）、增訂法院得就股東會召集程序或決議方法違規輕微者駁回撤銷會議之訴（公§189-1）、提高董事及監察人解任決議之定足數（公§199-1、§227）、增訂從屬員工分派股票紅利之規定（公§235Ⅳ）、明定公司以貨幣債權、技術或商譽作股之規定（公§156Ⅴ）、引進公司債之私募制度（公§248Ⅱ、Ⅲ）、引進新種調度資金方法之規定（公§248 I、§262Ⅱ、§268Ⅴ、§268-1）、刪除新股股東得請求召集股東會之規定（公§275）、引進公司分割制度（公§316、§317、§317-2、§319、§319-1）、導入簡化公司合併程序（公§316、§316-2）、改善公司重整制度（公§282、§284、§285、§285-1、§287、§290）及回歸商業會計處理原則（刪除公§236、§238、§242～§244）等具體方式。

其次，就公司組織之設計而論，即採行政放寬經理人之設置（刪除公§29 I、Ⅲ、§38、§39）、放寬董事及監察人之身分限制（公§192 I、§216 I）、放寬董事及監察人之選任方法（公§198 、§227）等措施。再者，如

從公司行政之角度來看，主要是採行廢止公司執照及認許證（公§6、§371）、公司登記或認許改以授權命令規範（公§387）、刪除刑事罰（公§13、§15、§16、§161、§167、§211、§412）或將刑事罰修正為行政罰（公§87、§89、§118、§115、§245、§285、§326、§331）等措施。

（二）公司監控之強化

　　相對地，為避免或降低因法規鬆綁而致生弊端之可能性，本次公司法之修正則採行諸多強化公司內部監控之法制設計。

　　第一，就股東會而言，乃採取增訂公司法應訂定股東會議事規則（公§182-1Ⅱ前段）、增訂股東會主席違規宣布散會之處理（公§182-1Ⅱ後段）、明定股東會應於會計年度終了後 6 個月內召開（公§170Ⅱ）、延長公開發行公司之停止過戶期間及股東會開會通知時間（公§165Ⅲ、§172Ⅲ）等措施。

　　第二，以管理機關及監督機關而論，即採行明定公司負責人之義務（公§23Ⅰ）、明定經理人之職權（公§31）、增訂從屬公司不得收買或收質控制公司股份之相關規定（公§167Ⅲ、Ⅳ）、明定公司負責人違反股份回籠規定之民事責任（公§167Ⅴ）、強化對無表決權股東之信息公開（刪除原公§172Ⅴ）、增列不得以臨時動議提出之事項（公§172Ⅴ）、增訂董事及監察人當選失效之規定（公§197Ⅲ、§227）、增訂或修正董事及監察人當然解任之規定（公§195、§197、§199-1、§217、§227）、董事及監察人缺額之強制補選期間（公§201、§217-1）、強化董事及監察人之股權管理（公§192Ⅱ、§216Ⅱ、§197-1）、增訂選任臨時管理人之規定（公§208-1）、降低股東代位訴訟之門檻（公§214、§227）及公開發行公司之監察人應有 2 人以上（公§216Ⅱ）等具體規定。

　　其中，除有關股東會主席違規宣布散會之處理、公司負責人違反股份回籠規定之民事責任、董事及監察人當選失效之規定、董事及監察人當然解任之規定、董事及監察人缺額之強制補選期限、董事及監察人之股權管理、臨時管理人之選任及股東代位訴訟門檻之降低等立法措施，是為強化

公司之事後監控而設外,其餘規定原則上是為建立更為完善之監督機制、落實事前之信息公開或釐清經營機關之權責而設,其目的主要即在於強化公司之事前監控。

(三)修正之主要內容

本次公司法修正之要點如下:

1. 放寬行政規範

(1) 承認政府或法人股東 1 人股份有限公司及 1 人有限公司之設立。為解決實務上常見政府或法人股東再覓 6 位形式股東之問題,爰承認政府或法人股東 1 人之股份有限公司,俾利企業經營之需要(公§2、§106、§128、§128-1、§315)。同時亦配合允許一人有限公司之設立(公§98)。

(2) 刪除公司舉債之限制。按公司舉債究以長期或短期債款支應,允屬企業自治事項,不宜強制規定,俾企業彈性運作,爰刪除公司法第 14 條規定。

(3) 放寬公司資金借貸之限制。按現行規定公司資金借貸限制僅有「除因公司間業務交易行為有融通資金之必要者外」一種例外情形,惟與公司間有業務交易行為者,除公司間外,實務上尚包括與行號間之情形,爰增列「或與行號間」之文字(公§15)。

(4) 放寬公司設置經理人之規定。查公司有經理人 2 人以上時,其職稱應由公司自行決定,無強制規定之必要。又經理人之權限範疇,宜明文規範之。另本法不宜強制經理人須於公司所造具之各項表冊上簽名,爰修正相關條文並刪除現行條文第 35 條、第 37 條至第 39 條等規定(公§29、§31)。

(5) 放寬股份有限公司章程相對記載事項。為活絡資金,以免徒增公司頻於召開股東會修正章程,俾彈性調整公司債可轉換股份之數額,使公司在授權資本範圍內視實際需要,靈活運用,以掌握時效,有利企業經營(公§130)。

(6) 公開發行股票公司得折價發行股票。為開創企業良好經營環境,便利

企業發行新股籌措資金，爰修正公開發行股票公司得以折價方式籌資（公§140）。

(7) 放寬公司發行股票之限制規定。考量閉鎖性公司發行股票之實益，爰增訂公司資本額未達主管機關所定一定數額者，除章程另有規定者外，得不發行股票（公§161-1）。

(8) 放寬公司自將股份收回、收買或收為質物之限制規定。按現代企業為延攬及培植優秀管理及領導人才，莫若使員工成為股東為最有效之方法。因現行公司法僅有關於公司發行新股時員工入股之規定（公§267），鑑於公司並不經常辦理發行新股，爰參考外國立法例，增訂公司得收買一定比例之股份為庫藏股，用以激勵優秀員工（公§167-1）。又違反股份收回、收買、收質規定之處罰，亦酌作調整（公§167）。

(9) 董事、監察人不以具有股東身分為必要。企業經營與企業所有分離原則，為世界潮流趨勢，為賦予公司選任董事、監察人時，有較大之彈性空間，爰修正擔任董事、監察人者，不以具有股東身分為必要（公§192、§216）。

(10)放寬董監事之選任方式。按董事之選任方式係屬公司內部自治事宜，爰參酌日本商法第 256 條之 3 之規定，修正為公司得以章程訂定董監事之選任方式，俾為彈性處理（公§198）。

(11)放寬每屆第一次董事會召開時間。依現行公司法規定，董事如系上屆董事任滿前改選，須於上屆董事任滿後 15 日內始得召開第一次董事會，據此，不但與現行實務作業不符，亦不便利新、舊董事進行交接程序，爰修正為每屆第一次董事會如係為改選董事長、副董事長、常務董事，得於期前改選（公§203）。

2. 健全公司營運

(1) 增訂公司負責人「忠實義務」。為明確規定公司負責人之義務，增訂其應踐行忠實義務及注意義務，如有違反規定，致公司受有損害，並應負損害賠償責任（公§23）。

(2) 增訂從屬公司不得將控制公司股份收買或收為質物。企業從事多角化
經營而為投資行為，雖對企業拓展業務經營具有正面意義，惟為避免
控制公司利用從屬公司，將控制公司股份收買或收為質物，可能滋生
弊端，爰參考日本立法例，明定被持有已發行有表決權之股份總數或
資本總額超過半數之從屬公司，不得將控制公司股份收買或收為質物
（公§167）。

(3) 增訂股東會主席違反公司所定之議事規則宣布散會後之程序。查公司
法對於股東會之散會程序並無明文規定，易流為主席之恣意行為，無
法保障股東之權利，尤其股東會主席違反公司所定之議事規則任意宣
布散會，置大多數股東之權益而不顧，爰增訂此時在場之股東推選 1
人擔任主席，繼續開會。以避免股東會再擇期開會，而耗費諸多社會
成本，亦影響經濟秩序（公§182-1）。

(4) 修正主管機關限期令公司改選董事，期滿仍不改選，董事當然解任之
規定。按現行實務上因公司經營權之爭，致遲遲未為董事改選之事例
比比皆是，為保障股東之權益，促進公司業務正常經營，爰修正為董
事任期屆滿而不改選，主管機關依職權限期令公司改選時，期滿仍不
改選者，當然解任（公§195）。

(5) 修正董事之解任由現行普通決議事項改為特別決議事項（公§199）。

(6) 修正董事缺額時董事會召開股東會補選之時間。按現行條文第 201
條第 1 項謂「應即」召集股東臨時會補選之，語意未明，因未設定一
定期限，致公司拖延時日遲遲未補選，而假借同條第 2 項規定，以原
選次多數之被選人代行職務，以達把持經營權之目的，爰將「應即」
修正為「應於 30 日內」，並刪除第 2 項，以解決前開不合理之現象（公
§201）。

(7) 修正董事會得以視訊畫面會議方式開會。鑑於電傳科技發達，人與人
溝通已不侷限於同一時間、同一地點，從事面對面交談，如以視訊畫
面會議方式從事會談，亦可達到相互討論會議效果，與親自出席無
異，爰參照外國立法例，增訂董事會如以視訊畫面為之，董事視為親

自出席（公§205）。

(8) 增訂選任臨時管理人之規定。按公司因董事死亡、辭職或當然解任，致董事會無法召開行使職權；或董事全體或大部分均遭法院假處分不能行使職權，致公司業務停頓，影響股東權益及經濟秩序，爰增列董事會不能行使職權，致公司有受損害之虞時，法院因利害關係人或檢察官之請求，得選任臨時管理人，代行董事長及董事會之職權；且法院應囑託主管機關為臨時管理人登記之規定（公§208-1）。

3. 引入「無實體交易」制度及認股權之規定

(1) 股票、公司債「無實體交易」制度之引入。為發揮有價證券集中保管功能，簡化現行股票、公司債發行成本及交付作業，本次修正引入「無實體交易」制度，將當次發行之股票、公司債總額合併印製成單張股票、公司債，或免印製股票、公司債，存放於集中保管事業機構或證券集中保管事業機構登錄，而透過集中保管事業機構發給應募人有價證券存摺之方式，解決目前股票、公司債實體交易所帶來之手續繁複及流通過程風險。又股票、公司債以帳簿劃撥方式進行無實體交易時，已簡化成單張大面額股票或債券，故不適用現行有關股票、債券應編號及背書轉讓之規定（公§162-1、§162-2、§257-1、§257-2）。

(2) 引入認股權之規定。為使公司得在授權資本範圍內可視資本市場市況，彈性選擇辦理現金增資發行新股或發行轉換公司債、認股權憑證、附認股權公司債或附認股權特別股等，以掌握時效，並利於企業經營（公§248、§262、§267～§268-1、§278）。

4. 改進公司重整制度

(1) 增訂公司重整之目的，以有重建更生之可能之公司為對象（公§282、§285）。

(2) 增列公司得為重整聲請人（公§282）。

(3) 修正重整聲請書狀之份數、內容（公§283）。

(4) 增訂法院對於重整之聲請，除增列徵詢金融主管機關外，並得徵詢稅捐稽徵機關及其他有關機關、團體之意見，以及被徵詢機關提出意見

之時限（公§284）。

(5) 增訂法院准駁重整之時限（公§285-1）。

(6) 增訂法院裁定駁回重整確定後，於裁定前所為之各種緊急處分失其效力；又法院為緊急處分之裁定時，應通知證券管理機關及其他有關機關（公§287）。

(7) 修正擔任公司重整人之規定（公§290）。

(8) 修正報請法院為重整完成裁定之規定（公§310）。

5. 引入公司分割制度及簡化合併程序

(1) 公司決議合併或分割後，應即向各債權人通知及公告之時間，由現行規定 3 個月以上之期限修正為 30 日以上之期限，即縮短合併或分割之時程，以利企業運作（公§73、§319）。

(2) 公司合併或分割後之新設公司，與一般發起設立性質有別，有關發起人之股份，並不受公司設立登記後 1 年內，不得轉讓之限制（公§163）。

(3) 公司之分割係屬重大事項，比照合併情形，應於股東會之召集事由中予以列舉，不得以臨時動議提出（公§172）。

(4) 關於公司分割，並無員工、股東之認股繳款情形，因此，排除其認股之適用（公§267）。

(5) 按公司之分割，與公司法第 185 條規定讓與全部或主要部分之營業或財產情形相當，有關股東之決議採特別決議方式；又為利於公司之解散或合併之進行，並配合修正其決議方法（公§316）。

(6) 為加強公司大眾化，財務健全化，並提升企業之競爭力，規定有限公司與股份有限公司合併，其存續之公司或新設之公司以股份有限公司為限；另有關公司分割後，亦以股份有限公司為限（公§316-1）。

(7) 按關係企業之控制公司合併其持有百分之九十以上股份之從屬公司時，對於公司股東權益較不影響，為便利企業經營策略之運用，特規定經董事會特別決議方式，得與從屬公司合併，係屬於簡易合併方式（公§316-2）。

(8) 為使公司分割時，對於不同意股東比照合併之規定行使股份收買請求

權,以資救濟(公§317)。

(9) 分割之相關重要事項,應記載於分割計畫書中,以達信息公開效果,特規定分割計畫書之必要記載事項(公§317-2)。

6. 刑事罰則除罪化

(1) 刪除若干刑罰規定。按違反現行公司法中某些規定,究其本質並不必然具倫理非難性,而應科以刑罰。依其具體情形,如構成背信者,可依刑法背信罪處罰;又如違反情形於其他法令已有特別規定者,自依其規定,皆毋庸於本法中另為特別刑罰規定,爰將該等刑罰之規定予以刪除(公§13、§15、§16、§73、§74、§161、§412、§419)。

(2) 將刑罰規定修正行政罰。參酌民法第 43 條之規定,爰將涉及清算程序中原為刑罰規定者,修正為行政罰鍰。又違反現行公司法之規定,如其本質僅屬行政義務之違反者,因未具有反社會性,故將此等刑罰規定修正為行政罰(公§87、§89、§118、§168、§211、§218、§245、§285、§326、§331)。

7. 簡化工商登記

(1) 廢止公司執照。為配合公司登記的計算機作業,爾後人民得透過計算機聯機查詢公司基本登記資料,無核發公司執照之必要。又公司執照核發後,如公司解散或經勒令歇業後,公司仍持有公司執照,作為交易工具者,則恐有危害社會交易安全之虞;再者,目前行政機關行政作業上,均以公司執照影本為據,核發相關證照,致解散或勒令歇業之公司仍得持公司執照影本辦理,實務上滋生爭議,爰廢止公司執照(公§6、§371)。

(2) 簡化公司名稱作業。為配合行政革新及簡化登記程序,公司營業項目之登記,除載明許可業務外,其餘毋庸登記。營業項目登記簡化後,公司名稱之預查,自應與經營之業務脫鉤,僅就公司名稱本身加以審查。又鑑於公司名稱之作用,在於表彰企業主體,賦予企業為各項行為時,作為辨識之用,如同自然人之姓名一般,且名稱是否類似,涉及主觀作用,見仁見智,故公司名稱之預查,改為僅審查是否同名而

不及於類似與否之審查。倘涉及不公平競爭情事,則依公平交易法或民法等相關法令之規定辦理,與行政機關賦予名稱之使用權,係屬二事(公§15、§18、§194)。

(3) 將申請公司登記或認許者,由「負責人」簡化為「代表公司之負責人」;且將應備文件份數由「二份」簡化為「一份」。並配合行政革新、簡化登記程序原則,及隨著電子商務普及、網絡傳輸方式發展,爰將公司登記或認許事項及其變更,授權主管機關訂定辦法規範之,其內容包括申請人、申請方式、申請期限及其他相關事項,並刪除現行有關登記或認許規定之條文(公§387)。

(4) 配合公司法第 6 條修正後廢止公司執照之核發,有關公司執照應登載於政府公報,及公司對外交文件應標明其登記執照之號數之規定已無必要;爰刪除公司法第 394 條及第 395 條。

十二、民國 94 年 6 月 22 日之修正

(一)所營事業,改依代碼表登記

1. 公司所營事業依所定營業項目代碼表登記。
2. 所營事業為文字敘述者,應於變更所營事業時,依代碼表規定辦理(公§18Ⅲ)。

(二)放寬發起人資格

法人為發起人者,以下列情形為限:

1. 刪「第一次應發行之股份,不得少於股份總數四分之一」之規定。
2. 增加資本後,「第一次發行之股份,不得少於增加之股份總數四分之一」,改成「得分次發行」(公§128Ⅲ但書)。

(三)股東會

1. 股東會議事手冊之編製及公告

(1) 公開發行股票之公司召開股東會,應編製股東會議事手冊,並應於股東會開會前,將議事手冊及其他會議相關資料公告(公§177-3Ⅰ)。

(2) 前項公告之時間、方式、議事手冊應記載之主要事項及其他應遵行事項之辦法，由證券管理機關定之（公§177-3 Ⅱ）。

2.召集

(1) 其通知經相對人同意者，得以電子方式為之（公§172 Ⅳ）。

(2) 召集事由中應列舉事項，「改選董事、監察人」改成「選任或解任董事、監察人」（公§172 Ⅴ）。

(3) 少數股東之提案權。

① 股東提出議案之條件（公§172-1 Ⅰ）

A. 持有已發行股份總數百分之一以上股份之股東，得以書面向公司提出股東常會議案。

B. 提案以一項為限，超過一項者，均不列入議案。

② 受理提案之公告（公§172-1 Ⅱ）

A. 公司應於股東常會召開前之停止股票過戶前，公告受理股東之提案，受理處所及受理期間。

B. 受理期間不得少於 10 日。

③ 提案之限制（公§172-1 Ⅲ）

A. 股東所提議案以 300 字為限，超過 300 字者，該提案不予列入議案。

B. 提案股東應親自或委託他人出席股東常會，並參與該項議案討論。

④ 得不列入議案之情事（公§172-1 Ⅳ）

A. 該議案非股東所得決議者。

B. 提案股東於公司依第 165 條第 2 項或第 3 項停止股票過戶時，持股未達百分之一者。

C. 該議案於公告受理期間外提出者。

⑤ 提案之處理（公§172-1 Ⅴ）

A. 公司應於股東會召集通知前，將處理結果通知提案股東，並將合於規定之議案列於開會通知。

B. 對於未列入議案之股東提案，董事會應於股東會說明未列入之理由。

⑥ 違反之處罰（公§172-1Ⅵ）

公司負責人違反受理提案之公告，或提案之處理之規定者，處新臺幣一萬元以上五萬元以下罰鍰。

3.表決

(1) 委託書送達後，親自出席之表決（公§177Ⅳ）

① 委託書送達公司後，股東欲親自出席股東會者，至遲應於股東會開會前一日，以書面向公司為撤銷委託之通知。

② 逾期撤銷者，以委託代理人出席行使之表決權為準。

(2) 以書面或電子方式行使表決權

① 股東除得以親自出席或委託代理人出席股東會行使表決權外，於公司採行以書面或電子方式行使表決權時，亦得以書面或電子方式行使之（公§177-1Ⅰ）。

② 以書面或電子方式行使表決權時，受有下列限制：

A. 公司召開股東會時，得採行以書面或電子方式行使其表決權；其以書面或電子方式行使表決權時，其行使方法應載明於股東會召集通知（公§177-1Ⅰ）。

B. 以書面或電子方式行使表決權之股東，視為親自出席股東會。但就該次股東會之臨時動議及原議案之修正，視為棄權（公§177-1Ⅱ）。

C. 股東以書面或電子方式行使表決權者，其意思表示應於股東會開會5日前送達公司，意思表示有重複時，以最先送達者為準。但聲明撤銷前意思表示者，不在此限（公§177-2Ⅰ）。

D. 股東以書面或電子方式行使表決權後，欲親自出席股東會者，至遲應於股東會開會前1日，以與行使表決權相同之方式撤銷前項行使表決權之意思表示；逾期撤銷者，以書面或電子方式行使之表決權為準（公§177-2Ⅱ）。

E. 股東以書面或電子方式行使表決權，並以委託書委託代理人出席股東會者，以委託代理人出席行使之表決權為準（公§177-2Ⅲ）。

(3) 表決權之限制

有下列情形之一者，其股份無表決權：

① 公司依本法持有自己之股份。

② 被持有已發行有表決權之股份總數或資本總額超過半數之從屬公司，所持有控制公司之股份。

③ 控制公司及其從屬公司直接或間接持有他公司已發行有表決權之股份總數或資本額總額合計超過半數之他公司，所持有控制公司及其從屬公司之股份（公§179）。

(4) 議事錄之製作及分發

議事錄之製作及分發，得以電子方式為之（公§183Ⅱ）。

(5) 董事、監察人候選人提名制度

① 候選人提名制度採行之條件（公§192-1Ⅰ、§216-1）

A. 公開發行股票之公司得採選候選人提名制度。

B. 應於章程載明。

C. 股東應就董事候選人名單中選任之。

② 受理提名之公告（公§192-1Ⅱ、§216-1）

A. 公司應於股東會召開前之停止股票過戶日前，公告受理董事或監察人候選人提名之期間，董事或監察人應選名額，其受理處所及其他必要事項。

B. 受理期間不得少於 10 日。

③ 候選人之提名

A. 持有已發行股份總數百分之一以上股份之股東，得以書面向公司提出董事或監察人候選人名單（公§192-1Ⅲ、§216-1）。

B. 提名人數不得超過董事或監察人應選名額。董事會提名董事或監察人候選人之人數亦同（公§192-1Ⅲ、§216-1）。

C. 提名股東應檢附被提名人姓名、學歷、經歷、當選後願認董事或

　　監察人之承諾書，無公司法第 30 條規定情事之聲明書及其他相關證明文件；被提名人為法人股東或其代表人者，並應檢附該法人股東登記基本資料及持有之股份數額證明文件（公§192-1Ⅳ、§216-1）。

④　被提名人之審查（公§192-1Ⅴ、§216-1）

　A. 董事會或其他召集權人召集股東會者，對董事或監察人被提名人應予審查。

　B. 除有下列情事之一者外，應將被提名人列入董事或監察人候選人名單：(A)提名股東於公告受理期間外提出。(B)提名股東於公司依第 165 條第 2 項或第 3 項停止股票過戶時，持股未達百分之一。(C)提名人數超過董事或監察人應選名額。(D)未檢附上列規定之相關證明文件。

⑤　審查董事或監察人被提名人之作業過程，應作成紀錄（公§192-1Ⅵ前段）。

⑥　紀錄之保存期限（公§192-1Ⅵ後段）

　A. 審查作業過程之紀錄，其保存期限至少為 1 年。

　B. 但經股東對董事或監察人選舉提起訴訟者，應保存至訴訟終結為止。

⑦　候選人資料之公告及審查結果之通知（公§192-1Ⅶ）

　A. 公司應於股東常會開會 40 日前或股東臨時會開會 25 日前，將董事或監察人候選人名單及其學歷、經歷、持有股份數額與所代表之政府、法人名稱及其相關資料公告。

　B. 公司亦應將審查結果通知提名股東，對於提名人選未列入董事或監察人候選人員名單者，並應敘明未列入理由。

⑧　違反之處罰（公§192-1Ⅷ）

　公司負責人違反受理提名之公告，紀錄之作成及保存，以及候選人資料之公告與審查結果之通知等規定者，處新臺幣一萬元以上五萬元以下罰鍰。

(6) 刪除企業合併租稅相關規定（刪除公§317-3）。

十三、民國 95 年 2 月 3 日之修正

本次公司法之修正，主要在改進公司重整制度，共修訂 6 個條文。

(一)　依重整計畫發行新股，可排除員工及原股東認購權（公§267Ⅶ）。

(二)　重整監督人數人時，其執行以過半數之同意行之（公§289Ⅲ）。

(三)　增訂重整人之消極資格（公§290Ⅱ）。

(四)　責成公司黏貼法院准予裁定全文於該重整公司所在地，以彌補公告
　　　之不足（公§292）。

(五)　重整計畫之可決，修正為應經各組表決權總額二分之一之同意（公
　　　§302Ⅰ但書）。

(六)　為促使關係人會議早日可決重整計畫，1 年內未能可決者，法院得
　　　依聲請或依職權裁定終止重整（公§306Ⅴ）。

十四、民國 98 年 1 月 21 日之修正

在公司參與政府專案核定之紓困方案時，其董事或經理人之報酬應由
主管機關訂立法定上限之相關辦法，以免造成公司在有營運不佳情形，其
董事或經理人仍得恣意索取高額報酬之不公。本次增訂內容，其要點如下：

(一)　在公司參與政府專案核定之紓困方案時，其經理人之報酬應由主管
　　　機關訂立法訂上限之相關辦法（公§29Ⅱ）。

(二)　同理，其董事之報酬亦同（公§196Ⅱ準用§29Ⅱ）。

(三)　明定公司於參與政府專案核定之紓困方案時，得發行新股轉讓於政
　　　府，其發行程序與轉讓行為不受本法有關發行新股規定之限制，且
　　　其相關辦法由中央主管機關定之（公§156Ⅶ）。

十五、民國 98 年 4 月 29 日之修正

為改善我國經商環境，提升世界排名，促進企業開辦，遂刪除有關最

低資本總額及授權由中央主管機關訂定之規定（公§100、§156Ⅲ）。按公司最低資本額之規定，係要求公司於設立登記時，最低資本須達一定數額，方得設立。惟資本僅為一計算上不變之數額，與公司之現實財產並無必然等同之關係；同時資本額為公示資訊，交易相對人可透過登記主管機關之資訊網站得知該項資訊，作為交易時之判斷；再者，公司申請設立登記時，其資本額仍應先經會計師查核簽證，如資本額不敷設立成本，造成資產不足抵償負債時，董事會應即聲請宣告破產，公司登記機關依公司法第 388 條規定將不予登記。爰此，資本額如足敷公司設立時之開辦成本即准予設立，有助於公司迅速成立，亦無閒置資金之弊，該數額宜由個別公司因應其開辦成本而自行決定，尚不宜由主管機關統一訂定最低資本額。

十六、民國 98 年 5 月 27 日之修正

本次公司法係配合民法之修正，而將「禁治產宣告」修正為「監護宣告」與「輔助宣告」（公§66、§123Ⅰ）。

十七、民國 100 年 6 月 29 日之修正

民國 100 年 6 月公司法又再度修正，其修正內容，就整體而言，係朝「國際接軌」及「規範放寬」之方向進行，除引進員工限制型股票制度外，亦賦予公司於財務運用上有更彈性的空間，而其修正重點，則可條列如下：

（一）增訂主管機關得命令解散之事由

1. 公司名稱經法院判決確定不得繼續使用後，公司仍不辦理公司名稱變更登記者，主管機關得命令其解散（公§10③）。
2. 為藉此督促公司辦理名稱變更登記。
3. 實務上，部分公司未依判決主文主動辦理名稱之變更造成他人權益受損，爰增訂第 3 款，以 6 個月為期限，如逾期仍未辦理名稱變更登記，並經主管機關令其期限辦妥變更登記仍未完成者，主管機關得依職權或利害關係人之申請，命令解散之。

（二）增訂公開發行公司申請停止公開發行之程序及事由

1. 公開發行公司如欲停止公開發行，需經何種程序，公司法尚無明文規定，並考量一旦停止公開發行，財務狀況將回復至不公開之情形，對投資人權益影響甚鉅，爰明定須經股東會特別決議（公§156Ⅲ）。

2. 為避免因此無法作成決議，增訂公司法第 156 條第 4 項，使較有彈性（公§156Ⅳ）。

3. 增訂公司法第 156 條第 5 項，係基於公司公開發行係自願，如其無法履行證券主管之法令規範，應賦予停止公開發行之法據，俾利管理（公§156Ⅴ）。

（三）刪除以「商譽」得作為出資標的之規定

1. 鑑於商譽並非一種可以隨時充作現物之財產出資，僅係公司合併因支付成本高於其資產公平價值而產生會計處理之科目，不宜作為出資標的，爰刪除「商譽」二字（公§156Ⅶ）。

2. 修法前「商譽」固可以做為股東之出資，但此後除現金外，僅得以對公司所有之貨幣債權或公司所需之技術抵充之。

（四）放寬公司收回特別股之資金來源

1. 公司收回特別股時，得以其他資金來源辦理，不限以盈餘或發行新股所得股款收回（公§158）。依原規定，僅得以盈餘或發行新股所得股款收回，尚不得以法條所列舉者以外之其他款項收回，此種限制，對企業之財務運用，欠缺彈性。

2. 公司以何種財源收回特別股，允屬公司內部自治事項，應由公司自行決定，毋庸以法律限制之。

3. 特別股應收回之條件、期限，其公司應給付對價之種類及數額等事項，仍應依公司法第 157 條第 4 款規定，於章程中訂定之，並據以辦理。

（五）公司限制員工轉讓股份之期間

1. 依現行規定，公司得依公司法第 167 條之 1 或證券交易法第 28 條之 2 收買自己股份轉讓給員工。

2. 按股份以自由轉讓為原則（公§163 I），除法有明文（例如公§267 VI），否則不得限制員工轉讓持股。

3. 公司依法收買自己之股份轉讓於員工者，得限制員工在一定期間內不得轉讓。但其期間最長不得超過 2 年（公§167-3）。蓋企業為激勵員工而發給員工庫藏股，無非希望員工長期持有並繼續留在公司服務，如員工取得股份即轉讓，將喪失用以激勵並留住員工之原意，爰參照國外「員工限制股」之精神，明定在一定期間內得予限制，且不得超過 2 年。

（六）公司減資本之退還股款種類及程序

1. 為使公司靈活運用資本，以因應企業經營之實際需求，惟為保障股東權益，並落實公司治理，乃要求公司減少資本，得以現金以外財產退還股款；其退還之財產及抵充之數額，應經股東會決議，並經該收受財產股東之同意（公§168 II）。

2. 該財產之價值及抵充之數額，董事會應於股東會前送交會計師查核證，以確保退還財產估價之合理（公§168 III）。

（七）撤銷委託通知之期限

1. 依原規定，服務作業處理上，時間甚為緊迫。因此，就撤銷委託之通知，將「開會前 1 日」修正為「開會前 2 日」，並增加規範委託書送達後，欲以書面或電子方式行使表決權者，亦應於股東會開會 2 日前為撤銷委託之通知（公§177 IV）。

2. 為利實務運作，乃將期間提前，並將改以書面或電子方式行使表決權者，納入規範。

（八）撤銷委託通知之期限

1. 依原規定，常造成外資股東之意思表示，無法納入，故予延後，俾利外資股東行使表決權。亦即，以書面或電子方式行使表決權者，其意思表示送達公司之時間，由「開會 5 日前」修正為「開會 2 日前」（公§177-2 I）。

2. 提前通知期間，以利實務運作。亦即，將以書面或電子方式行使表決權後，欲親自出席股東會之通知，由「開會前 1 日」修正為「開會前 2 日」（公§177-2 III）。

（九）股東會議事錄得以公告方式為之

1. 為節省公開發行股票公司之成本及響應無紙化政策，並考量公開資訊觀測站之建置已臻完善，爰予簡化。亦即，公開發行股票公司分發議事錄或財務報表及盈餘分派或虧損撥補決議於股東時，不論股東持股多寡，均得以公告方式為之（公§83、§230）。

2. 僅公開發行公司得以公告方式為之，非公開發行公司則仍應以書面分發之。

（十）增訂得以電子方法召集董事會

1. 因應電子科技之進步，比照股東會之召集通知。亦即，董事會之召集通知，經相對人同意者，得以電子方法為之（公§204 II）。

2. 以電子方法通知，仍須經相對人同意，方得為之。

（十一）增訂公司得發行限制員工權利的新股

1. 參酌國際趨勢，增訂公開發行股票之公司，經股東會特別決議，得發行限制員工權利新股，為公司新增一項獎酬員工之工具（公§267VIII）。

2. 發行限制員工權利新股應經股東會特別決議，但鑑於其係為激勵員工績效達成之特殊性，特明定排除公司法第 267 條第 1 項至第 6 項所定員工承購權相關規定之適用（公§267IX）。

3. 發行數量、發行價格、發行條件及其他應遵行事項，授權證券主管機

關得另為規定（公§267 X）。

十八、民國 100 年 11 月 9 日之修正

本次公司法之修正，在於增訂公開發行公司董事將股份設質時，其表決權行使之限制。

(一) 公開發行股票之公司董事以股份設定質權超過選任當時所持有之公司股份數額二分之一時，其超過之股份不得行使表決權，不算入已出席股東之表決權數（公§197-1 II）。

(二) 立法用意，係為避免大股東採高槓桿操作造成公司財務急遽惡化，損害投資大眾權益。

(三) 恐牽動上市公司經營權，高財務槓桿大股東，可能需加碼持股才能穩住經營權，而面臨資金調度壓力。

(四) 公司如有董事股份質押比例過高情形，應及早因應，以免對議案表決造成影響。

十九、民國 100 年 12 月 28 日之修正

本次公司法之修正，回歸董事之選舉僅得依累積投票制（公§198）。

(一) 為避免大股東經由章程另計選舉辦法排除累積投票制，掌握董事席次，乃將「除公司章程另有規定外」刪除，俾保護少數股東當選董事之機會。

(二) 公司章程如有規定採非累積投票制者，應於下次股東會修改公司章程，若同次股東會有董監改選案者，應先行修章後，再依修正後之累積投票制進行選舉。

二十、民國 101 年 1 月 4 日之修正

(一) 增訂公司應於申請設立登記時或設立登記後 30 日內，檢送經會計師查核簽證之文件（公§7 I）。

1. 為便利民眾申請設立公司,提升企業開辦效率。

2. 新設公司可先取得設立核准,再委託會計師辦理設立資本額查核簽證,並於登記後 30 日內檢送主管機關。

3. 應於期限內檢送查核簽證報告,否則主管機關得命令解散(公§10)。

(二) 增訂公開發行股票之公司之非董事,而實質指揮董事執行業務者,與本法董事同負民事、刑事及行政之責任(公§8Ⅲ)。

1. 公司法原僅規範董事之責任,而對於事實上董事及影子董事之法律責任,則欠缺規範。

2. 明定實質董事(含事實上董事及影子董事)與董事責任相同,俾落實公司治理。

3. 但政府對其指派之董事所為之指揮,不適用之。

(三) 增列主管機關得依職權或利害關係人之申請解散公司之情事(公§10④)。

1. 公司設立登記後,其資本額查核簽證之文件,固得於設立登記後 30 日內檢送之,惟公司設立登記之資本額,仍應符合資本確實原則,以保障股東權益。

2. 公司未於公司法第 7 條所定期限內檢送會計師查核簽證文件者,得命令解散之。但於命令解散前已檢送者,不在此限。

(四) 增訂公司負責人對違反第 1 項之規定,為自己或他人為該行為時,股東會得以決議,將該行為所得視為公司之所得。但自所得產生逾 1 年者,不在此限(公§23Ⅲ)。

1. 為避免公司負責人動輒中飽私囊並逕為脫產,爰仿公司法第 209 條第 3 項,增訂「股東歸入權」之規定,以避免公司財產遭受虧空。

2. 負責人違反忠實義務及善管義務時,應注意歸入權之適用與期限。

(五) 明定公司名稱得為他人申請核准使用之情形(公§26-2)。

1. 經解散、撤銷或廢止登記之公司,多數未履行清算,而如未清算完結,因法人人格尚存在,其公司名稱仍受保護,並不合理。

2. 經解散、撤銷、廢止登記或宣告破產之公司,超過 10 年未清算完結

者，其公司名稱得為他人申請使用，排除第 18 條第 1 項之適用。

3. 已進行清算或破產程序之公司，為免公司名稱為他人申請使用，如有正當理由無法於 10 年內清算完結或破產終結，應於期限屆滿前 6 個月，報主管機關核准。

(六) 增訂政府或法人為股東時，得由其代表人當選為董事或監察人，但不得同時當選或擔任董事及監察人（公§27 II 但書）。

1. 政府或法人股東指派之數代表人，如可同時職司董事及監察人之職務，易導致監察人無法發揮其獨立功能，公司監控制度無法建立。

2. 政府或法人之代表人已不得同時當選或擔任董事及監察人。

3. 公司目前有此情形者，於本屆董監事任期屆滿重新改選時，即應符合規定。

(七) 增訂表決權行使方式之規定（公§171-1 I 但書）。

1. 近年來上市上櫃公司之年度股東會日期有過度集中現象，致股東無法一一出席股東會行使其表決權，且電子投票平台已由證券主管機關建制完成，為鼓勵股東參與公司經營，強化股東權益之保護，有必要落實電子投票制度。

2. 公司召開股東會時，得採行以書面或電子方式行使其表決權，係由公司自由選擇，惟為落實電子投票制度，將明定證券主管機關應視公司規模，股東人數與結構及其他必要情況，命公司將電子方式列為表決權行使管道之一。

(八) 增訂公開發行公司之股東係為他人持有股份時，股東得主張分別行使表決權（公§181）。

1. 為使保管機構、信託機構、存托機構或綜合帳戶等專戶之表決權行使，得依其實質投資人之個別指示，分別為贊成或反對之意思表示，而明定之。

2. 分別行使表決權之資格條件適用範圍、行使方式、作業程序及其他應遵守事項之辦法，由證券主管機關定之。

3. 應密切注意主管機關訂定之辦法，並確實遵循。

(九)　增訂提前解任董事之規定（公§199-1 II）。

1. 明定提前解任董監事，應有代表已發行股份總數過半數股東之出席，以杜爭議。

2. 如召開提前改選董監事之股東會，僅需有代表之發行股份總數過半數股東之出席即可。

(十)　增訂董事會決議方式之規定（公§206 II）。

1. 為健全公司治理，促使董事之行為更透明化，以保護投資人權益，妥增訂董事對於會議之事項，有自身利害關係時，應於當次董事會說明其自身利害關係之重要內容。

2. 董事違反所定之說明義務時，董事會決議將因程序瑕疵而當然無效。

3. 董事違反說明義務而參與表決者，董事會決議，將因決議方式方法違法而無效。

(十一) 刪除法定盈餘公積已超過實收資本額百分之五十時，得以其超過部分派充股息及紅利之規定（公§232 II 但書）。

1. 原規定無盈餘公司，於一定條件下例外仍得分派股息及紅利，惟公司無盈餘，甚至嚴重虧損時，卻仍得分派股息及紅利，而未先將法定盈餘公積用於彌補虧損，顯不利公司正常經營，爰刪除但書。

2. 公司若無盈餘時，無法再以法定盈餘公積用於分派股息及紅利，違反者，各處 1 年以下有期徒刑，拘役或科或併科新臺幣六萬元以下罰金。

(十二) 修正法定盈餘公積之使用規定（公§241 I 、 III）。

1. 以法定盈餘公積及資本公積分派予股東時，原僅能以發行新股方式為之，惟鑑於部分公司於過去年度已累積大量法定盈餘公積及資本公積，如能讓公司彈性運用，當有助於吸收投資，故放寬使用，亦得以現金發放股東。

2. 公司無累積虧損者，仍應保留法定盈餘公積達其投資本額之百分二十五，始可發給新股或現金。

3. 公司將毋須採用先增資轉列股本再辦理減資之迂迴方式以退還股東現金，減少公司很多時間及作業成本。

(十三) 修正公司不得發行無擔保公司債之情形（公§249）。

1. 原規定公司一旦發生違約或遲延支付本息之事實，不論清償與否，均永久不得發行無擔保公司債，對於事後已改善且健全營運之公司有所不公。另有證券主管之審查機制，爰放寬規定自了結之日起 3 年內不得發行。

2. 公司自違約或延遲支付本息之事實了結之日起滿 3 年後，即可向證券主管機關申請發行無擔保公司債。

二十一、民國 101 年 8 月 8 日之修正

公司法第 248 條第 1 項第 12 款原規定：「公司債權人之受託人名稱及其約定事項。」惟因公司債之私募，應募者只限於少數之特定人，不若公開募集涉及層面之廣大。又私募公司債之特點即在於公司得以較簡便迅速的方式、較低的成本來獲取資金。對急需資金之公司，可使資金即時挹注。是以，為符合創設私募制度使企業以較簡便程序及較低成本便利迅速籌資之初衷，對於不涉及公開募集，以特定人為對象之私募公司債，當毋須受託人制度之介入。因此，增訂公司法第 248 條第 1 項第 12 款後段規定：「但公司債之私募不在此限。」

二十二、民國 102 年 1 月 16 日之修正

公開發行股票公司之董事於就任前或於股東會召開前之停止股票過戶期間內，轉讓持股超過二分之一時，其當選失其效力（公§197Ⅲ）。蓋公司法第 197 條第 1 項之適用主體，僅限於公司開發行股票公司，但原本第 3 項規定卻亦及於非公開發行股票公司，故酌做文字調整，使其限適用於公開發行公司，以資相應配合。

二十三、民國 102 年 1 月 30 日之修正

本次公司法之修正，針對股份有限公司引進揭穿公司面紗原則，明定

倘股份有限公司之股東有濫用公司之法人地位之情形，導致公司負擔特定債務而清償有顯著困難，且其情節重大而有必要者，該股東仍應負擔清償債務之責任（公§154 II）。按揭穿公司面紗之原則，係源於英、美等國判例法，其目的在防免股東濫用公司之法人地位而脫免責任導致債權人之權利落空，求償無門。為保障債權人權益，我國亦有引進揭穿公司面紗原則之必要。法院適用揭穿公司面紗之原則時，其審酌因素例如：審酌該公司之股東人數與股權集中程度；系爭債務是否係源於該股東之詐欺行為；公司資本是否顯著不足承擔其所營事業可能生成之債務等情形。

二十四、民國 104 年 5 月 20 日之修正

本次公司法之修正，共修正 2 個條文，增訂 1 個條文，主要係為建立員工酬勞制度。

（一）刪除章程訂明員工紅利成數之規定

1. 由於商業會計法已與國際接軌完成員工紅利費用法制化，然公司仍須依公司法第 235 條第 2 項規定於在章程訂明員工紅利之成數。為使公司法與國際規制相符並與商業會計法規範一致，將員工紅利非屬盈餘之分派予以修正，爰刪除公司法第 235 條第 2 項至第 4 項規定（公§235）。
2. 配合公司法第 235 條之修正，刪除員工分紅入股之規定（公§240IV）。

（二）章程應明定員工酬勞之定額或比率

1. 為降低公司無法採行員工分紅方式獎勵員工之衝擊，公司應於章程訂明以當年度獲利狀況之定額或比率，即參考公司法第 157 條體例之定額或定率方式，合理分配公司利益，以激勵員工士氣，惟獲利狀況係指稅前利益扣除分配員工酬勞前之利益，是以一次分配方式，但公司尚有累積虧損時，應予彌補（公§235-1 I）。
2. 公營事業之經營係基於各種政策目的及公共利益，以發揮經濟職能，其性質實與民營事業有所區別與不同，其員工酬勞得否分配予員工，

應視個別情況而定（公§235-1Ⅱ）。

3. 權衡人才與資金對企業經營的重要性及必要性，員工酬勞以現金發放或股票須經董事會特別決議通過，嗣後並報告股東會並兼顧股東權益（公§235-1Ⅲ）。

4. 員工酬勞發給現金或股票時，其發放之範圍對象可擴大至從屬公司員工，惟須於章程訂明（公§235-1Ⅳ）。

二十五、民國 104 年 7 月 1 日之修正

為建構我國成為適合全球投資之環境，促使我國商業環境更有利於新創產業，吸引更多國內外創業者在我國設立公司，另因應科技新創事業之需求，賦予企業有較大自治空間與多元化籌資工具及更具彈性之股權安排，引進英、美等國之閉鎖性公司制度，遂增訂「閉鎖性股份有限公司」專節，其修正要點如下：

(一) 閉鎖性股份有限公司係指股東人數不超過 50 人，並有股份轉讓限制之非公開發行股票公司（公§356-1）。

(二) 鑑於閉鎖性股份有限公司之公司治理較為寬鬆，企業自治之空間較大，為利一般民眾辨別，規定公司應於章程載明閉鎖性之屬性，並由中央主管機關公開於其資訊網站（公§356-2）。

(三) 閉鎖性股份有限公司之設立方式，限於發起設立；發起人之出資除現金外，得以公司事業所需之財產、技術、勞務或信用抵充之，惟以勞務或信用抵充之股數，不得超過公司發行股份總數之一定比例（公§356-3）。

(四) 閉鎖性股份有限公司之最大特色為股東之股份轉讓受有限制，爰規定公司應於章程載明股份轉讓之限制（公§356-4）。

(五) 公司股份轉讓之限制，應於章程載明（公§356-5Ⅰ）。又股份轉讓之限制，公司發行股票者，應於股票以明顯文字註記；不發行股票者，讓與人應於交付受讓人之相關書面文件中載明（公§356-5Ⅱ）。至於股份轉讓之受讓人得請求公司給與章程影本（公§356-5Ⅲ）。

(六) 為因應新創事業之需求，引進無票面金額股制度，並由公司自行審酌擇一採行票面金額股或無票面金額股（公§356-6）。

(七) 基於閉鎖性之特質，允許閉鎖性股份有限公司透過章程規定，發行複數表決權特別股、對於特定事項有否決權之特別股等（公§356-7）。

(八) 鑑於閉鎖性股份有限公司之股東人數不多，公司章程得訂明以視訊會議或其他經中央主管機關公告之方式召開股東會，另亦得訂明經全體股東同意，股東就當次股東會議案以書面方式行使其表決權，而不實際集會（公§356-9）。

(九) 股東得訂立表決權拘束契約及表決權信託契約，以匯聚具有共同理念之股東共同行使表決權，使經營者鞏固其在公司之主導權（公§356-9）。

(十) 為強化股東投資效益，閉鎖性股份有限公司得以每半會計年度為期分派盈餘或撥補虧損（公§356-10）。

(十一) 公司債為企業重要籌資工具，閉鎖性股份有限公司除私募普通公司債外，亦得私募轉換公司債及附認股權公司債（公§356-11）。

(十二) 基於閉鎖性特質及股東人數之限制，閉鎖性股份有限公司發行新股，得排除第 267 條規定（公§356-12）。

(十三) 閉鎖性股份有限公司可能因企業規模、股東人數之擴張，而有變更之需求，爰規定公司得經股東會特別決議，變更為非閉鎖性股份有限公司。另公司倘不符合閉鎖性股份有限公司之要件時，應變更為非閉鎖性股份有限公司，並辦理變更登記。未辦理變更登記者，主管機關得責令限期改正並按次處罰；其情節重大者，得依職權命令解散之（公§356-13）。

(十四) 為使非公開發行股票之股份有限公司有變更為閉鎖性股份有限公司之機會，爰規定經全體股東之同意者，得變更之（公§356-14）。

二十六、民國 107 年 8 月 1 日之修正

　　隨著經濟社會之全球化發展，公司已成為國家經濟活動之核心組織，其經濟影響力日漸深遠，公司法制之良窳影響國家經濟活動甚鉅。為因應新型態經濟發展模式之興起，創新事業之蓬勃發展及經濟轉型之挑戰需求，公司法持續不斷地調整及修正，以求與時俱進。在打造友善經商環境之同時，亦檢視並調整公司法之規定，在不大幅增加企業法令遵循成本下，持續提供友善創新及創業環境，建構我國成為適合全球投資之環境，促使我國商業環境更有利於各種產業之發展，吸引更多國內外創業者在我國設立公司，並賦予中小型公司有較大經營彈性，行政院爰擬具多達 148 條之「公司法」部分條文修正草案，後經立法院否決 4 個條文，另增訂 4 個條文，總共修正條文數目仍達 148 條，其修正要點如下：

（一）友善創新創業環境

1. 為促進公司善盡其社會責任，明定公司經營業務，應遵守法令及商業倫理規範，得採行增進公共利益之行為（公§1Ⅱ）。

2. 為強化股東投資效益，有限公司及股份有限公司得每季或每半會計年度終了後為盈餘分派（公§110Ⅲ、§228-1）。

3. 股份有限公司得發行票面金額股或無票面金額股，並自行審酌擇一採行；股份有限公司得將票面金額股轉換為無票面金額股，但無票面金額股不得轉換為票面金額股（公§156、§156-1）。

4. 非公開發行股票之公司得發行複數表決權特別股、對於特定事項具否決權特別股、被選舉為董事、監察人之禁止或限制之特別股、當選一定名額董事權利之特別股、轉換成普通股之特別股、轉讓限制之特別股等（公§157Ⅰ）。應注意者，複數表決權特別股股東，於監察人選舉，與普通股股東之表決權同（公§157Ⅱ）。又就公開發行股票之公司而言，複數表決權特別股、對於特定事項具否決權特別股、被選舉為董事、監察人之禁止或限制之特別股、當選一定名額董事權利之特別股、轉讓限制之特別股及得轉換成複數普通股之特別股，不適用(公

§157Ⅲ）。

5. 非公開發行股票之公司股東得以書面訂立表決權拘束契約及表決權信託契約，以匯聚具有共同理念之股東共同行使表決權（公§157-1）。

6. 公司債為企業重要籌資工具，非公開發行股票之公司除得私募普通公司債外，亦得私募轉換公司債及附認股權公司債，並放寬發行總額之限制（公§247、§248）。

（二）強化公司治理

1. 非公開發行股票之公司亦適用事實上董事及實質董事（影子董事）之規定（公§8Ⅲ）。

2. 將有限公司納入「揭穿公司面紗原則」之適用範圍（公§99Ⅱ）。

3. 為降低並分散董事因錯誤或疏失行為而造成公司及股東重大損害之風險，參考外國立法例，明定公司得為董事投保責任保險（公§193-1Ⅰ）。公司為董事投保責任保險或續保後，應將其責任保險之投保金額、承保範圍及保險費率等重要內容，提最近一次董事會報告（公§193-1Ⅱ）。

4. 股份有限公司過半數董事於董事長不召開董事會時，得自行召集董事會（公§203-1）。

5. 董事之配偶、二親等內血親，或與董事具有控制從屬關係之公司，就董事會會議之事項有利害關係者，視為董事就該事項有自身利害關係（公§206Ⅲ）。

6. 為加強少數股東之保護，將股東持股期間及持股數之資格條件，分別降為 6 個月及百分之一。但為防止股東濫行提起代表訴訟，仍應保留持股比例與持股期間之限制，爰將持股期間調整為 6 個月以上，持股比例降低為已發行股份總數百分之一以上（公§214Ⅰ）。又為降低少數股東提起訴訟之障礙，除參酌民事訴訟法第 77 條之 22 規定，明定股東提起訴訟，其裁判費超過新臺幣六十萬元部分暫免徵收（公§214Ⅲ），並明定法院得依聲請為原告選任律師為訴訟代理人（公§214Ⅳ）。

7. 為加強少數股東之保護，將股東持股期間及持股數之資格條件，分別降為 6 個月及百分之一。又為強化投資人保護機制與提高股東蒐集不法證據及關係人交易利益輸送蒐證之能力，爰擴大檢查人檢查客體之範圍及於公司內部特定交易文件（公§245）。

8. 提高公開發行股票之公司負責人違法之行政罰鍰，包括違反股票發行期限、股東提案、董事候選人提名、股東及債權人查閱簿冊文件、召集權人召集股東會股東名簿之提供、監察人檢查行為之規定（公§161-1、§172-1、§192-1、§210、§210-1、§218）。

9. 增訂工會或公司三分之二以上之受僱員工等利害關係人，亦得向法院聲請重整（公§282 I ③、④）。所稱之工會，指企業工會、會員受僱於公司人數逾其所僱用勞工人數二分之一之產業工會、會員受僱於公司之人數逾其所僱用具同類職業技能勞工人數二分之一之職業工會（公§282Ⅲ）。至於所稱之受僱員工，以聲請時公司勞工保險投保名冊人數為準（公§282Ⅳ）。

（三）增加企業經營彈性

1. 放寬非公開發行股票之公司轉投資之限制（公§13）。亦即，無限公司、有限公司、兩合公司或非公開發行股票之公司，不再受限。至於公開發行股票之公司為多角化而轉投資，係屬公司重大財務業務行為，涉及投資人之權益，為健全公開發行股票公司之財務業務管理，避免因不當投資而使公司承擔過高之風險，致影響公司業務經營及損及股東權益，故針對公開發行股票之公司，仍有加以規範之必要。

2. 無限公司、兩合公司得經股東三分之二以上之同意變更章程，將其組織變更為有限公司或股份有限公司（公§76-1、§126）。

3. 有限公司變更章程、合併、解散之門檻，放寬為經股東表決權三分之二以上之同意（公§113）。

4. 政府或法人股東一人所組織之股份有限公司得依章程規定不設董事會，而僅置董事一人或二人，且得不置監察人（公§128-1）。非公開

發行股票之公司亦得不設董事會，而僅置董事一人或二人（公§192），但仍應設置監察人。

5. 考量非公開發行股票之公司發行股票與否，宜由公司自行決定，亦得不發行股票，爰僅規定公開發行股票之公司應於設立登記或發行新股變更登記後 3 個月內發行股票（公§161-1）。

6. 刪除發起人之股份，在股份有限公司設立登記後一年內，不得轉讓之限制，以貫徹股份轉讓自由原則（公§163）。

7. 非公開發行股票公司董事會之召集通知，由 7 日前修正為 3 日前通知各董事及監察人。惟公司得以章程排除，另定長於 3 日之期間，賦予公司更大彈性（公§204 I）。公開發行股票之公司董事會之召集，其通知各董事及監察人之期間，由證券主管機關定之（公§204 II）。

8. 擴大員工獎酬工具之發放對象，可包括控制或從屬公司之員工，例如員工庫藏股、員工認股權憑證、員工酬勞、員工新股認購權及限制員工權利新股（公§167-1、§167-2、§235-1、§267VII、XI）。另放寬非公開發行股票之公司亦得發行限制員工權利新股（公§267IX）。

（四）保障股東權益

1. 鑑於股份有限公司減資、申請停止公開發行、董事競業許可、盈餘轉增資、公積轉增資，均屬公司經營重大事項，影響股東權益至鉅，增列該等事由亦應在股東會召集通知列舉；另外，所有應在召集事由中列舉之事項，均應說明其主要內容，不得以臨時動議提出；其主要內容得置於證券主管機關或公司指定之網站，並應將其網址載明於通知（公§172 V）。

2. 為落實股東提案權，股東提案如符合公司法規定，股份有限公司董事會即應列為議案（公§172-1）。

3. 持有已發行股份總數過半數股份之股東，得自行召集股東臨時會，毋庸向主管機關申請許可（公§173-1）。

4. 非公開發行股票之公司得採行董事、監察人候選人提名制度，公開發

行股票之公司應逐步採行董事、監察人候選人提名制度；提名股東提出候選人名單，如符合公司法規定，董事會或其他召集權人即應將其列入名單（公§192-1、§216-1）。

5. 股份有限公司應備置之股東名簿及公司債存根簿，如備置於股務代理機構，而股東及公司之債權人請求查閱、抄錄或複製時，公司應令股務代理機構提供（公§210）。

6. 實務上，公司發生經營權之爭時，常生監察人或少數股東權之股東，雖依法取得召集權，卻因代表公司之董事或股務代理機構拒絕提供股東名簿而無法召開股東會，致本法賦予其股東會召集權之用意落空，爰明定董事會或其他召集權人召集股東會者，得請求公司或股務代理機構提供股東名簿（公§210-1）。

（五）數位電子化及無紙化

1. 為符合國際無紙化之潮流，減少股東承擔遺失實體股票之風險，不論公開發行或非公開發行股票之公司，如發行股份而未印製股票者，均應洽證券集中保管事業機構登錄其發行之股份（公§161-2 Ⅰ）。經證券集中保管事業機構登錄之股份，其轉讓及設質，應向公司辦理或以帳簿劃撥方式為之，不適用公司法第164條及民法第908條之規定（公§161-2 Ⅱ）。

2. 股份有限公司受理股東提案，除現行書面受理之方式外，新增電子方式亦為受理方式之一；至是否採行電子方式受理，由公司自行斟酌其設備是否備妥決定（公§172-1 Ⅱ）。

3. 非公開發行股票之公司股東會得以視訊會議或其他經中央主管機關公告之方式開會（公§172-2）。

（六）建立國際化之環境

1. 為配合全球招商政策，建構我國成為具有吸引全球投資之國際環境並與國際接軌，爰廢除外國公司認許制度（公§4、§370～§386）。

2. 為因應國際化需求，公司得向主管機關申請外文公司名稱登記，主管

機關不為事前審查，即依公司章程記載之外文名稱予以登記（公
§392-1）。

（七）閉鎖性股份有限公司更具經營彈性

1. 股東會選任董事及監察人，不強制採行累積投票制，公司得以章程另
定選舉方式（公§356-3Ⅶ）。

2. 閉鎖性股份有限公司發行股票者，應於股票以明顯文字註記股份轉讓
之限制，係指公司印製股票者，應於股票以明顯文字註記股份轉讓之
限制，爰修正公司法第 356 條之 5 第 2 項之文字（公§356-5Ⅱ）。

3. 刪除閉鎖性股份有限公司得採行無票面金額股制度（公§356-6）。蓋
公司法第129條及第156條規定已明定所有股份有限公司均得採行無
票面金額股制度，閉鎖性股份有限公司亦屬股份有限公司，毋須特別
規定。

4. 明定閉鎖性股份有限公司之章程得規定公司得發行「特別股股東被選
舉為董事、監察人之禁止或限制，或當選一定名額之權利」之特別股
（公§356-7Ⅰ④）。且公司法第 157 條第 2 項規定，於公司法第 356
條第 1 項第 3 款複數表決權特別股股東不適用之（公§356-7Ⅱ）。

5. 刪除閉鎖性股份有限公司之章程得訂定每半會計年度終了後為盈餘
分派或虧損撥補之相關規定（公§356-10）。亦即，為強化股東投資效
益，不論閉鎖性股份有限公司或其他股份有限公司，章程皆得訂明每
半或每季會計年度終了後為盈餘分派或虧損撥補（公§228-1）。

（八）遵守國際洗錢防制規範

1. 我國為亞太洗錢防制組織（Asia / Pacific Group on Money Laundering,
APG）之會員，有遵守國際洗錢防制及打擊資恐規範之義務，為防制
洗錢及打擊資恐，除符合一定條件之公司外，均應申報實質受益人資
料（公§22-1）。亦即，公司應每年定期將董事、監察人、經理人及持
有已發行股份總數或資本總額超過百分之十之股東之姓名或名稱、國
籍、出生年月日或設立登記之年月日、身分證明文件號碼、持股數或

出資額及其他中央主管機關指定之事項，以電子方式申報至中央主管機關建置或指定之資訊平台；其有變動者，並應於變動後 15 日內為之。但符合一定條件之公司，不適用之（公§22-1 I）。

2. 為避免無記名股票成為洗錢之工具，廢除無記名股票制度（公§137、§164、§166、§169、§172、§175、§176、§240、§273、§279、§291、§297、§311、§316、§447-1）。

二十七、民國 110 年 12 月 29 日之修正

隨著數位科技之進步，股東以視訊方式參與股東會並行使股東權日漸普及，應加以重視與保障，現行法雖已明定公司經章程訂明，股東會開會時得以視訊會議或其他經中央主管機關公告之方式為之，惟鑑於如發生天災、事變或其他不可抗力情事，倘因公司章程未及修訂致股東會無法以視訊會議或其他經中央主管機關公告之方式為之，將對公司運作及股東相關權益有所影響，爰修正公司法第 172 條之 2、第 356 條之 8，其修正要點如下：

（一）股份有限公司視訊股東會之修正

1. 關於公司之股東會，增訂於有天災、事變或其他不可抗力情事時，中央主管機關得公告公司於一定期間內，得不經章程訂明，以視訊會議或其公告之方式開會之規定，俾利公司彈性運作及保障股東參與股東會之權利（公§172-2 I）。應注意者，由於公司法第 172 條之 2 第 2 項未修正，股東會開會時，如以視訊會議為之，其股東以視訊參與會議者，視為親自出席。準此，倘股東原已委託代理人行使表決權，或已以書面或電子方式行使表決權，後欲改以視訊出席股東會之情形，與親自出席同，仍應符合公司法第 177 條第 4 項或第 177 條之 2 第 2 項規定。

2. 公開發行股票之公司應符合之條件、作業程序及其他應遵行事項，證券主管機關另有規定者，從其規定（公§172-2 III）。金融監督管理委

員會旋即修正「公開發行股票公司股務處理準則」，明定股東會視訊會議分為視訊輔助股東會與視訊股東會，並詳訂相關具體內容（公開發行股票公司股務處理準則§44-9～§44-23）。

（二）閉鎖性股份有限公司視訊股東會之修正

1. 就閉鎖性股份有限公司股東會之視訊會議言，於民國 104 年 7 月 1 日修正公司法時，即鑑於閉鎖性股份有限公司股東人數較少，股東間關係緊密，且通常股東實際參與公司運作，為放寬股東會得以較簡便方式行之，爰於公司法第 356 條之 8 第 1 項定訂公司章程得訂明股東會開會時，以視訊會議或其他經中央主管機關公告之方式為之（公§356-8 I 本文）。本次增訂但書，明定閉鎖性股份有限公司之股東會，於有天災、事變或其他不可抗力等情事時，中央主管機關亦得公告公司於一定期間內，得不經章程訂明，以視訊會議或其公告之方式開會（公§356-8 I 但書）。

2. 公司法第 356 條之 8 第 2 項至第 4 項規定，並未修正。

第二章
總　則

第一節　公司之概念

一、公司之意義

公司者，係以營利為目的，依照公司法組織，並經登記而成立之社團法人（公§1 I）。

（一）公司為法人

1. 法律上之人有自然人與法人之分。法人者，乃非自然人，而依法律之所規定，得享有權利、負擔義務之主體。

2. 法人為獨立之人格者，有權利能力，得以自己之名義，享受權利、負擔義務，並得為有效之法律行為，而合夥並非獨立之人格者，不得為權利義務之主體。

3. 公司在合法成立後，即為法人而享有獨立之人格，故公司之人格與股東係屬各別，其權利義務屬於公司本身，並非屬於其構成員之股東。但公司如未經合法成立，則雖名為公司，仍難認有獨立之人格而應以合夥論。

（二）公司為社團法人

1. 法人依其組織基礎，有社團與財團之別。社團係以人之結合為基礎，以章程之訂定為成立要件，如工會、農會等是；而財團則以財產之結合為基礎，以財產之捐助為其成立要件，如寺廟等是。

2. 公司係由股東訂定章程而組織成立，既以股東為基礎，乃為一種社團法人。

3. 公司之股東依據章程，雖負有出資之義務，但其出資係股東依據股東之資格，為能使公司實現其營利之目的，對公司所為之一種財產上之給付，並非公司成立之要件，究與財產之捐助有別。

（三）公司為以營利為目的之社團法人

1. 社團之組織，有以公益為目的者，有以私益為目的者。其以私益為目的之社團，又有以營利為目的者與不以營利為目的者之分。

2. 所謂「以營利為目的」，係指以其出資經營某項事業所獲得之利益，分配予其社員為最終目的者而言，若其目的在於公益，則雖以營利為其手段，亦不得以營利法人視之，但其設立之本旨若係在於營利，即為已足，其經營之結果，是否達到營利之事實，則非所問。

3. 公司之目的，係在於以營業所生之利益，分配於其股東，故公司為營利社團法人。因此，公司須以營利為目的，若申請設立公司而非以營利為目的者，主管機關應即駁回其申請。

4. 公司所經營之業務，並無種類之限制，凡以營利為目的，而其所經營之業務非法律所禁止者，均得依公司法之規定，申請登記為公司[1]。

5. 社會企業得以營利為目的之公司組織型態經營。蓋股東對於公司共同目標或宗旨，於法定範圍內，自得以章程明定之。然而，公司以營利為目的與其從事公益性質行為之關聯，學說雖迭有發展，但無礙於公司或為追求長遠利益、或追求調和之公司私益與公益，抑或適度地為兼顧公司經營利害關係者權益等行為。鑑於公司法第 1 條較未具公司設立之要件規範性，且公司若於章程中適切反應股東集體意志且未違反其他強行規定者，現行社會企業若擬以營利為目的之公司組織型態經營，應無違反公司法第 1 條規定之疑慮[2]。

---

[1] 司法院院字第 1113 號解釋。
[2] 經濟部 106.12.4.商字第 10602341570 號函。

（四）公司為依照公司法組織、登記、成立之社團法人

1. 民法第 45 條規定：「以營利為目的之社團，其取得法人之資格，依特別法之規定。」公司法為民法之特別法，故公司非依公司法組織，在中央主管機關登記後，不得成立（公§6）。

2. 依公司法規定登記成立之公司，毋需向法院辦理法人登記[3]。

3. 商店雖集股開設，名為公司，若其組織未履行法律上之程序，又未經主管官署註冊有案者，即應認為合夥，其股東對內對外關係，均應依合夥法律判斷[4]。

4. 公司實際負責人與名義負責人不同，此並不影響公司之存在[5]。

5. 公司不得變更組織為獨資、合夥之商業[6]。

6. 公司法第 6 條於民國 90 年 11 月 12 日修正後，「公司執照」即予廢止不再核發。惟公司得依公司法第 392 條規定，請求主管機關核給證明書[7]。

（五）公司之社會責任

1. 公司經營業務，應遵守法令及商業倫理規範，得採行增進公共利益之行為，以善盡其社會責任（公§1Ⅱ）。

2. 公司社會責任之內涵包括：公司應遵守法令；應考量商業倫理因素，採取一般被認為係適當負責任之商業行為；得為公共福祉、人道主義及慈善之目的，捐獻合理數目之資源。因此，公司的經營，不僅是謀取股東最大的利益，並且應關照股東以外之利害關係人。

3. 長久以來，公司究竟是為誰經營的問題，向來有股東優位主義或股東利益優先論（shareholder primacy）與利害關係人理論（stakeholder theory）或企業社會責任論（corporate social responsibility theory）的爭辯。前者主張經營者的任務就是為股東創造最大利潤，後者則認為

---

[3] 經濟部 64.3.25.商字第 6470 號函。

[4] 最高法院 16 年上字第 1960 號判例。

[5] 臺灣高等法院 87 年度上字第 808 號民事判決。

[6] 經濟部 90.2.16.經商字第 09002029180 號函。

[7] 經濟部 94.3.10.經商字第 09402026770 號函。

公司經營應兼顧消費者、員工、股東、社區等利害關係人的權益，股東利益最大化不是唯一的目標。

4. 為善盡公司社會責任，從消極面而言，公司經營業務，應遵守法令及商業倫理規範；從積極面而言，公司得採行增進公共利益之行為。

5. 就無限公司、有限公司及兩合公司而言，執行業務股東或董事執行業務，應依照法令、章程及股東之決定（公§52Ⅰ、§108Ⅳ準用§52、§115準用§52）。就股份有限公司而言，董事會應依照法令章程及股東會之決議，執行業務（公§193Ⅰ），即明定董事會的守法義務。又一旦董事會決議，為違反法令或章程之行為時，繼續一年以上持有股份之股東，得請求董事會停止其行為（公§194）；且董事會或董事執行業務有違反法令、章程或股東會決議之行為者，監察人應即通知董事會或董事停止其行為（公§218-2Ⅱ），故董事會及董事皆負有守法義務。公司負責人對於公司業務之執行，如有違反法令致他人受有損害時，對他人應與公司負連帶賠償之責（公§23Ⅱ），即為公司的侵權行為責任。

6. 公司法第 1 條第 2 項規定公司經營業務，應遵守商業倫理規範的規定，仿自美國法律學會（American Law Institute, ALI）公司治理準則第 2.01 條第(b)項的精神。所謂商業倫理規範，因其具體意涵不確定，容有灰色地帶及發展空間，但解釋上「上市上櫃公司永續發展實務守則」或各個商業同業公會訂定的自律規範，應屬倫理規範之一。本來公司對於合於商業倫理的事項，是否積極為之，應有自由裁量權限，並非其法律義務，但因公司法第 1 條第 2 項既已明定公司經營業務，應遵守商業倫理規範，則公司如有違反義務的行為，公司法雖未設有罰則規定，但公司依民法或相關法令是否應負民事責任，仍有討論空間。

7. 由於公司「得捐獻合理數目之資源」，以增進公共利益，故公司捐贈不是其法律責任，而是運用公司資源的權利。至於應由股東會、董事會、董事長或何等公司機關決定捐贈或資源運用，除應依公司內部的

分層授權表定之外，尚應注意有無法令的限制。例如上市上櫃公司對關係人之捐贈或對非關係人之重大捐贈，應提董事會討論。但因重大天然災害所為急難救助之公益性質捐贈，得提下次董事會追認（上市上櫃公司治理實務守則§35 I ⑨）。

8. 公司進行併購時，董事會應為公司之最大利益行之，並應以善良管理人之注意，處理併購事宜（企業併購法§5 I）。董事會處理併購事宜時，應可考量利害關係人的利益，而非僅追求股東利益最大化。

二、公司之種類

（一）法律上之分類

現行公司法將公司分為無限公司、有限公司、兩合公司、股份有限公司等四種。此項分類，係依據股東責任之態樣，而加予區分。

1. 無限公司

　為由二人以上之股東所組織，其全體股東就公司之債務，直接對公司債權人負連帶無限清償責任之公司（公§2 I ①）。

2. 有限公司

　為由一人以上股東所組織，就其出資額為限，對公司負其責任之公司（公§2 I ②）。

3. 兩合公司

　為由一人以上之無限責任股東與一人以上之有限責任股東所組織，其無限責任股東就公司之債務，直接對公司債權人負連帶無限清償責任，而有限責任股東僅就其出資額為限，就公司之債務對公司債權人負其責任之公司（公§2 I ③）。

4. 股份有限公司

　指二人以上股東或由政府、法人股東一人所組織，全部資本分為股份；股東就其所認股份，對公司負其責任之公司（公§2 I ④）。

(1) 股東轉讓其股權，雖致股東不滿法定人數，其轉讓仍為有效[8]。

(2) 公司實際負責人與名義負責人不同，此並不影響公司之存在[9]。

(3) 職工福利委員會須辦理法人登記，取得法人人格，始得為公司之股東[10]。

(4) 財團法人係屬公益性質，與以營利為目的之公司組織，性質不同。故財團法人可否出資而成為公司股東，宜由主管機關視該投資行為是否為該財團法人達成公益目的所必要而定[11]。所謂目的，係指終局之目的而言；如財團法人為營利行為，但仍將所得利用於公益事業，並未違反其捐助章程者，尚不失為公益法人，與其目的並無牴觸，且符合國際趨勢及潮流。惟仍應對財團法人進行適當之監督及管理，以維護其設立目的、公益性及財務健全[12]。

（二）信用上之分類

此乃以公司之信用基礎為區分之標準：

1. 人合公司

(1) 為公司之信用基礎，依存於股東之人的資望者。

(2) 無限公司為典型之人合公司，蓋無限公司，其信用在人，是否能得債權人之信用，不在公司資本之多寡，而係視股東個人之信用。

2. 資合公司

(1) 係公司之信用基礎，依存於公司之物的資本者。

(2) 股份有限公司為典型的資合公司，蓋其信用全在公司資產，公司債權人所恃以安心而與之交易者，惟以其資本為依據，至於股東各人信用之有無，則可置之不問。

3. 人合兼資合公司

(1) 為公司之信用基礎，並存於股東個人信用與公司資本者。

---

[8] 最高法院 93 年度台上字第 1834 號民事判決。

[9] 臺灣高等法院 87 年度上字第 808 號民事判決。

[10] 經濟部 76.7.23.商字第 36153 號函。

[11] 法務部 96.4.10.法律決字第 0960013258 號函。

[12] 法務部 107.8.27.法律字第 10703507730 號函。

(2) 兩合公司兼有人合與資合兩種性質，故屬之。

(3) 有限公司如就對外關係言之，應屬資合公司，但就對內關係言之，依我公司法之規定，則屬人合公司之性質。

（三）管轄系統上之分類

公司若以其管轄系統為區分之標準，可分為「本公司」與「分公司」。

1. 本公司

為依法首先設立，以管轄全部組織之總機構，習慣上稱之為總公司。

2. 分公司

係受本公司管轄之分支機構（公§3 II）。

(1) 分公司為章程之相對必要記載事項（公§41 I ⑦、101 I ⑥、116、130 I ①），故公司設立時同時成立分公司者，應載明於公司章程，若於公司設立後，始另成立分公司時，則必須變更章程。

(2) 分公司之數額，法無限制，但分公司之下不得再設分支機構[13]。

(3) 分公司與本公司在同一地址，公司法並無禁止規定[14]。

(4) 買賣零售業附設同一地址之門市部毋庸另辦分公司登記或商業登記[15]，但在與本公司不同地址設立門市部，如組織健全，對外經營業務，而屬分公司之組織者，則應依公司法規定辦理分公司設立登記[16]。

(5) 公司所屬分支機構如營業所或辦事處等，若非事務單位而係營業機構，並有設帳計算盈餘虧損，其財務會計獨立者，不問是否與本公司在同一縣市，均須辦理分公司登記，至汽車貨運或客運公司所設之代辦站、招呼站、售票亭、營業站及中國石油公司各地之儲營所、加油站等服務單位，組織極小且不具備設立分公司條件者，應免辦分公司登記[17]。

(6) 分公司之名稱，應以本公司名稱後，附加地名或數字等，以資區別，

---

[13] 經濟部 39.6.3.商字第 3162 號函。

[14] 經濟部 66.8.20.商字第 24543 號函。

[15] 經濟部 45.12.7.商字第 12459 號函。

[16] 經濟部 46.1.8.商字第 00232 號函。

[17] 經濟部 55.2.26.商字第 00232 號函。

例如「○○公司台中分公司」、「○○公司第一分公司」等[18]。

(7) 分公司為本公司之分支機構，本身並不具有獨立人格，不能為權利義務主體[19]。

(8) 同一地址設總公司、分公司及二個以上同業公司，公司法尚無禁止[20]。

（四）股本構成上之分類

1. 公營公司

所稱國營事業如下：(1)政府獨資經營者。(2)依事業組織特別法之規定，由政府與人民合資經營者。(3)依公司法之規定，由政府與人民合資經營，政府資本超過百分之五十者（國營事業管理法§3 Ⅰ）。因此，公營公司或國營公司即依公司法組織，並由政府與人民合資經營，而政府資本超過百分之五十以上之公司。

2. 民營公司

為業務由人民經營，或政府與人民合資經營，而民股超過百分之五十以上之公司。

公營與民營公司之區別實益，在於公營公司之員工，可能為刑法上依法令從事於公務之人員。公營事業機構中，實際負責承辦、監辦採購之基層人員，以及有權審核或參與採購之各級上級主管，甚或其首長，均屬刑法第 10 條第 2 項第 1 款後段之授權公務員[21]。

（五）國籍上之分類

此係以公司之隸屬國籍為標準而作之區分。

1. 本國公司

乃以營利為目的，在我國依照我國法律組織登記而成立之公司。

2. 外國公司

所稱外國公司，謂以營利為目的，依照外國法律組織登記之公司（公

---

[18] 經濟部 58.5.20.商字第 17254 號函。

[19] 經濟部 57.1.10.商字第 00954 號函。

[20] 經濟部 90.8.20.經商字第 09002172680 號函。

[21] 最高法院 105 年度台上字第 2039 號刑事判決、最高法院 101 年度台上字第 2816 號刑事判決。

§4 I）。在國際化之趨勢下，國內外交流頻繁，依外國法設立之外國公司既於其本國取得法人格，我國對此一既存事實宜予尊重。且為強化國內外公司之交流可能性，配合實際貿易需要及國際立法潮流趨勢，爰於民國107 年 8 月 1 日廢除外國公司認許制度。

(1) 外國公司，於法令限制內，與中華民國公司有同一之權利能力（公§4 II）。

(2) 外國公司非經辦理分公司登記，不得以外國公司名義在中華民國境內經營業務（公§371 I）。

(3) 外國公司未辦理分公司登記，在中華民國境內經營業務者，行為人處一年以下有期徒刑、拘役或科或併科新臺幣十五萬元以下罰金，並自負民事責任；行為人有二人以上者，連帶負民事責任，並由主管機關禁止其使用外國公司名稱（公§371 II）。

(4) 外國公司與中華民國公司有同一之權利能力，故除有法令限制外，得提起自訴。

三、公司之名稱

(一) 公司之名稱如何命名，採自由主義，任憑當事人自由選定，得以股東姓名或其他名稱作為公司之名稱。

(二) 但為使與公司往來之交易相對方，能對公司性質一目瞭然；避免侵害其他公司已建立之商譽；表明股東所負責任；避免使人誤認公司之國籍；或防止有影射政府機關或公益團體而從事營利之行為，我國法律對公司名稱之選用，設有如下之限制：

1. 商號之名稱，不得使用公司字樣（商業登記法§30 II），縱使公司名稱係沿用舊商號，仍應受公司名稱使用之限制[22]。

2. 公司名稱，必須標明其種類（公§2 II）。種類係指公司法上所規定之種類，例如「大友有限公司」、「小利無限公司」等，不得僅稱「大友公司」、「小利公司」。

---

[22] 司法院院字第 4041 解釋。

3. 公司名稱應使用我國文字。

(1) 公司得向主管機關申請公司外文名稱登記，主管機關應依公司章程記載之外文名稱登記之（公§392-1Ⅰ）。至於外文種類，由中央主管機關定之（公§392-1Ⅲ）。

(2) 公司外文名稱登記後，有下列情事之一者，主管機關得依申請令其限期辦理變更登記；屆期未辦妥變更登記者，撤銷或廢止該公司外文名稱登記（公§392-1Ⅱ）：

① 公司外文名稱與依貿易法令登記在先或預查核准在先之他出進口廠商外文名稱相同。該出進口廠商經註銷、撤銷或廢止出進口廠商業登記未滿二年者，亦同。

② 公司外文名稱經法院判決確定不得使用。

③ 公司外文名稱與政府機關、公益團體之外文名稱相同。

4. 公司名稱應避免與他公司或有限合夥相同之名稱。

(1) 公司之名稱，經為公司登記後，即享有排他效力。

(2) 公司名稱，應使用我國文字，不得與他公司或有限合夥名稱相同，二公司或公司與有限合夥名稱中標明不同業務種類或可資區別之文字者，視為不相同（公§18Ⅰ）。公司法第 392 條之 1 雖允許公司得向主管機關申請外文名稱登記，惟為避免公司誤解得僅以外文名稱登記，爰於民國 107 年 8 月 1 日修正公司法第 18 條第 1 項規定，重申公司名稱應使用我國文字。

① 商號之名稱，除不得使用公司字樣外，如與公司名稱相同或類似時，並不受限制[23]。例如台北市有一「臺灣紡織有限公司」，則在國內即不得再有一家「臺灣紡織股份有限公司」或「臺灣紡織無限公司」，但即使係在台北市，亦仍得再行設立「臺灣紡織行」。

② 凡在臺灣申請組織公司之名稱，如經查覺與大陸原登記公司之名稱相同或類似，而經營業務又相同者，准加冠「臺灣」字樣

---

[23] 經濟部 57.4.30.商字第 15399 號函。

並由申請人承諾光復大陸後無條件改名，即予登記[24]。

③ 相同公司名稱雖經雙方同意，仍不得登記使用[25]。

④ 公司雖已遭命令解散（公§10），在未辦理解散登記前，其名稱仍受保護[26]。

⑤ 所謂公司名稱是否類似，應以一般客觀的交易上有無使人混同誤認之虞為標準，如兩公司名稱甲名「某某某記」，乙名「新某某」除相同之「某某」兩字外，一加「某記」無「新」字，一無「某記」有「新」字，其登記在後之公司，即係以類似之名稱，為不正之競爭[27]。

⑥ 按姓名乃用以區別人己之一種語言標誌，將人個別化，以確定其人之同一性，公司名稱之法律意義及功能亦在於識別企業之主體性，得以與其他企業主體區別。公司名稱依上開具有之意義與功能予以普通使用，與作為表彰商品或服務來源賦予表徵（商標）之積極使用，二者迥異。有著名之法人、商號或其他團體之名稱，有致相關公眾混淆誤認之虞者，不得註冊商標，可見立法者就公司姓名權與商標權二者有所權衡。公司名稱須達於著名程度，始有防止商標權意欲攀附不當竊用公司著名名聲而否准註冊之必要；苟公司名稱未達著名程度，立法者准許商標權註冊，二法益得以併存，尚難謂商標權有侵害公司名稱可言[28]。

⑦ 單純使用知名公司之名稱為不同種類之業務，未違反公司法、商標法及公平交易法之規定[29]。

5. 公司不得使用易於使人誤認其與政府機關、公益團體有關或有妨害公

---

[24] 經濟部 58.6.23.商字第 21706 號函。

[25] 經濟部 64.7.22.商字第 16588 號函。

[26] 經濟部 60.7.3.商字第 26342 號函。

[27] 最高法院 48 年台上字第 1715 號判例。

[28] 最高法院 101 年度台上字第 1868 號民事判決。

[29] 最高法院 93 年度台上字第 771 號民事判決。

共秩序或善良風俗之名稱（公§18IV）。

6. 外國公司之名稱，應譯成中文，除標明其種類外，並應標明其國籍，如「英商」德記股份有限公司（公§370）。

(三) 公司使用英文名稱，並非公司法及商業登記法所規定應經登記之事項，因此毋須向主管機關登記或報備[30]，亦不須訂明於章程，即使在章程中加以規定，仍不發生登記之效力[31]。

(四) 公司所營事業應依中央主管機關所定營業項目代碼表登記。已設立登記之公司，其所營事業為文字敘述者，應於變更所營事業時，依代碼表規定辦理（公§18III）。

(五) 公司名稱及業務，於公司登記前應先申請核准，並保留一定期間；其審核準則，由中央主管機關定之（公§18V）。經濟部依據此授權規定，訂定發布「公司名稱及業務預查審核準則」，以資遵循。

(六) 經解散、撤銷或廢止登記之公司，自解散、撤銷或廢止登記之日起，逾十年未清算完結，或經宣告破產之公司，自破產登記之日起，逾十年未獲得法院裁定破產終結者，其公司名稱得為他人申請核准使用，不受第 18 條第 1 項規定之限制。但有正當理由，於期限屆滿前六個月內，報中央主管機關核准者，仍受第 18 條第 1 項規定之限制（公§26-2）。

四、公司之住所

(一) 自然人在法律上必有一定之住所，公司既為法人而與自然人同具人格，自亦應有一定之住所，以享受權利、履行義務。

(二) 公司以其本公司所在地為住所（公§3I）。
公司僅有法定住所，與自然人之住所可分為法定住所及意定住所，且得以居所視為住所者不同。

(三) 住所在法律上之效果，主要有下列五點：

---

[30] 經濟部 60.5.4.商字第 17416 號函。
[31] 經濟部 54.9.20.商字第 18847 號函。

1. 定主管機關監督權之行使。
2. 定普通訴訟或非訟事件之管轄法院。
3. 定債務之履行地。
4. 定國際私法上應適用何國法律。
5. 定行使或保全票據權利之處所。

(四) 法人章程記載之本公司所在地為法人業務關係、法律行為中心地[32]。

(五) 公司所在地係為法律關係之中心地域，尚非為營業行為之發生地[33]。

第二節　公司之能力

一、公司之權利能力

公司既為法人，自應享有權利能力，得為權利義務之主體。但公司究與自然人不同，故其權利能力受有下列之限制：

（一）性質上之限制

1. 凡以人之自然性質為前提之權利義務，如親屬法上之權義（親權、扶養請求權、繼承權等）及關於生命、身體之權利（生命權、身體權等），公司均無從享受或負擔（民法§26）。
2. 反之，凡不以人之自然性質為前提之權利義務，如名譽權、財產權、信用權、資格權、接受遺贈權等，公司均得享受之。

（二）法令上之限制

1. 法人僅於法令限制內，有享受權利、負擔義務之能力（民法§26）。
2. 公司不得為他公司無限責任股東或合夥事業之合夥人（公§13 I）。此限制乃因無限責任股東或合夥人，對於公司或合夥事業之債權人應負無限連帶清償之責任，倘公司得為他公司之無限責任股東或合夥事業之合夥人，萬一他公司或合夥事業虧折以至於倒閉，勢必受連累，故

---

[32] 最高行政法院 96 年度判字第 957 號判決。

[33] 經濟部 92.10.20.經商字第 092024333640 號函。

特予限制。至於有限責任股東，係以出資額為限負其責任，公司為他公司之有限責任股東，自無不可。

(1) 公司得為有限合夥之合夥人，不受公司法第 13 條第 1 項有關公司不得為合夥事業之合夥人之限制（有限合夥法§8 I）。

(2) 公司為有限合夥之普通合夥人，應依下列各款規定，取得股東同意或股東會決議（有限合夥法§8 II、III）：

① 無限公司、兩合公司經全體無限責任股東同意。

② 有限公司經全體股東同意。

③ 股份有限公司經代表已發行股份總數三分之二以上股東出席，以出席股東表決權過半數同意之股東會決議。公開發行股票之公司，出席股東之股份總數不足前項第 3 款定額者，得以有代表已發行股份總數過半數股東之出席，出席股東表決權三分之二以上之同意行之。但出席股東股份總數及表決權數，章程有較高之規定者，從其規定。

(3) 公司負責人違反有限合夥法第 8 條第 1 項至第 3 項規定時，應賠償公司因此所受之損害（有限合夥法§8 IV）。

3. 無限公司、有限公司、兩合公司或非公開發行股票之公司，不再受投資比例之限制。

4. 公開發行股票之公司為他公司有限責任股東時，其所有投資總額，除以投資為專業或公司章程另有規定或經代表已發行股份總數三分之二以上股東出席，以出席股東表決權過半數同意之股東會決議者外，不得超過本公司實收股本百分之四十（公§13 II）。惟為求公開發行股票公司資本之確定與充實，其投資總額原則上不得超過自己公司實收股本百分之四十。但以投資為專業者，因投資即其公司之事業，自不應加以限制。

(1) 公開發行股票之公司，出席股東之股份總數不足前項定額者，得以有代表已發行股份總數過半數股東之出席，出席股東表決權三分之二以上之同意行之，惟關於出席股東股份總數及表決權數，章程有

較高之規定者，從其規定（公§13Ⅲ、Ⅳ）。

(2) 轉投資及以投資為專業之認定：

① 所稱「轉投資」，經濟部曾解釋為應以章程有明文規定，且必須
長期經營為目的之投資，並經認股手續繳納股款者而言，其一
時收買股票等理財目的之投資不包括在內[34]。但此種解釋是否妥
當，頗有爭論，且該條於民國 58 年修正時，原有「轉投資」字
樣已刪除，上開解釋已無所附麗而失效，故改以應以是否為他
公司之股東以為斷，若股東名簿上已有記載，依公司法第 165
條堪以認定[35]。

② 所稱「以投資為專業」，指公司專以投資信託為業務，而不經營
其他事業者而言，即應以專業投資者為限[36]。以投資為專業之公
司，其轉投資之總額，公司法並無限制之規定。

5. 獨資或合夥之營利事業，因無權利能力，故不得為公司之股東[37]。兩
公司訂立合夥契約，應屬無效[38]。

6. 公司法第 13 條第 2 項所謂投資，係指公司以財產對他公司為現實之
出資行為而言，其因接受被投資之公司以盈餘或公積增資配股所得之
股份，不受限制（公§13Ⅴ）。

7. 公司負責人違反此限制規定時，應賠償公司因此所受之損害（公§13
Ⅵ）。故理論上此限制規定係一命令規定，而非效力規定。但實務上
認為，公司不得為他公司無限責任股東或合夥事業之合夥人，公司法
第 13 條第 1 項定有明文。此為強制規定，違反之者，依民法第 71
條規定，該合夥契約為無效[39]。

---

[34] 經濟部 57.6.6.商字第 20228 號函。

[35] 經濟部 68.11.23.商字第 40498 號函。

[36] 經濟部 62.2.14.商字第 03917 號函。

[37] 經濟部 65.2.9.商字第 03358 號函。

[38] 最高法院 93 年度台上字第 2078 號民事判決。

[39] 最高法院 86 年度台上字第 1587 號民事判決、最高法院 86 年度台上字第 2754 號民事判決、最高法院
93 年度台上字第 2078 號民事判決。

（三）目的上之限制

1. 目的範圍之限制

　　原公司法第 15 條設有登記範圍之限制，即公司之業務一經登記之後，公司不得經營其登記範圍以外之業務，惟該規定已於民國 100 年 11 月 12 日修正時刪除之。

2. 保證之限制

(1) 公司除依其他法律或公司章程規定得為保證者外，不得為任何保證人（公§16 I）。

(2) 限制保證之目的，在於穩定公司財務，保護股東及公司債權人之權益，以免公司財務因保證致被查封拍賣抵償，而遭受損失。

(3) 公司提供動產或不動產為他人借款之擔保設定抵押權，就公司財務之影響而言，與為他人保證之情形相同，仍應受限制[40]。倘公司提供財產為他人債務之擔保者，就公司財務之影響而言，與為他人保證人之情形無殊，仍應在上開規定禁止之列[41]。

(4) 以公司名義背書支票，不牽涉保證問題，故以公司名義背書支票，並不違反本項之限制。但若以公司名義在支票上為民法上之保證，該公司又非依法律或章程規定得為保證，雖不發生票據法上保證之效力，仍生民法之保證效力[42]。

(5) 公司法第 16 條之保證，除民法上之保證外，兼指票據法上之保證，故公司不得為匯票或本票之保證人[43]。

(6) 欲經營保證業務，必須於章程所營事業項下列明，倘僅於章程附則內規定，雖不合規定，但章程內既經訂明得為保證，該公司對其保證行為，自仍應負責[44]。

(7) 公司負責人違反此項限制之規定，應自負保證責任，如公司受有損

---

[40] 經濟部 61.6.20.商字第 16749 號函、最高法院 74 年台上字第 703 號判例。

[41] 最高法院 109 年度台上字第 2623 號民事判決。

[42] 經濟部 61.2.8 商字第 04275 號函。

[43] 最高法院 43 年台上字第 83 號判例。

[44] 經濟部 56.12.21.商字第 38215 號函。

害時，亦應負賠償責任（公§16Ⅱ）。

(8) 公司法第 16 條之規定為效力規定。公司負責人如違反本條規定，既非公司行為，對公司自不生效[45]。因此，違反公司法之保證契約，應屬無效[46]。

(9) 公司法所稱之不得為任何保證人，在解釋上應包括任何形態之保證行為在內[47]。

(10) 公司法第 16 條第 1 項固規定公司不得為任何保證人，但公司為共同發票或背書行為，則非法所不許[48]。又公司所為票據之隱存保證背書，仍生效力[49]。

(11) 公司以債務承擔方式代他人清償債務，就公司財務之影響而言，與為他人保證人之情形無殊[50]。

(12) 所謂不得為任何保證人，非僅指公司本身與他人訂立保證契約為保證人，即承受他人之保證契約，而為保證人之情形，亦包括在內[51]。

(13) 公司法第 16 條第 1 項規定者，公司除依其他法律或公司章程規定得為保證者外，不得為任何保證人，故如公司係以合建契約之約定範圍內為票據債務之簽發，並該票據並無記載有保證之意思者，如未有為其他之委任或保證契約者，即應難謂有違此規定，而有免除發票人責任之情事[52]。

二、公司之意思能力與行為能力

(一) 公司之有無意思能力與行為能力，因對於法人本質所採學說之不同，而異其結論：

---

[45] 司法院大法官會議釋字第 59 號解釋。
[46] 最高法院 72 年度台上字第 4425 號民事判決。
[47] 臺灣高等法院高雄分院 89 年度上字第 383 號民事判決。
[48] 最高法院 77 年度台上字第 942 號民事判決、最高法院 108 年度台上字第 779 號民事判決。
[49] 最高法院 93 年度台簡上字第 5 號民事判決。
[50] 最高法院 92 年度台上字第 914 號民事判決。
[51] 最高法院 69 年台上字第 1676 號判例。
[52] 最高法院 98 年度台上字第 2346 號民事判決。

1. 採法人擬制說者，以為法人乃由法律所假設，否認公司有實體之存在，故公司無意思能力及行為能力，公司之董事乃公司之法定代理人，其所為行為，係董事自身之行為，不過其效果及於法人，由法人依據代理之法理享受權利、負擔義務而已。

2. 採法人實在說者，謂法人有實體之存在，並非由於法律之擬制，而認為公司兼具意思能力及行為能力。亦即其對外之一切事務，均由其代表人代表為之，代表人代表公司所為之行為，即係公司之行為[53]。

(二) 我現行法採法人實在說，認為公司有意思能力、行為能力及侵權能力[54]。

(三) 公司意思之決定與實行，係表現於機關之活動，由公司負責人代表或代理為之。

三、公司之責任能力

（一）責任能力之定義

　　責任能力，乃行為人對於行為之結果，應負責任之資格或地位，在民法上稱為侵權行為能力，刑法上則稱為犯罪能力。

（二）公司之侵權行為能力

1. 公司法第 23 條第 2 項規定：「公司負責人對於公司業務之執行，如有違反法令致他人受有損害時，對他人應與公司負連帶賠償之責。」此乃將公司機關之行為視為公司之行為，而令公司負擔賠償責任，故公司亦有侵權行為能力。

2. 公司就其負責人之侵權行為負擔損害賠償責任，必須具備以下四個要件：

   (1) 侵權行為須為公司負責人之行為。

---

[53] 最高法院 102 年度台上字第 1556 號民事判決。

[54] 最高法院 57 年度台上字第 720 號民事判決、最高法院 93 年度台上字第 1154 號民事判決、最高法院 101 年度台上字第 803 號民事判決、最高法院 102 年度台上字第 1477 號民事判決、最高法院 102 年度台上字第 1556 號民事判決。

① 所謂公司負責人，公司法第 8 條設有定義規定。

② 不具備「公司負責人」地位者，如經理以下之職員，其侵權行為不構成公司本身之侵權行為，故損害賠償責任當應另依民法第 188 條僱用人責任之規定處理。

(2) 侵權行為必須係因其執行公司業務而發生。

① 所謂「執行業務」，一般係採廣義解釋，即指公司機關執行於其機關地位上所應執行之業務。故凡行為之外觀足認其為執行業務之行為者固勿論，即與業務之執行有密切關係者，亦屬於執行業務之行為。

② 執行業務之行為，並不以法律行為為限，事實行為亦包括在內。

③ 公司負責人個人非執行業務之侵權行為所致之損害，公司無須負任何責任。

(3) 須以他人因此受有損害為要件[55]。

(4) 不以公司負責人有故意或過失為成立要件[56]。

3. 公司負責人為公司簽發票據係屬代理行為，在有權代理範圍內，應由公司負票據上責任。倘屬無代理權或逾越代理權限時，依票據法第 10 條之規定，則應由代理人自負票據上責任[57]。

4. 公司法第 23 條第 2 項係以違反法令致他人「私權」受有損害，為公司負責人責任之發生要件，若「公權」受有損害，則不得以此為請求賠償之依據[58]。

5. 公司法第 23 條第 2 項所定連帶賠償責任，係基於法律之特別規定而來，並非侵權行為上之責任，故消滅時效，應適用民法第 125 條規定之十五年時效期間[59]。

---

[55] 最高法院 70 年度台上字第 1573 號民事判決。

[56] 最高法院 70 年度台上字第 1573 號民事判決、最高法院 73 年度台上字第 4345 號民事判決、最高法院 98 年度台上字第 1857 號民事判決。

[57] 經濟部 55.2.30.商字第 30577 號函。

[58] 最高法院 62 年度台上字第 2 號民事判決。

[59] 最高法院 76 年度台上字第 2474 號民事判決、最高法院 103 年度台上字第 2177 號民事判決。

6. 民法第 28 條所稱「法人董事或其他有代表權之人」，包括雖未經登記為董事或未任命為代表人，但實際為該法人之負責人，其因執行職務加於他人之損害時，法人應與該行為人連帶負賠償責任[60]。

（三）公司之犯罪能力

1. 公司有無犯罪能力，向有肯定說與否定說。

2. 我國最近之判例採否定說，其所持理由為刑罰之種類有五種，能為公司所適用者，僅罰金刑一種，且如公司無力繳納罰金時，並無法為易服勞役，從而認為法人不具有犯罪能力[61]。

3. 但我國特別刑事法中，如礦場安全法第 45 條、食品安全衛生管理法第 49 條第 5 項等亦有處罰公司之規定，故就特別刑事法觀之，公司仍有犯罪能力，但僅限於財產刑而已。

4. 我國公司法均以公司負責人為處罰之對象，故無公司是否有犯罪能力之爭。

第三節　公司資金運用之限制

一、公司資金運用限制之原因

　　公司為營利事業，其資金之運用是否得當，對公司之存續，影響至為重大。公司法為健全公司資本結構，充實公司財務狀況，並配合資本證券化之要求起見，對公司資金之運用乃設有限制。

二、公司資金運用限制之規定

（一）關於公司借款之限制

　　原公司法第 14 條規定，公司擴充生產設備，增加固定資產，其所需資金，不得以短期借款支應，惟於民國 90 年 11 月 12 日修正時刪除該規

---

[60] 最高法院 108 年度台上字第 378 號民事判決。
[61] 最高法院 54 年度台上字第 1894 號刑事判決。

定。

（二）關於公司貸款之限制

1. 公司之資金，除因公司間業務往來或短期融通資金之必要者，不得貸與股東或任何他人（公§15Ⅰ）；公司負責人違反上述規定者，應與借用人連帶負返還責任；如公司受有損害者，亦應由其負損害賠償責任（公§15Ⅱ）。

    (1) 公司得為資金貸與之情形，應注意下列要件：①貸與對象，限於公司或行號，含為公司組織之法人股東；②公司間或與行號間有業務往來；③公司間或與行號間有短期融通資金之必要者。但融資金額不得超過貸與企業淨值之百分之四十。

    (2) 「股東」包含自然人股東與法人股東在內，「任何他人」自包含自然人及法人在內。

    (3) 公司得貸與資金之對象，限於與公司間有業務交易行為之公司，含為公司組織之法人股東，至於自然人股東，則在禁止之列[62]。至於公司法第 15 條所指之行號，係指依商業登記法辦妥商業登記之商業而言。由於符合商業登記法第 5 條第 1 項各款規定免辦商業登記之小規模商業，亦為商業登記法規定之商業，當為公司法第 15 條第 1 項所指之行號[63]。又依有限合夥法第 4 條規定，有限合夥係以營利為目的，依法組織登記之社團法人；準此，有限合夥與公司、行號同屬營利性商業組織，爰公司法第 15 條第 1 項公司貸放款例外之範圍，解釋上應可包含有限合夥[64]。

    (4) 公司依稅務法令規定代股東墊付扣繳其未分派盈餘轉增資股份之稅款，與借貸情形有別，故不受公司法第 15 條第 1 項之限制[65]。

    (5) 公司員工向公司借支，約定就其薪津及獎金於存續期間內扣還，乃

---

[62] 經濟部 80.2.27.商字第 202959 號函。

[63] 經濟部 107.5.14.經商字第 10700035480 號函。

[64] 經濟部 107.4.27.經商字第 10700027280 號函。

[65] 經濟部 57.9.12.商字第 32204 號函。

屬預支薪津非屬一般貸款性質，故不構成公司法第 15 條限制之違反[66]。

(6) 公司如以資金發還股東保管為名，行借貸之實，則依公司法第 15 條論處[67]。

(7) 公司法第 15 條所稱之公司，係指公司法上之公司，特別法上之公司，如銀行則不受此限，故除銀行法第 32 條、第 33 條及第 33 條之 2 等對關係人授信設有之限制外，銀行仍得自由貸款予其股東或任何他人。

(8) 公司之資金，除因公司間業務交易行為有融通資金之必要者外，不得貸與股東或任何他人，其係為保護公司及股東之利益，非屬強制禁止規定，違反者尚非無效。若由消費者、出賣人及融資業者三方協議，以融資性分期付款買賣方式，使費者人得使用系爭車輛營業、出賣人取得買賣價金、融資業者取得對系爭車輛之動產抵押權，此種交易型態，並未違背法令，且無悖於公序良俗，對我國工商界經濟活動，非無助益，是該融資業者所營事業包括租賃業，並除許可業務外，得經營法令非禁止或限制之業務，所為該項交易，尚未違反公司法第 15 條第 1 項規定[68]。

(9) 公司之資金調度，原則上固禁止貸款予股東或其他人，但股東或他人貸款與公司，則非法之所禁[69]。

(10) 公司借貸予員工係為員工認購股票，應屬公司事業範圍內之交易行為，自不受公司法第 15 條第 2 項規定之限制[70]。

(11) 公司資金，按其章程所載之目的事業範圍，就其營業有關事項，可自由運用借貸[71]。

---

[66] 經濟部 68.11.17.商字第 39514 號函。
[67] 經濟部 71.6.22.商字第 21851 號函。
[68] 最高法院 97 年度台上字第 1030 號民事判決。
[69] 最高法院 105 年度台上字第 571 號民事判決。
[70] 臺灣高等法院 100 年度上易字第 1229 號民事判決。
[71] 最高行政法院 96 年度判字第 1070 號判決。

(12)計算短期融通資金之融資金額，係以累計計算[72]。

(13)公司法第 15 條第 1 項所規定業務往來之判斷與營業項目無涉[73]。

(14)公司之資金貸與外國公司，仍有公司法第 15 條第 2 項規定之適用[74]。

(15)非因公司間業務交易行為有融通資金之必要，而貸款予他人之損失，不得作為稅法上列報為損失[75]。

2. 限制公司資金貸與之作用有二：

(1) 在積極方面，為保障公司資金之穩固與投資人之利益，以免公司業務執行者濫用職權，流失資金。

(2) 在消極方面，可使公司業務執行者對於他人或股東之借款請求，有正當之理由可以拒絕。

第四節　公司之設立

一、公司設立之程序

公司之設立，乃公司設立人，為使公司取得法人人格，而循一定程序所為之法律行為。其設立程序因公司之種類而異。

二、公司設立之要件

公司之設立，須由發起人共同訂立章程，收足股款，然後才能申請登記。故知公司之設立，必須具備「人」、「物」、「行為（訂立章程）」之要件：

（一）發起人

公司之設立，須由發起人出而推動。在股份有限公司，應有二人以上

---

[72] 經濟部 95.12.27.經商字第 09500191240 號函。

[73] 經濟部 92.11.26.經商字第 09202242030 號函。

[74] 經濟部 88.7.21.商字第 88019553 號函。

[75] 最高行政法院 90 年度判字第 2278 號判決。

之發起人（公§128），但政府或法人股東一人所組織之股份有限公司，不受前開之限制（公§128-1）。

（二）資　本

　　公司係以營利為目的，必有資本方能從事其營利之活動。公司之資本，係由股東繳納而成，股東之出資，除無限責任及閉鎖性股份有限公司股東得以勞務出資（公§43、§356-3 II）外，其餘均須以現金、公司所需之財產、技術或其他權利出資，且公司非依法律之規定收繳股款後，不得辦理登記。

（三）章　程

　　公司之設立，須由發起人全體同意，訂立章程。章程之訂立，乃一種法律行為，其如何訂定，因公司種類而異，惟若公司設立時未訂定章程，或未經全體發起人簽名蓋章，則其設立行為無效。

三、公司設立之方式

（一）發起設立

　　即由發起人認足公司第一次擬發行之股份總額或資本之總額，不再向外另行募集之設立方式，亦稱同時設立或單純設立。無限公司、兩合公司及有限公司，均僅能採取此種方式設立。

（二）募集設立

　　即發起人不認足公司第一次擬發行之股份總額，而將不足之額向外公開招募之設立方式，亦稱漸次設立或複雜設立。僅股份有限公司始得採用此種方式。

四、設立行為之性質

　　關於設立行為之法律性質如何，學說頗不一致，約言之，有如下三種學說：

（一）合夥契約說

　　此說主張公司之章程為設立人間之契約，而認為公司之設立行為為合夥契約。惟一般以為，公司章程為公司存在之依據，乃規劃將來企業發展之方向，不應認其為設立人間之契約，且設立人僅為公司組成分子，而非如合夥人為合夥之本體，故此說難謂得當。

（二）單獨行為說

　　此說以為公司之設立，為依股東以組織公司為目的之個別單獨行為的偶合或聯合而成立。惟事實上，公司若依創立會而設立者，均取決於多數之議決，故稱其為單獨行為，究非是論。

（三）共同行為說

　　此說以為公司之設立行為，係設立人在同一目的下，共同一致所為之行為。

　　證諸公司章程之訂立、創立會之決議，共同行為說較能說明公司設立行為之性質，故多數學者從之。

五、公司設立之立法主義

　　公司之設立健全與否，影響國家與社會之安全與利益頗鉅，故立法政策上，輒有干預。惟因干涉程度之不同，有四種不同之立法主義：

（一）放任主義（自由主義）

1. 即公司之設立全憑個人之自由，法律不加以干涉，發起人無需踐行任何程序，公司一經成立，即享有法律上之人格。
2. 放任主義在歐洲中世紀自由貿易時期，頗為盛行，惟因其易導致公司之濫設，故近代各國鮮有採行者。

（二）特許主義

1. 即由國家制定特許條例，凡欲設立公司取得法人資格者，均須與該條例符合，然後再經特許，方可成立。

2. 特許主義之適用，多係含有政治作用，故舉凡公司之設立、組織及其經營，均受政府強烈之干涉，公司的管理經營亦由政府任命之管理人為之，股東並無參與權。昔日荷蘭東印度公司即屬之；我國之中國、輸出入銀行係依中國輸出入銀行條例設立，亦屬之。

（三）核准主義

1. 即公司之設立，除依據法令所規定之條件外，並須經過行政機關之核准，始得成立。
2. 核准主義因條件過於嚴苛，有礙公司之發展，故各國法例甚少採之者。
3. 比較核准主義與特許主義之區別：
   (1) 特許為立法之特權，而核准為行政上之特權。
   (2) 在特許制度下，每一公司之設立，均須制定一定之法律；而核准制度則係基於既存之法律，由行政機關核准之。

（四）準則主義

1. 乃國家對於公司之設立，先制定一準則，凡公司之設立與該準則所定要件相符者，即可申請登記為公司，毋庸在設立前申請立法機關或行政機關核准。
2. 準則主義頗能符合企業發展之所需，惟初期因規定過於簡陋，形同放任主義，產生種種流弊，故近代國家咸感有採行嚴格準則主義之必要，即嚴格規定其要件，並加重發起人之責任。
   (1) 未認足之第一次發行股份，及已認而未繳股款者，應由發起人連帶認繳；其已認而經撤回者亦同（公§148）。
   (2) 因公司法第 147 條及第 148 條情形，公司受有損害時，得向發起人請求賠償（公§149）。
   (3) 公司不能成立時，發起人關於公司設立所為之行為，及設立所需之費用，均應負連帶責任，其因冒濫經裁減者亦同（公§150）。
3. 嚴格準則主義既無特許主義與核准主義之繁雜手續，亦不似放任主義失之過濫，為立法上之佳制。我現行公司法採嚴格準則主義。

第五節　公司之登記

一、登記之目的

　　乃在於將公司之現況，依法定程序，向主管機關備案，以確定公司內部及其對外之關係，俾鞏固公司之信譽，並保護交易之安全。

二、登記之種類

（一）設立登記

1. 未經設立登記，不得以公司名義經營業務或為其他法律行為（公§19 I）。故以公司名義對外為一切法律行為前，必須先為設立之登記（公§6）。

2. 公司之業務，依法律或基於法律授權所定之命令，須經政府許可者，如保險、銀行、運輸等業務，則須於領得許可文件後，始得申請公司登記（公§17 I）。

　　(1) 公司所營事業，除許可業務應載明於章程外，其餘不受限制（公§18 II）。但應依中央主管機關所定營業項目代碼表登記。已設立登記之公司，其所營事業為文字敘述者，應於變更所營事業時，依代碼表規定辦理（公§18 III）。

　　(2) 公司未經依法成立之前，申請特許時，可用籌備處名義為之[76]。

3. 營業項目需要專門職業人員者，除法令別有規定須檢附聘僱合約始能申請公司登記外，亦可先行申辦公司登記[77]。

4. 股份有限公司之股東、董事、董事長等資格之取得，於公司設立時，應自主管機關准公司登記，亦即於公司成立確定後，始生效力[78]。

---

[76] 經濟部 56.2.23.商字第 04090 號函。
[77] 經濟部 59.4.28.商字第 18816 號函。
[78] 經濟部 64.4.24.商字第 08973 號函。

（二）外國公司之分公司及負責人登記

1. 外國公司非經辦理分公司登記，不得以外國公司名義在中華民國境內經營業務（公§371 I）。

2. 外國公司在中華民國境內設立分公司者，應專撥其營業所用之資金，並指定代表為在中華民國境內之負責人（公§372 I）。

3. 外國公司有下列情事之一者，不予分公司登記（公§373）：

   (1) 其目的或業務，違反中華民國法律、公共秩序或善良風俗。

   (2) 申請登記事項或文件，有虛偽情事。

（三）變更登記

1. 公司設立登記後，有應登記之事項而不登記，或已登記之事項有變更而不為變更之登記者，不得以其事項對抗第三人（公§12）。公司設立登記後，其已登記之事項有變更者，應於變更後向主管機關申請為變更登記，例如公司章程之修改、住所之變更、董事及監察人之改選是等。

2. 公司登記，除設立登記為公司之成立要件外，其他登記，皆屬對抗要件，變更董事、監察人，固屬應登記之事項，但此事項之有效存在，並不以登記為其要件。公司之董事及監察人如未經決議選任，縱經主管機關准許登記於登記簿上，仍難謂該董事及監察人業經合法選任[79]。

3. 公司登記事項如有變更而未於期限內申請登記，於逾規定期限後，公司負責人變更時，其應科罰鍰之負責人，仍以在規定期限內應履行申請登記義務之原負責人為處罰之對象[80]。

（四）解散登記

1. 公司之解散，除破產外，應申請主管機關為解散之登記。

2. 經特許機關予以勒令歇業之公司，倘係僅經營特許業務者，因其乃屬

---

[79] 最高法院 110 年度台上字第 322 號民事判決。

[80] 經濟部 58.2.27.商字第 06853 號函。

公司所營事業不能成就，已構成公司解散之原因，故應辦理解散登記[81]。

3. 公司向主管機關申請解散登記，如因手續不全迭經通知補正均未遵辦時，可持原申請書件及規費收據，暫時訂入該公司原卷內備查續辦[82]。

4. 公司申請解散登記，尚無因涉嫌逃漏稅捐而予以暫緩受理之規定[83]。

5. 股份有限公司董事長死亡而辦理解散登記時，得免先辦補選董事長變更登記[84]。

6. 公司提出申請解散登記，在主管機關尚未核准前，得由原申請書具名蓋章人申請撤回[85]。

7. 公司之解散，不向主管機關申請解散登記者，主管機關得依職權或據利害關係人申請，廢止其登記。又主管機關對於前開之廢止，除命令解散或裁定解散外，應定三十日之期間，催告公司負責人聲明異議；逾期不為聲明或聲明理由不充分者，即廢止其登記（公§397）。

8. 公司經主管機關依法撤銷登記處分確定者，其公司即不存在，毋庸再申辦解散登記，但撤銷登記之處分，應送達於被處分之公司[86]。

9. 公司向主管機關申請解散登記並經核准後，即告確定，自不得申請恢復原登記[87]。

三、登記之機關

(一) 申請公司法各項登記之期限、應檢附之文件與書表及其他相關事項之辦法，由中央主管機關定之（公§387Ⅰ）。主管機關依公司法第387條第1項規定之授權，訂定發布「公司登記辦法」，以資遵循。至於上開登記之申請，得以電子方式為之；其實施辦法，由中央主

---

[81] 經濟部 61.3.13.商字第 07210 號函。
[82] 經濟部 64.4.21.商字第 08569 號函。
[83] 經濟部 65.3.2.商字第 05348 號函。
[84] 71 年第 6 次商業行政協調會議。
[85] 71 年第 2 次商業行政協調會議。
[86] 經濟部 71.7.15 .商字第 25031 號函。
[87] 經濟部 65.5.19.商字第 13070 號函。

管機關定之（公§387Ⅱ）。主管機關即依公司法第 28 條之 1 第 3 項及第 387 條第 2 項規定之授權，訂定發布「公司登記電子申請及電子送達實施辦法」，以資遵循。

1. 當事人如須委任代理人者，應委由開業之會計師或律師為之（公§387 Ⅲ）。

    代理人委託書未指定代收送達文件者，逕寄申請人[88]。

2. 商會設立服務機構免費受託辦理營業證照，應以當事人名義為之[89]。

(二) 所謂主管機關，在中央為經濟部；在直轄市為直轄市政府，中央主管機關得委任所屬機關、委託或委辦其他機關辦理公司法所規定之事項（公§5）。

(三) 公司申請設立、變更登記之資本額，應先經會計師查核簽證；公司應於申請設立登記時或設立登記後三十日內，檢送經會計師查核簽證之文件（公§7Ⅰ）。公司申請變更登記之資本額，應先經會計師查核簽證（公§7Ⅱ）。其查核簽證之辦法，由中央主管機關定之（公§7Ⅲ），以求公司登記資本之確實性。主管機關依公司法第 7 條第 3 項規定之授權，訂定發布「會計師查核簽證公司登記資本額辦法」，以資遵循。

(四) 華僑及外國人投資之公司，其申請設立及變更登記書件，改由經濟部投資審議委員會統一收件[90]。

(五) 外國公司之一切登記事項，均以經濟部為決定機關。

(六) 科學工業園區內之公司登記業務職權，允屬園區管理局法定職權[91]。

(七) 改選董事或監察人變更登記案之申請書如僅由新任董事長具名蓋章申請，於法並無不合[92]。

(八) 公司登記以形式審查為原則，申請登記之文件已符合規定，即得准

---

[88] 經濟部 55.1.19.商字第 01234 號函。
[89] 經濟部 55.5.14.商字第 1192 號函。
[90] 經濟部 59.10.7.商字第 47314 號函。
[91] 經濟部 93.12.14.經商字第 09302403930 號函。
[92] 最高行政法院 92 年度判字第 833 號判決。

予變更登記[93]。

四、登記之期限

　　各種公司之登記均規定為十五日，惟其起算，則依情形而不同（公司登記辦法§2、§3、§4）。

五、登記之效力

（一）設立登記

1. 我公司法就公司之設立登記，係採登記要件主義（設立要件主義），公司非經登記，不得成立（公§6）。
2. 公司於設立登記後，即發生如下之效力：
   (1) 取得法人之人格：公司須經設立登記後始取得法人之人格，故僅為設立登記之申請者，尚不能取得法人之人格，必須其申請經完成登記後，始生登記之效力（公§6）。且公司設立之效力，為一創設之效力而非宣示之效力，故公司未經登記，即不能認為有獨立之人格，發起人在設立時所發生之權義關係，除公司法別有規定外，應適用民法合夥之規定，擔負償還責任[94]。
   (2) 取得名稱專用權：
   　① 公司經設立登記，始得使用公司之名稱（公§19 I）。
   　② 公司名稱，應使用我國文字，且不得與他公司或有限合夥名稱相同。二公司或公司與有限合夥名稱中標明不同業務種類或可資區別之文字者，視為不相同（公§18 I）。
   (3) 取得公司營業權：未經設立登記，不得以公司名義經營業務或為其他法律行為（公§19 I）。反之，公司於依法設立登記，即有營業之權。但商業應辦理商業登記，取得合法登記始可從事營業行為[95]。

---

[93] 最高行政法院 94 年度判字第 960 號判決。
[94] 最高法院 59 年度台上字第 2168 號民事判決。
[95] 最高行政法院 93 年度判字第 1262 號判決。

(4) 股份有限公司之特別效力：股份有限公司股票之發行、股東股份之轉讓，均須於設立登記後始得為之。

3. 公司之設立費用係指發起人在籌備期間所發生之費用，而公司為營業準備所發生之費用係指公司設立登記前以公司名義所負之債務[96]。

（二）其他事項之登記採對抗主義

蓋公司法第 12 條規定：「公司設立登記後，有應登記之事項而不登記，或已登記之事項有變更而不為變更之登記者，不得以其事項對抗第三人。」

1. 應登記事項不登記，或已登記事項變更而不為變更登記，不得以其事項對抗第三人，該第三人，並無善意或惡意之別[97]。申言之，公司法第 12 條規定所指「第三人」，並無善意或惡意之別，亦不以與公司有為交易行為之第三人為限[98]。

2. 公司雖已停業，在未辦理解散登記前，不得以其解散對抗第三人[99]。

3. 公司負責人變更，經主管機關核准變更登記時，該新登記之負責人在法律上即生對抗第三人之效力。但公司之法人人格並不因內部負責人之變更而有所影響，如本於法律對公司本身原有之處分，仍應依法予以執行[100]。

4. 股份有限公司新任董事長，自其就任後即生效力，並非經主管機關准予變更登記後，始生效力[101]。至於改選董事及董事長時，選舉董事之決議未被撤銷以前，仍屬有效，故應以新當選董事長為公司法定代理人[102]。

惟若公司董事長未經改選，縱經人以偽造文書之方法申請為董事長之

---

[96] 臺灣高等法院 93 年度上字第 2188 號判決。
[97] 最高行政法院 94 年度判字第 1914 號判決。
[98] 最高行政法院 93 年度判字第 47 號判決。
[99] 經濟部 60.4.22.商字第 15844 號函。
[100] 經濟部 63.11.18.商字第 29523 號函。
[101] 最高法院 90 年度台上字第 2280 號民事判決。
[102] 臺灣高等法院暨所屬法院 61.7.28.法律座談會民事類第 18 號。

變更登記，仍難謂變更登記後之人為該公司之董事長[103]。

5. 董事長改選無效，經主管機關變更登記，其代表公司所簽發之本票，除執票人為惡意外，對公司應發生效力[104]。

6. 稅捐機關報請限制營利事業負責人出境，應以公司登記之負責人為準[105]。

7. 股份有限公司董事於向公司為辭職之表示時，其與公司間之委任關係即已終止；然於其公司之董事登記尚未變更前，應認其對外應負之董事責任並非當然解消[106]。

8. 董事辭卸或因轉讓股份而喪失董事資格之變更，如未加以登記，不論第三人係私人或行使公權力之機關，均不得對抗[107]。

9. 公司法第 12 條所稱不得以其事項對抗第三人，雖寓有可對抗知情第三人之意，惟並不包括行使公權力之國家機關[108]。

10. 公司章程雖係偽造或變造，但如經主管機關登記即生對抗之效力[109]。

11. 公司登記效力之規定，旨在保護與公司有交易行為之善意第三人，故如非公司之交易相對人，自不得引該條為限制出境之依據[110]。

12. 依公司法第 9 條第 1 項規定，公司應收之股款，於股東未繳納時，不得以申請文件表明收足，亦不得於股東已繳納而於登記後將股款發還股東，或任由股東收回。為設立公司或增資而向金主商借現金，並製作不實之試算表、資產負債表等財務報表，並於登記完成後將該股款提領返還予金主，並居間販賣該公司之股票，其行為即涉犯刑法第 216 條、第 215 條之行使業務上登載不實文書、公司法第 9 條之未繳納股款罪、證券交易法第 175 條第 1 項、第 179 條之法人違反證券商

---

[103] 最高法院 86 年度台上字第 1958 號民事判決。
[104] 最高法院 77.5.17.第 9 次民事庭會議決議（二）。
[105] 最高行政法院 96 年度判字第 1825 號判決。
[106] 最高行政法院 98 年度判字第 164 號判決。
[107] 最高行政法院 95 年度判字第 1612 號判決。
[108] 最高行政法院 93 年度判字第 1253 號判決。
[109] 最高法院 94 年度台上字第 1142 號民事判決。
[110] 最高行政法院 93 年度判字第 870 號判決。

須經主管機關許可方得營業及非證券商不得經營證券業務規定[111]。

13. 依公司法第 12 條規定，公司之登記雖非生效要件，卻為對抗第三人
之要件，公司辦理增資於董事會決議發行新股之日，即已生效，如登
記之內容與事實明顯不符，除滋生股東之困擾及訟源外，且易損及主
管機關登記之公信力。是以，原處分依據行為人刑事確定判決所認定
公司股東臨時會及董事會議事錄係偽造文書之犯罪事實撤銷系爭相
關登記事項，乃對外直接發生公法上法律效果之單方行政處分，自屬
行政訴訟審判範圍。當事人提起撤銷訴訟，一經勝訴確定，即為具有
對世效力之形成判決，原處分溯及失效，依行政訴訟法第 215 條規
定，當事人及其他利害關係人均受其拘束，原處分一經撤銷，公司之
公司登記自有回復增資登記之可能性[112]。

六、登記之撤銷或廢止

(一) 公司應收之股款，股東並未實際繳納，而以申請文件表明收足，或
股東雖已繳納而於登記後將股款發還股東，或任由股東收回者，公
司負責人各處五年以下有期徒刑、拘役或科或併科新臺幣五十萬元
以上二百五十萬元以下罰金（公§9Ⅰ）。其經法院判決有罪確定後，
由中央主管機關撤銷或廢止其登記。但判決確定前，已為補正者，
不在此限（公§9Ⅲ）。

1. 公司法第 9 條第 1 項虛偽出（增）資之處罰規定，分為三種情形，公
司應收之股款：(1)股東並未實際繳納，而以申請文件表明收足；(2)
股東雖已繳納而於登記後將股款發還股東；(3)股東雖已繳納而於登
記後任由股東收回。有以上情形之一者，即課其負責人以刑責。所稱
「股東並未『實際』繳納」，應實質判斷，倘股東雖形式上有繳納股
款，惟公司實收資本並未增加，即非實際繳納股款，應依上開規定論
罪。又股東以借貸所得繳納公司股款，固非法之所禁，然如借款來源

---

[111] 最高法院 102 年度台上字第 5026 號民事判決。
[112] 最高行政法院 102 年度判字第 270 號判決。

即係該公司，形同公司以自有資金投資自己，實收資本並未增加，自
與公司資本充實與確定原則相悖[113]。因此，公司應收股款，股東並未
實際繳納，而以申請文件表明收足，並向主管機關提出不實之申請
者，即成立公司法第 9 條第 1 項之罪[114]。有公司法第 9 條第 1 項情事
時，公司負責人應與各該股東連帶賠償公司或第三人因此所受之損害
（公§9Ⅱ）。

2.　公司法第 9 條第 1 項之罪，旨在維護公司資本充實原則及公司資本確
定原則，防止虛設公司及防範經濟犯罪，只要股東並未實際繳納公司
應收之股款，而以暫時借資及人頭股東之方式虛偽表示股東已繳足股
款，提出於主管機關，即與公司資本充實原則及公司資本確定原則有
所違背，無論其借用資金充作股款之時間久暫，自均構成本罪[115]。倘
於提出申請文件時，公司設立或增資之股款未實際繳納，而以暫時借
資或層轉公司既有資金等方式，虛偽表示股東已繳足，而提出於主管
機關，即有悖於公司資本充實與確定原則，自應論以該項之罪，至嗣
後充作股款之公司既有資金，是否移作公司營運之用，則不影響已經
成立之犯罪[116]。

3.　公司法第 9 條第 1 項之罪並非必要共犯，亦非己手犯[117]。

4.　公司法第 9 條不實登記之撤銷與處罰乃取締規定，非效力規定，無民
法第 71 條之適用[118]。

5.　公司於開辦期間並非不得動用股款[119]。

（二）　公司之負責人、代理人、受僱人或其他從業人員以犯刑法偽造文書
印文罪章之罪辦理設立或其他登記，經法院判決有罪確定後，由中
央主管機關依職權或依利害關係人之申請撤銷或廢止其登記（公§9

---

[113] 最高法院 110 年度台上字第 3984 號刑事判決。
[114] 最高法院 97 年度台上字第 4610 號刑事判決。
[115] 最高法院 96 年度台上字第 4037 號刑事判決、最高法院 111 年度台上字第 4476 號刑事判決。
[116] 最高法院 112 年度台上字第 279 號刑事判決。
[117] 最高法院 93 年度台上字第 6473 號刑事判決。
[118] 臺灣高等法院 93 年度重上字第 251 號民事判決。
[119] 經濟部 94.7.4.經商字第 09402073690 號函。

Ⅳ）。亦即，除偽造、變造文書罪外，公務員登載不實罪、使公務員登載不實罪、業務上登載不實罪、行使偽造變造或登載不實之文書罪、偽造盜用印章印文罪等，亦包括在內。

(三) 經政府許可之公司業務，其業務之許可經目的事業主管機關撤銷或廢止確定者，應由各該目的事業主管機關，通知中央主管機關，撤銷或廢止其公司登記或部分登記事項（公§17Ⅱ）。

(四) 公司之經營有違反法令受勒令歇業處分確定者，應由處分機關通知中央主管機關，廢止其公司登記或部分登記事項（公§17-1）。

(五) 公司登記是否有偽造、變造文書而應予撤銷，主管機關並無實質認定權限[120]。

(六) 外國公司分公司之廢止登記

1. 外國公司在中華民國境內設立分公司後，無意在中華民國境內繼續營業者，應向主管機關申請廢止分公司登記。但不得免除廢止登記以前所負之責任或債務（公§378）。

2. 有下列情事之一者，主管機關得依職權或利害關係人之申請，廢止外國公司在中華民國境內之分公司登記（公§379Ⅰ）：

   (1) 外國公司已解散。

   (2) 外國公司已受破產之宣告。

   (3) 外國公司在中華民國境內之分公司，有公司法第 10 條各款情事之一。

3. 主管機關得依職權或利害關係人之申請，廢止外國公司之分公司登記，不影響債權人之權利及外國公司之義務（公§379Ⅱ）。

第六節　公司之監督

一、監督機關

公司之監督，由其主管機關為之。主管機關，在中央為經濟部；在直

---

[120] 最高行政法院 96 年度判字第 128 號判決。

轄市為直轄市政府（公§5 I）。

二、監督事項

公司之監督事項，因公司種類而異。

就共通之監督事項而言，若依監督權行使時間為區分標準，可分為事前監督與事後監督兩種：

（一）事前監督

所稱事前監督，係指對公司在設立登記前所為之監督。蓋我公司法對於公司之設立，採嚴格準則主義，為達到事前監督之目的，遂訂有若干準則，以為公司設立之要件。

1. 依法登記

公司非在中央主管機關登記後，不得成立（公§6）。

2. 實質審查

主管機關對於公司登記之申請，認為有違反公司法或不合法定程式者，應令其改正，非俟改正合法後，不予登記（公§388）。

3. 公司名稱之禁止使用

凡未經設立登記，而以公司名稱經營業務或為其他法律行為者，行為人處一年以下有期徒刑、拘役或科或併科新臺幣十五萬元以下罰金，並自負民事責任；行為人有二人以上者，連帶負民事責任，並由主管機關禁止其使用公司名稱（公§19）。

（二）事後監督

所謂事後監督係指對已經設立登記之公司所為之監督，蓋公司之設立，雖經向主管機關登記，但主管機關究竟難以查明真相，故公司法乃有如下之規定：

1. 主管機關撤銷或廢止登記

公司應收之股款，股東並未實際繳納，而以申請文件表明收足，或股東雖已繳納而於登記後將股款發還股東，或任由股東收回者，公司負責人

各處五年以下有期徒刑、拘役或科或併科新臺幣五十萬元以上二百五十萬元以下罰金（公§9Ⅰ）。有前項情事時，公司負責人應與各該股東連帶賠償公司或第三人因此所受之損害（公§9Ⅱ）。

(1) 違反公司法第 9 條第 1 項規定，經法院判決有罪確定後，由中央主管機關撤銷或廢止其登記。但判決確定前，已為補正者，不在此限（公§9Ⅲ）。又公司之負責人、代理人、受僱人或其他從業人員以犯刑法偽造文書印文罪章之罪辦理設立或其他登記，經法院判決有罪確定後，由中央主管機關依職權或依利害關係人之申請撤銷或廢止其登記（公§9Ⅳ）。因此，撤銷公司之登記，須具備下列二種情形之一：

① 公司應收之股款有虛偽不實情事，經法院判決有罪確定。

② 公司負責人、代理人、受僱人或其他從業人員犯刑法偽造文書印文罪章之罪，經法院判決有罪確定者。

(2) 公司主管機關雖已明知公司之設立登記或其他登記事項，有違法或虛偽情事，亦不能擅予撤銷登記，必須先將全案移送法院，俟法院裁判確定後，始可據以撤銷登記。

(3) 法院判決確定，本應由第一審法院通知主管機關撤銷登記[121]，但現行公司法第 9 條第 3 項及第 4 項已明定法院判決有罪確定後，可由中央主管機關依職權或依利害關係人之申請撤銷或廢止其登記。

(4) 公司經解散或撤銷其登記後，除於清算目的之必要範圍內，仍視為存續外，其人格已不復存在，故原已核准登記之處分縱有瑕疵，亦因設立登記被撤銷而失所附麗，似無待於再為撤銷登記[122]。

(5) 變更事項經撤銷登記後，應回復原狀[123]。

(6) 撤銷設立登記之效果，有主張自始無效，即認為公司根本未經成立，另有本於公益上之理由及確保交易之安全，而主張嗣後無效者，比較兩者，應以後說為當。

---

[121] 最高法院 49.10.31.第 3 次民刑庭總會會議決議（二）。

[122] 法務部 83.4.18.法律字第 07601 號函。

[123] 經濟部 61.7.17.商字第 19572 號函。

2. 主管機關命令解散

(1) 公司有下列情事之一者，主管機關得依職權或利害關係人之申請，命令解散之（公§10）。

① 公司設立登記後六個月尚未開始營業者，但已辦妥延展登記者，不在此限（公§10①）。

② 開始營業後自行停止營業六個月以上者，但已辦妥停業登記者，不在此限（公§10②）。

A. 依公司法第 10 條第 2 款規定，公司有開始營業後自行停業六個月以上之情事，主管機關即得命令解散；又該公司復未向主管機關提出申請解散登記，即按同法第 397 條第 1 項規定廢止公司登記[124]。

B. 公司如因欠稅被勒令停業，並非自行停業[125]。應注意者，公司在六個月間所申報營業額均為零時，是否有逃漏稅捐之行為既尚待調查，從而不可單憑所報營業額為零，即認為已構成自行停止營業六個月以上之情形[126]。

③ 公司名稱經法院判決確定不得使用，公司於判決確定後六個月內尚未辦妥名稱變更登記，並經主管機關令其限期辦理仍未辦妥（公§10③）。

A. 例如著名商標「內碼 A1D1」被使用為公司名稱，經商標權人提起訴訟，法院判決內碼 A1D1 股份有限公司不得使用「內碼 A1D1」為其公司名稱。實務上，部分公司未依判決主文主動辦理名稱之變更，造成他人權利受損，爰增訂此第 3 款。

B. 其目的在藉此督促公司辦理名稱變更登記。

④ 未於第 7 條第 1 項所定期限內，檢送經會計師查核簽證之文件者。但於主管機關命令解散前已檢送者，不在此限（公§10④）。

---

[124] 最高行政法院 110 年度上字第 194 號判決。
[125] 經濟部 56.3.7.商字第 05300 號函。
[126] 經濟部 63.9.3.商字第 23071 號函。

(2) 公司經主管機關命令解散者，毋須依公司法第 316 條規定，再經股東會決議解散，得逕行依法清算[127]。

(3) 命令解散屬中央主管機關職權，地方主管機關如發現公司構成命令解散之原因時，應報經濟部核准後，再行辦理[128]。

(4) 利害關係人固得向主管機關申請命令解散公司，惟是否命令解散，其裁量權仍屬主管機關加以決定[129]。

(5) 主管機關依職權為廢止公司登記，不以命令解散行政處分經終局判決或判決確定後始得廢止登記[130]。

(6) 公司不需以有正當理由始得申請停止營業[131]。

(7) 公司如有命令解散之要件，則有無通知公司申復，並非為命令解散處分之必要條件[132]。

(8) 命令公司解散處分，於行政機關為此處分時即發生效力[133]。

(9) 股東聲請公司解散之程序中，需具備股東身分[134]。

3. 決算表冊之查核

(1) 公司每屆會計年度終了，應將營業報告書、財務報表及盈餘分派或虧損撥補之議案，提請股東同意或股東常會承認（公§20 I）。上述書表，主管機關得隨時派員查核或令其限期申報，其查核辦法由中央主管機關定之。主管機關即依公司法第 20 條第 4 項規定之授權，訂定發布「公司決算書表申報暨查核辦法」。

(2) 公司資本額達一定數額以上或未達一定數額而達一定規模者，其財務報表，應先經會計師查核簽證；其一定數額、規模及簽證之規則，由中央主管機關定之。但公開發行股票之公司，證券主管機關另有規定

---

[127] 經濟部 56.12.4.商字第 34028 號函。
[128] 經濟部 64.8.6.商字第 18303 號函。
[129] 最高行政法院 95 年度判字第 719 號判決。
[130] 最高行政法院 94 年度判字第 285 號判決。
[131] 最高行政法院 93 年度判字第 1284 號判決。
[132] 最高行政法院 84 年度判字第 1785 號判決。
[133] 最高行政法院 78 年度判字第 2467 號判決。
[134] 最高法院 91 年度台抗字第 230 號民事裁定。

者，不適用之（公§20Ⅱ）。又前項會計師之委任、解任及報酬，準用第 29 條第 1 項規定（公§20Ⅲ）。公司負責人違反前揭規定時，各處新臺幣一萬元以上五萬元以下罰鍰。規避、妨礙或拒絕前項查核或屆期不申報時，各處新臺幣二萬元以上十萬元以下罰鍰（公§20Ⅴ）。主管機關依公司法第 20 條第 2 項及有限合夥法第 27 條第 3 項規定之授權，訂定發布「會計師查核簽證財務報表規則」，以資遵循。

(3) 公司法第 20 條第 2 項所稱公司資本額達一定數額以上者，係指財務報導期間結束日，實收資本額達新臺幣三千萬元以上之公司，其財務報表，應先經會計師查核簽證後，提請股東同意或股東常會承認[135]。

(4) 公司法第 20 條第 2 項所稱公司資本額未達一定數額而達一定規模者，係指財務報導期間結束日，實收資本額未達新臺幣三千萬元而符合下列兩者之一之公司：①營業收入淨額達新臺幣一億元。②參加勞工保險員工人數達一百人[136]。

(5) 主管機關查核公司法第 20 條所定各項書表，或依第 21 條檢查公司業務及財務狀況時，得令公司提出證明文件、單據、表冊及有關資料，除法律另有規定外，應保守秘密，並於收受後十五日內，查閱發還。公司負責人違反前項規定，拒絕提出時，各處新臺幣二萬元以上十萬元以下罰鍰。連續拒絕者，並按次連續各處新臺幣四萬元以上二十萬元以下罰鍰（公§22）。

(6) 依證券交易法第 36 條第 1 項規定，公開發行公司，除情形特殊，經主管機關另予規定者外，應於每會計年度終了後三個月內，公告並申報由董事長、經理人及會計主管簽名或蓋章，並經會計師查核簽證、董事會通過及監察人承認之年度財務報告，並應於每會計年度第一、二、三季終了後四十五日內，將報經會計師核閱及提報董事會之財務報告向證券主管機關申報並公告之。

(7) 依所得稅法第 76 條規定，公司每年度辦理結算申報時，應向稅捐稽

---

[135] 經濟部 107.11.8.經商字第 10702425340 號公告。
[136] 經濟部 107.11.8.經商字第 10702425340 號公告。

徵機關提出資產負債表、財產目錄及損益表。

(8) 外國公司在我國境內設立分公司，準用公司法第 20 條第 1 項至第 4 項之規定（公§377 I）。外國公司在中華民國境內之負責人違反準用第 20 條第 1 項或第 2 項規定者，處新臺幣一萬元以上五萬元以下罰鍰；違反準用第 20 條第 4 項規定，規避、妨礙或拒絕查核或屆期不申報者，處新臺幣二萬元以上十萬元以下罰鍰（公§377 II）。

4. 平時業務之檢查

(1) 主管機關得會同目的事業主管機關，隨時派員檢查公司業務及財務狀況，公司負責人不得規避、妨礙或拒絕。若公司負責人妨礙、拒絕或規避前項檢查者，各處新臺幣二萬元以上十萬元以下罰鍰，若連續妨礙、拒絕或規避者，並按次連續各處新臺幣四萬元以上二十萬元以下罰鍰（公§21）。

(2) 外國公司在中華民國境內之負責人違反第 377 條第 1 項準用第 21 條第 1 項規定，規避、妨礙或拒絕檢查者，處新臺幣二萬元以上十萬元以下罰鍰。再次規避、妨礙或拒絕者，並按次處新臺幣四萬元以上二十萬元以下罰鍰（公§377 III）。

（三）董事、監察人、經理人及大股東資料申報之查核及監督

1. 公司內部人資料之定期申報及變動申報義務

為配合洗錢防制政策，協助建置完善洗錢防制體制，強化洗錢防制作為，增加法人（公司）之透明度，明定公司應每年定期以電子方式申報相關資料至中央主管機關建置或指定之資訊平臺。申報資料如有變動，並應於變動後十五日內申報。

2. 電子方式申報之資料內容

公司應每年定期將董事、監察人、經理人及持有已發行股份總數或資本總額超過百分之十之股東之姓名或名稱、國籍、出生年月日或設立登記之年月日、身分證明文件號碼、持股數或出資額及其他中央主管機關指定之事項，以電子方式申報至中央主管機關建置或指定之資訊平臺；其有變

動者，並應於變動後十五日內為之。但符合一定條件之公司，不適用之（公§22-1 I）。

3. 資訊平臺之建置或指定

　　關於資訊平臺之建置或指定、資料之申報期間、格式、經理人之範圍、一定條件公司之範圍、資料之蒐集、處理、利用及其費用、指定事項之內容，前項之查核程序、方式及其他應遵行事項之辦法，由中央主管機關會同法務部定之（公§22-1Ⅲ）。主管機關即依公司法第 22 條之 1 第 3 項規定之授權，訂定發布「公司法第二十二條之一資料申報及管理辦法」，以資遵循。雖然中央主管機關為辦理申報資料及其相關作業，得編列預算經費，自行建置資訊平臺[137]，但目前係依職權，指定臺灣集中保管結算所股份有限公司建置申報之資訊平臺及負責營運管理。

4. 主管機關之查核及處罰

　　關於公司以電子方式申報之資料，中央主管機關應定期查核（公§22-1 Ⅱ）。公司未依公司法第 22 條之 1 第 1 項規定申報或申報之資料不實，經中央主管機關限期通知改正，屆期未改正者，處代表公司之董事新臺幣五萬元以上五十萬元以下罰鍰。經再限期通知改正仍未改正者，按次處新臺幣五十萬元以上五百萬元以下罰鍰，至改正為止。其情節重大者，得廢止公司登記（公§22-1Ⅳ。若有上開情形，應於第 1 項之資訊平臺依次註記裁處情形（公§22-1Ⅴ）。

三、主管機關送達公文書之方式及對象

　　主管機關依法應送達於公司之公文書，得以電子方式為之（公§28-1 I）。為因應電子科技之進步，明定主管機關依法應送達於公司之公文書，除維持現行書面送達之方式外，亦得以電子方式為之。關於電子方式送達之實施辦法，則授權由中央主管機關定之（公§28-1Ⅲ）。主管機關依公司法第 28 條之 1 第 3 項及第 387 條第 2 項規定之授權，訂定發布「公司登記電子申請及電子送達實施辦法」，以資遵循。

---

[137] 公司法第二十二條之一資料申報及管理辦法第 2 條第 1 項。

主管機關依法應送達於公司之公文書無從送達者，改向代表公司之負責人送達之；仍無從送達者，得以公告代之（公§28-1Ⅱ）。

第七節　公司之解散

一、公司解散之意義

(一)　公司解散，乃公司法人人格消滅原因上所表現之法律事實。

(二)　解散僅為法人人格消滅之原因，公司解散後，尚必須經過清算之程序，將其對內外既存之法律關係加以整頓，其法人人格始歸消滅。但若另有其他整頓既存法律關係之法定程序存在時，則公司可例外不經清算即歸於消滅，例如公司因合併、分割或破產而解散者是（公§24）。

(三)　因股東死亡而辦理解散登記時應先辦理繼承及過戶手續[138]。

二、公司解散之原因

公司解散須有原因，且係隨公司種類之不同而有所差異。但公司解散之共通原因，則有下列四種：

（一）任意解散

即公司基於其意思而解散。例如公司章程定有解散之事由（公§71Ⅰ②、§113、§115、§315Ⅰ①）發生，或由股東三分之二以上之同意（公§71Ⅰ③、§115）、股東表決權三分之二以上之同意（公§113）或股東會為解散之決議（公§315Ⅰ③）。

（二）法定解散

乃公司因法律所規定解散事由之發生而消滅。例如公司所營事業已成就或不能成就（公§71Ⅰ②、§113、§115、§315Ⅰ②）、股東減少而不足法定之最低人數（公§71Ⅰ④、§115、§315Ⅰ④）、與他公司合併（公§71Ⅰ⑤、

---

[138] 經濟部 65.4.14.商字第 09242 號函。

§113、§115、§315Ⅰ⑤)、公司破產(公§71Ⅰ⑥、§113、§115、§315⑦)、公司分割(公§315⑥)等是。但有限公司可由一人以上股東所組成(公§98Ⅰ),理論上不至於發生股東減少而不足法定之最低人數問題。

(三)命令解散

1. 為公司因主管機關或法院之命令而解散。

2. 此項命令解散,可分為二種情形:

   (1) 主管機關依職權或依利害關係人之申請而命令解散(公§10)。

   (2) 經法院裁判確定後,由中央主管機關撤銷或廢止其登記。但判決確定前,已為補正者,不在此限(公§9Ⅲ)。公司之負責人、代理人、受僱人或其他從業人員以犯刑法偽造文書印文罪章之罪辦理設立或其他登記,經法院判決有罪確定後,由中央主管機關依職權或依利害關係人之申請撤銷或廢止其登記(公§9Ⅳ)。

(四)經法院依裁定命令解散

1. 公司之經營,有顯著困難或重大損害時,法院得據股東之聲請,於徵詢主管機關及目的事業中央主管機關意見,並通知公司提出答辯後,裁定解散(公§11Ⅰ)。例如公司因業務無法推展,虧損連連,且公司內部股東意見嚴重歧異,無人願意增資彌補虧損,已難繼續經營[139],公司之股東得向法院聲請裁定解散。

2. 股東聲請法院裁判解散公司,於股份有限公司,應有繼續六個月以上持有已發行股份總數百分之十以上股份之股東提出(公§11Ⅱ)。至於其他種類公司,則無出資期間及出資總額之要求。

3. 所謂公司之經營,有顯著困難云者,係指公司於設立登記後,開始營業,在經營中有業務不能開展之原因。如再繼續經營,必導致不能彌補之虧損之情形而言[140]。應注意者,亦有認為所謂公司之經營,有顯著困難者,例如其目的事業無法進行;所謂公司之經營,有重大損害

---

[139] 臺灣屏東地方法院91年度司字第16號民事裁定。
[140] 最高法院76年度台抗字第274號民事裁定。

者，例如公司之經營產生重大之虧損者[141]。

4. 民法第 58 條之聲請解散事件，應由法人主事務所所在地之法院為之（非訟事件法§59），但公司法所定由法院處理之裁定解散公司事件，由本公司所在地之法院管轄（非訟事件法§171）。

5. 受徵詢之中央主管機關及目的事業中央主管機關，就公司之經營是否有顯著困難或重大損害表示意見後，法院始能裁定命令解散[142]。

6. 裁定公司解散前，法院應依職權訊問公司相關之利害關係人，並應徵詢主管機關及目的事業中央主管機關之意見[143]。

三、公司解散之效果

（一）應行清算

1. 除因合併、分割或破產而解散者外，解散之公司應行清算（公§24）。清算者，為以了結解散公司之一切法律關係，並分配財產為目的之程序。

2. 解散之公司，於清算範圍內，視為尚未解散（公§25）。公司經宣告解散，其法人人格於解散以後，清算完結以前，尚屬存在，仍有其權利能力與行為能力，惟其權利能力及行為能力僅限於清算目的範圍內，凡以營業為前提之一切法規，均不得沿用，如公司逾越其清算事務之範圍，繼續經營業務，依法不生效力。

3. 解散之公司在清算時期中，為了結現務及便利清算之目的，得暫時經營業務（公§26）。

4. 公司經中央主管機關撤銷或廢止登記者，準用第 24 條至第 26 條之規定（公§26-1）。

5. 經解散、撤銷或廢止登記之公司，自解散、撤銷或廢止登記之日起，逾十年未清算完結，或經宣告破產之公司，自破產登記之日起，逾十

---

[141] 臺灣高等法院 85 年度抗字第 396 號民事裁定。

[142] 臺灣高等法院暨所屬法院 65.12.10.法律座談會民事類提案第 25 號。

[143] 最高法院 94 年度台抗字第 1027 號民事裁定。

年未獲法院裁定破產終結者，其公司名稱得為他人申請核准使用，不受第 18 條第 1 項規定之限制。但有正當理由，於期限屆滿六個月內，報中央主管機關核准者，仍受第 18 條第 1 項規定之限制（公§26-2）。

（二）更易公司負責人

1. 公司解散後，其代表及執行業務之機關均失其權限，而由清算人代之。

2. 在無限公司及有限公司，由全體股東為清算人。但公司法或章程另有規定或經股東決議，另選清算人者，不在此限（公§79、§113Ⅱ）。

3. 在兩合公司，清算由全體無限責任股東任之。但無限責任股東得以過半數之同意另行選任清算人；其解任時亦同（公§127）。

4. 在股份有限公司，則以董事為清算人。但公司法或章程另有規定或股東會另選清算人時，不在此限（公§322Ⅰ）。

5. 清算人在公司清算程序階段，即取代原執行業務股東或董事之地位，而為公司之職務上負責人（公§8Ⅱ）。

（三）應為解散之登記及公告

1. 公司之解散，除破產外，命令解散（公§10）或裁定解散（公§11）應申請主管機關為解散之登記。

2. 公司之公告應登載於新聞紙或新聞電子報（公§28Ⅰ）。中央主管機關得建置或指定網站供公司公告（公§28Ⅱ），以提供多元化公告方式。但公開發行股票之公司，證券主管機關另有規定者，從其規定（公§28Ⅲ）。

3. 公司之解散，不向主管機關申請解散登記者，主管機關得依職權或據利害關係人申請，廢止其登記（公§397Ⅰ）。主管機關對於上開之廢止，除命令解散或裁定解散外，應定三十日之期間，催告公司負責人聲明異議；逾期不為聲明或聲明理由不充分者，即廢止其登記（公§397Ⅱ）。

4. 公司之人格並非於解散登記後，即行消滅，而係於清算人在清算完結，向法院為聲報時，始行消滅。

（四）清算程序中，由法院監督

公司之一般監督，由主管機關為之，而公司解散後之清算監督，則由法院任之（公§83、§113Ⅱ、§115、§326、§335）。

（五）清算終結，人格始歸消滅

公司之解散，其法人人格並非即告消滅，必須經清算程序，俟清算完結後，始喪失其人格[144]。

四、公司解散之防止

（一）防止公司解散之理由

公司一旦成立，即為社會經濟擔當一重要角色，其解散消滅，不但攸關股東個人之利益，對於社會經濟利益、大眾交易之安全，均有影響，故公司法乃設有防止公司解散之制度，在特定情形下，允許公司或股東依聲請或同意之方式扭轉生機。

（二）防止公司解散之方法

1. 申請延展

公司設立登記後滿六個月尚未開始營業，或開始營業後自行停止營業六個月以上者，主管機關本得依命令解散之，惟已辦妥延展登記或停業登記者，不在此限（公§10①、②）。

2. 同意繼續經營

無限公司、有限公司或兩合公司因章程所定解散事由發生，或因公司所營事業已成就或不能成就而須解散者，得經全體股東或一部股東之同意繼續經營，其不同意者，視為退股（公§71Ⅱ、§113Ⅱ、§115），惟此時公司應變更章程（公§71Ⅳ、§113Ⅱ、§115）。應注意者，公司法第 71 條無限公司解散事由之規定，有限公司雖得準用，但尚無準用退股之規定[145]。

---

[144] 最高法院 104 年度台上字第 561 號民事判決。
[145] 經濟部 92.12.1.經商字第 09202248360 號函。

3. 加入新股東

　　無限公司、兩合公司或股份有限公司之股東經變動致不足公司法所定最低人數時，得加入新股東或增加股東繼續經營，以防解散（公§71Ⅲ、§115、§315Ⅱ）。至於有限公司可由一人以上股東所組成（公§98Ⅰ），故不至於發生股東經變動致不足公司法所定最低人數之問題。

4. 修正章程繼續經營

　　股份有限公司，有章程所定解散事由，應予解散，但得經股東會議變更章程後，繼續經營（公§315Ⅱ）。

第八節　公司之合併

一、公司之合併概念

（一）公司合併之意義

　　所謂合併：指依企業併購法或其他法律規定參與之公司全部消滅，由新成立之公司概括承受消滅公司之全部權利義務；或參與之其中一公司存續，由存續公司概括承受消滅公司之全部權利義務，並以存續或新設公司之股份、或其他公司之股份、現金或其他財產作為對價之行為（企業併購法§4Ⅰ③）。亦即，所稱公司合併，為兩個以上之公司，在不辦理清算程序下，訂立契約，依法定程序，相合或併入而形成一公司之法律行為。故合併為公司間之契約行為，應由代表人訂立契約，且參與合併之公司，至少必有一個歸於消滅，將其權利義務概括的移轉於合併後之公司。

（二）公司合併之必要

　　現代之企業競爭激烈，公司為避免彼此間無謂之競爭，節省經營費用，謀求經營之合理化，每有合併之必要，故公司法特別規定，公司合併無須清算（公§24），而使消滅公司之權利義務概括地移轉於存續或新設之公司，簡便手續，並使公司之營業及其他之法律關係不致停頓或中斷而蒙受損失，俾利公司之合併。惟公司之合併若漫無限制，則易形成壟斷獨占，

致破壞公平競爭之市場秩序而危害社會，故仍宜加以適度之限制或管制。

（三）公司合併之方式

1. 吸收合併（又稱存續合併）：為參與合併之公司，一者存續而他者消滅之方式。

2. 創設合併（又稱新設合併）：乃參與合併之公司，全歸消滅而另新設一公司之方式。

二、公司合併之程序

（一）合併契約之作成

1. 公司合併，按其性質為兩個以上公司間之契約行為，故應作成合併契約。

2. 合併契約經常係作成書面，載明合併條件等有關事項若為股份有限公司，則其合併契約應以書面為之，並記載法定事項（公§317-1 I、企業併購法§22）。

3. 合併契約在性質上，為以合併決議之成立為停止條件之契約。

（二）合併之決議

1. 合併契約作成後，各該參與合併之公司，必須作成合併決議。

2. 合併決議本身之內容並不受合併契約之拘束，即使參與合併之公司為與合併契約條款不同之決議，該決議仍能有效成立，但當事公司須互為協議，修改合併契約，以資配合。

3. 合併決議，旨在防止因合併而致侵害股東之權利，故公司法乃採加重表決制，如無限公司及兩合公司之合併須經合併公司全體股東之同意（公§72、§115）。有限公司之合併，應經股東表決權三分之二以上之同意（公§113 I）。至於股份有限公司之合併決議，除母子公司或兄弟公司間之簡易合併、非對稱合併外，原則上應有代表已發行股份總數三分之二以上股東之出席，以出席股東表決權過半數之同意行之（公§316 I、企業併購法§18 I），但公開發行股票之公司，出席股東

之股份總數不足上開定額者,得以有代表已發行股份總數過半數股東之出席,出席股東表決權三分之二以上之同意行之（公§316Ⅱ、企業併購法§18Ⅱ）。上開出席股東股份總數及表決權數,章程有較高之規定者,從其規定（公§316Ⅲ、企業併購法§18Ⅲ）。

4. 由於無限公司及兩合公司之合併須經合併公司全體股東之同意（公§72、§115）,故無限公司或兩合公司之股東中有不同意合併或合併之條件者,可運用其同意權作為談判籌碼,達成退股之目的,就無限公司而言,可解為不同意合併之股東有非可歸責於自己之重大事由,不問公司定有存續期限與否,得予退股（公§65Ⅱ）。就兩合公司而言,可解為不同意合併之無限責任股東有非可歸責於自己之重大事由,不問公司定有存續期限與否,得予退股（公§115準用§65Ⅱ）;不同意合併之有限責任股東遇有非可歸責於自己之重大事由,而經無限責任股東以過半數之同意退股（公§124）。

5. 有限公司合併,應經股東表決權三分之二以上之同意（公§113Ⅰ）,但公司法並未賦予不同意股東收回投資之權利,似有立法疏漏。又有限公司合併,雖準用無限公司有關之規定,但並未準用無限公司退股之規定。

6. 股份有限公司進行企業併購法第18條之合併時,存續公司或消滅公司之股東於決議合併之股東會集會前或集會中,以書面表示異議,或以口頭表示異議經記錄,並投票反對或放棄表決權者,得請求公司按當時公平價格,收買其持有之股份。但公司依第18條第7項進行合併時,僅消滅公司股東得表示異議（企業併購法§12Ⅰ②）。又股份有限公司進行第19條之簡易合併時,其子公司股東於決議合併之董事會依第19條第2項公告及通知所定期限內以書面向子公司表示異議者,得請求公司按當時公平價格,收買其持有之股份（企業併購法§12Ⅰ③）。

7. 公司法除對公司合併之決議設有規定外,對合併公司及被合併公司並未設有任何限制條件,故法理上,縱被合併而消滅之公司,其負債超

過資產，亦法所不禁。按公司合併，係兩個以上公司間之契約行為，在不違反法律強制或禁止規定之前提下，公司應享有契約自由，至於合併是否有實益，乃屬另一事實問題。至於公司法第 211 條第 2 項規定，公司資產顯有不足抵償其所負債務時，除得依第 282 條辦理重整外，董事會應即聲請宣告破產。由於上開條文並非效力規範，董事會若違反聲請破產宣告之義務而逕行公司合併，該合併並非無效[146]，僅董事應負行政罰責任（公§211Ⅲ）及民事責任而已。

（三）編造資產負債表、財產目錄及為合併之通知

合併決議成立後，公司負責人應即編造資產負債表及財產目錄，且應向各債權人分別通知及公告，並指定三十日以上之期限，聲明債權人得於期限內提出異議（公§73Ⅰ、Ⅱ、§113Ⅱ、§115、§319、企業併購法§23Ⅰ）。

公司不為前條之通知及公告，或對於在指定期限內提出異議之債權人不為清償，或不提供相當擔保者，不得以其合併對抗債權人（公§74、§113Ⅱ、§115、§319、企業併購法§23Ⅱ）。

（四）召集股東會或發起人會議並修改或訂立章程（公§318）

股份有限公司合併後，存續公司之董事會，或新設公司之發起人，於完成催告債權人程序後，其因合併而有股份合併者，應於股份合併生效後；其不適於合併者，應於該股份為處分後，分別循左列程序行之：1.存續公司，應即召集合併後之股東會，為合併事項之報告，其有變更章程必要者，並為變更章程。2.新設公司，應即召開發起人會議，訂立章程（公§318Ⅰ）。應注意者，存續公司得於合併後第一次股東會為合併事項之報告（企業併購法§26），以符實際狀況。又上開變更章程或訂立章程，不得違反合併契約之規定（公§318Ⅱ）。

（五）辦理公司合併之登記

1.　公司為合併時，應於實行後十五日內，向主管機關申請登記（公司登

---

[146] 法務部 72.9.19.法律決字第 11739 號函。

記辦法§2、§4Ⅰ）。

2. 其所應為之登記，情形有三：

(1) 因合併而存續之公司，為變更之登記。

(2) 因合併而消滅之公司，為解散之登記。

(3) 因合併而另立之公司，為設立之登記。

3. 公司合併登記之效力，乃採登記要件主義。

4. 存續公司或新設公司取得消滅公司之財產，其權利義務事項之移轉，自合併基準日起生效。但依其他法律規定其權利之取得、設定、喪失或變更應經登記者，非經登記，不得處分（企業併購法§25Ⅰ）。

三、公司合併之效果

（一）公司之消滅

1. 合併必使一個以上之公司消滅，此乃合併之必然結果。

2. 消滅公司無須經清算程序（公§24）。

3. 於形式上，發生消滅公司之法人人格直接消滅之效果。

4. 於實質上，非為解散公司之純粹的消滅，而僅為態樣之變更。

（二）公司之變更或設立

1. 在吸收合併之場合，由參與合併而未消滅之公司，以存續公司之地位變更其原有組織而繼續存在，並應辦理變更登記。

2. 在創設合併之場合，參與合併之公司全歸消滅而產生新公司，此新公司為「新設公司」，應為新設之登記。

（三）權利義務之概括承受

1. 因合併而消滅之公司，其權利義務應由合併後存續或另立之公司概括承受（公§75、§113Ⅱ、§115、§319）。

2. 因合併而消滅之公司，其權利義務應由合併後存續或新設之公司概括承受；消滅公司繼續中之訴訟、非訟、仲裁及其他程序，由存續公司或新設公司承受消滅公司之當事人地位（企業併購法§24）。

3. 所謂概括承受者，為公司之全部權利義務，故毋庸就各個權利義務為個別移轉，亦不能以合併契約免除其一部分之承受。

4. 承受債權時，無須通知債務人，即可對之發生效力，而與民法第 297 條規定不同。

5. 承受債務時，無須另行通知債權人，而獲其承認，亦當然發生承擔之效力，而與民法第 301 條規定有異。

6. 存續公司或新設公司為辦理企業併購法第 25 條第 1 項財產權利之變更或合併登記，得檢附下列文件逐向相關登記機關辦理批次登記，不受土地法第 73 條第 1 項、動產擔保交易法第 7 條及其他法律規定有關權利變更登記應由權利人及義務人共同辦理之限制（企業併購法§ 25Ⅱ）：

   (1) 公司合併登記之證明。

   (2) 消滅公司原登記之財產清冊及存續公司或新設公司辦理變更登記之財產清冊。

   (3) 其他各登記機關規定之文件。

7. 公司合併後有關不動產之移轉登記，由合併後存續或另立之公司單獨聲請辦理登記[147]。

8. 公司合併，消滅公司之分公司得由存續公司直接申請變更為存續公司之分公司[148]。

9. 公司因合併而消滅，消滅公司原當選為他公司董事或監察人者，得由合併後存續或另立之公司以變更董事或監察人名稱之方式接續原職務[149]。

---

[147] 最高法院 94 年度台抗字第 1052 號民事裁定。

[148] 經濟部 90.11.5.經商字第 0900223990 號函。

[149] 經濟部 88.11.19.商字第 88222810 號函。

第九節　公司之變更組織

一、變更組織之意義

(一)　公司之變更組織，乃公司不中斷其法人資格，而將其組織型態變更為他種型態之行為，例如由無限公司變更為兩合公司，有限公司變更為股份有限公司。組織變更前之公司與組織變更後之公司，不失其法人之同一性，並非兩個不同之公司，組織變更前公司之權利義務，當然由組織變更後之公司概括承受[150]。

(二)　依現行法規定，公司變更組織時，得不經解散及清算之程序，僅在形式上辦理變更登記，手續簡便，且公司業務不致中斷。

二、變更組織之條件

（一）須得全體股東之同意

1. 公司變更組織，對於股東之利益影響頗鉅，故無限公司及兩合公司應經全體股東之同意，有限公司應經股東表決權三分之二以上之同意。

2. 無限公司得經全體股東之同意，以一部股東改為有限責任或另加入有限責任股東，變更其組織為兩合公司（公§76 I）。

3. 無限公司因股東經變動而不足公司法所定之最低人數，得加入有限責任股東繼續經營，變更其組織為兩合公司（公§76 II）。

4. 為利無限公司轉型，公司法於民國 107 年 8 月 1 日修正時，明定無限公司得經股東三分之二以上之同意變更章程，將其組織變更為有限公司或股份有限公司（公§76-1 I）。上開情形，不同意之股東得以書面向公司聲明退股（公§76-1 II）。

5. 公司法於民國 107 年 8 月 1 日修正時，降低變更組織之同意門檻為股東表決權過半數之同意。亦即，有限公司得經股東表決權過半數之同意變更其組織為股份有限公司（公§106 III）。不同意之股東，對章程

---

[150] 最高法院 85 年度台上字第 2255 號民事判決。

修正部分,視為同意(公§106Ⅳ),以避免不同意股東藉由反對修正章程為手段阻止程序之進行。

6. 兩合公司之有限責任股東全體退股時,無限責任股東在二人以上者,得以一致之同意變更其組織為無限公司(公§126Ⅱ)

7. 兩合公司並得以無限責任股東與有限責任股東全體之同意變更組織為無限公司(公§126Ⅲ)。

8. 兩合公司得經股東三分之二以上之同意變更章程,將其組織變更為有限公司或股份有限公司(公§126Ⅳ)。上開情形,不同意之股東得以書面向公司聲明退股(公§126Ⅴ)。

(二)須變更為他種法定型態之組織

1. 若僅為股東之變動,而公司之組織型態不變者,並非變更組織。

2. 組織變更,須變更為公司法所規定四種公司之組織型態之一。但公司法不允許有限公司變更為無限公司或兩合公司,且股份有限公司不得經股東會決議變更為無限公司、兩合公司或有限公司。

3. 組織變更後,股東責任可能因此而有所變更,但其責任之變更與否,並非變更組織之要件。

(三)須變更章程

公司之名稱,係公司章程之絕對必要記載事項(公§41Ⅰ、§101Ⅰ、§116、§129),且依法應標明其種類(公§2Ⅱ),故公司既已變更組織,其種類已更異,自當變更章程。

(四)須辦理變更登記

公司變更組織後,可逕辦變更登記,無須同時分別辦理解散登記與設立登記之雙重程序。

三、變更組織之限制

(一) 公司變更組織,依現行法之規定,並非任何公司均可變為任何公司,

而是得變更組織之公司及變更後公司之組織型態兩者,均受有限制。

(二) 變更組織之限制,原則上為公司性質相近似而股東責任相同之公司,始可互變。

(三) 依現行法之規定,公司得變更組織之情形如下:

1. 無限公司得變更為兩合公司。無限公司變為兩合公司之情形有二:

   (1) 以一部分股東改為有限責任或另加入有限責任股東,變更其組織為兩合公司(公§76 I)。

   (2) 股東經變動而不足法定最低人數時,新加入有限責任股東而變為兩合公司(公§71 I ④、Ⅲ、§76 II)。

2. 兩合公司得變更為無限公司,其情形有二:

   (1) 有限責任股東全體退股時,若無限責任股東在二人以上者,得以一致之同意變更其組織為無限公司(公§126 II)。

   (2) 無限責任股東與有限責任股東,以全體之同意,得變更其組織為無限公司(公§126 Ⅲ)。

3. 無限公司及兩合公司得變更為有限公司或股份有限公司,以利無限公司及兩合公司之轉型。

   (1) 無限公司得經股東三分之二以上之同意變更章程,將其組織變更為有限公司或股份有限公司(公§76-1 I)。

   (2) 兩合公司得經股東三分之二以上之同意變更章程,將其組織變更為有限公司或股份有限公司(公§126 Ⅳ)。

4. 有限公司得變更為股份有限公司:有限公司得經股東表決權過半數之同意,變更其組織為股份有限公司(公§106 Ⅲ)。

5. 股份有限公司不得改組為其他種類之公司。

   (1) 為加強公司大眾化,限制股份有限公司變更組織為有限公司,故股份有限公司於有記名股東不足最低人數時,僅得增加有記名股東繼續經營(公§315 II),而不得經股東全體同意,而變更其組織為有限公司。

   (2) 股份有限公司於重整時,若章程之變更列入重整計畫(公§304 I

⑥），經關係人會議表決通過，並經法院裁定認可，似可能變更為其他種類之公司。惟因公司法第 310 條第 1 項後段規定，重整完成時，應聲請法院為重整完成之裁定，並於裁定確定後，召集重整後之股東會選任董事、監察人，故解釋上股份有限公司於重整程序，應不得變更為其他種類之公司。

第十節　公司之負責人及經理人

一、公司之負責人

（一）公司負責人之意義及種類

1. 代表公司為行為之自然人，通稱為公司之負責人。
2. 依公司法第 8 條之規定，公司負責人可分為二種：
   (1) 當然負責人：在無限公司、兩合公司為執行業務或代表公司之股東；在有限公司、股份有限公司為董事（公§8 I）。
   (2) 職務負責人：此種負責人僅於執行職務範圍內，始得視為公司負責人。公司之經理人、清算人或臨時管理人，股份有限公司之發起人、監察人、檢查人、重整人或重整監督人等屬之（公§8 II）。
3. 公司所屬分支機構包括分公司、工廠或營業所申請營利事業登記之負責人，原則上應與總公司之負責人一致。此旨在防止分支機構之主持人未得總機構之決定擅自申請變更，滋生紛爭。然為便於事務之執行，可由總公司出具授權書授權各該分支機構實際負責人，辦理申請登記，其申請表上之分支機構負責人不必為總機構之負責人，俾符實際[151]。
4. 檢查人對保管帳冊等資料之人起訴，請求交付業務帳冊等資料，應以公司為原告，檢查人為公司負責人[152]。
5. 臨時管理人，在代行董事長、董事會或董事之職權時（公§208-1、公

---

[151] 經濟部 56.5.29.商字第 13434 號函。
[152] 最高法院 69 年台上字第 3845 判例。

§108Ⅳ），自屬公司負責人[153]。臨時管理人旨在因應股份有限公司之董事會或有限公司之董事不為或不能行使職權時，藉臨時管理人之代行董事長、董事會或董事之職務，以維持公司運作。由於該臨時管理人係代行董事長、董事會或董事之職權，是以，在執行職務範圍內，亦為公司負責人。

6. 公司法經理人、董事與公司間之關係屬委任關係，其等之退休金不得自勞工退休準備金中支應，應由事業單位另行籌措支給[154]。

7. 公司法民國 101 年 1 月 4 日修正前，依早期實務見解，就負責人之認定係採形式主義，如非名義上擔任公司董事或經理人，非為公司之負責人。是修正前公司法第 8 條規定之公司負責人，不包含所謂「實際負責人」。則被上訴人既非○○公司之董事，亦非經理人，該公司又僅有唯一董事之設置，其雖掛名擔任副董事長，要難認為係公司法第 8 條規定之公司負責人。則當事人既非公司之董事，亦非經理人，該公司又僅有唯一董事之設置，其雖掛名擔任副董事長，要難認為係公司負責人[155]。惟晚近司法實務見解則認為，關於公司負責人之認定，應改採實質原則，稱實質負責人，不單只以形式上之名稱或頭銜為判斷基準，尚包括名義上雖未掛名董事，但實際上對公司之決策、業務、財務及人事等各方面，具有控制支配力之人[156]。

8. 現行公司法設有事實上董事及實質董事（影子董事）之制度，亦即公司之非董事，而實質上執行董事業務或實質控制公司之人事、財務或業務經營而實質指揮董事執行業務者，與公司法董事同負民事、刑事及行政罰之責任。但政府為發展經濟、促進社會安定或其他增進公共利益等情形，對政府指派之董事所為之指揮，不適用之（公§8Ⅱ）。

9. 法人亦得為公司之負責人[157]，但僅限於擔任公司之董事或監察人（公

---

[153] 最高行政法院 97 年度判字第 350 號判決。
[154] 最高行政法院 92 年度判字第 1539 號判決。
[155] 最高法院 106 年度台上字第 475 號民事判決。
[156] 最高法院 111 年度台上字第 4689 號刑事判決。
[157] 經濟部 94.6.6.經商字第 09400090780 號函。

§27 I）。

（二）公司負責人之義務及責任

1. 公司負責人應忠實執行業務並盡善良管理人之注意義務，如有違反致公司受有損害者，負損害賠償責任（公§23 I）。應注意者，董事長係經董事會選任之公司代表，對公司及股東負有忠實之義務，倘董事長有悖於忠實義務之行為，致公司發生損害，而其行為得評價為高度違反誠信者，基於公司代表之忠實義務蘊含高度信賴、期待忠誠篤實等特殊要求，應認為其已該當以違背善良風俗之方法侵害他人權利或利益之侵權行為要件[158]。

3. 公司之非董事，而實質上執行董事業務或實質控制公司之人事、財務或業務經營而實質指揮董事執行業務者，與公司法董事同負民事、刑事及行政罰之責任。但政府為發展經濟、促進社會安定或其他增進公共利益等情形，對政府指派之董事所為之指揮，不適用之（公§8 III）。又公司法於民國107年8月1日修正時，為強化公司治理並保障股東權益，實質董事之規定，不再限於公開發行股票之公司始有適用，因此，股份有限公司或有限公司均有事實上董事及影子董事規定之適用。

4. 實質董事雖非登記名義之董事，但就公司經營有實質控制力或重大影響力，依衡平原則，應使其受委任董事之規範，俾保障股東權益[159]。

5. 公司負責人對於違反公司法第23條第1項規定，為自己或他人為該行為時，股東會得以決議將該行為之所得視為公司之所得。但自所得產生後逾一年者，不在此限（公§23 III）。但股份有限公司經理人之委任、解任及報酬係由董事會決議，則對經理人行使歸入權，是否應對公司法第23條第3項規定為目的性限縮，解為由董事會決議即可，似值重視。

6. 公司負責人應忠實執行業務，係指於執行公司業務時，應謀求公司之

---

[158] 最高法院110年度台上字第2493號民事判決。
[159] 最高法院103年度台再字第31號民事判決。

利益，不得犧牲公司之利益，而圖謀個人或第三人之利益[160]。所謂不得圖謀個人利益，並非指公司負責人與公司進行關係人交易時，皆不得獲取利益。若雙方之交易係屬公平，具備實質公平性，即不應解為公司負責人違反忠實義務。又若公司依股東會決議將公司債權設定信託由其負責人管理或處分，非法所不許[161]。

7. 董事向公司表示辭職時，其委任關係即已終止；然公司之董事登記尚未變更前，其對外應負之董事責任並非當然解消[162]。

8. 公司負責人對於公司業務之執行，如有違反法令致他人受有損害時，對他人應與公司負連帶賠償之責（公§23 II）。若公司負責人於執行職務時，並無違反法令情事，其加於他人之損害，自應由公司負賠償之責。反之，公司負責人非於執行職務時，其行為使他人受有損害，則應由公司負責人單獨負其責任。例如公司負責人違法處理有關公司之事務，且公司應負有賠償之責時，公司負責人與公司應負連帶賠償責任[163]。又例如公司使用他公司職員所洩漏之公司營業秘密製造並販賣之機器，公司負責人應負侵權行為責任[164]。

9. 民法第 35 條法人之董事賠償責任，須以董事知悉法人之財產不能清償債務，倘董事即時如向法院聲請破產，則法人之債權人可得全部或部分之清償，因董事之怠於聲請，致債權人全未受償或較少受償，而其損害與董事之不作為間具有相當因果關係，始足當之[165]。因此，不得僅以董事怠於依公司法第 211 條第 2 項規定聲請宣告公司破產，即請求董事負賠償責任[166]。

10. 公司負責人代表公司執行公司業務，為公司代表機關之行為，若構成

---

[160] 法務部 95.1.3.法律字第 0940046500 號函。
[161] 最高法院 91 年度台上字第 1746 號民事判決。
[162] 最高行政法院 96 年度判字第 1930 號判決。
[163] 臺灣高等法院 97 年度重上字第 58 號民事判決。
[164] 最高法院 97 年度台上字第 2237 號民事判決。
[165] 最高法院 91 年度台上字第 1844 號民事判決。
[166] 最高法院 94 年度台抗字第 590 號民事裁定。

侵權行為，即屬公司本身之侵權行為[167]。換言之，公司代表人與第三人之行為，即視為公司本身之行為，若因此構成侵權行為，按公司法第 23 條第 2 項規定，公司負責人應與公司連帶負賠償責任，以防止機關代表人濫用其權限致侵害公司之權益，並使被害人可獲得更多保障[168]。

11. 董事或其他有代表權人之執行職務，應包括外觀上足認為法人之職務行為，或與職務行為在社會觀念上有適當牽連關係之行為在內[169]。

12. 民法第 28 條及公司法第 23 條第 2 項所謂執行職務或業務之執行，除外觀上足認為執行職務（業務）之行為外，在社會觀念上與執行職務（業務）有適當牽連關係之行為，亦屬之。是以，砂石開採加工及買賣既為公司營業項目之一，則該公司之實際負責人盜採管理機關所管理之土地砂石，縱已構成犯罪，然在社會觀念上能否謂與執行職務（業務）無適當之牽連關係，而不得認係執行職務（業務）之行為，自非無疑[170]。

13. 公司負責人若執行業務違反法令致他人受損害，依公司法第 23 條第 2 項規定，而與公司負連帶賠償責任時，其消滅時效應適用民法第 125 條或第 197 條規定，實務見解已有變更。依早期司法實務之見解，曾認為公司法第 23 條第 2 項所定連帶賠償責任，係基於法律之特別規定而來，並非侵權行為上之責任，故消滅時效，應適用民法第 125 條規定之十五年時效期間[171]。觀諸晚近司法實務之見解，則認為我國採民商法合一之立法政策，除就性質不宜合併者，另行制頒單行法，以為相關商事事件之優先適用外，特別商事法規未規定，而與商事法之性質相容者，仍有民法相關規定之適用。從而，若公司負責人執行

---

[167] 最高法院 95 年度台上字第 142 號民事判決。

[168] 最高法院 102 年度台上字第 1477 號民事判決。

[169] 最高法院 92 年度台上字第 2344 號民事判決。

[170] 最高法院 102 年度台上字第 1060 號民事判決。

[171] 最高法院 103 年度台上字第 2177 號民事判決、最高法院 96 年度台上字第 2517 號民事判決、最高法院 76 年度台上字第 2474 號民事判決、臺灣高等法院 103 年度重訴字第 21 號民事判決。

公司業務，違反法令致他人受有損害，依公司法第 23 條第 2 項規定，與公司連帶賠償時，倘責任發生之原因事實，乃侵權行為性質，因公司法就此損害賠償請求權並無時效期間之特別規定，而民法第 197 條第 1 項侵權行為損害賠償請求權消滅時效二年之規定，復無違商事法之性質，自仍有該項規定之適用[172]。

二、公司之經理人

（一）經理人之意義

1. 經理人設置之目的在輔助公司業務之執行。經理人者，乃為公司管理事務，及有權為其簽名之人（民法§553）。
2. 公司得依章程規定置經理人（公§29 I 前段）。經理人係屬公司之任意的業務執行機關，故公司縱未設置經理人，仍不妨害其有效成立。但經理人之設置必須依據章程之規定，且一旦設置，即屬公司之常設業務執行機關。

（二）經理人之人數

經理人之人數，非但無法定最低數，其最高數亦無限制，一切均按章程之規定。

（三）經理人之資格

1. 積極限制

公司法對於經理人並無積極資格之要求，故是否為公司之董事或股東，均非所問，學經歷亦無限制。公司法於民國 107 年 8 月 1 日修正前，曾要求經理人必須在國內有住所或居所。但為因應公司經營之國際化、自由化，經理人住、居所已不再設有限制。

---

[172] 最高法院 108 年度台上字第 185 號民事判決。

2. 消極限制

  (1) 經理人為公司第一線之負責人，對於公司營業之成敗，關係重大，故設有消極之限制。

  (2) 有下列情形之一者，不得充任經理人，其已充任者，當然解任（公§30）。

    ① 曾犯組織犯罪防制條例規定之罪，經有罪判決確定，尚未執行、尚未執行完畢，或執行完畢、緩刑期滿或赦免後未逾五年。

    ② 曾犯詐欺（刑法§339～§341）、背信（刑法§342）、侵占罪（刑法§335～§338）經宣告有期徒刑一年以上之刑確定，尚未執行、尚未執行完畢，或執行完畢、緩刑期滿或赦免後未逾二年。

    ③ 曾犯貪污治罪條例之罪，經判決有罪確定，尚未執行、尚未執行完畢，或執行完畢、緩刑期滿或赦免後未逾二年。

    ④ 受破產之宣告或經法院裁定開始清算程序，尚未復權。

    ⑤ 使用票據經拒絕往來尚未期滿者。

    ⑥ 無行為能力或限制行為能力者。所謂限制行為能力，應依民法之規定定之。即指七歲以上未滿二十歲之未成年人而言，惟限制行為能力之未成年人已屆法定結婚年齡而結婚者，即有行為能力（民法§13Ⅱ）。

    ⑦ 受輔助宣告尚未撤銷。

  (3) 監察人職司監督公司業務，性質上不得兼任經理人（公§222）。

3. 公司副理或業務部副理並非為經理人，即非公司法第 8 條所規定之公司負責人[173]。又協理若為經理人，則公司與協理間為委任關係，而非僱傭關係[174]。惟所謂經理人乃指為公司管理事務及簽名之人，是凡由公司授權為其管理事務及簽名之人，即為公司之經理人，不論其職稱為何[175]。

---

[173] 最高法院 97 年度台上字第 2380 號民事判決、最高法院 94 年度台上字第 1726 號民事判決。

[174] 最高法院 97 年度台上字第 2351 號民事判決。

[175] 最高法院 100 年度台上字第 1295 號民事判決。

4. 被判刑並宣告刑期，雖通緝期已過（並未服刑），仍應受經理人消極資格之限制[176]。蓋其屬於尚未執行之情形。

（四）經理人之任免

1. 經理人乃非公司之必要機關，其設置與否，按章程之規定，故未經章程規定者，股東、股東會、或董事會均不得依決議就其設置，作任何決定。

2. 經理人之任免及報酬，因公司種類之不同而異其條件，但公司章程有較高規定者，從其規定（公§29Ⅰ）：

   (1) 無限公司、兩合公司須有全體無限責任股東過半數同意。

   (2) 有限公司須有全體股東表決權過半數同意。

   (3) 股份有限公司應由董事會以董事過半數之出席，及出席董事過半數同意之決議行之。

3. 公司有公司法第 156 條之 4 之情形者，專案核定之主管機關應要求參與政府專案紓困方案之公司提具自救計畫，並得限制其發給經理人報酬或為其他必要之處置或限制；其辦法，由中央主管機關定之（公§29Ⅱ）。主管機關即依據上開授權規定，訂定發布「參與政府專案紓困方案公司發行新股與董事監察人經理人限制報酬及相關事項辦法」，以資遵循。

4. 經理人係經董事會決議後，始生委任關係，尚無追認之問題[177]。

5. 員工與公司間究屬僱傭或委任關係，應依契約之實質關係以為斷，初不得以公司員工職務之名稱逕予推論[178]。至於顧問職務，其聘任及薪資之勞工性甚低，難謂有經濟上及人格上之從屬性，堪認非屬勞動契約，而係有償之委任契約[179]。

6. 股份有限公司經理人之報酬，係專屬董事會決議事項[180]。

---

[176] 經濟部 100.4.14.商字第 10000558410 號函。

[177] 經濟部 94.4.28.經商字第 09402050630 號函。

[178] 最高法院 97 年度台上字第 1510 號民事判決。

[179] 最高法院 97 年度台上字第 2330 號民事判決。

[180] 經濟部 96.1.4.經商字第 09500202210 號函。

（五）經理人之職權

1. 民法第 554 條第 1 項及第 555 條為經理人固有職權之規定，而公司法第 31 條乃民法之補充規定，並非其特別規定，從而若以章程或契約訂定關於經理人之職權，當不能與民法上之規定相牴觸。因此，有關公司經理人職權之規定，可歸納如下：

   (1) 經理人對於第三人之關係，就商號或其分號，或其事務之一部，視為其有管理上一切必要行為之權（民法§554 I）。

   (2) 對於不動產之買賣或設定負擔，非經公司書面授權，經理人不得為之（民法§554 II）。

   (3) 經理人就其所任之事務，視為有代理公司為原告或被告或其他一切訴訟上行為之權（民法§555）。應注意者，公司經理人須以公司營業上之事務為限，就執行職務之範圍，始屬公司之負責人，得對外代表公司。是公司係以一般投資為其營業項目，他造公司以公司為被告提起確認股東權存在之訴，核屬他造公司對於公司股東權存否之爭執，與總經理執行公司對外投資之業務，並無關涉，縱使為公司董事會委任之總經理，仍不得於確認股東權存在之訴，以公司負責人之地位聲明承受訴訟[181]。

   (4) 經理人之職權，除章程規定外，並得依契約之訂定，經理人在公司章程或契約規定授權範圍內，有為公司管理事務及簽名之權（公§31）。

2. 經理人有為商號簽名之權利，其以公司名義與他人訂立書面契約或簽發支票，縱僅由其簽名或蓋章而未加蓋公司印章，仍然有效，且為便利交易，形式上若已足以辨認其係代理公司而為之，則縱未表明職銜，亦應認為有效。

3. 公司對經理人職權之限制，除法律別有規定外（例如不動產之買賣或設定負擔），不得對抗善意第三人（民法§557、公§36）。惟此乃指經理人所為事項，係在法定職權範圍內有關公司營業上之事務而言，若

---

[181] 最高法院 101 年度台抗字第 1038 號民事判決。

經理人所為事項，非公司營業上事務，公司自不負責任，而不發生善意第三人問題[182]。所謂善意，即不知情。

4. 所謂經理權者，乃就其公司之一切事務，為公司之經理依法而有經理之權者而言，若其所經理之事務非公司之一切事務，即屬無權經理，即不問第三人是否善意，非經公司之特別委任或追認，自不能對公司發生效力[183]。

5. 凡屬業務範圍內之事務，公司經理人有為公司為一切行為之權限，無須另經公司授權[184]。例如以買賣不動產為營業之公司，其經理當然有為公司為買賣不動產所必要之一切行為之權限[185]。又例如股份有限有公司之經理人，因辦理放款業務，而就他人提供之不動產取得抵押權之設定及塗銷登記行為，似毋須書面之授權[186]。

6. 未依公司法規定委任之經理人，惟如符合表現代理之要件時，即應依表見代理之法理，對於善意之第三人負授與經理權之責任[187]。

7. 董事全部經假處分禁止其行使董事職權，難憑公司已設總經理、經理即遽認無選任臨時管理人之必要[188]。

（六）經理人之義務

1. 忠實義務及善良管理人之注意義務

公司負責人應忠實執行業務並盡善良管理人之注意義務，如有違反致公司受有損害者，負損害賠償責任（公§23 I）。經理人為公司之職務負責人，對公司自負有忠實義務及善良管理人之注意義務。

2. 不競業之義務

(1) 經理人不得兼任其他營利事業之經理人，並不得自營或為他人經營

---

[182] 司法院院字第 1931 號解釋。
[183] 最高法院 71 年度台上字第 1486 號民事判決。
[184] 最高法院 92 年度台上字第 2605 號民事判決。
[185] 臺灣高等法院 92 年度上更（一）字第 37 號民事判決。
[186] 法務部 76.2.11.法參字第 1763 號函。
[187] 最高法院 97 年度台上字第 1360 號民事判決。
[188] 最高法院 95 年度台抗字第 232 號民事裁定。

同類之業務。但經依第 29 條第 1 項規定之方式同意者,不在此限
(公§32)。

① 其立法意旨重在使經理人能盡忠職守,防止彼此營業競爭,免
使任何一方有所偏頗。

② 所謂其他營利事業,包括公司及獨資、合夥事業在內[189]。

③ 經理人雖未經登記,但既經公司委任,若為自營或為他人經營
同類業務之競業行為,即為法所不許[190]。

④ 經理人兼職之限制,在外國公司在中華民國境內設立之分公司
並無準用,蓋公司法第 377 條關於外國公司準用同法各條之規
定,並未將第 32 條列入[191]。

(2) 所謂「不得自營或為他人經營同類之業務」,「經營業務」之概念相
當廣泛,不僅應包括業務執行,亦應包括監督公司之業務在內,故
解釋上不僅包括擔任其他具有同類業務營利事業之董事及經理人
等職務在內,亦應包括監察人之職務。蓋監察人之職務主要為監督
公司業務執行(公§218)及財務會計之審核(公§219),且於特定
情形下,尚具有法律行為代表權(公§223)及訴訟代表權(公§213),
故其職權之行使亦為「經營業務」。

(3) 經理人如違反競業禁止之義務者,依民法第 563 條第 1 項規定,公
司得請求因其行為所得之利益作為損害賠償。此項請求權,自公司
知有違反行為時起經過二個月,或自行為時起經過一年不行使而消
滅(民法§563 II)。

(4) 經理人縱非自營或為他人經營同類之業務,若有輔助他人經營與公
司同類之業務,至有損及公司利益之情形時,應在禁止之列[192]。

3. **不得變更公司意旨或逾越權限之義務**

經理人不得變更董事或執行業務股東之決定,或股東會或董事會之決

---

[189] 經濟部 57.12.21.商字第 44798 號函。
[190] 經濟部 63.5.10.商字第 11890 號函。
[191] 司法行政部 50.9.18.台函參字第 4815 號函。
[192] 臺灣高等法院 85 年度勞上字第 44 號民事判決。

議，或逾越其規定之權限（公§33、§34）。

4. 守法義務

　　經理人因違反法令、章程或公司法第 33 條之規定，致公司受損害時，對於公司負賠償之責（公§34）。

（七）經理人之責任

1. 對於公司之責任

(1) 經理人應遵守政府法令、公司章程、董事或執行業務股東決定或股東會及董事會決議或其規定之權限，若違反而致公司受損害時，對於公司應負賠償責任（公§33、34）。

(2) 經理人違反法令、章程，致公司受損害，公司縱不能證明該公司所受損害之數額，法院仍應審酌一切情況定其數額[193]。

(3) 經理人違反競業禁止之義務者，公司得請求因其行為所得利益，作為損害賠償（民法§563 I）。又經理人為公司負責人，若違反公司法第 23 條第 1 項之規定，為自己或他人為該行為時，股東會得以決議，將該行為之所得視為公司之所得。但自所得產生後逾一年者，不在此限（公§23Ⅲ）。

(4) 公司經理人違反競業禁止規定，公司得請求經理人將因其競業行為所得之利益，作為損害賠償[194]。

(5) 公司經理人違反競業禁止，其所為之競業行為並非無效[195]。

2. 對於第三人之責任

　　經理人在執行職務範圍內，為公司之負責人（公§8Ⅱ），故如對於公司業務之執行，應忠實執行業務並盡善良管理人之注意義務，如有違反法令致他人受有損害時，對他人應與公司負連帶賠償之責（公§23）。

---

[193] 最高法院 91 年度台上字第 1886 號民事判決。
[194] 最高法院 96 年度台上字第 923 號民事判決。
[195] 最高法院 81 年度台上字第 1453 號民事判決。

第三章
無限公司

第一節　無限公司之概念與設立

一、無限公司之概念

(一)　無限公司為二人以上之股東所組織，全體之股東，對於公司債務負連帶無限清償責任之公司。

(二)　無限公司之信用，完全建立在股東個人之信用上，且其存續與經營均深受股東個人條件之影響，故為典型之人合公司。

(三)　在實質上，其仍為個人企業或合夥企業，但我國公司法從法國、日本之立法例，承認其為法人，俾使對外之法律關係臻於安定。

二、無限公司之設立

（一）設立之階段

無限公司之設立，須經過兩個階段，即章程之訂定與設立之登記。

1. 章程之訂定

(1) 無限公司之股東，應有二人以上，其中半數，應在國內有住所（公§40 I）。股東應以全體之同意，訂立章程，簽名或蓋章，置於本公司，並每人各執一份（公§40 II）。

(2) 章程之記載事項如次（公§41 I）：

① 絕對必要記載事項：欠缺時，其章程無效。

A. 公司名稱：其名稱應標明無限公司字樣，例如「同昌建築無限公司」。

B. 所營事業：公司經營何業，須具體記載。

C. 股東姓名、住所或居所。

D. 資本總額及各股東之出資額。

E. 盈餘及虧損分派之比例或標準，或按出資多寡為比例，或另定標準，均須載明於章程中。

F. 本公司所在地。

G. 訂立章程之年、月、日。

② 相對必要記載事項：法律雖有明文規定，且原則上若有該特有事項時應行記載於章程，否則不發生法律上之效力，但縱未記載，亦不影響章程之效力者。

A. 各股東有以現金以外之財產為出資者，其種類、數量、價格或估價之標準。

B. 定有代表公司之股東者，其姓名。

C. 定有執行業務之股東者，其姓名。

D. 定有解散之事由者，其事由。

E. 設有分公司者，其所在地。

③ 任意記載事項：經股東全體之同意，任意記載於章程，而一經記載即生效力者。凡不違反法律所強制禁止或不違背公序良俗者，均得經約定而成為任意記載事項。

(3) 代表公司之股東，不備置前項章程於本公司者，處新臺幣一萬元以上五萬元以下罰鍰。連續拒不備置者，並按次連續處新臺幣二萬元以上十萬元以下罰鍰（公§41Ⅱ）。

2. 設立之登記

　　公司之設立，非經登記完成，不得成立，且登記乃一種公示制度，在使與公司交易之第三人，知悉公司之狀況而給予信任。

（二）設立之無效及撤銷

1. 無限公司之設立，係屬一種法律行為，倘有無效或得撤銷之原因時，

自得為無效之主張或撤銷之。

2. 我公司法對設立無效之事由未設特別規定，應適用民法有關之規定。至於設立得撤銷之事由，僅明定下列二種情事：

   (1) 公司應收之股款，股東並未實際繳納，而以申請文件表明收足，或股東雖已繳納而於登記後將股款發還股東，或任由股東收回者，經法院判決有罪確定後，由中央主管機關撤銷或廢止其登記。但判決確定前，已為補正者，不在此限（公§9Ⅲ）。

   (2) 公司之負責人、代理人、受僱人或其他從業人員以犯刑法偽造文書印文罪章之罪辦理設立登記，經法院判決有罪確定後，由中央主管機關依職權或依利害關係人之申請撤銷或廢止其登記（公§9Ⅳ）。

3. 但公司設立登記後，經撤銷者，應承認該事實上之公司，並開始清算程序，以保護交易之安全。

第二節　無限公司之內部關係

一、概　說

(一)　所謂內部關係，係指公司與股東及股東與股東相互間之法律關係。

(二)　各國關於公司內部關係適用法規之準則，向有二種立法例：

1. 商法主義：係以商法為主，章程為輔。

2. 章程主義：為以章程為主，商法為輔。

(三)　無限公司之內部關係，除法律有規定者外，得以章程定之（公§42）。故我國無限公司之內部關係適用法律規定之準則，係採商法主義。

二、內部關係之法定事項

（一）出資義務

1. 出資之意義

　　無限公司股東，對於公司均負有出資之義務。所謂出資，乃為達到公司營利之目的，股東基於股東資格，對於公司所為之一定給付。

2. 出資之態樣（公§43）

(1) 現金、其他財產或權利出資

① 因股東以現金以外之財產為出資者，其種類、數量、價格或估價之標準，均應記載於章程（公§41 I ⑤），故股東本得以現金及其他財產為標的之出資。

② 現金固為財產出資之主要者，然他如一般動產、不動產、債權、專利權、著作權等均無不可。又股東得以其他權利為出資，並須依照公司法第 41 條第 1 項第 5 款之規定辦理（公§43）。

③ 股東以現金或動產出資者，須履行交付行為；以不動產出資者，應為所有權移轉之登記；以無體財產權或權利出資者，應交付證券或權利讓與書；以債權出資者，如該債權到期不受清償時，應由該股東補繳，倘公司因而受有損害，並應負賠償之責（公§44）。

(2) 勞務出資

① 所謂勞務出資為股東以精神上、身體上之勞力，供給於公司之出資，例如技術人員為公司提供一定之技術（營造廠之建築技術）者。

② 勞務出資，須將其估定之價格及勞務之標準載明於章程上，至於其標準如何，由訂立章程者自由定之（公§43）[1]。

(3) 不得以信用出資

① 所謂信用出資為股東使公司利用其信用，以作為出資。信用出資，可使公司獲得各種有形無形之利益，其方式如為公司債務之連帶保證或就公司所發行之票據為保證、背書、承兌等。

② 基於信用界定不易，且現行勞務或其他權利出資，已足敷股東使用，又查迄今為止，所有登記之無限公司並無以信用出資者，爰於民國 107 年 8 月 1 日修正公司法時，刪除無限公司信用出資之規定。

---

[1] 司法院院字第 1913 號解釋。

（二）業務之執行及監察

1. 業務執行之機關

(1) 無限公司之股東，均有執行業務之權利而負其義務，即原則上全體股東均得為公司執行業務之機關，所謂企業所有與企業經營分離之原則，在此不能適用。

(2) 法律為尊重企業自治之原則，如章程訂定公司業務由股東中之一人或數人執行者，則從其訂定（公§45Ⅰ）。，但仍不得訂定股東均不執行業務。

(3) 執行業務之股東，須半數以上在國內有住所（公§45Ⅱ）。

2. 業務執行之方法

(1) 執行業務之股東為意思決定之方法，首先依章程規定（公§42）。

(2) 章程無規定者，如全體股東皆有執行權者，取決於全體股東之過半數，如僅數股東有執行權者，則取決於該數人之過半數（公§46Ⅰ）。

(3) 至於通常事務，則執行業務之股東，各得單獨執行，但其餘執行業務之股東有一人提出異議時，應即停止執行（公§46Ⅱ）。

3. 執行業務股東與公司之關係

(1) 執行業務股東之權利

① 報酬請求權：執行業務股東，非有特約，不得向公司請求報酬（公§49）。亦即，原則上為無償委任，但有特約時，亦得請求報酬，此時即為有償委任。無償委任與有償委任，對於執行業務之過失，致公司受有損害時，理論上其責任輕重各有所別。無償委任時，除係違反法令、章程及股東之決定，依公司法之特別規定外，執行業務之股東僅就重大過失，負其責任（公§52、民法§544）。惟因無限公司為執行業務或代表公司之股東為公司負責人（公§8Ⅰ），依公司法第23條第1項規定，應忠實執行業務並盡善良管理人之注意義務，並未區分無償委任或有償委任。

② 償還墊款請求權：股東因執行業務所代墊之款項，得向公司請

求償還，並支付墊款之利息（公§50 I）。其利率如未經約定，應
依週年利率百分之五計算（民§203）。

③ 債務擔保請求權：股東因執行業務負擔債務，而其債務尚未到
期者，得請求公司提供相當之擔保（公§50 I）。

④ 損害賠償請求權：股東因執行業務，受有損害時，如其損害非
由於自己之過失所致者，得向其公司請求賠償（公§50 II）。

(2) 執行業務股東之義務

① 遵守法令規章之義務：股東執行業務時，應依照法令、章程及
股東之決定，如違背此項義務，致公司受有損害者，對於公司
應負賠償之責（公§52）。但若股東中之一人違背忠實之義務，即
欠缺妥慎處理業務之注意，而為自己或其私人利益起見，使公
司為無益之擔負者，眾股東當然不應負責。又無限公司之債務，
其應負清償責任者，應以股東為限[2]。如果實際執行業務之人並
非股東，則對於公司之債務，不過有清理之責，無逕負償還責
任之理。又無限公司之負責人，為執行業務或代表公司之股東[3]。

② 代收款項交還之義務：執行業務時，股東代收公司款項而不於
相當期間照繳，或挪用公司款項者，應加算利息，一併償還，
如公司受有損害，並應賠償（公§53）。

③ 報告業務及答覆質詢之義務：執行業務之股東對於公司，立於
委任關係，除應將業務情形報告公司外（民法§540），並應答覆
不執行業務股東之隨時質詢（公§48）。

④ 不得隨意辭職之義務：公司章程訂明專由股東中之一人或數人
執行業務時，該股東不得無故辭職，他股東亦不得無故使其退
職，以免公司業務停滯（公§51）。

⑤ 不競業之義務：執行業務股東因執行業務每獲知公司事業之機
密，為防其利用已知之機密圖利自己或他人而使公司蒙受損

---

[2] 大理院 4 年上字第 168 號判決。

[3] 臺灣高等法院 96 年度上字第 74 號民事判決。

害，特予禁止執行業務之股東，為自己或他人為與公司同類營業之行為（公§54 II）。若其違反此項義務，其他股東得以過半數之決議，將其為自己或他人所為行為之所得，作為公司之所得，即公司取得歸入權，但自所得產生後逾一年者，不在此限（公§54 III）。至於違反競業禁止之規定，乃法律訓示規定，並非強制禁止之規定，不影響公司或營利事業登記之效力[4]。

⑥　無限公司為執行業務或代表公司之股東為公司負責人（公§8 I），對公司應負忠實義務及盡善良管理人之注意義務（公§23 I）。

4. 業務之監察

(1) 業務之監察，由不執行業務之股東為之，即不執行業務之股東，均得隨時向執行業務之股東質詢公司營業之情形，查閱財產之文件與帳簿表冊（公§48），以免公司業務為執行業務之股東所操縱。蓋不執行業務之股東既未參與經營，為瞭解公司之營運狀況，以保護其股東權益，避免執行業務之股東任意操控公司，故明定得查閱公司之財產文件、帳簿、表冊。

(2) 公司法第 48 條規定之「查閱」，應為擴張解釋，即除查看閱覽外，凡可達不執行業務股東瞭解及監控公司營運之規範目的者，諸如請求交付財產文件、帳簿、表冊及複印該文件等方式，均包括在內。換言之，諸如影印、抄錄、複製、照相等方式，及公司銀行帳戶之存摺及交易明細，均包括在查閱範圍內。又因公司業務有其接續性，查閱公司文件簿冊之範圍，亦不以股東取得股權後者為限。

(3) 不執行業務股東之質詢權及查閱權等權利，不得以章程加予限制或剝奪之。

---

[4] 經濟部 59.8.3.商字第 36631 號函。

（三）股東投資之限制

1. 無限公司之股東，不得為他公司之無限責任股東，或合夥事業之合夥人，惟如經其他股東全體之同意，則無不可（公§54 I）。

2. 限制股東投資之理由：

　(1) 無限公司之股東，對於公司債務負連帶無限清償之責任，而無限責任股東或合夥事業之合夥人，對於其所參與之公司或合夥事業之債務，亦負連帶無限清償責任，如無限公司之股東為他公司之無限責任股東或合夥事業之合夥人，則將使該股東負雙重無限連帶清償責任，對公司、股東及債權人均屬不利。

　(2) 無限公司之股東，原則上均有執行業務之權利與義務，若其同時兼為他公司之無限責任股東或合夥事業之合夥人，則勢將分心，而無法專心致力於本公司之業務。

3. 股東違反投資限制時，其行為仍然有效，但可能具有下列其他效果：

　(1) 公司得經其他股東全體之同意議決將其除名（公§67②）。

　(2) 依一般侵權行為之法則，認其違反保護他人之法律請求賠償損害（民法§184 II）。

（四）盈虧之分派與債務之抵銷

1. 無限公司之盈虧應如何分派，公司法未設有特別規定，完全委諸章程。盈餘及虧損分派之比例或標準，乃章程之絕對必要記載事項（公§41 I⑥），故當不致發生章程未記載應如何分配盈虧之問題。

2. 以勞務出資者，應否分擔虧損，學者見解不一。依管蠡之見，除章程另有規定外，依其性質，應準用合夥之例，可不受損失之分配（民法§677 III）。

3. 公司於過去如有虧損，則非經彌補虧損後，不得分派盈餘，以穩固公司之基礎，若公司負責人違反之，則各科一年以下有期徒刑、拘役或科或併科新臺幣六萬元以下罰金（公§63）。

4. 無限公司之股東對於公司之債務，固負無限連帶清償責任，但公司為

法人，與其股東之人格各別，股東之債權，非即為公司之債權，故公司之債務人，不得以其債務與其對於股東之債權抵銷（公§64）。

（五）出資之轉讓

1. 所謂出資之轉讓，即公司股東轉讓因出資而取得之股東權。

2. 無限公司股東之出資，無論其為全部或一部之轉讓，均須得其他股東全體之同意（公§55）。蓋無限公司為人合公司，係基於股東間相互之高度信賴而成立故也。

3. 在全部轉讓時，讓與人即完全喪失股東權，而受讓人則新取得股東權，惟讓與之股東對於公司之債務，於登記後兩年內，仍負連帶無限責任（公§70 II）。相對地，在一部轉讓時，讓與人並未完全喪失其股東權，而受讓人則與全部轉讓同，為新取得股東權。

4. 未經其他全體股東同意之出資轉讓，不生公司法上之效力，縱其轉讓債權契約有效成立，亦不得以之對抗公司及其他股東，受讓人僅得依債務不履行之法則，對於讓與人請求賠償損害。

5. 無限公司股東將其出資額信託時，因委託人必須將出資轉讓給受託人，信託始能成立，故委託人及受託人間出資額轉讓應符合公司法第55 條規定，並辦理修正章程變更登記。又公司章程及登記表等股東姓名部分應以受託人姓名登載，並加註信託意旨文字（例如於受託人後載明「信託受託人」）[5]。

（六）章程之變更

1. 無限公司因故須變更章程時，其變更應經全體股東之同意（公§47）。

2. 無限公司股東就公司債務，係負連帶無限清償責任，而章程之變更，關係重大，不宜以多數決之方法強使少數服從多數，故其章程須經全體股東之同意而訂立，變更亦不得草率。

---

[5] 經濟部 111.10.3.經商字第 11102415540 號函。

第三節　無限公司之外部關係

一、概　　說

(一)　所謂外部關係，乃公司本身與第三人之關係及股東與第三人之關係。

(二)　無限公司之外部關係涉及第三人之利益、社會交易之安全，故公司法有關外部關係之規定，多屬強行規定，不得以章程任意變更之。

二、公司法所規定之外部關係

（一）公司之代表

1. 代表之意義

無限公司為法人之一種，須有自然人以實現其意思而為其機關，此機關乃公司之代表，其行為即係公司之行為。

2. 代表之資格

(1)　原則上無限公司之股東皆得代表公司，但公司得依章程之規定，特定代表公司之股東，惟仍不得以章程剝奪全體股東代表公司之權（公§56）。

(2)　代表無限公司者，必為其股東。

(3)　代表無限公司之股東，須半數以上在國內有住所（公§45 II、§56）。

3. 代表之權限

(1)　代表公司之股東，關於公司營業上一切事務，有辦理之權（公§57）。

(2)　公司雖得以章程或股東全體之同意，加以限制代表權限，但公司對於股東代表權所加之限制，不得對抗善意第三人，俾保護交易之安全（公§58）。

(3)　公司或股東主張第三人惡意（即知情）時，應負舉證責任。

(4)　代表公司之股東，如為自己或他人與公司為買賣借貸或其他法律行為時，不得同時為公司之代表，但向公司清償債務時，不在此限（公

§59），蓋以股東代表權之行使，應以公司之利益為依歸，而代表公司之股東若為自己或他人與公司為法律行為，則乃處於與公司利害相反之地位，恐有祇圖自己利益或他人利益之虞，故特加限制，此與民法第 106 條禁止雙方代理之情形相同，惟單純的債務履行，並無偏頗之虞，因此予以除外。

(5) 如代表公司之股東將其所有之土地信託予受託人後，受託人嗣將信託財產出賣予該股東所代表之公司，受託人於買賣過程中既須受託信託本旨之拘束，於其職務行使上，實質上受委託人目的之支配，就公司法第 59 條所欲防範之風險（避免損害公司利益）而言，與代表公司之股東自行出賣土地予公司之情形尚無不同，解釋上似應適用公司法第 59 條之規定，以避免信託當事人以脫法行為迂迴規避強行規定。又公司法第 59 條之立法意旨，既在防範代表公司之股東「為自己或他人之利益」，致損害公司利益，則上開信託關係無論自益、他益或公益信託，均應在上開規定限制之列[6]。

(6) 關於是否有公司法第 59 條「雙方代表禁止原則」之適用，依司法實務之多數見解，仍應視是否與公司間有利益衝突之情形而定，即依個案具體衡量，倘未減損公司財產、無損及公司債權人債權之擔保或有保護公益之情形，例如股東將自己財產無償贈與公司，似得認無須適用公司法第 59 條規定之「雙方代表禁止原則」[7]

（二）股東之責任

1. 一般責任

(1) 股東之一般責任，係指公司股東在公司存續中，而無特殊事由存在時，對於公司債務所負之責任。

(2) 無限公司之資產不足清償債務時，由其股東負連帶清償之責（公§60）。

　① 股東對公司債務所負之責任，性質上為直接責任，故公司債權

---

[6] 法務部 104.12..16.法律字第 10403516290 號函。

[7] 經濟部 109.2.20.經商字第 10902404220 號函。

人得直接向股東請求清償。

② 股東所負之責任相同，縱令實際上公司業務不由其經理，亦不因之減輕責任[8]。

③ 股東對公司債務，係居於保證人地位，故：

A. 股東所負之連帶責任，係股東相互間之連帶責任，而非股東與公司間之連帶責任。

B. 公司債權人須依強制執行或破產程序之結果而不能全部受清償時，始可向股東請求清償。

C. 公司對債權人所得為之抗辯，股東均得主張之。

④ 公司債務，包括以公司名義所締結之法律行為所生債務及依法律規定公司所負之各種債務，且不問其債務之發生原因。

⑤ 股東於清償公司全部債務後，對其他股東有求償權，應適用民法第 281 條及第 282 條關於連帶債務人間求償之規定。

2. 特殊責任

(1) 股東之特殊責任，即股東因特殊之事由，所應負之責任。

(2) 無限公司股東之特殊責任，其情形如次：

① 新入股東之責任：即無限公司成立後，始加入為股東者，對於未加入前公司業已存在之債務，亦須負責（公§61），俾增強公司之信用。

② 類似股東（表見股東）之責任：即非股東而其行為可令人誤信其為股東者，對於善意之第三人，應負與股東同一之責任（公§62）。

③ 退股股東之責任：退股股東應向主管機關申請登記，且對於登記前公司之債務，於登記後二年內，仍負連帶無限責任。股東轉讓其出資者亦同（公§70）。

④ 解散後股東之責任：股東之連帶無限責任，自解散登記後，滿五年而消滅（公§96）。此五年之期間為除斥期間，而非時效時間，

---

[8] 大理院 3 年上字第 206 號判決。

故此期間屆滿後，即令仍有債務未清償，債權人亦不得以時效未完成為理由，對股東有所請求。

⑤ 變更組織後股東之責任：無限公司經全體股東之同意，得以一部分之股東改為有限責任或另加入有限責任股東，變更其組織為兩合公司（公§76 I）。又公司得經股東三分之二以上之同意變更章程，將其組織變更為有限公司或股份有限公司（公§76-1 I）。股東依公司法第 76 條第 1 項或第 76 條之 1 第 1 項之規定，改為有限責任時，其在公司變更組織前，公司之債務，於公司變更登記後二年內，仍負連帶無限責任（公§78）。

（三）資本之充實

1. 資本乃各股東之財產出資的總額，無限公司之股東對於公司債務雖負無限責任，惟公司之資產方為債權人最重要之保障。

2. 公司法為保護無限公司之債權人，對公司資本之充實，特別設有下列規定：

(1) 盈餘分派之限制：公司非彌補虧損後，不得分派盈餘（公§63 I）。公司負責人違反上開規定時，各處一年以下有期徒刑、拘役或科或併科新臺幣六萬元以下罰金（公§63 II）。

(2) 債務抵銷之限制：公司之債務人，不得以其債務與其對於股東之債權抵銷（公§64）。

第四節　無限公司之入股與退股

一、股東資格之限制

無限公司為人合公司，其在經營及對外關係方面，均深受股東條件之影響，故公司法對於股東資格之取得及喪失，均設有嚴格之限制。

二、入　　股

(一)　所謂入股，乃指於無限公司成立後，以出資方式原始地取得股東資格之行為。

(二)　入股之性質，應認為係一種契約，且欲使該契約生效，必須變更公司章程。故入股契約，常以變更章程為其停止條件，但變更章程，應得全體股東之同意（公§47），並須依法為變更章程之登記（公§12）。

(三)　新加入公司為股東者，對於未加入前公司之債務，亦須負責（公§61）。

三、退　　股

（一）退股之定義

　　所謂退股，係指在有限公司存續中，基於特定股東之意思或法定原因，使股東絕對地喪失其股東資格而言。

（二）無限公司股東退股之原因

1. 聲明退股

(1)　無限公司為人合公司，其信用基礎在於股東，故若任由股東自由退股，將影響公司信用，但無限公司之股東，就公司債務，負無限連帶清償責任，若不許其自願聲明退股，亦非公允，故公司法允許無限公司股東聲明退股，惟在退股後一定期間內，仍令其負連帶無限責任，以兼顧公司債權人之利益。

(2)　股東聲明退股之情形有下列兩種：

①　年終退股：章程未定有公司存續期限者，除關於退股另有訂定外，股東得於每會計年度終了退股，但應於六個月前，以書面向公司聲明（公§65 I）。

②　隨時退股：股東有非可歸責於自己之重大事由（如因病不能執行公司業務）時，不問公司定有存續期限與否，均得隨時退股

（公§65 II）。

2. 法定退股

(1) 為法律所規定之退股原因發生，而不待公司或股東為任何行為或聲明，即當然發生退股之效力者。

(2) 法律所規定之退股原因有（公§66）：

① 章程所定退股原因：例如章程訂明，以勞務出資者達到一定之年齡，即應退股者是。

② 死亡：股東死亡，其權利義務原應由其繼承人繼承，但無限公司為人合公司，重視股東之信用，而繼承人未必為其他人所信賴，故以死亡為退股原因。

③ 破產：股東若已宣告破產，則其信用已完全喪失，若仍以之為無限公司之股東，即將影響公司之信用，故以之為退股原因。

④ 受監護或輔助宣告：股東因心神喪失或精神耗弱致不能處理自己之事務而受監護或輔助宣告時，自亦無從參與公司業務之執行，其信用亦無所憑藉，故為退股原因。

⑤ 除名：

A. 無限公司之股東，若不履行對公司所負之義務或不忠實於公司時，其他股東得以全體之同意，予以議決除名。

B. 但公司法為防止多數股東利用除名之手段以為權利鬥爭之工具，故對於除名之條件，設有詳細之規定。經查議決除名之原因有四（公§67）：

　(A)應出之資本不能照繳或屢催不繳者。

　(B)違反公司法第 54 條第 1 項，即違反「不得為他公司之無限責任股東或合夥事業之合夥人」之規定者。

　(C)有不正當行為妨害公司之利益者。

　(D)對於公司不盡重要之義務者。

C. 股東經其他股東全體之同意合法議決除名後，即發生退股之效力，但非經通知後，不得對抗該股東（公§67 但書）。

⑥　股東之出資，經法院強制執行者：

   A. 法院應先依強制執行法有關規定，禁止債務人處分其出資。

   B. 執行法院並應於二個月前通知公司及其他股東（公§66Ⅱ）。

   C. 公司接到法院通知之日起兩個月內，應以退股時公司財產之狀況為準結算（公§69Ⅰ）。

（三）退股之效果

1. 姓名使用之停止

公司之名稱中列有股東之姓名者，該股東退股時，得請求停止使用（公§68）。

2. 股本之退還

(1) 退股之股東與公司之結算，應以退股時公司財產之狀況為準（公§69Ⅰ）。

(2) 退股股東之出資，不問其種類，均得以現金抵還（公§69Ⅱ）。

(3) 股東退股時，公司事務有未了結者，於了結後計算其損益，分派其盈虧（公§69Ⅲ）。

第五節　無限公司之解散、合併及變更組織

一、無限公司之解散

（一）無限公司解散之原因

1. 無限公司解散之事由，公司法以明文為列舉之規定。

2. 依公司法第 71 條規定，無限公司之解散計有下列事由：

  (1) 章程所定解散事由之發生：如章程訂明十年之存續期間，而屆滿十年者是。但在此情形下，得經全體或一部股東之同意繼續經營，而其不同意者，視為退股，並應變更章程（公§71Ⅱ、Ⅳ）。

  (2) 公司所營事業已成就或不能成就：例如為開採某特定地方之礦產而成立之公司，若因估測錯誤毫無收穫或最後探明無礦可採，是為事

業不能成就，反之，如其礦產已開採完竣，則為其事業已成就。此
種情形，亦得經全體或一部股東之同意繼續經營，其不同意者，也
視為退股，並應變更章程（公§71Ⅱ、Ⅳ）。

(3) 股東三分之二以上之同意：無限公司乃因股東全體之同意，訂立章
程而組成，本應以全體之同意而解散。但為鼓勵無限公司退場，故
降低無限公司解散之門檻為經股東三分之二以上之同意，以應需
要。

(4) 股東經變動而不足本法所定之最低人數：無限公司須由二人以上之
股東組成，此法定之最低人數二人既為無限公司之成立要件，亦為
其存續要件，故股東經變動而不足法定之最低人數時，即為公司解
散之事由，惟仍可加入新股東而繼續經營，並應變更章程（公§71
Ⅲ、Ⅳ）。又無限公司得經全體股東之同意，另加入有限責任股東，
變更其組織為兩合公司（公§76Ⅱ），繼續經營。

(5) 與其他公司合併：公司合併後，被合併公司之權利義務，即概括地
由存續公司承受，自為解散事由。

(6) 破產：公司既已宣告破產，當不能繼續營業而須依破產程序清理債
權債務關係，故為解散原因。

(7) 解散之命令或裁判：亦即有公司法命令解散（公§10）或裁判解散
（公§11）之情事。

（二）繼續經營之情況

1. 無限公司因章程所定解散事由、公司所營事業已成就或不能成就而解
散時，得經全體或一部股東之同意繼續經營，其不同意者視為退股（公
§71Ⅱ），並應變更章程（公§71Ⅳ）。

2. 無限公司因股東經變動而不足公司法所定之最低人數而解散時，得加
入新股東繼續經營（公§71Ⅲ），並應變更章程（公§71Ⅳ）。

二、無限公司之合併

（一）合併之概念

　　無限公司得以全體股東之同意，與他公司合併（公§72）。公司法對於合併公司之種類及合併後存續或另立公司之種類，雖未有明文限制，但為避免法律關係複雜化，解釋上無限公司僅得與股東責任性質相同之無限公司合併，不得與其他種類公司合併。

（二）無限公司合併之要件與程序

1. 合併草約之訂立

　　公司合併時，通常由公司之代表機關先作成草約，再提經全體股東同意。

2. 合併之決議

　(1) 公司合併後，即發生消滅或變更之效果，其影響所及，就人合公司之無限公司的股東而言，自屬重大，故無限公司之合併，應得全體股東之同意（公§72）。

　(2) 無限公司無股東會之設立，股東之同意，並不以召開會議議決為限，即以書面、通訊或電話表示同意，亦無不可。

3. 表冊之編造

　(1) 公司決議合併時，應即編造資產負債表及財產目錄（公§73 I）。

　(2) 編造表冊之目的，在於供債權人閱覽，俾明瞭公司之財產情形。

4. 對債權人之通知及公告

　(1) 公司為合併之決議後，應即向各債權人分別通知及公告，並指定三十日以上期限，聲明債權人得於期限內提出異議（公§73 II）。

　(2) 通知及公告之目的在於使債權人知悉公司合併之內容，俾其對合併有異議時，能及時提出異議。

　(3) 公司債權人不於所定期限內提出異議者，解釋上應視為承認其合併。

　(4) 公司債權人如於所定期限內提出異議時，公司應即為清償或提供相

當之擔保。蓋公司不為公司法第 73 條之通知及公告，或對於在指定期限內提出異議之債權人不為清償，或不提供相當擔保者，不得以其合併對抗債權人（公§74）。

5. 合併登記之辦理

公司為合併時，應於實行後十五日內，向主管機關，依情況分別申請為變更登記、解散登記或設立登記（公司登記辦法§2、§4）。

三、無限公司之變更組織

（一）變更組織之種類

1. 無限公司得變更組織為兩合公司（公§76）。
2. 為利無限公司轉型，允許無限公司可經股東三分之二以上之同意變更章程將其組織變更為有限公司或股份有限公司（公§76-1 I）。無限公司股東如不同意變更組織為有限公司或股份有限公司者，得以書面向公司聲明退股（公§76-1 II）。

（二）無限公司變更為兩合公司之方法

1. 將原有之無限責任股東，一部改為有限責任（公§76 I）。
2. 不變更原有無限責任股東，而另加入有限責任股東（公§76 I）。
3. 股東經變動而不足法定最低人數，加入有限責任股東，變更組織為兩合公司繼續經營（公§76 II）。

（三）無限公司變更組織之要件

無限公司以一部股東改為有限責任或另加入有限責任股東，變更組織為兩合公司，須經全體股東之同意（公§76），故若有一股東拒絕同意，其組織即無由變更。但變更組織為有限公司或股份有限公司，僅須經股東三分之二以上之同意（公§76-1 I），以利無限公司轉型。至於無限公司股東如不同意變更組織為有限公司或股份有限公司者，得以書面向公司聲明退股（公§76-1 II）。

（四）無限公司變更組織之程序

　　無限公司依公司法第 76 條及第 76 條之 1 變更組織時，準用第 73 條至第 75 條之規定（公§77）。亦即，除先經全體或股東三分之二以上股東之同意外，應即編造資產負債表及財產目錄，各債權人分別通知及公告，最後並須申請變更登記。

（五）無限公司變更組織之效果

1. 無限公司變更為兩合公司、有限公司或股份有限公司，其法人人格並未中斷，無限公司之原有債務，仍應由變更後之公司繼續負責。
2. 原為無限責任之股東，依公司法第 76 條第 1 項或第 76 條之 1 第 1 項之規定，改為有限責任時，其在公司變更組織前，公司之債務，於公司變更登記後二年內，仍負連帶無限責任（公§78）。

第六節　無限公司之清算

一、清算之概念

(一)　所謂清算，乃已解散之公司，為處分現有財產，以了結公司與第三人及公司與股東之債權債務關係，漸次消滅公司法人人格之一種程序。

(二)　解散之公司，除因合併、分割或破產而解散者外，應行清算（公§24）。因此，公司之解散，其法人人格並非即告消滅，必須經清算程序，俟清算完結後，始喪失其人格。

(三)　在清算時期中之公司，稱之為清算公司，而處理清算事宜之人，則稱為清算人。

(四)　清算公司之法人人格，於清算範圍內，視為尚未解散（公§25）。因此，解散之公司在清算時期中，得為了結現務及便利清算之目的，暫時經營業務（公§26）。

(五)　清算人為清算公司之機關，原公司執行業務股東或代表公司股東之

職權，因清算之開始而停止。

(六)　公司之清算，有法定清算及任意清算之別。

1. 法定清算

所謂法定清算，為依法定之嚴格程序，以處理公司既有法律關係之清算。

2. 任意清算

所謂任意清算，為依章程或股東全體之同意，議定方法，據以處理公司現務之清算。我國現行公司法僅承認法定清算。

二、清算人之選任與解任

（一）選　任

就清算人之選任而言，因其為法定清算人、選任清算人或選派清算人而異。

1. 法定清算人

(1)　無限公司之清算，原則上應以全體股東為清算人（公§79 本文）。

(2)　由股東全體清算時，股東中有死亡者，清算事務由其繼承人行之，繼承人有數人時，應由繼承人互推一人行之（公§80）。

(3)　法定清算人無須清算人為就任之承諾，似應認為公司解散之日為清算人就任之日[9]。

2. 選任清算人

(1)　無限公司之清算，原則上固應以全體股東為清算人，但章程另有規定或經股東決議，得另選清算人（公§79 但書）。

(2)　選任清算人無積極資格之限制，即第三人如律師、會計師等亦無不可。

(3)　鑑於股東選任之清算人，得由股東過半數之同意，將其解任（公§82 但書）。因此，股東決議選任清算人，解釋上為經股東過半數之

---

[9]　經濟部 88.9.27.商字第 88024855 號函。

同意即可。

(4) 公司解散登記後,未推定代表公司之清算人,則股東為當然清算人[10]。

(5) 選任之清算人,未向法院聲報,則該人非公司之清算人[11]。

3. 選派清算人

(1) 法定清算人及選任清算人均無法產生,例如股東全體集體中毒死亡時,法院得因利害關係人之聲請,選派清算人(公§81)。

(2) 公司清算人之選派,由本公司所在地之地方法院管轄(非訟事件法§171)。對於法院選派公司清算人之裁定,不得聲明不服(非訟事件法§175 本文)。

(3) 清算人與公司間之法律關係屬委任,由法院依公司法第 81 條、第 113 條或第 322 條選派之清算人,除為律師者,依律師法第 22 條規定,非經釋明有正當理由,不得辭法院指定之職務外,其非為律師之人,並無接受法院所命職務之義務,自應待其為就任之承諾,與公司間之委任關係始足成立[12]

(二)解　任

1. 清算人解任之途徑

(1) 法院之解任:不論其為法定清算人,選任清算人或選派清算人,法院因利害關係人之聲請,認為必要時,得將清算人解任(公§82)。

(2) 股東之解任:選任清算人除得由法院予以解任外,亦得由股東過半數之同意,將其解任(公§82 但書)。

2. 清算人解任之裁定

清算人之解任,亦由本公司所在地地方法院管轄,對於解任清算人之裁定,不得聲明不服(非訟事件法§175 本文)。

---

[10] 最高法院 95 年度台上字第 2549 號民事判決。
[11] 最高行政法院 96 年度判字第 1732 號判決。
[12] 最高法院 105 年度台上字第 1608 號民事判決。

3. 清算人解任之聲請

依民法第 39 條規定，法人之清算人，法院認為有必要時，得解除其任務，並無準用公司法第 82 條關於無限公司之清算人得由利害關係人聲請解任之規定。因此，民法第 39 條所定有關法人清算人之解任，法人之主管機關或其利害關係人並無聲請法院解任清算人之聲請權[13]。

三、清算人之聲報或公告

（一）聲　報

1. 法定清算人或選任清算人應於就任後十五日內，將其姓名、住所或居所及就任日期，向本公司所在地地方法院聲報（公§83 I）。公司法所定清算人就任之聲報，應以書面為之（非訟事件法§178 I）。

2. 法定清算人或選任清算人之解任，應由股東於十五日內，向本公司所在地地方法院聲報（公§83 II、非訟事件法§179）。

3. 違反公司法第 83 條第 1 項及第 2 項聲報限期之規定者，各科新臺幣三千元以上一萬五千元以下罰鍰（公§83 IV）。

（二）公　告

選派清算人由法院選派時，則應公告之，其解任亦同（公§83 III）。

四、清算事務

清算人與公司之關係，除公司法規定外，依民法關於委任之規定（公§97）。清算人應以善良管理人之注意處理職務，倘有怠忽而致公司發生損害時，應對公司負連帶賠償之責任；其有故意或重大過失時，並應對第三人負連帶賠償責任（公§95 I）。執行清算事務為清算人之職務，公司法規定如下：

---

[13] 臺灣高等法院 96 年度非抗字第 49 號民事裁定。

（一）了結現務（公§84Ⅰ①）

1. 即了結於公司解散時，業已開始而尚未終了之事務。如為了結現務，清算人仍得為新法律行為。

2. 公司決議解散後，股權之變更非屬清算人職務範圍[14]。

3. 解散公司倘為了結現務之目的而為清算之必要範圍者，應以繼續原有之營業為限[15]。

4. 經廢止登記之公司，仍有進行清算以了結債權債務之必要[16]。

5. 了結現務，並不限於財產上之現務，包括公司一切待為了結之事務均包括之[17]。

（二）收取債權、清償債務（公§84Ⅰ②）

1. 清算人原則上應於六個月內，完結清算；不能於六個月內完結清算時，清算人得申敘理由，向法院聲請展期（公§87Ⅲ），故應收取已到期之債權，清償已至清償期之債務。清算人不於公司法第 87 條前項規定期限內清算完結者，各處新臺幣一萬元以上五萬元以下罰鍰。

2. 未到期之債權或為附條件之債權，為清算之必要，得為讓與或其他換價處分。

3. 尚未至清償期之債務，得拋棄其期限利益，俾利完結清算。

（三）分派盈餘或虧損（公§84Ⅰ③）

收取債權、清償債務後，若有盈餘，則應分配給股東，如有所虧損，則由股東分擔。

（四）分派賸餘財產（公§84Ⅰ④）

1. 股東有賸餘財產分派請求權，故公司之財產於清償債務後，如有賸餘，自應分派於各股東。

---

[14] 最高法院 52 年度台上字第 1238 號民事判決。

[15] 經濟部 90.4.2.經商字第 09002073140 號函。

[16] 最高法院 95 年度台上字第 1386 號民事判決。

[17] 臺灣高等法院 97 年度上字第 28 號民事判決。

2. 但清算人非清償公司債務後，不得將公司財產分派於各股東，清算人違反此規定時，各處一年以下有期徒刑、拘役或科或併科新臺幣六萬元以下罰金（公§90）

3. 賸餘財產之分派，除章程另有訂定外，依各股東分派盈餘或虧損後淨餘出資之比例定之（公§91）。

4. 公司財產不足清償其債務時，清算人應即聲請宣告破產，否則各處新臺幣二萬元以上十萬元以下罰鍰（公§89Ⅲ）。

五、清算之執行

(一) 清算人就任後，應即執行下列職務：

1. 清算人就任後，應即檢查公司財產情形，造具資產負債表及財產目錄，送交各股東查閱（公§87Ⅰ）。對清算人所為檢查有妨礙、拒絕或規避行為者，各處新臺幣二萬元以上十萬元以下罰鍰（公§87Ⅱ）。

2. 清算人應於六個月內完結清算；不能於六個月內完結清算時，清算人得申敘理由，向法院聲請展期（公§87Ⅲ）。清算人不於上開規定期限內清算完結者，各處新臺幣一萬元以上五萬元以下罰鍰（公§87Ⅳ）。

3. 清算人遇有股東詢問時，應將清算情形隨時答覆（公§87Ⅴ）。清算人違反上開規定者，各處新臺幣一萬元以上五萬元以下罰鍰（公§87Ⅵ）。

4. 清算人就任後，應以公告方法，催告債權人報明債權，對於明知之債權人，並應分別通知（公§88）。

5. 清算人於清償公司債務後，將公司賸餘財產分派於各股東（公§90）。

(二) 清算人執行公司法第 84 條第 1 項之清算事務，得代表公司為訴訟上及訴訟外之一切行為（公§84Ⅱ）。

(三) 清算人有數人時，得推定一人或數人代表公司，如未推定時，各有代表公司之權，而關於清算事務之執行，則取決於過半數之同意（公§85Ⅰ）。因此，清算人有數人時，如未推定代表公司之人時，對於第三人各有代表公司之權[18]。又推定代表公司之清算人，應準用公

---

[18] 最高法院 102 年度台上字第 724 號民事判決、最高法院 98 年度台上字第 245 號民事判決。

司法第 83 條第 1 項之規定向法院聲報（公§85Ⅱ）。

(四) 公司對於清算人代表權所加之限制，不得對抗善意第三人（公§86）。

(五) 清算人應以善良管理人之注意處理職務，倘有怠忽而致公司發生損害時，應對公司負連帶賠償之責任，其有故意或重大過失時，並應對第三人負連帶賠償責任（公§95）。

(六) 清算人有數人時，得推定一人或數人代表公司，該推定取決於全體清算人過半數同意為已足[19]。但清算人提起分配表異議之訴，無須取決於過半數清算人之同意[20]。

六、清算之完結

(一) 清算完結之時期公司於分派賸餘財產後，清算程序即告完結。

(二) 清算完結之期限清算人應於六個月內完結清算，不能於六個月內完結清算時，清算人得申敘理由，聲請法院展期（公§87Ⅲ）。其請求展期之法院，由本公司所在地之法院管轄（非訟事件法§171），並應以書面為之（非訟事件法§179）。應注意者，清算人應於六個月內完結清算，非指該期限屆滿清算即當然完結[21]。

(三) 清算之承認清算人應於清算完結後十五日內，造具結算表冊，送交各股東，請求其承認，如股東不於一個月內提出異議，即視為承認，但清算人有不法行為時，不在此限（公§92）。

(四) 清算完結之聲報：所謂清算完結（終結），係指清算人就清算程序中應為之清算事務，全部辦理完竣[22]。清算人應於清算完結經送請股東承認後十五日內，向法院聲報，經此聲報，公司人格，即為消滅。清算人若違反上開聲報限期之規定時，各科新臺幣三千元以上一萬五千元以下罰鍰（公§93）。

---

[19] 臺灣高等法院 87 年度抗字第 1104 號民事判決。
[20] 臺灣高等法院 94 年度上易字第 617 號民事判決。
[21] 最高行政法院 90 年度判字第 2335 號判決。
[22] 臺灣高等法院 92 年度抗字第 621 號民事裁定。

(五)　簿冊之保存：公司之帳簿、表冊及關於營業與清算事務之文件，應自清算完結向法院聲報之日起，保存十年，其保存人，以股東過半數之同意定之（公§94）。

(六)　完結後股東之責任：股東之連帶無限責任，自解散登記後滿五年而消滅（公§96）。

(七)　清算完結之效果：是否發生清算完結之效果，應視是否完成合法清算而定。清算人向法院聲報清算完結，僅屬備案性質，法院所為准予備案之處分，無實質確定力[23]。質言之，清算人事實上已依規定清算完結，並已向法院聲報清算終結，即屬依法解散清算，並不以經法院函准備查或為其他處分為必要[24]。

---

[23] 最高法院 93 年度台上字第 1314 號民事判決。
[24] 最高行政法院 74 年度判字第 1868 號判決。

第四章
有限公司

第一節　有限公司之概念與設立

一、有限公司之概念

（一）有限公司之意義

　　有限公司由一人以上股東所組成（公§98 I），不論法人股東或自然人股東皆可。

（二）有限公司之特點

1. 股東之條件

　　為因應公司經營之國際化、自由化，有限公司股東已無國籍、住所及出資額之限制。其股東人數之最低額為一人以上，故公司法承認一人有限公司之設立。

2. 股東之責任

(1) 各股東對於公司之責任，除公司法第 99 條第 2 項規定外，以其出資額為限（公§99 I）。亦即，對於公司債權人原則上只負間接責任，而不負直接責任。

(2) 股東濫用公司之法人地位，致公司負擔特定債務且清償顯有困難，其情節重大而有必要者，該股東應負清償之責（公§99 II），即明定「揭穿公司面紗原則」之適用要件。按「揭穿公司面紗原則」之目的，在防免股東利用公司之獨立人格及股東有限責任而規避其應負之責任。考量僅負有限責任之有限公司股東，亦有利用公司之獨立人格及股東有限責任而規避其應負責任之可能，故引進「揭穿公司

面紗原則」。

(3) 與股份有限公司股東同屬負有限責任之有限公司股東，亦有利用公司之獨立人格及股東有限責任以規避其應負責任，而損害債權人權益之可能，乃於 2018 年 8 月 1 日增訂第 99 條第 2 項規定。準此，對於 2013 年 1 月 30 日前或 2018 年 8 月 1 日前之有限公司股東濫用公司獨立人格，淘空公司資產，而侵害公司債權人權益者，仍得以公司法第 154 條第 2 項規定之揭穿公司面紗法理而予以適用[1]。

二、有限公司之設立

有限公司之設立程序較為簡單，可分為下列三個步驟：

（一）訂立章程

1. 股東應以全體之同意訂立章程，簽名或蓋章，置於本公司，每人各執一份（公§98 II）。

2. 其章程應載明下述各事項（公§101 I）：

   (1) 公司名稱。

   (2) 所營事業。

   (3) 股東姓名或名稱。

   (4) 資本總額及各股東出資額。

   (5) 盈餘及虧損分派比例或標準。

   (6) 本公司所在地。

   (7) 董事人數。

   (8) 定有解散事由者，其事由。

   (9) 訂立章程之年、月、日。

3. 除上列九款事項外，有限公司之股東，就其內部關係，於不違背強制禁止規定或公序良俗下，亦得自由訂定任意記載事項。

4. 有限公司得以章程訂定按出資多寡比例分配表決權（公§102 但書），

---

[1] 最高法院 108 年度台上字第 1738 號民事判決。

以排除一股東一表決權之適用。亦即公司法容許有限公司得以章程另定股東依出資額分配表決權之計算方法。

5. 有限公司於章程訂定較公司法規定為高之股東表決權同意數時，僅於公司法有明定章程得規定較高之規定時，始得依該規定為之[2]。例如有限公司經理人之委任、解任及報酬，依公司法第 29 條第 1 項第 2 款規定，須有全體股東表決權過半數同意，但公司章程有較高規定者，從其規定，因此，若有限公司章程經理人之委任、解任及報酬設有較高之股東表決權同意數，應屬合法。又例如有限公司無虧損者，依公司法第 122 條第 3 項準用第 241 條第 1 項第 2 款及第 3 項之規定，得依第 240 條第 1 項至第 3 項所定之方法，將法定盈餘公積及資本公積（受領贈與之所得）之全部或一部，按股東原有出資之比例發給現金。由於有限公司並無股東會之設置，應如何依公司法第 240 條第 1 項至第 3 項所定之方法，將法定盈餘公積及資本公積（受領贈與之所得）之全部或一部發給股東現金，解釋上應由持有出資額占資本總額三分之二以上之股東出席，出席股東表決權過半數之同意，始為合法議決。但出席股東持有出資額總數及表決權數，章程有較高規定者，從其規定。因此，若有限公司章程對於以法定盈餘公積及資本公積（受領贈與之所得）發給現金設有較高之股東表決權同意數，即屬合法。

6. 應注意者，經濟部民國 100 年 5 月 21 日經商字第 10800597810 號函（下稱「108 年新函釋」）作成前，若有限公司已於章程訂有較高之決議門檻者，得繼續維持適用較高之股東表決權同意門檻，不強制公司配合 108 年新函釋修章；至於 108 年新函釋發布日（即 108 年 5 月 21 日）後新設立之公司或公司修正章程涉及調高股東表決權同意門檻者，則應適用 108 年新函釋[3]。

7. 代表公司之董事不備置章程於本公司者，處新臺幣一萬元以上五萬元以下罰鍰。再次拒不備置者，並按次處新臺幣二萬元以上十萬元以下

---

[2] 經濟部 108.5.21.經商字第 10800597810 號函。
[3] 經濟部 108.8.23.經商字第 10802421750 號函。

罰鍰（公§101 II）。

（二）繳足股款

1. 公司資本總額各股東應全部繳足，不得分期繳納或向外招募（公§100）。因此，有限公司登記之資本總額係各股東全部已繳足之出資額總合，並無實收資本額之登記事項[4]。

2. 股東之出資除現金外，得以對公司所有之貨幣債權、公司事業所需之財產或技術抵充之（公§99-1），以符合公司登記實務，但不得以信用或勞務出資。亦即，有限公司設立後增加資本額，除可由股東為現金出資，亦得以對公司所有之貨幣債權、公司事業所需之財產或技術抵充之，故公司並不一定因增加資本額而增加現實資產[5]。

（三）設立登記

有限公司應於章程訂立後，向主管機關申請為設立之登記（公§6、§387 I）。

第二節　有限公司之內部關係

一、股東之出資、減資及增資

（一）出資之方式

1. 有限公司對外之信用基礎重在資本，故股東之出資，以現金、對公司所有之貨幣債權、公司事業所需之財產或技術為限（公§99-1），不得以勞務或信用為出資之標的。

2. 有限公司股東得以對公司所有之貨幣債權為出資。如有限公司股東同時具有董事身分，且因執行公司業務而生代墊款項者，依公司法第108 條第 4 項準用同法第 50 條規定既得向公司請求償還，則屬對公

---

[4]　經濟部 101.8.8.經商字第 10102101300 號函、經濟部 101.7.8.經商字第 10102285110 號函。

[5]　最高法院 109 年度台上字第 1553 號民事判決。

司所有之貨幣債權[6]。

（二）出資之方法

1. 公司之資本總額，應由各股東全部繳足，不得分期繳款或向外招募（公§100）。
2. 公司設立而募集之公司資本，即為公司股東及債權人之擔保，公司股東應全數繳足，有限公司股東如實際未繳納股款而僅以申請文件表明收足，除違反公司法第 100 條第 1 項所揭示資本確定原則，公司法第 9 條第 1 項更設有處罰規定[7]。
3. 有限公司登記之「資本總額」係各股東全部繳足之出資額總合，並無「實收資本額」之登記事項[8]。
4. 有限公司減資退還股款，得以現金以外財產為之[9]。

（三）出資之轉讓及拋棄

1. 股東非得其他股東表決權過半數之同意，不得以其出資之全部或一部，轉讓於他人（公§111 I）。
2. 董事非得其他股東表決權三分之二以上之同意，不得以其出資之全部或一部，轉讓於他人（公§111 II）。
3. 股東或董事出資之轉讓，不同意之股東有優先受讓權；如不承受，視為同意轉讓，並同意修改章程有關股東及其出資額事項（公§111 III）。
4. 法院依強制執行程序，將股東之出資轉讓於他人時，應通知公司及其他股東，於二十日內，依公司法第 111 條第 1 項或第 2 項之方式，指定受讓人；逾期未指定或指定之受讓人不依同一條件受讓時，視為同意轉讓，並同意修改章程有關股東及其出資額事項（公§111 III）。
5. 股東拋棄出資額，與轉讓出資額之情形，二者固然不盡相同；但就股

---

[6] 經濟部 103.1.20.經商字第 10202153500 號函。
[7] 臺灣高等法院 96 年度重上更（三）字第 7 號刑事判決。
[8] 經濟部 101.7.18.經商字第 10102285110 號函。
[9] 經濟部 99.11.1.經商字第 09902146960 號函。

東不再持有出資額之情形而言，則屬於相類似事實，應類推適用公司法第 111 條第 1 項規定，認為股東出資額之拋棄不能完全自由，必須獲得其他全體股東過半數之同意[10]。

6. 有限公司資本總額雖以股東出資額計算，惟公司法並未明文排除有限公司出資額不得拋棄[11]。至於股東如將其拋棄出資額之意思表示送達發行公司之登記地址時，其拋棄出資額之意思表示是否即已發生效力，則有疑義。司法實務上認為應類推適用公司法第 111 條第 1 項規定，必須獲得其他全體股東過半數之同意，始生效力。

7. 按借名登記為內部關係，借名人終止借名登記關係後，請求出名人返還有限公司之出資，將造成股東、出資額異動，影響股東相互間之和諧、信賴關係。倘出名人為董事，該轉讓行為適用公司法第 111 條第 3 項規定，應經其他全體股東之同意，始生效力，不因借名人是否與出名人在鄉鎮市公所調解委員會成立調解，而有所不同。惟在出資轉讓行為生效前，其他任一股東表示不同意，則該轉讓行為確定不備公司法第 111 條第 3 項規定要件而不生效力，不因嗣後另有全體股東同意之新狀態，而轉為有效[12]。

8. 有限公司股東出資有借名登記之情事，於借名關係終止後，出名人將借名登記之出資返還借名人，造成股東出資額異動，仍屬出資轉讓行為。惟所稱不同意股東之優先受讓權，係指得優先受讓出資而言，尚非出資轉讓雙方之原因關係即當然由不同意之股東承受。因此，股東基於無償之原因關係將出資轉讓於他人，不同意之股東行使優先受讓權時，係得以相當價額有償承受，尚非得援附原出資轉讓之原因關係主張無償受讓[13]。

---

[10] 臺灣高等法院 100 年度上字第 309 號民事判決。
[11] 經濟部 103.10.21.經商字第 10302345190 號函。
[12] 最高法院 107 年度台上字第 786 號民事判決。
[13] 最高法院 109 年度台上字第 193 號民事判決。

（四）減資之方法

1. 減資之程序

　　公司得經股東表決權過半數之同意減資（公§106Ⅲ），而不同意之股東，對章程修正部分，視為同意（公§106Ⅳ）。有限公司減少資本，準用公司法第 73 條及第 74 條之規定（公§107Ⅲ）。因此，有限公司為減資之決議後，須向各債權人分別通知及公告，並指定三十日以上期限，聲明債權人得於期限內提出異議（公§107Ⅲ準用§73）。公司若不為上開之通知及公告，或對於在指定期限內提出異議之債權人不為清償，或不提供相當擔保者，不得以其合併對抗債權人（公§107Ⅲ準用§74）。

2. 比例減資

　　為避免特定股東受不平等對待，有限公司減資，倘按股東出資額比例減資，適用公司法第 106 條第 3 項規定，經股東表決權過半數之同意即可；倘未依比例減資，限縮適用公司法第 106 條第 3 項規定，須經全體股東同意，方得為之[14]。

（五）增資之限制

1. 增資之程序

　　公司增資，應經股東表決權過半數之同意。但股東雖同意增資，仍無按原出資數比例出資之義務（公§106Ⅰ）。至於不同意增資之股東，對章程因增資修正部分，則視為同意（公§106Ⅳ）。

　　(1) 鑑於民國 107 年 8 月 1 日修正公司法時，已將有限公司增資之程序，降低門檻為股東表決權過半數之同意，且經股東表決權過半數之同意後，即須進行修正章程，而修正章程，依公司法第 113 條第 1 項規定，須經股東表決權三分之二以上之同意。為避免不同意股東以反對修正章程為手段阻止增資程序之進行，爰明定不同意增資之股東，對章程修正部分，視為同意。

　　(2) 公司法就有限公司股東以貨幣債權抵繳股款部分，並無限制；是以

---

[14] 經濟部 109.1.8.經商字第 10902400360 號函。

股東自得以對公司所有之貨幣債權為出資；另如有限公司股東同時具有董事身分，且因執行公司業務而生代墊款項者，依公司法第108條第4項準用同法第50條規定既得向公司請求償還，則屬對公司所有之貨幣債權。惟上開出資方式均須踐行公司法第106條之法定程序，則屬當然[15]。

2. 新股東參加增資

若股東雖同意增資，而不按原出資數比例出資時，得經股東表決權過半數之同意，由新股東參加（公§106Ⅱ）。至於不同意新股東參加之股東，對章程因增資修正部分，則視為同意（公§106Ⅳ）。鑑於民國107年8月1日修正公司法時，已將有限公司新股東參加之程序，降低門檻為股東表決權過半數之同意，且經股東表決權過半數之同意後，即須進行修正章程，而修正章程，依公司法第113條第1項規定，須經股東表決權三分之二以上之同意。為避免不同意股東以反對修正章程為手段阻止新股東加入程序之進行，爰明定不同意新股東加入之股東，對章程修正部分，視為同意。

二、股東名簿之備置

(一)　公司備置股東名簿之作用，在於方便召集股東開會或通知股東。

(二)　公司應在本公司備置股東名簿，股東名簿應記載下列各款事項（公§103Ⅰ）：

1. 各股東出資額。

2. 各股東姓名或名稱、住所或居所。

3. 繳納股款之年、月、日。

(三)　代表公司之董事不備置股東名簿於本公司者，處新臺幣一萬元以上五萬元以下罰鍰。再次拒不備置者，並按次處新臺幣二萬元以上十萬元以下罰鍰。（公§103Ⅱ）。

---

[15] 經濟部103.1.20.經商字第10202153500號函。

(四)　有限公司不再對股東發給股單，以免遭誤解股單為有價證券。

三、內部之組織

（一）概　說

1.　在民國 69 年 5 月 9 日修正公司法前，有限公司之業務執行機關原採「執行業務股東」及「董監事」雙軌制，執行業務股東準用無限公司之有關規定，而董事、監察人則準用股份有限公司之有關規定，惟因準用不同種類公司之規範結果，使兩者在法律上之地位不同，造成有限公司組織型態之分歧。

2.　為簡化有限公司之組織，並強化其執行機關之功能，公司法於民國 69 年 5 月 9 日修正時，乃將「執行業務股東」及「董監事」雙軌制予以廢除，改採「董事」單軌制，以「董事」取代「執行業務股東」之地位，並準用無限公司之有關規定，而不再準用股份有限公司之有關規定。

（二）業務執行機關：董事（無董事會之設置）

1.　有限公司之業務，由董事執行之。公司應至少置董事一人執行業務並代表公司，最多置董事三人，應經股東表決權三分之二以上之同意，就有行為能力之股東中選任之（公§108 I 前段）。

2.　董事之消極資格，準用公司法第 30 條有關經理人之規定（公§108 IV 準用§30）。

3.　有限公司無董事會之設置，且有限公司之董事並無任期之限制[16]。

4.　董事請假或因故不能行使職權時，指定股東一人代理之；未指定代理人者，由股東間互推一人代理之（公§108 II）。應注意者，若有限公司僅董事一人死亡，尚未依法補選，對之起訴應聲請法院選任特別代理人，不可以全體股東為法定代理人[17]。

---

[16] 經濟部 69.6.12.商字第 19306 號函。

[17] 司法院 95.1.22.司法業務研究會第三期。

5. 公司設有董事數人時，關於業務之執行，取決於董事過半數之同意，關於通常事務，則董事各得單獨執行，但其餘之董事，有一人提出異議時，應即停止執行（公§108 IV準用§46）。

6. 董事非有特約，不得向公司請求報酬（公§108 IV準用§49）。至於報酬之約定方式，允屬董事與公司當事人間之私法契約關係，公司法並未規定[18]。

7. 董事因執行業務所代墊之款項，得向公司請求償還，並支付墊款之利息；如係負擔債務，而其債務尚未到期者，得請求提供相當之擔保。股東因執行業務，受有損害，而自己無過失者，得向公司請求賠償（公§108 IV準用§50）。

8. 有限公司之董事不得無故辭職，他股東亦不得無故使其退職（公§108 IV準用§51）。

   (1) 有限公司之董事不得無故辭職，但其他股東倘有正當理由，自得依選任董事之同一方式，經三分之二以上股東之同意使該董事退職，而另就有行為能力之股東中選任董事。惟有限公司並無股東會之組織，故經三分之二以上之股東同意之形式，並不拘泥於以何種方式為之，縱以股東會之名義召集，若經全體股東三分之二以上表決權之同意而為決議，亦屬合法[19]。

   (2) 有限公司選任之董事與有限公司間屬委任關係，倘股東認該選任之董事有不適任情形，非不得依選任董事之同一方式，即經三分之二以上股東之同意使該董事退職，另就有行為能力之股東中選任。又因有限公司並無股東會之組織，上開經三分之二以上之股東同意之形式，並不拘泥於以何種方式為之，其以股東會之名義召集，經全體股東三分之二以上之決議，固符合上開規定，而屬合法。縱認有限公司股東會之召集程序或決議方法違法而應予撤銷，祇須同意解任之股東表決權達三分之二以上，仍生合法解任之效力。是解任董

---

[18] 經濟部 109.11.12.經商字第 10900098420 號函。

[19] 最高法院 102 年度台上字第 832 號民事判決、最高法院 104 年度台抗字第 599 號民事判決。

事之股東會決議是否應予撤銷，並不當然影響該董事與公司間委任
關係之存否[20]。

9. 董事代收公司款項，不於相當期間照繳或挪用公司款項者，應加算利
息，一併償還；如公司受有損害，並應賠償（公§108IV準用§53）。依
公司法第 108 條第 4 項準用第 53 條規定，已明文禁止有限公司將資
金貸與股東個人，或董事挪用代收款項，則若無法律依據或正當理
由，自無因有限公司全體股東（或董事）同意，任由個人股東挪用公
司資金之餘地[21]。

10. 有限公司之董事姓名並非章程之記載事項，故有限公司法人股東改派
代表為董事，毋庸修改章程。又單一法人股東投資之有限公司，可類
推適用公司法第 128 條之 1 第 4 項規定：「第一項公司之董事、監察
人，由政府或法人股東指派。」由法人股東直接指派董事。是以，公
司既係為單一法人股東投資之有限公司，該公司指派自然人擔任董事
係依上開規定及公司章程規定之結果，非屬公司法第 27 條第 1 項或
第 2 項規定登記之董事，亦不適用同法第 108 條第 1 項規定[22]。

11. 董事執行業務，應依照法令、章程及股東之決定。違反規定者，致公
司受有損害者，對於公司應負賠償之責（公§108IV準用§52）。有限公
司若遇有公司法第 185 條第 1 項所規定之 3 款情事（即締約、變更或
終止關於出租全部營業、委託經營或與他人經常共同經營之契約；讓
與全部或主要部分之營業或財產；或受讓他人全部營業或財產，對公
司營運有重大影響者）時，應依照公司法第 108 條準用第 52 條規定
辦理[23]。準此，有限公司讓與主要部分之營業或財產時，應依照法令、
章程及股東之決定（股東全體之同意）。倘讓與之營業或財產非屬主
要部分時，應依照公司法第 108 條準用第 46 條規定辦理，即取決於

---

[20] 最高法院 104 年度台抗字第 599 號民事裁定。
[21] 最高法院 107 年度台上字第 841 號民事判決。
[22] 經濟部 105.4.25.經商字第 10502411030 號函。
[23] 經濟部 77.9.8.商字 27377 號函。

過半數董事之同意，惟如屬通常事務，董事各得單獨執行。但其餘董事有一人提出異議時，應即停止執行[24]。

12. 董事為自己或他人為與公司同類業務之行為，應對全體股東說明其行為之重要內容，並經股東表決權三分之二以上之同意（公§108Ⅲ）。董事違反上開不競業義務時，其他股東得以過半數之決議，將其為自己或他人所為行為之所得，作為公司之所得。但自所得產生後逾一年者，不在此限（公§108Ⅳ準用§54Ⅲ）。

13. 公司與股東人格各別，權利義務關係各自獨立。公司所有之資金，屬公司所有，股東不得挪為私用，以免造成公司資產減少，此為公司法之基本法理。且觀公司法第 23 條第 1 項規定「公司負責人應忠實執行業務並盡善良管理人之注意義務，如有違反致公司受有損害者，負損害賠償責任」；同法第 53 條規定「股東代收公司款項，不於相當期間照繳或挪用公司款項者，應加算利息，一併償還；如公司受有損害，並應賠償」，依同法第 108 條第 4 項規定，於有限公司之董事準用之。均明文禁止有限公司之股東或董事挪用代收款項[25]。

14. 公司虧損達實收資本額二分之一時，董事應向股東報告（公§108Ⅳ準用§211Ⅰ）。但一人有限公司虧損達資本額二分之一時，因董事即為股東，董事無須向股東報告[26]。

15. 有限公司資產顯有不足抵償其所負債務時，除得依第 282 條辦理者外，董事會應即聲請宣告破產（公§108Ⅳ準用§211Ⅱ）。

（三）意思機關（無股東會之設置）

1. 現行公司法對有限公司採用董事單軌制，且不再準用股份有限公司之有關規定，故無股東會之設置。

2. 有限公司變更章程、合併及解散，應經股東表決權三分之二以上之同意（公§113Ⅰ）。至於其他關於變更章程、合併、解散及清算之事項，

---

[24] 經濟部 96.10.24.經商字第 09602138550 號函。
[25] 最高法院 107 年度台上字第 515 號民事判決。
[26] 經濟部 93.2.6 經商字第 09302014500 號函。

準用無限公司有關之規定（公§113Ⅱ）。

3. 有限公司股東表決權之行使，毋須以會議方式為之，於股東行使同意權時，得以書面為之[27]。

（四）監察機關：不執行業務之股東（無監察人之設置）

1. 公司法對於有限公司以不採「執行業務股東」及「董監事」雙軌制，改採董事制，不再準用股份有限公司有關監察人之規定，故已不設監察人制度。

2. 不執行業務之股東，均得行使監察權（公§109Ⅰ前段）。董事係有限公司之執行業務股東，不執行業務之股東為行使其監察權，得隨時向董事質詢公司營業情形，查閱財產文件、帳簿、表冊，且每屆會計年度終了，董事應造具各項表冊，分送各股東，請其承認。故不執行業務股東行使質詢及查閱之監察權對象，應為董事[28]。

3. 不執行業務之股東，係指非董事之股東[29]。公司法第109條係於民國69年5月9日修正為：「不執行業務之股東，均得行使監察權；其監察權之行使，準用第四十八條之規定。」其修正理由載明：「配合第一百零八條有限公司採董事單軌制之修正，準用無限公司之有關規定，不再準用股份有限公司之有關規定，有限公司監察人制度宜予廢除。」依上開條文文義及修法理由，有限公司行使監察權之「主體」為不執行業務股東，行使之「對象」得為執行業務之股東（董事），而質詢公司營業情形及查閱財產文件、帳簿、表冊則為監察權行使之「內容」[30]。

4. 不執行業務之股東未參與經營，為瞭解公司之營運狀況，以保護其股東權益，避免董事任意操控公司，故得查閱公司之財產文件、帳簿、表冊。因此，公司法第109條第1項準用同法第48條規定之查閱，應為擴張解釋，即除查看閱覽外，凡可達不執行業務股東瞭解及監控

---

[27] 臺灣高等法院臺南分院95年度上字第149號民事判決。
[28] 最高法院107年度台上字第1800號民事判決。
[29] 最高法院97年度台上字第467號民事判決、最高法院107年度台上字第1608號民事判決。
[30] 最高法院105年度台上字第241號民事判決。

公司營運之規範目的者,諸如請求交付財產文件、帳簿、表冊及複印該文件等方式,均包括在內[31]。申言之,凡可達不執行業務股東瞭解及監控公司營運之規範目的者,如影印、抄錄、複製、照相等方式,及公司銀行帳戶之存摺及交易明細,均包括在查閱範圍內。且因公司業務有其接續性,查閱公司文件簿冊之範圍,亦不以股東取得股權後者為限[32]。

5. 不執行業務股東為行使監察權,得隨時向董事質詢公司營業情形、查閱財產文件、帳簿表冊(公§109 I 後段準用§48)。亦即,得行使質詢權及查閱權(簿冊閱覽權)等監察權,但並無代表權。不執行業務股東所得行使之監察權,係本於其股東身分而取得之固有權限,與股份有限公司之監察人係由股東會選任,法律明定其不得兼任公司董事、經理人或其他職員者有別,故不因其兼任公司之經理人或其他職務而受限制[33]。

6. 不執行業務之股東行使監察權、查閱財產文件、帳簿表冊等事務,得代表公司委託律師、會計師審核之(公§109 II)。若有規避、妨礙或拒絕不執行業務股東行使監察權者,代表公司之董事各處新臺幣二萬元以上十萬元以下罰鍰(公§109 III)。

7. 有限公司不執行業務股東,行使監察權時,如委託會計師查閱公司財產文件、帳簿及表冊所產生之查核費用,應由公司負擔。

8. 有限公司之不執行業務股東,現行公司法並未賦予其得行使代表訴訟權。至於能否類推適用公司法第 214 條及第 215 條等規定,則有檢討空間。應注意者,類推適用,係就法律未規定之事項,比附援引與其性質相類似之規定,加以適用,倘無法律漏洞,自不生類推適用而補充之問題。而所謂法律漏洞,乃指違反法律規範計畫、意旨的不完整性,法律所未規定者,並非當然構成法律漏洞,端視其是否違反法律

---

[31] 最高法院 111 年度台上字第 2602 號民事判決。
[32] 最高法院 110 年度台上字第 2468 號民事判決。
[33] 最高法院 107 年度台上字第 1608 號民事判決。

規範意旨、計畫及立法者是否有意沉默而定[34]。

9. 有限公司不執行業務之股東，具有檢查人選派聲請權。亦即，繼續六個月以上持有出資額占資本總額百分之一以上之股東，得檢附理由、事證及說明其必要性，聲請法院選派檢查人，於必要範圍內，檢查公司業務帳目、財產情形、特定事項、特定交易文件及紀錄（公§110Ⅲ、§245Ⅰ）。對於依公司法第 110 條第 3 項準用第 245 條第 1 項規定，聲請法院選派檢查人之檢查，有規避、妨礙或拒絕行為者，處新臺幣二萬元以上十萬元以下罰鍰（公§110Ⅳ）。

四、章程之變更

(一) 有限公司章程之變更，應經股東表決權三分之二以上之同意（公§113Ⅰ），其餘事項，準用無限公司有關之規定（公§113Ⅱ）。

(二) 有限公司於章程訂定較公司法規定為高之股東表決權同意數時，僅於公司法有明定章程得規定較高之規定時，始得依該規定為之[35]。由於公司法第 113 條第 1 項之增訂，係為便利有限公司之運作或組織變更，爰修正有限公司變更章程之門檻為股東表決權三分之二以上之同意，不再準用無限公司有關變更章程須經全體股東同意門檻之規定，其立法目的事涉公益，性質上屬於強行規定。因此，公司法修正條文於民國 107 年 11 月 1 日施行後，有限公司章程之內容若與第 113 條第 1 項規定不符者，應屬無效。

(三) 有限公司經股東表決權過半數之同意，而以多數決之方法議決增資、減資或變更其組織為股份有限公司時，不同意之股東，對章程修正部分，視為同意（公§106Ⅳ）。

(四) 有限公司之股東或董事轉讓出資，不同意之股東有優先受讓權；如不承受，視為同意轉讓，並同意修改章程有關股東及其出資額事項（公§111Ⅲ）。

---

[34] 最高法院 107 年度台上字第 1594 號民事判決。
[35] 經濟部 108.5.21.經商 10800597810 函。

(五)　法院依強制執行程序，將股東之出資轉讓於他人時，公司及其他股東逾期未指定受讓人或指定之受讓人不依同一條件受讓時，視為同意轉讓，並同意修改章程有關股東及其出資額事項（公§111Ⅳ）。

第三節　有限公司之外部關係

一、公司之代表

(一)　現行公司法對有限公司之業務執行機關及代表機關，改採「董事」單軌制，公司至少應設董事一人，最多三人，以執行業務並代表公司（公§108Ⅰ前段）。

(二)　董事有數人時，得以章程置董事長一人，對外代表公司；董事長應經董事過半數之同意互選之（公§108Ⅰ後段）。有限公司董事有數人時，得不設董事長[36]。若公司章程未有置董事長之規定，依民法第 27 條第 2 項規定，則各董事均得代表公司[37]。

(三)　代表公司之董事或董事長，關於公司營業上一切事務，有辦理之權（公§108Ⅳ準用§57）。如非董事，而以代表人自居，以有限公司之名義對外為法律行為者，其行為對有限公司不發生效力[38]。

(四)　公司對於董事或董事長代表權所加之限制，不得對抗善意第三人（公§108Ⅳ準用§58）。

(五)　董事請假或因故不能行使職權時，指定股東一人代理之；未指定代理人者，由股東間互推一人代理之（公§108Ⅱ）。若章程置有董事長時，董事長請假或因故不能行使職權時，由董事長指定董事一人代理之；董事長未指定代理人者，由董事互推一人代理之（公§108Ⅳ準用§208Ⅲ）。

(六)　有限公司董事不為或不能行使職權，致公司有受損害之虞時，法院

---

[36]　經濟部 69.6.7.商字第 18692 號函。

[37]　經濟部 108.2.14.經商字第 10800524760 號函。

[38]　最高法院 70 年度台上字第 2290 號民事判決。

因利害關係人或檢察官之聲請，得選任一人以上之臨時管理人，代行董事長及董事之職權。但不得為不利於公司之行為（公§108Ⅳ準用§208-1Ⅰ）。臨時管理人選任時，法院應囑託主管機關為之登記（公§108Ⅳ準用§208-1Ⅱ）。臨時管理人解任時，法院應囑託主管機關註銷登記（公§108Ⅳ準用§208-1Ⅲ）。

(七)　代表公司之董事或董事長，如為自己或他人與公司為買賣借貸或其他法律行為時，不得同時為公司之代表，但向公司清償債務時，不在此限（公§108Ⅳ準用§59）。

1.　依民法第106條規定：「代理人非經本人之許諾，不得為本人與自己之法律行為，亦不得既為第三人之代理人，而為本人與第三人之法律行為。但其法律行為，係專履行債務者，不在此限。」本條規範禁止雙方代理或自己代理之意旨在於避免利益衝突，防範代理人厚己薄人，失其公正立場，以保護本人之利益，惟本文及但書設有經本人許諾及法律行為係專履行債務者二項例外，因此際無利害衝突之處。至於純獲法律上利益之情形，雖非上開例外情形，惟既無利害衝突，自無加以禁止之必要，換言之，應對民法第106條之適用範圍做目的性限縮解釋。查公司法第59條規定：「代表公司之股東，如為自己或他人與公司為買賣、借貸或其他法律行為時，不得同時為公司之代表。但向公司清償債務時，不在此限。」係仿民法第106條所定，與民法第106條規定同一旨趣。因此在代表人將個人所有商標權無償讓與公司或出具註冊同意書予公司情形，就公司而言，應屬純獲法律上利益，似宜無禁止自己代表之必要[39]。

2.　公司法第108條第4項準用同法第59條規定「雙方代表禁止原則」，應係於性質不相牴觸之範圍內適用，尚非完全適用。是以，是否有「雙方代表禁止原則」之適用，參酌司法實務多數見解，仍應視是否與公司間有利益衝突之情形而定，即依個案具體衡量，倘未減損公司財

---

[39] 法務部96.3.20.法律決字第0960008616號函。

產、無損及公司債權人債權之擔保或有保護公益之情形，例如股東將
自己財產無償贈與公司，似得認無須準用公司法第 59 條規定之「雙
方代表禁止原則」[40]。例如代表公司之股東為自己或他人與公司為買
賣等行為時，不得同時為公司之代表，惟二家一人股東之公司簽訂契
約者，因無利益衝突之問題，故無雙方代表禁止之適用[41]。

3. 有限公司董事如為自己或他人與公司為買賣借貸或其他法律行為
時，不得同時為公司之代表，則代表公司之董事，違反雙方代表禁止
之規定，其法律行為應屬無效[42]。

4. 有限公司之董事長若非向公司清償債務，縱經全體股東事前授權，似
仍不得為公司之代表與其本人訂立買賣契約[43]。

5. 就由自然人一人組成之有限公司，得否以債權（股東往來）轉增資股
款而言，依公司法第 108 條第 4 項準用同法第 59 條規定，有限公司
代表公司之董事或董事長，如為自己或他人與公司為買賣借貸或其他
法律行為時，不得同時為公司之代表；且為公司監控計，一人股東之
有限公司亦須依公司法第 108 條第 4 項準用同法第 59 條規定辦理，
並應依下列情形，另定代表公司之人：(1)僅置董事一人者，由全體
股東之同意另推選（或增加）有行為能力之股東代表公司。(2)置董
事二人以上，並特定一董事為董事長者，由其餘之董事代表公司[44]。

二、股東之責任

(一)　有限公司之股東，僅對公司負責，對公司債權人並不負任何責任，
且其對公司係以出資額為限，負有限責任，即各股東對公司之責
任，除公司法第 99 條第 2 項規定外，僅於出資之範圍內，負繳足
股款之責任（公§99 I）。

---

[40] 經濟部 109.2.20.經商字第 10902404220 號函。
[41] 經濟部 101.10.12.經商字第 10102119590 號函。
[42] 最高法院 80 年度台上字第 180 號民事判決、法務部 101.8.29.法律字第 10100091200 號函。
[43] 經濟部 75.9.9.經商字第 39986 號函。
[44] 經濟部 103.1.20.經商字第 10202153500 號函。

(二)　股東濫用公司之法人地位，致公司負擔特定債務且清償顯有困難，其情節重大而有必要者，該股東應負清償之責（公§99Ⅱ）。按「揭穿公司面紗原則」（Piercing the Corporate Veil）之目的，在防免股東利用公司之獨立人格及股東有限責任而規避其應負之責任。考量有限責任之有限公司股東，亦有利用公司之獨立人格及股東有限責任而規避其應負責任之可能，公司法於民國 107 年 8 月 1 日修正時，乃對於有限公司引進「揭穿公司面紗原則」。應注意者，對於民國 102 年 1 月 30 日前或民國 107 年 8 月 1 日前之有限公司股東濫用公司獨立人格，淘空公司資產，而侵害公司債權人權益者，仍得以公司法第 154 條第 2 項規定之揭穿公司面紗法理而予以適用[45]。

(三)　有限公司須增資時，股東雖已同意增資，仍無按原出資數比例出資之義務（公§106Ⅰ但書）。

第四節　有限公司之會計

一、概　說

　　有限公司具有資合公司之性質，對於公司之債務，僅以公司之資產為其擔保，故為保護債權人，公司法對有限公司之會計，乃設有詳細之規定。

二、會計表冊之造具及承認

(一)　有限公司於每屆會計年度終了，董事應依公司法第 228 條之規定，造具各項表冊，分送各股東，請其承認；其承認應經股東表決權過半數之同意（公§110Ⅰ）。上開表冊，至遲應於每會計年度終了後六個月內分送。分送後逾一個月未提出異議者，視為承認（公§110Ⅱ）。

---

[45] 最高法院 108 年度台上字第 1738 號民事判決。

(二) 在股東承認後，除董事有不法行為者外，即視為已解除其責任（公§110Ⅲ準用§231）。

(三) 會計表冊獲股東承認後，主管機關得隨時派員查核或令其限期申報（公§20Ⅳ）。

三、公積之提存

（一）公積之意義

所謂公積，乃公司營業之盈餘，為特定目的由公司保留而不分派於各股東之數額。理論上理論上公積不以現金為限，動產、不動產均可為之，但會計實務上則以現金為限。

（二）公積提存之情形

1. 法定盈餘公積之提存

   (1) 有限公司於彌補虧損完納一切稅捐後，分派盈餘時，應先提出百分之十為法定盈餘公積，但法定盈餘公積已達資本總額時，不在此限（公§112Ⅰ）。

   (2) 公司負責人倘違反規定，不提出法定盈餘公積時，各處新臺幣二萬元以上十萬元以下罰鍰（公§112Ⅳ）。

2. 特別盈餘公積之提存

   (1) 除法定盈餘公積之外，有限公司得以章程訂定，或經股東表決權三分之二以上之同意，另提特別盈餘公積（公§112Ⅱ）。

   (2) 特別盈餘公積之提存，不受公司盈餘百分之十之限制。

3. 法定盈餘公積及資本公積之處理及使用

   (1) 有限公司提列之法定盈餘公積及會計處理產生之資本公積，應如何處理或使用，準用公司法第 239 條、第 241 條第 1 項第 2 款及第 3 項之規定（公§112Ⅲ）。

   (2) 法定盈餘公積及資本公積，除填補公司虧損外，不得使用之。但第公司法 241 條規定之情形，或法律另有規定者，不在此限。公司非

於盈餘公積填補資本虧損，仍有不足時，不得以資本公積補充之（公§112Ⅲ準用§239）。

(3) 有限公司無虧損者，得經持有出資額占資本總額三分之二以上之股東出席，出席股東表決權過半數之同意，將法定盈餘公積或資本公積（受領贈與之所得）之全部或一部，按股東原有出資之比例發給出資額或現金（公§112Ⅲ準用§241Ⅰ②）。

(4) 以法定盈餘公積發給新股或現金者，以該項公積超過實收資本額百分之二十五之部分為限（公§112Ⅲ準用§241Ⅲ）。

四、盈餘之分派

（一）有限公司盈餘之分派，原則上係準用股份有限公司之規定（公§110Ⅲ準用§228-1、§232、§233、§235、§235-1、§240Ⅰ）

1. 公司無盈餘時，不得分派股息及紅利（公§110Ⅲ準用§232Ⅱ）。

2. 公司須於彌補虧損，依規定提存法定盈餘公積及特別盈餘公積後，方得分派股息及紅利（公§110Ⅲ準用§232Ⅰ）。

3. 有限公司負責人違反準用公司法第232條第1項或第2項規定分派股息及紅利時，各處一年以下有期徒刑、拘役或科或併科新臺幣六萬元以下罰金（公§110Ⅲ準用§232Ⅲ）。

4. 有限公司違反準用第232條規定分派股息及紅利時，公司之債權人，得請求退還，並得請求賠償因此所受之損害（公§110Ⅲ準用§233）。

5. 公司法第110條第3項並未準用第234條有關建設股息分派之規定，故有限公司不得為建設股息之分派。

（二）股東之盈餘分派請求權

公司若有盈餘，股東本於股東權，雖有盈餘分派請求權，然此僅係可能獲得分派之期待權，如公司未完納一切稅捐、彌補虧損、依法提出法定盈餘公積，及盈餘分派之議案未經股東會決議承認，自不發生盈餘分派給付請求權，股東即不得以公司有盈餘而請求分派股息及紅利。是以，有限

公司之盈餘分派議案，應經各股東承認後，對公司始生盈餘分派請求權，在盈餘分派議案未經股東承認前，各股東對公司尚無盈餘分派請求權[46]。

（三）盈餘分派之時機

有限公司章程得訂明盈餘分派或虧損撥補於每季或每半會計年度終了後為之（公§110Ⅲ準用§228-1Ⅰ）。

1.　有限公司前三季或前半會計年度盈餘分派或虧損撥補之議案，應連同營業報告書及財務報表交不執行業務之股東查核後，由董事以過半數之同意決定之（公§110Ⅲ準用§228-1Ⅱ）。至於有限公司年度盈餘分派或虧損撥補之議案，究竟應經董事過半數或股東表決權過半數之同意，似有疑義。依管蟲之見，因公司法第 110 條第 1 項規定，有限公司於每屆會計年度終了，董事應依公司法第 228 條之規定，造具盈餘分派或虧損撥補之議案等各項表冊，分送各股東，請其承認；其承認應經股東表決權過半數之同意，故解釋上應經股東表決權過半數之同意。

2.　有限公司於前三季或前半會計年度辦理盈餘分派時，應先預估並保留應納稅捐、依法彌補虧損及提列法定盈餘公積。但法定盈餘公積，已達實收資本額時，不在此限（公§228-1Ⅲ準用§110Ⅲ）。

3.　有限公司於前三季或前半會計年度分派盈餘而以發給出資額方式為之時，應準用第 240 條第 1 項規定，經股東表決權三分之二以上之同意後辦理；發放現金者，應經董事過半數之同意（公§110Ⅲ準用§228-1Ⅳ）。

（四）盈餘分派之比例或標準

有限公司盈餘分派之比例或標準，為章程必要記載事項（公§101Ⅰ⑤），故於章程必有所訂定，而其分派自應依章程所定。亦即，股息及紅利之分派，除公司法另有規定外，以各股東出資額之比例為準（公§110Ⅲ準用§235）。

（五）員工酬勞制度

有限公司應於章程訂定員工酬勞制度（公§110Ⅲ準用§235-1）。

1. 有限公司應於章程訂明以當年度獲利狀況之定額或比率，分派員工酬勞。但公司尚有累積虧損時，應予彌補（公§110Ⅲ準用§235-1Ⅰ）。
2. 雖股份有限公司員工酬勞得以股票為之，惟有限公司在性質上無從準用，是以，有限公司發放員工酬勞時，僅得以現金為之[47]。
3. 員工酬勞以現金為之，應由董事三分之二以上之出席及出席董事過半數同意之決議行之，並向股東報告（公§110Ⅲ準用§235-1Ⅲ）。
4. 章程得訂明發給現金之對象包括符合一定條件之控制或從屬公司員工（公§110Ⅲ準用§235-1Ⅳ）。

第五節　有限公司股東之退股與除名

一、有限公司之股東，是否得為退股，或經股東決議除名，在公司法均未規定。

二、因有限公司具有資合公司之性質，若允許退股與除名，勢必發生出資之返還，故解釋上應不得退股與除名。又縱使具有人合與資合性質之兩合公司，公司法第 123 條亦明定，有限責任股東，不因受監護或輔助宣告而退股。兩合公司之有限責任股東死亡時，其出資歸其繼承人。因此，有限公司之股東，亦不因監護或輔助宣告、死亡而退股。

三、有限公司並無規定有股東如何「退股」或準用無限公司公司法第 65 條所定股東之聲明退股及第 66 規定有法定退股事由時，股東應退股之規定，蓋此乃因有限公司股東對公司之責任，乃以其出資額為限，非如無限公司股東依公司法第 60 條規定於公司資產不足清償債務時，由股東負連帶清償之無限責任之故[48]。

---

[47] 經濟部 104.6.11.經商字第 10402413890 號函。
[48] 臺灣臺南地方法院 87 年度簡上字第 180 號民事判決。

第六節　有限公司之合併、解散、清算及變更組織

一、有限公司之合併、解散及清算

（一）有限公司之合併

1. 有限公司之合併，原則上準用無限公司之規定（公§113Ⅱ）。但有限公司合併，應經股東表決權三分之二以上之同意（公§113Ⅰ）。

2. 股份有限公司與有限公司合併者，存續或新設公司以股份有限公司為限（公§316-1Ⅰ、企業併購法§20後段）。

3. 因合併而消滅之公司，其權利義務應由合併後存續或新設之公司概括承受（公§113Ⅱ準用§75、企業併購法§24前段）；消滅公司繼續中之訴訟、非訟、仲裁及其他程序，由存續公司或新設公司承受消滅公司之當事人地位（企業併購法§24後段）。

（二）有限公司之解散及清算

1. 有限公司之解散及清算，原則上準用無限公司之規定（公§113Ⅱ）。但有限公司解散，應經股東表決權三分之二以上之同意（公§113Ⅰ）。

2. 有限公司之清算人有數人，且未推定代表公司之清算人時，以其中一人為公司之代表人作成處分書及送達，該處分即屬有效成立。

3. 有限公司唯一股東（董事）死亡時，應先依民法關於繼承之規定辦理，未必會構成公司之法定解散事由；反之，若已確認該唯一股東無繼承人或繼承人均拋棄繼承，因無繼承人得以繼承其對公司之出資，致公司之股東變動，而不足有限公司至少應有股東1人之規定，依公司法第113條準用第71條第1項第4款規定，始構成有限公司之解散事由[49]。

4. 有限公司清算中不適用入股或退股規定。

---

[49] 法務部106.1.10.法律字第10503514810號函。

二、有限公司之變更組織

（一）公司組織之變更

為加強公司大眾化，限制有限公司之設立，現行公司法規定，有限公司得變更為股份有限公司，但股份有限公司不得變更組織為有限公司。

（二）變更為股份有限公司之要件

1. 經股東表決權過半數之同意

有限公司得經股東表決權過半數之同意變更其組織為股份有限公司（公§106Ⅲ），以便利有限公司組織變更。

2. 變更章程

有限公司變更組織為股份有限公司時，自應變更章程，以符合公司法第 129 條之記載事項。若經股東表決權過半數之同意，有不同意之股東，對章程修正部分，視為同意（公§106Ⅳ）。

3. 通知及公告債權人

有限公司為變更組織之決議後，應即向各債權人分別通知及公告（公§107Ⅰ），但有限公司變更組織為股份有限公司時，其公司法人格仍為存續，股東對公司之責任，僅以其出資額或繳清其股份之金額為限，即股東之責任並不因變更組織而有所不同，不若無限公司股東對公司之債務，須負連帶清償責任，其變更組織時須準用合併之規定。因此，有限公司變更組織時，僅須向各債權人分別通知及公告即可，無須編製資產負債表、財產目錄及在通知及公告中指定三個月以上之期限，聲明債權人得於期限內提出異議。

4. 辦理變更登記

有限公司變更組織為股份有限公司，須申請變更登記。至於有限公司變更組織，其名下之不動產，得以名義變更登記方式申辦更名登記[50]。

---

[50] 內政部 87.51.11（87）台內地字第 8704960 號函。

（三）變更組織後之效果

1. 有限公司依公司法規定變更其組織為股份有限公司，其法人人格之存續不受影響[51]。

2. 公司變更組織改採變更登記程序，故變更組織後之公司，應承擔變更組織前公司之債務（公§107 II）。若有對變更組織前公司之確定判決，可據以對變更組織後之股份有限公司為強制執行。

3. 有限公司變更組織同時辦理增資，無保留員工認股之適用[52]。

4. 有限公司因違法所受之裁罰，不能因事後變更組織為股份有限公司而主張原處分及訴願決定為無效，或當事人不適格[53]。

5. 為瞭解公司財務狀況，有限公司不執行業務之股東起訴請求董事交付文件供閱覽，係行使公司法第 109 條準用第 48 條賦予之權限，縱於訴訟進行中，公司組織由有限公司變更為股份有限公司，就該不執行業務股東已行使有限公司時期之簿冊閱覽權並不因而消滅[54]。

---

[51] 司法院大法官會議釋字第 167 號解釋。
[52] 經濟部 73.3.1.商字第 07699 號函。
[53] 最高行政法院 81 年度判字第 1499 號判決。
[54] 最高法院 111 年度台上字第 926 號民事判決。

第五章
兩合公司

第一節　兩合公司之概念與設立

一、兩合公司之概念

（一）兩合公司之意義

1. 兩合公司係一人以上之無限責任股東，與一人以上之有限責任股東所組織（公§114Ⅰ、§2Ⅰ③），其無限責任股東對公司債務負連帶責任，與無限公司之股東同；而有限責任股東僅以出資額為限，對公司負其責任之公司（公§114Ⅱ、§2Ⅰ③）。

2. 兩合公司為無限公司之一種變型，係以無限責任股東為重心以勞務或其他權利為出資（公§115準用§43）；而有限責任股東則以資本參加之，不得以勞務為出資（公§117）。

（二）兩合公司之性質

1. 組織二元化

　　兩合公司於我國現行法上，乃唯一之二元組織公司，須由無限責任股東與有限責任股東之兩種不同種類之股東組織而成。

2. 酷似隱名合夥及類似有限合夥

   (1) 兩合公司具有人合公司與資合公司之性質，於經濟上之功能，不僅酷似民法上之隱名合夥，亦類似有限合夥法之有限合夥。

   (2) 兩合公司與民法上之隱名合夥仍不盡相同：

   　① 兩合公司為法人，而隱名合夥僅屬契約，合夥本身不具法人人格。

② 兩合公司之有限責任股東以資本參加，係對外公開，而隱名合夥之隱名合夥人所為之資本參與，則對外不顯現。

③ 兩合公司之有限責任股東，應以其出資額對公司負責任，即對公司債權人負間接之有限責任，而隱名合夥在經濟上雖為隱名合夥人與出名營業人所共營，故有損益之分擔及分受，但在法律上則僅為出名營業人之營業，隱名合夥人對於第三人不生任何法律關係（民法§704 II）。

(3) 有限合夥應有一人以上之普通合夥人，與一人以上之有限合夥人，互約出資組織之（有限合夥法§6 I）。所謂普通合夥人，指直接或間接負責有限合夥之實際經營業務，並對有限合夥之債務於有限合夥資產不足清償時，負連帶清償責任之合夥人（有限合夥法§4②）。所稱有限合夥人，指依有限合夥契約，以出資額為限，對有限合夥負其責任之合夥人（有限合夥法§4③）。

3. 準用無限公司之規定

兩合公司乃無限公司之變型，除有限責任股東之部分外，均與無限公司相同，故公司法第四章原則上僅就有限責任股東加以規定，其餘則準用第二章無限公司之規定（公§115）。

二、兩合公司之設立

(一) 兩合公司之設立，除下述數點不同外，其餘均與無限公司相同：

1. 兩合公司之成立，至少須有無限責任股東及有限責任股東各一人，最多人數則無限制。

2. 兩合公司之有限責任股東，不得以勞務為出資（公§117），亦不得以信用出資。

3. 兩合公司之章程，除記載公司法第 41 條所列各款事項外，並應記明各股東之責任為無限或有限（公§116）。

(二) 兩合公司之無限責任股東，不得為公司組織（公§13 I），原則上僅限於自然人；有限責任股東，則無限制。

第二節　兩合公司之內外關係

一、兩合公司之內部關係

（一）出資義務

1. 無限責任股東之出資，其種類較為多元，除現金或其他財產之外，尚得以勞務或其他權利為出資（公§115準用§43）。

2. 有限責任股東，則不得以勞務為出資（公§117），僅得以現金或其他財產出資。

（二）業務執行

1. 業務執行之機關

   (1) 公司業務經營之成敗，與對公司債務負連帶無限清償責任之無限責任股東利害攸關，故原則上各無限責任股東均有執行公司業務之權利，並負有義務，但章程中訂定由無限責任股東中之一人或數人執行業務者，從其訂定（公§45準用§115）。

   (2) 有限責任股東不得執行公司業務及對外代表公司（公§122），以章程訂定有限責任股東有業務執行權者，其規定無效。但有限責任股東仍得依委任或僱傭之方式，受任為經理人或受僱人，為公司執行業務。

2. 業務執行之方式

   (1) 兩合公司如僅有無限責任股東一人時，公司業務之執行，由該無限責任股東單獨為之。

   (2) 兩合公司之無限責任股東有數人，而由其全體或其中數人執行業務時：

   ① 關於通常事務之執行，採取「單獨執行制」，各執行業務之無限責任股東得單獨執行之，惟其餘執行業務之無限責任股東，若有人提出異議時，應即停止執行，改由全體執行業務之無限責任股東，以過半數之同意決定之（公§115準用§46Ⅱ）。

② 關於非通常事務之決定與執行，則採取「多數決」之原則，取決於全體執行業務之無限責任股東過半數之同意（公§115準用§46 I）。但一經多數決決定後，其具體之執行行為，則可委由任何一執行業務之無限責任股東依照該決議單獨為之。

（三）業務監察

1. 業務監察之機關

(1) 有限責任股東不得執行業務，但有監察權。

(2) 依章程規定不執行業務之無限責任股東，亦有監察權。

2. 監察權之範圍

兩合公司之有限責任股東與無限責任股東，對公司營業與財務之情形如何，其利害關係深淺不同，故兩者監察權之範圍亦有差異：

(1) 無限責任股東之監察權：不執行業務之無限責任股東，得隨時向執行業務之股東質詢公司營業情形、查閱財產文件、帳簿表冊（公§48、§115），而無時間上之限制。

(2) 有限責任股東之監察權

① 有限責任股東監察權之行使，時間上受有限制。有限責任股東，得於每會計年度終了時，查閱公司帳目、業務及財產情形；必要時，法院得因有限責任股東之聲請，許其隨時檢查公司帳目、業務及財產之情形（公§118 I）。

② 對於前開之檢查，有妨礙、拒絕或規避行為者，各處新臺幣二萬元以上十萬元以下罰鍰。連續妨礙、拒絕或規避者，並按次連續各處新臺幣四萬元以上二十萬元以下罰鍰（公§118 II）。

（四）章程之變更

1. 兩合公司之章程變更，因公司法第四章兩合公司未另設規定，故應準用無限公司之規定（公§115），即公司章程之變更，應得全體股東之同意（公§115準用§47），而兩合公司係由無限責任股東與有限責任股東所組織而成，故應得全體無限責任股東及全體有限責任股東之同

意。

2. 章程變更後，應申請變更登記（公§12）。

（五）出資之轉讓

1. 轉讓之限制

由於無限責任股東及有限責任股東與公司之利害結合程度深淺不同，故其出資轉讓之限制亦因之而相異。

(1) 無限責任股東出資之轉讓，準用無限公司之規定。亦即，非經其他股東全體之同意，不得以自己出資之全部或一部，轉讓他人（公§115 準用§55）。無限責任股東出資轉讓之限制，與無限責任股東是否執行公司之業務無關，而所謂「他人」，亦包含其他股東在內。

(2) 有限責任股東出資之轉讓

① 有限責任股東與公司之利害結合程度較淺，故其出資轉讓之限制較無限責任股東為寬。

② 有限責任股東以其出資之全部或一部轉讓於他人時，僅須得「無限責任股東」過半數之同意即可（公§119 I）。

③ 為避免無限責任股東以拒絕修改章程之方法，阻撓有限責任股東轉讓其出資，公司法第 119 條第 2 項明定準用其第 111 條第 2 項之規定，即有限責任股東之出資轉讓，不同意之無限責任股東有優先受讓權，如不承受，視為同意轉讓，並同意修改章程有關股東及其出資額事項（公§119 準用§111 II）。

2. 出資轉讓之強制執行

(1) 有限責任股東之出資轉讓，依公司法第 119 條第 2 項規定，準用第 111 條第 4 項之規定。

(2) 法院依強制執行程序，將有限責任股東之出資轉讓於他人時，應通知公司及其他全體股東，於二十日內，依無限責任過半數之同意方式，指定受讓人，逾期未指定或指定之受讓人不依同一條件受讓時，視為同意轉讓，並同意修改章程有關股東及其出資額事項（公

§119 準用§111 Ⅳ）。

（六）投資或競業之禁止與自由

1. 禁止投資或競業（無限責任股東）

關於無限責任股東之投資限制及競業禁止，準用無限公司之有關規定（公§115）。

(1) 無限責任股東非經其他股東全體之同意，不得為他公司之無限責任股東，或合夥事業之合夥人（公§115 準用§54 Ⅰ）。

(2) 執行業務之無限責任股東，不得為自己或他人為與公司同類營業之行為（公§115 準用§54 Ⅱ）。

(3) 執行業務之無限責任股東違反上述規定時，其他股東得以過半數之決議，將其為自己或他人所為行為之所得，作為公司之所得，此通稱為介入權，但自所得產生後逾一年者，不在此限（公§115 準用§54 Ⅲ）。

2. 自由投資或競業（有限責任股東）

(1) 兩合公司之有限責任股東，對內既不能執行公司業務，對外又不能代表公司（公§122），對公司之債務亦僅以出資額對公司負其責任，當無因知公司業務秘密而為不利公司行為或因受投資公司之經營不善而牽連本公司之虞。

(2) 有限責任股東不受競業限制。因此，有限責任股東，得為自己或他人為與本公司同類營業之行為。又有限責任股東若非公司組織，亦得為他公司之無限責任股東或合夥事業之合夥人。

（七）盈餘之分派

1. 兩合公司之盈餘分派，公司法並無特別規定，故仍應準用無限公司之規定。亦即，公司非彌補虧損後，不得分派盈餘。公司負責人違反此規定時，各處一年以下有期徒刑、拘役或科或併科新臺幣六萬元以下罰金（公§115 準用§63）。

2. 其分派之比例或標準，乃章程必要記載事項（公§41、§116），故應依

章程所規定。

二、兩合公司之外部關係

（一）公司之代表

1. 無限責任股東，除章程另訂或經全體股東之同意，特定代表公司之無限責任股東外，均得各自代表公司（公§115準用§56）。
2. 兩合公司之對外代表權，專屬於無限責任股東，有限責任股東不得對外代表公司（公§122）。

（二）股東之責任

1. 無限責任股東之責任

　　無限責任股東之責任與無限公司之股東相同，即直接對公司債權人負連帶無限之責任（公§115準用§60）。

2. 有限責任股東之責任

　　有限責任股東之責任以出資額為限，對於公司負其責任（公§114Ⅱ）。惟其行為倘足使善意第三人信其為無限責任股東時，對該人負無限責任股東之責（公§121）。例如有限責任股東，對外自稱為無限責任股東，而參與公司業務之執行或為公司之代表時，為保護不知情之善意第三人，應依外觀優越原則，使其負無限責任，此稱為類似無限責任股東之責任或表見無限責任股東之責任。

第三節　兩合公司之入股、退股及除名

一、兩合公司之入股

　　公司法對兩合公司股東之入股，並無特別規定，自應準用無限公司之規定。亦即，加入兩合公司為無限責任股東者，對於未加入前公司已發生之債務，亦應負責（公§115準用§61）。

二、兩合公司之退股

（一）無限責任股東之退股

無限責任股東之退股，準用無限公司之規定（公§115 準用§65、§66）。

（二）有限責任股東之退股

有限責任股東之退股，其情形有二，另有一例外規定。

1. 自願退股
   (1) 遇有非可歸責於自己的重大事由時，得經全體無限責任股東過半數的同意退股，或聲請法院准其退股（公§124）。
   (2) 兩合公司得經股東三分之二以上之同意變更章程，將其組織變更為有限公司或股份有限公司（公§126Ⅳ），但不同意之股東得以書面向公司聲明退股（公§126Ⅴ）。

2. 法定退股
   (1) 因章程所定退股事由之發生而退股（公§115 準用§66①）。
   (2) 因破產而退股（公§115 準用§66③）。
   (3) 因遭除名而退股（公§115 準用§66⑤）。
   (4) 因股東之出資，經法院強制執行而退股（公§115 準用§66⑥）。經法院強制執行出資而退股時，執行法院應於二個月前通知公司及其他股東（公§115 準用§66Ⅱ）。

3. 退股原因之例外規定
   (1) 有限責任股東不因受監護或輔助宣告而退股（公§123Ⅰ），不構成法定退股之事由。
   (2) 有限責任股東死亡時，其出資歸其繼承人（公§123Ⅱ），不構成法定退股之事由。

三、兩合公司之除名

(一) 兩合公司之有限責任股東有下列各款情事之一者，得經全體無限責任股東之同意，將其除名：

1. 不履行出資義務者（公§125 I ①）：有限責任股東，重在出資，如不履行此出資義務，自得將之除名。
2. 有不正當行為，妨害公司利益者（公§125 I ②）：兩合公司之有限責任股東，雖不參與執行業務，但其行為仍有足以妨害公司利益之可能，若因其不正當行為而妨害時，自可予以除名。
(二)　依公司法第 125 條第 1 項將有限責任股東除名，非通知該股東後，不得對抗之。

第四節　兩合公司之解散、合併、變更組織及清算

一、兩合公司之解散

（一）解散之原因

1. 一般解散原因：準用無限公司之規定（公§115）。
2. 特定解散原因（公§126）：
    (1) 無限責任股東全體退股時。
    (2) 有限責任股東全體退股時。

（二）例　外

1. 兩合公司雖因一方的全體股東退股而應行解散，但其餘股東得以一致之同意，加入無限責任股東或有限責任股東，而繼續經營（公§126 I）。
2. 兩合公司之有限責任股東全體退股時，無限責任股東在二人以上者，得以一致之同意，變更其組織為無限公司（公§126 II）。

二、兩合公司之合併

公司法對於兩合公司之合併並未設有特別規定，其合併要件、程序及效果，均準用無限公司之規定（公§115）。

三、兩合公司之變更組織

(一)　兩合公司得變更組織為無限公司。

(二)　兩合公司變更為無限公司之情形有二：

1. 因有限責任股東全體退股而變為無限公司（公§126Ⅱ）。

2. 因無限責任股東與有限責任股東全體同意變為無限公司（公§126Ⅲ）。

(三)　為利兩合公司轉型，兩合公司得經股東三分之二以上之同意變更章程，將其組織變更為有限公司或股份有限公司（公§126Ⅳ）。上開情形，不同意之股東得以書面向公司聲明退股（公§126Ⅴ）。

四、兩合公司之清算

(一)　兩合公司之清算，由全體無限責任股東任之，但無限責任股東得以過半數之同意，另行選任清算人，其解任時亦同（公§127）。

(二)　另行選任清算人時，兩合公司的有限責任股東，亦有被選任之資格。

(三)　關於清算之其他事項，如清算程序、清算期間等，均準用無限公司有關清算之規定（公§115）。

第六章
股份有限公司

第一節　股份有限公司之概念

一、股份有限公司之意義

股份有限公司指二人以上股東或政府、法人股東一人所組織，全部資本分為股份；股東就其所認股份，對公司負其責任之公司（公§2 I ④）。準此，股份有限公司之意義，可從股東之人數、公司之資本、股東之出資及責任等面向析述。

（一）股東之人數

1. 須有二人以上股東或政府、法人股東一人所組織。政府或法人股東一人所組織之股份有限公司，不受有二人以上股東之限制（公§128-1 I）。

2. 股東人數非但係公司成立之要件，亦為公司存續之要件，故已成立之公司，如股東人數變動，致有記名股票之股東不滿二人時，除政府或法人股東人數得為一人者外，公司應予解散（公§315 I ④）。

3. 凡具有人格者，均得為其股東，但自然人為無行為能力人、限制行為能力人或受輔助宣告尚未撤銷之人，不得為發起人（公§128 II）。

   (1) 公司法除於第128條第2項明文限制股份有限公司之發起人不得為無行為能力人、限制行為能力人或受輔助宣告尚未撤銷之人外，對於股份有限公司之股東，並未規定須以成年人為限。

   (2) 發起人為外國人者，倘發起人之年齡依其本國法已成年，而依我國民法尚未成年，應由該發起人負舉證責任，提出證明文件始得

為之[1]。

4. 政府或法人均得為發起人，但法人為發起人者，以下列情形為限（公 §128Ⅲ）：

(1) 公司或有限合夥。

(2) 以其自行研發之專門技術或智慧財產權作價投資之法人。

(3) 經目的事業主管機關認屬與其創設目的相關而予核准之法人。

　① 依國立大學校院校務基金設置條例第 10 條第 3 項規定，國立大學校院為處理投資事宜，應組成投資管理小組，擬訂年度投資規劃及執行各項投資評量與決策，並定期將投資效益報告管理委員會。準此，現行法令並未排除國立大學可擔任公司發起人[2]。

　② 財團法人係屬公益性質，與以營利為目的之公司組織，性質不同。故財團法人可否出資而成為公司股東，宜由主管機關視該投資行為是否為該財團法人達成公益目的所必要而定[3]。

　③ 財團法人就其財產之運用方法（包括保值、投資等財產運用方法），則應符合財團法人法第 19 條第 3 項各款情形之一，是如財團法人對其財產之運用方法，並非財團法人法第 19 條第 3 項第 1 款至第 5 款所定運用項目之一，尚須主管機關已將該投資項目及購買額度列入依財團法人法第 19 條第 3 項第 6 款授權所定本於安全可靠原則所為其他有助於增加財源之投資項目及額度中，始得為之[4]。

5. 政府或法人股東一人所組織之股份有限公司，應注意下列特殊規定：

(1) 一人股份有限公司之股東會職權由董事會行使，不適用公司法有關股東會之規定（公§128-1Ⅰ）。基此，得免訂定股東會議事規則[5]。但董事會仍應編造營業報告書、財務報表、盈餘分派或虧損撥補之

---

[1] 經濟部 100.5.11.經商字第 10002054140 號函。

[2] 經濟部 105.4.19.經商字第 10502408860 號函。

[3] 法務部 96.4.10.法律決字第 0960013258 號函。

[4] 法務部 109.7.30.法律字第 10903511800 號函。

[5] 經濟部 108.1.21.經商字第 10802400550 號函。

議案交監察人查核（公§228 I），其後再將其所造具之各項表冊，由董事會自己承認（公§230 I）。又一人股份有限公司若依章程規定不置監察人（公§128-1Ⅲ），董事會應直接將其所造具之各項表冊，由其自己承認。

(2) 一人股份有限公司得依章程規定不設董事會，置董事一人或二人；置董事一人者，以其為董事長，董事會之職權公司法由該董事行使，不適用有關董事會之規定；置董事二人者，準用公司法有關董事會之規定（公§128-1Ⅱ）。

(3) 一人股份有限公司得依章程規定不置監察人；未置監察人者，不適用公司法有關監察人之規定（公§128-1Ⅲ）。

(4) 一人股份有限公司之董事、監察人，由政府或法人股東指派（公§128-1Ⅳ）。

(5) 單一法人股東公司決議解散清算，因本無股東會設置，自無從由股東會選任清算人，又原業務執行機關（董事會及董事）已因公司解散而不復存在，是以此一「已不復存在」之董事會亦無從代行股東會職權選任清算人。至於清算人因係取代董事組成之董事會而為清算公司之業務執行機關，故其另行指派亦應由單一法人股東為之，方符公司法第128條之1第4項及第322條所揭櫫尊重股東選定之規範意旨[6]。

（二）公司之資本

1. 股份有限公司之資本，應分為股份，擇一採行票面金額股或無票面金額股（公§156 I）。故股份得為面額股（par-value stock）或無面額股（no par value stock）。

 (1) 公司採行票面金額股者，每股金額應歸一律；採行無票面金額股者，其所得之股款應全數撥充資本（公§156Ⅱ）。

 (2) 公司股份之一部分得為特別股；其種類，由章程定之（公§156Ⅲ）。

---

[6] 經濟部商業司111.10.4.經商五字第11102427990號函。

(3) 股份有限公司之資本，應分為股份，每股金額應歸一律，故一股為資本構成之最小單位，不得再分割為幾分之幾[7]。

2. 公司章程所定股份總數，得分次發行（公§156Ⅳ前段）。

(1) 公司法於民國94年6月22日修正時，對股份有限公司採取完全授權資本制，未規定公司設立時第一次應發行股份總數之一定比例，從折衷式授權資本制改採完全授權資本制。完全授權資本制之最大優點，在使公司易於迅速成立，公司資金之籌措趨於方便，公司亦無須閒置超過其營運所需之巨額資金。

(2) 公司法於民國98年4月29日修正時，已廢除最低資本額制度。亦即，資本額如足敷公司設立時之開辦成本即准予設立，有助於公司迅速成立，亦無閒置資金之弊，故資本額由個別公司因應其開辦成本而自行決定。

3. 股東之出資係以股份為計算之單位，其他如減少資本（公§168Ⅰ）、股東表決權之行使（公§179Ⅰ）、股息及紅利之分派（公§235）、股東新股認購權之行使（公§267Ⅲ）、賸餘財產之分派（公§330）等，亦均以股份為計算標準。

4. 公司之資本，有形式資本與實質資本之分：

(1) 形式資本乃股東之出資。若採票面金額股者，公司之資本，即以公司發行之股份總額及章程中所定每股金額所表示出來之資本總額，為一定不變之計算上數額，其變動須履踐嚴格之法定程序。若採無票面金額股者，公司之資本，即股東出資所得之全部股款。

(2) 形式資本因公司經營而有增減，其因增減而實際存在之公司財產，即為實質資本。

5. 同次發行之股份，其發行條件相同者，價格應歸一律。但公開發行股票之公司，其股票發行價格之決定方法，得由證券主管機關另定之（公§156Ⅳ後段）。

---

[7] 經濟部66.2.11.經商字第03910號函。

（三）股東之出資及責任

1. 於公司設立階段，發起人之出資，除現金外，得以公司事業所需之財產、技術抵充之（公§131Ⅲ）。至於募集設立時之其他認股人，應僅得以現金出資。

   (1) 公司發起設立，其發起人之股款以公司事業所需之技術抵繳者，其抵充之數額得依上開第131條第1項規定，於發起人確認繳足股款並選任董事及監察人之程序中決定[8]。

   (2) 公司採募集設立時，發起人用以抵作股款之財產，如估價過高者，創立會得減少其所給股數或責令補足（公§147）。

2. 股東之出資，除現金外，得以對公司所有之貨幣債權、公司事業所需之財產或技術抵充之；其抵充之數額需經董事會決議（公§156Ⅴ）。

   (1) 公司設立後，公司增資發行新股時，除現金出資外，股東尚得採用以債作股、公司事業所需之財產或技術出資。但抵充之數額需經董事會之普通決議。又公司法第156條第5項及第131條第3項均明定為得以技術作價。是以，依公司法第272條規定，由原有股東認購或由特定人協議認購，而不公開發行時之出資，亦得以技術抵繳股款[9]。

   (2) 公司發行新股時，尚不問認股人是否原為股東之身分，均得以對公司所有之貨幣債權抵繳所認之股份[10]。

   (3) 公開發行股票公司私募股票之應募人，得依公司法第156條第5項規定，以非現金之方式出資；其抵充數額及合理性，應提經股東會討論通過[11]。

3. 公司設立後得發行新股作為受讓他公司股份之對價，需經董事會三分之二以上董事出席，以出席董事過半數決議行之，不受第267條第1項至第3項之限制（公§156-4）。

---

[8] 經濟部94.7.30.經商字第10400063840號函。

[9] 經濟部110.3.11.經商字第11002406410號函。

[10] 經濟部94.4.28.經商字第09402052610號函。

[11] 財政部證券暨期貨管理委員會92.3.21.台財證一字第0920109346號函。

(1) 所稱「股份交換」，即公司設立後得發行新股作為受讓他公司股份對價之行為，係因股份交換取得新股東之有利資源，對公司整體之營運將有助益，其目的乃在藉由公司間部分持股，形成企業間策略聯盟之效果，應包含公司發行新股受讓他公司股份的各種態樣[12]。

(2) 依公司法或企業併購法之規定實施股份交換，以發行新股作為受讓其他公開發行公司股份之對價者，其受讓股份之行為屬「公開收購公開發行公司有價證券管理辦法」第 11 條第 2 項第 2 款之「其他符合本會規定者」，不適用同條第 1 項應公開收購有價證券之規定[13]。

(3) 所謂「他公司股份」包括三種：①他公司已發行股份；②他公司新發行股份；③他公司持有之長期投資。其中「他公司已發行股份」，究為他公司本身持有或其股東持有，尚非所問[14]。

4. 股份共有人，對於公司負連帶繳納股款之義務（公§160 II）。

5. 股東之責任，得以「股份有限責任」一詞表示之，即股東就其所認股份，就公司負其有限之責任（公§2 I ④）。申言之，股東就其所認股份，負有對公司繳納股款之義務（公§139）；而股東對公司之責任，除公司法第 154 條第 2 項規定外，亦以繳清其所認股份之金額為限（公§154 I）。

6. 股東濫用公司之法人地位，致公司負擔特定債務且清償顯有困難，其情節重大而有必要者，該股東應負清償之責（公§154 II）。

(1) 就源自英、美法例之揭穿公司面紗原則而言，其目的在於防免股東濫用公司之法人地位而脫免責任導致債權人之權利落空，求償無門。蓋公司法人格與股東個人固相互獨立，惟公司股東倘濫用公司獨立人格，侵害他人權益，若不要求股東對公司之負債負責，將違反公平正義時，英美法例就此發展出揭穿公司面紗原則，俾能在特

---

[12] 經濟部 100.6.27.經商字第 10002416950 號函。

[13] 財政部證券暨期貨管理委員會 92.6.11.台財證三字第 0920002520 號函。

[14] 經濟部 94.3.23.經商字第 09402405770 號函。

殊情形下，否認公司法人格，排除股東有限責任原則，使股東就公司債務負責[15]。我國於民國 102 年 1 月 30 日修正公司法時，亦引進揭穿公司面紗原則，以保障債權人權益。

(2) 法院適用揭穿公司面紗之原則時，其審酌之因素，例如審酌該公司之股東人數與股權集中程度；系爭債務是否係源於該股東之詐欺行偽；公司資本是否顯著不足承擔其所營事業可能生成之債務等情形。

(3) 公司法人格與股東固各具有獨立性，惟若公司股東濫用公司制度，利用公司獨立法人格規避法律責任或逃避契約義務，以達其規避法規範強制或禁止規定之脫法目的，或造成社會經濟失序等顯不公平情形時，本於誠信及衡平原則，得例外地否認公司之法人格予以救濟。因此，如認關係企業行使基於契約所取得之權利，有違反誠信原則、公共利益，或以損害他人為主要目的，係屬公司制度之濫用，其權利之行使應受限制，法院應駁回其請求[16]。

二、股份有限公司之特質

股份有限公司之資本，須分為股份，且公司資產之構成，僅以資本為基礎。而股份有限公司信用之基礎在於公司資產，股東之信用不與焉，乃典型之資合公司，具有股份轉讓自由及企業所有與經營分離等特質。

（一）股份轉讓之自由

1. 股份有限公司為資合公司，不注重股東個人之信用或條件，其股東之地位化為公司資本單位之股份，並表彰於股票，以利於儘速轉讓，尤其在交易制度發達後之今日，股票交易最為便利，股東如遇急需，得隨時將其股票轉讓。

2. 我公司法對股份轉讓之自由特以明文加以保障，明定公司股份之轉

[15] 最高法院 108 年度台上字第 1738 號民事判決。
[16] 最高法院 111 年度台上字第 1744 號民事判決。

讓，除公司法另有規定外，不得以章程禁止或限制之。但非於公司設
立登記後，不得轉讓（公§163）。

3. 股東間私自以書面契約合理禁止或限制股份轉讓者，與以章程強行規
定者，尚屬有別，則本於當事人意思自主原則，契約當事人之合意自
屬有效[17]。

4. 當事人間私自以契約禁止或限制股份轉讓者，與以章程強制規定者，
尚屬有別，本於當事人意思自主原則，其合意自屬有效。申言之，有
關章程限制或禁止股份自由轉讓，其法律關係存在於公司與股東即團
體與成員間；反之，以契約為相類約定者，其法律關乃存在個別當事
人間，縱此當事人可能同時具有公司與股東間身分，但無礙其私法當
事人身分所為約定，以是，公司與股東間如基於私法當事人身分以契
約為前揭約定，即不得認違反公司法第 163 條規定而無效[18]。

（二）企業所有與經營分離

1. 股份有限公司之資本既分為均一之股份，且因資本證券化之關係，股
東可將其股票隨時轉讓，以變換為現金，故為一般投資人之最好投資
對象，其股份遂宜分散而為眾多股東所持有。

2. 股東之志趣大多在依投資以參加利益之分派（投資股東）或求取股價
上漲之利益（投機股東），而無意參與經營而成為經營股東，故公司
業務之執行，勢必委諸對於企業之經營及管理有興致與經驗之股東或
非股東。因此，自然導致企業所有與企業經營趨於分離。

3. 企業所有與企業經營分離之結果，一面可使經營者施展所長，而造成
企業之發展，但另一方面亦可使多數股東對於公司之經營，漠不關心。

4. 股份有限公司之董事會，原則上設置董事不得少於三人，由股東會就
有行為能力之人選任之（公§192 I）。故董事不以具有股東身分為必
要。

5. 公司監察人，由股東會選任之，監察人中至少須有一人在國內有住所

---

[17] 臺灣高等法院 97 年度重上字第 61 號民事判決。
[18] 臺灣高等法院高雄分院 101 年度上字第 74 號民事判決。

（公§216Ⅰ）。故監察人亦不以具有股東身分為必要。

三、股份有限公司之資本三大原則

股份有限公司為一典型之資合公司，公司之信用完全建立於公司資本之上，對於債權人之保護，難免較差，乃股份有限公司缺點之一。故為確保公司對債權人最低限度之擔保，乃產生公司資本之三大原則：

（一）資本確定原則

1. 為股份有限公司設立時，其資本必須以章程加以確定，且應認足或募足之原則，旨在確保公司於成立時，即有穩固之財產基礎。

2. 我公司法於民國 55 年 7 月 19 日全面修正之前，即嚴採資本確認原則。其後，民國 55 年 7 月 19 日修正公司法時，為貫徹資本證券化及加強董事會職權計，改採折衷式之授權資本制，規定公司成立時，只需認足或募足股份總數之四分之一，其餘股份則授權董事會視實際需要，再行招募，故資本確定之原則已呈相對化。但於民國 94 年 6 月 22 日修正公司法時，為使公司資金之籌措更為機動，乃刪除「第一次應發行之股份，不得少於股份總數四分之一」之限制，而改採與美國相同之完全授權資本制。

3. 在授權資本制之下，公司得於章程所定股份總數（即授權股份數）之範圍內，按照實際需要，經董事會之特別決議，分次發行股份（公§266Ⅰ、Ⅱ），毋庸經變更章程之程序。倘公司欲發行新股之股數加計已發行股份數，逾章程所定股份總數時，應允許公司可逕變更章程將章程所定股份總數提高，不待公司將已規定之股份總數，全數發行後，始得變更章程提高章程所定股份總數（增加資本）。

4. 公司法第 9 條第 3 項應收股款股東未實際繳納，而以申請文件表明收足之處罰規定，旨在維護公司資本充實原則與公司資本確定原則，公司負責人各處五年以下有期徒刑、拘役或科或併科新臺幣五十萬元以

上二百五十萬元以下罰金（公§9 I 前段）[19]。

（二）資本維持原則（又稱資本拘束原則、資本充實原則）

1.　所謂資本維持原則，係指公司在存續中，應維持與資本總額相當之財產，旨在確保企業之健全發展，並保護公司債權人及未來股東之利益。

2.　現行公司法基於資本維持原則，設有下列之制度：

(1)　採行票面金額股之公司，其股票之發行價格，不得低於票面金額。但公開發行股票之公司，證券主管機關另有規定者，不在此限（公§140 I）。例如公開公司因企業併購而發行新股，得不受公司法第140 條規定之限制[20]。

(2)　採行無票面金額股之公司，其股票之發行價格不受限制（公§140 II）。

(3)　抵作股款之財產如估價過高者，創立會得減少所給股數或責令補足（公§147）。

(4)　認股人延欠應繳之股款，經發起人催告仍不照繳者，即失其權利，所認股份另行募集，如有損害，仍得對認股人請求賠償（公§142）。

(5)　未認足之第一次發行股份，及已認而未繳股款者，應由發起人連帶認繳，其已認而經撤回者亦同（公§148）。

(6)　公司除依第 158 條、第 167 條之 1、第 186 條、第 235 條之 1 及第 317 條規定外，原則上不得自行將股份收回、收買或收為質物（公§167 I 前段）。公司無償取得自己之股份並不會導致公司資產減少，無違反資本維持原則之要求，故若經當事人協議，自得許公司無償取得自己之股份[21]。

(7)　公司分派盈餘時，須先彌補虧損及提出百分之十為法定盈餘公積，方得分派股息及紅利（公§232 I、§237 I）。

---

[19] 最高法院 101 年度台上字第 2191 號刑事判決。

[20] 金融監督管理委員會 94.2.1.金管證一字第 090000486 號函。

[21] 最高法院 81 年度台上字第 296 號民事判決。

（三）資本不變原則

1. 所謂資本不變原則，即指公司之資本總額，經章程確定後，非依法定之程序，不得任意變動之原則。

2. 資本不變原則與資本維持原則相配合，才能維持公司之實質財產，並防止其形式資本總額之減少，而保護公司債權人之利益。

3. 我國公司法對於資本不變原則之主要規定如下：

   (1) 公司增加章程規定之股份總數而提高章定資本時，必須依變更章程之規定（公§277 I）。

   (2) 公司非依股東會決議減少資本，不得銷除其股份（公§168 I）。公司進行實質減資時，須向債權人分別通知及公告，對於提出異議之債權人，更須為清償或提供相當之擔保，否則即不得對抗該債權人（公§281 準用§73、§74）。

4. 依公司法第 129 條第 3 款規定，章程所載股份總數為授權資本制下之授權資本額，該授權資本額得於公司設立時一次發行完畢，亦得分次發行，如該授權資本額於全部發行後增加資本或銷除資本，涉及公司章程所載股份總數，應經股東會以特別決議方法決議變更章程後始得為之。因此，股份有限公司章程所定之資本額已全部發行後，依公司法第 168 條之 1 規定同時辦理減少資本及增加資本時，自須先經股東會特別決議變更章程後為之[22]。惟在授權資本額度內減資，僅涉及實收資本之減少，既不涉及公司章程所載股份總數，自無須變更章程，僅經股東會普通決議即可[23]。

四、公開發行程序之申辦與停止

（一） 公司得依董事會之決議，向證券主管機關申請辦理公開發行程序（公§156-2 I 前段）。

（二） 公司申請停止公開發行者，應有代表已發行股份總數三分之二以上

---

[22] 最高法院 110 年度台上字第 894 號民事判決。
[23] 最高法院 102 年度台上字第 808 號民事判決。

股東出席之股東會，以出席股東表決權過半數之同意行之（公§156-2 I 後段）。出席股東之股份總數不足上開定額者，得以有代表已發行股份總數過半數股東之出席，出席股東表決權三分之二以上之同意行之（公§156-2 II）。又出席股東股份總數及表決權數，章程有較高之規定者，從其規定（公§156-2 III）。

(三) 公開發行股票之公司已解散、他遷不明或因不可歸責於公司之事由，致無法履行證券交易法規定有關公開發行股票公司之義務時，證券主管機關得停止其公開發行（公§156 IV）。

(四) 公營事業之申請辦理公開發行及停止公開發行，應先經該公營事業之主管機關專案核定（公§156 V）。

(五) 公司對於未依證券交易法發行之股票，擬在證券交易所上市或於證券商營業處所買賣者，應先向主管機關申請補辦證券交易法規定之有關發行審核程序（證券交易法§42 I）。未依上開規定補辦發行審核程序之公司股票，不得為證券交易法之買賣，或為買賣該種股票之公開徵求或居間（證券交易法§42 II）。

第二節　股份有限公司之設立

一、概　說

(一) 股份有限公司之設立，須先有發起人為之發起，其次依序訂立章程、發起人認足股份及選出董事、監察人，最後申請設立登記，始克完成。其設立程序比其他種類之公司較為複雜。

(二) 有關股份有限公司設立程序上之規定，在性質上乃屬於強行規定，不得以發起人全體之同意變更之。蓋因股份有限公司係以資本為結合之團體，為防止少數人從中舞弊，遂不得不採取嚴格之設立程序。

(三) 股份有限公司之設立方式，可分為兩種：

1. 發起設立

　　所謂發起設立，係由發起人自行認足第一次應發行之股份總數（公§

131 I），而不對外募集認股人之方式。發起設立之方式因程序較為簡單，且由發起人認足後，公司即可成立，故又稱單純設立或同時設立。設立閉鎖性股份有限公司或非公開發行之股份有限公司，均採用發起設立之方式。

2. 募集設立

所稱募集設立，即由發起人認足第一次應發行股份之一部分，而將其餘額向公眾募足之方式。亦即，發起人不認足第一次發行之股份時，應募足之（公§132 I）。其程序較為複雜，除應依法申請證券管理機關審核（公§133 I、證券交易法§22 I），編製及加具公開說明書（證券交易法§30 I）及訂定招股章程（公§137）等文件外，股東又先後分次確定，並召開創立會（公§143），故亦稱複雜設立或漸次設立。

二、股份有限公司設立之要件

（一）發起人及發起人會議

1. 發起人之意義及職權

(1) 發起人為訂立章程，籌設公司之人。公司以發起設立者，發起人之主要職權為訂立章程、選任董事及監察人；公司以募集設立者，發起人之主要職權則為訂立章程、具備營業計畫書、招股章程等文件申請證券管理機關審核、備置認股書、召開創立會及將設立事項報告於創立會。

(2) 發起人須為在公司章程或招股章程簽章之人，至於事實上是否曾參與公司之設立，則非所問。故雖參與籌設工作，但未簽名於章程者，解釋上仍非發起人。應注意者，司法實務上有認為，股份有限公司之設立人，謂之發起人，而公司法第 129 條固有發起人應以全體之同意訂立章程，載明各款事項，並簽名或蓋章之規定，惟此乃規範發起人應如何為章程之絕對必要記載事項，非可以此「有無於章程上完成簽名、蓋章」之形式上判斷，即為有關發起人之認定之唯一

標準，仍應參酌實際上有無參與公司設立之情事以為斷[24]。

2. 發起人之人數

(1) 股份有限公司應有二人以上為發起人（公§128 I），但政府或法人股東一人所組織之股份有限公司，不受前開之限制（公§128-1 I）。

(2) 除政府或法人股東一人所組織之股份有限公司外，發起人二人乃法定最低人數，若未達此法定人數，則公司之設立無效。

3. 發起人之資格

(1) 發起人為自然人時，須為有行為能力人。無行為能力人、限制行為能力人或受輔助宣告尚未撤銷之人，不得為發起人（公§128 II）。故發起人於申請設立登記時，應全部附繳戶籍謄本，以便審查。

(2) 發起人為政府或法人者，亦得為發起人，但法人以下列三者為限：①公司或有限合夥；②以其自行研發之專門技術或智慧財產權作價投資之法人；③經目的事業主管機關認屬與其創設目的相關而予核准之法人（公§128 III）。惟公司為發起人時，仍須受公司法第 13 條有關轉投資之限制。

4. 發起人之權利

(1) 發起人籌設公司，備極辛勞，且為鼓勵熱心人士積極規劃、籌設公司，以期共謀經濟之發展，故法律特准其得依章程之規定，享受報酬或特別利益（公§130 I ④）。

(2) 發起人所得受之特別利益，股東會得修改或撤銷之。但不得侵及發起人既得之利益（公§130 II）。

(3) 發起人所得受之報酬或特別利益有冒濫者，創立會得裁減之，用以抵作股款之財產，如估價過高者，創立會得減少其所給股數或責令補足（公§147）。

5. 發起人之認股及出資

(1) 發起人原則上應認足第一次應發行之股份（公§131 I）。倘發起人不認足第一次發行之股份時，應募足之（公§132 I）。

---

(2) 發起人之出資，除現金外，得以公司事業所需之財產、技術抵充之（公§131Ⅲ）。

(3) 發起設立及募集設立之發起人均不得撤回認股[25]。

(4) 未認足之第一次發行股份，及已認而未繳股款者，應由發起人連帶認繳；其已認而經撤回者亦同（公§148）。

6. 發起人會議之開會

(1) 股份有限公司發起設立第一次發起人會議主席，公司法並無明文規定，可由發起人推選一人為主席[26]。又為申請設立登記之需要，並應製作發起人會議之議事錄。

(2) 股份有限公司之發起人，應可授權該公司其他發起人或籌備委員代為行使職權（例如出席發起人會議共同訂立章程等）[27]。亦即，股份有限公司發起人得委託代理人出席發起人會議[28]。

7. 發起人之責任

(1) 因恐存心不良之徒虛設公司，利用發起機會而行詐欺，致危害一般投資大眾，故課發起人以嚴格之責任。

(2) 依公司法之規定，發起人因公司成立或不成立，其責任有所差異。

　① 公司成立時之責任

　A. 對公司之責任

　(A) 充實資本之責任

　　a. 未認足之第一次發行股份，及其已認而經撤回者（公§137Ⅰ④、§152、§153），應由發起人連帶認繳（公§148）。

　　b. 認股人延欠應繳之股款時，發起人應定一個月以上之期限催告該認股人照繳，並聲明逾期不繳失其權利（公§142Ⅰ）。發起人已為上開之催告，認股人不照繳者，即失其權利，所認股份另行募集（公§142Ⅱ）發起人如有損害，仍得向認股

---

[25] 最高法院 96 年度台上字第 2574 號民事判決。

[26] 經濟部 69.6.23 經商字第 20074 號函。

[27] 法務部 79.11.19.法律決字第 16622 號函。

[28] 經濟部 68.8.31.商字第 28072 號函。

人請求賠償（公§142Ⅲ）。又解釋上，發起人對於不照繳股款之認股人，得依民法第312條有關代位清償之規定代位求償。

(B) 損害賠償責任

　　a. 發起人所得受之報酬或特別利益及公司所負擔之設立費用有冒濫者，創立會均得裁減之，用以抵作股款之財產，如估價過高者，創立會得減少其所給股數或責令補足（公§147），公司受有損害時，得向發起人請求賠償（公§149）。

　　b. 未認足之第一次發行股份，及已認而未繳股款或已認而經撤回者者，應由發起人連帶認繳（公§148），公司受有損害時，得向發起人請求賠償（公§149）。

　　c. 公司於設立階段，若有應收之股款，股東並未實際繳納，而以申請文件表明收足時，因發起人在執行其職務之範圍內，亦為公司之負責人（公§8Ⅱ），即應與各該股東連帶賠償公司因此所受之損害（公§9Ⅰ、Ⅱ）。

(C) 連帶損害賠償責任

　　發起人對於公司設立事項，如有怠忽其任務致公司受損害時，應對公司負連帶賠償責任（公§155Ⅰ）。

B. 對第三人之責任

(A) 發起人在執行其職務之範圍內，亦為公司之負責人（公§8Ⅱ），故其於設立事務之執行，若有違反法令，致他人受有損害時，對他人應與公司負連帶賠償之責（公§23Ⅱ）。又在公司設立階段，若有應收之股款，股東並未實際繳納，而以申請文件表明收足時，發起人即應與各該股東連帶賠償第三人因此所受之損害（公§9Ⅰ、Ⅱ）。

(B) 公司在設立登記前所負債務，在登記後亦負連帶責任（公§155Ⅱ）。

(C) 發起人募集股份時，因有虛偽、詐欺或其他足致他人誤信之行

為，致該股份之善意取得人受有損害者，應負賠償之責（證券交易法§20Ⅰ、Ⅲ）。

　(D)發起人募集股份時，未先向認股人交付公開說明書，致善意相對人因而受損害者，應負賠償責任（證券交易法§31）。

　(E)交付於認股人之公開說明書，其應記載之主要內容有虛偽或隱匿之情事者，發起人對於善意之相對人因而所受之損害，應與公司負連帶賠償責任（證券交易法§32Ⅰ）。

②　公司不成立時之責任

　A. 所謂公司不成立，乃指公司已進行設立，惟因未完成設立登記或創立或為公司不設立之決議（公§151）等事由，而致公司不成立者而言。

　B. 公司設立無效，仍應屬公司不能成立之一種情形。

　公司不能成立時，發起人關於公司設立所為之行為，及設立所需之費用，均應負連帶責任，其因冒濫經裁減者亦同（公§150）。上述責任，一般認股人不負擔之，並得依與設立中公司債權人相同之地位，請求返還其已繳納之股款。

　C. 公司之設立費用係指發起人在籌備期間所發生之費用，而公司為營業準備所發生之費用係指公司設立登記前以公司名義所負之人債務[29]。

(3)　公司於設立登記前，由發起人為設立中之公司所為之行為，發生之權利義務，自公司設立登記以後，應歸公司行使及負擔[30]。

8. 發起人之法律地位

　　有關發起人在法律上之地位如何，學說不一，其重要者，有無因管理說、為第三人契約說、同一體說、當然承繼說等，而以同一體說為通說。

　　同一體說又稱設立中公司之機關說，認為已完成登記而成立之公司乃登記前之設立中公司的繼續，兩者在實質上應屬同一體，而發起人係設立

---

[29]　最高法院 93 年度台上字第 2188 號民事判決。

[30]　臺灣高等法院 86 年度上字第 1829 號民事判決。

中公司之機關。依同一體說，發起人在設立過程中所取得之權利或所負擔之義務，在公司成立後，即當然由公司承繼。

(1) 按依同一體說之見解，設立中公司與成立後之公司屬於同一體，因此設立中公司之法律關係即係成立後公司之法律關係。申言之，發起人以設立中公司之執行及代表機關所為有關設立之必要行為，其法律效果，於公司成立時，當然歸屬於公司[31]。

(2) 公司於籌備設立期間，與成立後之公司屬於同一體，該籌備設立期間公司之法律關係即係成立後公司之法律關係。是於設立登記前，由發起人或主要股東為籌備設立中公司所為之行為，因而發生之權利義務，於公司設立登記以後，自應歸由公司行使及負擔。故公司於設立登記前，以其名義簽訂之租賃契約，無礙租賃關係之成立[32]。

（二）訂立章程

股份有限公司之設立，不論係採用發起設立或募集設立，均須以發起人全體之同意訂立章程（公§129）。

章程之記載事項，因必要程度之不同，可分為下列三種：

1. 絕對必要事項

章程中不記載絕對必要事項者，該章程無效。

(1) 公司名稱：須標明股份有限公司，並注意有無違反公司法第 18 條之規定。

(2) 所營事業：指公司擬經營之事業，故又稱目的事業。

(3) 採行票面金額股者，股份總數及每股金額；採行無票面金額股者，股份總數。

(4) 本公司所在地：即公司之住所。公司係以其本公司所在地為住所（公§3Ⅰ）

(5) 董事及監察人之人數及任期。應注意者，政府或法人股東一人所組織之股份有限公司，得依章程規定不置監察人；未置監察人者，不

---

[31] 最高法院 86 年度台上字第 2404 號民事判決。
[32] 最高法院 102 年度台上字第 230 號民事判決。

適用公司法有關監察人之規定（公§128-1Ⅲ）。又董事及監察人之任期不得逾三年。但得連選連任（公§195Ⅰ、§217Ⅰ）。

(6) 訂立章程之年、月、日。

2. 相對必要事項

章程中縱未記載相對必要事項，亦不影響章程之效力，僅不生該事項之效力（公§130Ⅰ）。

(1) 分公司之設立。

(2) 解散之事由。

(3) 特別股之種類及其權利義務。

(4) 發起人所得受之特別利益及受益者之姓名。應注意者，發起人所得受之特別利益，股東會得修改或撤銷之。但不得侵及發起人既得之利益（公§130Ⅱ）。若公司章程並未規定給予發起人特別利益，股東會竟以其參與籌辦公司為由決議給予特別利益，顯已違反上開公司法之規定[33]。

(5) 其他尚有散見於公司法中規定之相對必要事項，主要有：經理人之選任及其職權（公§29、§31）；關於發行特別股之各種事項（公§157、§356-7）；股東表決權之限制（公§179Ⅰ）；董事之報酬（公§196Ⅰ）；董事出席董事會之代理（公§205Ⅱ）；董事會與股東會權限之劃分（公§202）；副董事長之設置（公§208Ⅰ）建業股息之分派（公§234）；分派股息及紅利之標準（公§235）；特別盈餘公積之提存（公§237Ⅱ）；清算人之人選（公§322Ⅰ）等事項。

3. 任意記載事項

除絕對必要事項、相對必要事項外，凡不違反公序良俗或強行法規之一切事項，均得載明於章程，此等載明於章程中之其他事項，即為任意記載事項。例如：股票過戶的手續屬之。但為俾利彈性調整公司債可轉換股份之數額，使公司在授權資本範圍內視實際需要，靈活運用，以掌握時效，

---

[33] 最高法院 90 年度台上字第 1933 號民事裁定。

有利企業經營，公司債可轉換股份之數額不得為章程任意記載事項[34]。

（三）認足股份

　　股份有限公司之設計，必須認足股份總額或第一次應發行之股份，其由發起人認足全部股份或向外募足均可。因此，股份有限公司之設立程序，乃可分為「發起設立」與「募集設立」兩種。

三、設立程序

（一）發起設立之程序

1. 訂立章程

(1) 股份有限公司之發起人，應以全體之同意，訂立章程，簽名或蓋章（公§129）。

(2) 章程雖已訂立，但在公司登記以前，仍可經全體發起人之同意，予以變更。

2. 認足股份

(1) 發起設立先由發起人認足股份，每人所認股份雖不一致，但必須全部認足。

(2) 若股份分次發行時，發起人僅認足第一次應發行之部分即可（公§156Ⅳ前段）。

(3) 發起人認股，宜以書面為之，以使公司之設立行為確實，並免日後舉證困難。

3. 繳足股款

(1) 發起人認足第一次應發行之股份時，應即繳足股款。此項股款，不得分期繳納（公§131Ⅰ）。

(2) 發起人所應繳之股款，除現金外，亦得以公司事業所需之財產、技術抵充之（公§131Ⅲ）。例如提供機器設備、土地或專利權作價抵繳股款，俗稱為現物出資。

---

[34] 經濟部 91.4.16.經商字第 09102061390 號函。

(3) 出資財產價格之評定，依其市價定之，若無市價，則估定其價格，如不易估定價格時，得洽詢公正之有關機關或專家予以評定[35]。

(4) 會計師受託查核簽證公司設立登記或合併、分割、收購、股份轉換、股份交換、增減實收資本額等變更登記，應對第 2 條所定公司編製之資本額變動表及附表進行查核資本額是否確實（會計師查核簽證公司登記資本額辦法§4 I）。

(5) 會計師受託查核簽證公司設立登記或合併、分割、收購、股份轉換、股份交換、增加實收資本額變更登記等，查核報告書應分別載明其來源（現金、貨幣債權、技術作價、勞務出資、股票抵繳、其他財產、股息紅利、法定盈餘公積、資本公積、合併、分割、收購、股份轉換、股份交換、限制員工權利新股）及其發行股款價額、發行股數與資本額，其有溢價或折價情形，應載明每股發行金額及敘明會計處理方式，並載明增資前後之已發行股份總數及資本額（會計師查核簽證公司登記資本額辦法§7 I）。

(6) 會計師受託查核簽證以技術作價、股票抵繳或其他財產抵繳股款者，應查核公司股東姓名及財產之種類、數量、價格或估價標準與公司核給之股份或憑證（會計師查核簽證公司登記資本額辦法§7 II②）。又以技術作價及其他財產抵繳股款者，除僑外投資公司外，會計師應取得有關機關團體或專家之鑑定價格意見書，並評估是否採用；及查核相關財產是否已於設立前或增資基準日前依法登記予公司；但依法無登記之規定者，應查核該項財產已於設立前或增資基準日前交付予公司（會計師查核簽證公司登記資本額辦法§7 II③）。

(7) 土地抵繳股款者，公司應先行踐行土地所有權移轉登記程序[36]。

(8) 外國公司得以其臺灣分公司之全部資產及營業，以資產作價方式設

---

[35] 經濟部 56.4.4.商字第 08180 號函。
[36] 經濟部 94.6.7.經商字第 09402410621 號函。

立臺灣子公司[37]。

(9) 公司設立後，股東之出資，除現金外，得以對公司所有之貨幣債權、公司事業所需之財產或技術抵充之；其抵充之數額需經董事會決議（公§156Ⅴ）。至於股東出資之抵充，其抵充之數額需經董事會以普通決議通過[38]。

(10)按公司增資發行新股，洽由特定人協議以公司事業所需之財產為出資而認購者，依公司法第 7 條、第 268 條、第 272 條及第 274 條之規定，固應由公司依認購者出資之財產核定應給之股數，經董事會送請監察人查核加具意見，連同會計師查核簽證資料送主管機關核定。惟該認購協議之債權行為與認購者移轉公司事業所需之財產所有權(與繳足股款同)而取得股東資格之物權行為，其間或有關聯，究各該行為在法律上之評價，應係兩個相互分離、性質不同之法律行為，此與買賣契約之債權行為及作為其履行行為之移轉所有權之物權行為，分屬獨立而不同之法律行為概念相同，亦即取得新股股份行為與認購協議行為間之關係，一如移轉所有權之物權行為與其原因即買賣契約之債權行為間具有「獨立性」或「無因性」，前者行為之效力不受其原因即後者行為效力之影響。因此，洽由特定人認購新股之協議，該意思表示縱有瑕疵而屬無效或經撤銷時，認購者取得公司新股股份之行為仍不因而當然無效或失其存在[39]。

(11)股東僅就其所認股份對公司負其責任，公司向股東所募集之資金，即成為公司之資本並形成公司之財產，倘公司未經修改章程增加股份總數，而發行超過章程所訂股份總數之股票時，自應解為無效[40]。

4. 選任董事及監察人

(1) 發起人繳足股款後，應按章程所定董事及監察人之人數，選出董事及監察人（公§131Ⅰ）。

---

[37] 經濟部 91.7.31.經商字第 09102152360 號函。
[38] 經濟部 93.3.23.經商字第 09302037430 號函。
[39] 最高法院 101 年度台上字第 280 號民事判決。
[40] 最高法院 99 年度台上字第 1792 號民事判決。

(2) 其選任之方法，採累積投票法（公§131 Ⅱ、§198），即每一股份有與應選出董事或監察人人數相同之選舉權，得集中選舉一人，或分配選舉數人，由所得選票代表選舉權較多者，分別當選為董事或監察人。

5. 設立登記

於董事或監察人就任後，應由半數以上之董事及至少監察人一人向主管機關申請為設立之登記，其申請得委任代理人，代理人以會計師、律師為限（公§387 Ⅲ）。但應加具代理之委託書。應注意者，公司之業務須經政府許可者，於領得許可文件後，方得申請公司登記（公§17）。例如金融控股公司、銀行、保險公司、證券商、票券金融公司等特許行業，即必須先領得金融監督管理委員會之許可文件，始得申請公司登記。

（二）募集設立之程序

1. 訂立章程

(1) 由全體發起人訂立章程（公§129）。

(2) 其情形一如發起設立之規定。

2. 發起人自行認股

訂立章程後，發起人應自行認股，每人至少應認一股以上，而全體發起人所認股份，不得少於第一次發行股份總數四分之一（公§133 Ⅱ）。

3. 招募股份

(1) 訂立招股章程

發起人公開招募股份，應先訂立招股章程。招股章程應註明下列各款事項（公§137）。

① 公司法第 129 條及第 130 條所列各款事項。

② 各發起人所認之股數。

③ 股票超過票面金額發行者，其金額。

④ 招募股份總數募足之期限，及逾期未募足時，得由認股人撤回所認股份之聲明。

⑤　發行特別股者，其總額及公司法第 157 條第 1 項各款之規定。

(2) 申請證券管理機關審核

①　訂妥招股章程後，尚應具備下列各款事項，申請證券管理機關審核（公§133）。

A. 營業計畫書。

B. 發起人姓名、經歷、認股數目及出資種類。

C. 招股章程。

D. 代收股款之銀行或郵局名稱及地址。

E. 有承銷或代銷機構者，其名稱及約定事項。

F. 證券管理機關規定之其他事項。

②　證券管理機關審核時，如有下列情形之一者，證券管理機關得不予核准或撤銷核准（公§135 I）。

A. 申請事項，有違反法令或虛偽者。

B. 申請事項有變更，經限期補正而未補正者。

③　發起人於申請事項有違反法令或虛偽情事時，發起人申請事項有變更，經限期補正而未補正時，由證券管理機關各處新臺幣二萬元以上十萬元以下罰鍰（公§135 II）。

④　發起人依證券交易法之規定，對公眾招募股份時，須先向證券主管機關申報生效。申請審核時，除須具備上述公司法第 133 條第 1 項所列事項外，應另行加具公開說明書（證券交易法§22 I、§30 I）。

(3) 公告招募

發起人應於證券管理機關通知到達之日起三十日內，加記核准文號及年、月、日公告招募之，但有承銷或代銷機構者，其約定事項，得免予公告（公§133 III）。

4. 認股人認股

(1) 發起人應備認股書，載明第 133 條第 1 項各款事項，並加記證券管理機關核准文號及年、月、日，由認股人填寫所認股數、金額及其

住所或居所，簽名或蓋章（公§138Ⅰ）。

(2) 採行票面金額股之公司，其股票之發行價格，不得低於票面金額。但公開發行股票之公司，證券主管機關另有規定者，不在此限（公§140Ⅰ）。其以超過票面金額發行股票者，認股人應於認股書註明認繳之金額（公§138Ⅱ）。

(3) 採行無票面金額股之公司，其股票之發行價格不受限制（公§140Ⅱ）。

(4) 發起人不備認股書者，由證券管理機關各處新臺幣萬元以上五萬元以下罰鍰（公§138Ⅲ）。

(5) 依證券交易法之規定募集有價證券時，應先向認股人或應募人交付公開說明書。違反之者，對於善意之相對人因而所受之損害，應負賠償責任（證券交易法§31），且處一年以下有期徒刑、拘役或科或併科新臺幣一百二十萬元以下罰金（證券交易法§178Ⅰ②）。

(6) 發起人應於招股章程內所載招募股份總額募足之期限內募足發行之股份總數，若逾期未募足時，認股人得撤回其所認之股份（公§137④）。

(7) 認股人填寫認股書後，有依照所填認股書繳納股款之義務（公§139）。

5. 催繳股款

(1) 第一次發行股份總數募足時，發起人應即向各認股人催繳股款，以超過票面金額發行股票時，其溢額應與股款同時繳納（公§141）。

(2) 認股人延欠應繳之股款時，發起人應定一個月以上之期限，催告該認股人照繳，並聲明逾期不繳，失其權利（公§142Ⅰ）。

(3) 發起人已為上述催告，認股人不照繳者，即發生下列效果。

　① 認股人之失權：即認股人喪失其認股之權利（公§142Ⅱ前段）。

　② 股份之再招募：失權認股人所認之股份，發起人得另行招募股東（公§142Ⅱ後段）。

　③ 失權認股人之損害賠償責任：認股人逾期不繳股款而失權時，

如公司有損害（如遲延利息、失權程序所需費用），仍得向認股
人請求賠償（公§142Ⅲ）。

(4) 認股人延欠股款而發起人未進行限期催告之失權程序時，認股人仍
保有認股人之權利義務。同時，發起人對此已認而未繳股款之部
分，應負連帶認繳之責（公§148）。

(5) 認股人繳足股款後即與公司發生股東關係之效力[41]。

6. 召開創立會

(1) 股款繳足後，發起人應於二個月內召集創立會（公§143）。

(2) 創立會之召集、出席、表決等程序，均準用股東會之規定。亦即，
創立會之程序及決議，準用公司法第 172 條第 1 項、第 4 項、第 5
項、第 174 條、第 175 條、第 177 條、第 178 條、第 179 條、
181 條、第 183 條第 1 項、第 2 項、第 4 項、第 5 項及第 189 條至
第 191 條之規定。但關於董事及監察人之選任，準用第 198 條之規
定（公§144Ⅰ）。

7. 申請設立登記

創立會結束後應向主管機關申請為設立之登記。

四、創立會

（一）意　義

1. 所謂創立會，乃由發起人召集各認股人，使認股人參與關於公司設立
事務之會議。

2. 創立會之性質頗與公司成立後之股東會相當，為設立中公司之意思決
定機關。

3. 創立會制度係為保護認股人之利益，給與認股人聽取設立經過之報告
而使之能有機會加以檢討，若認為公司章程不妥當或以不設立為適當
時，創立會尚得修改章程或為不設立之決議（公§151Ⅰ）。

---

[41] 經濟部 92.4.4.經商字第 09202065310 號函。

（二）召　集

1. 創立會應由發起人召集。股款繳足後，發起人應於二個月內召開創立會（公§143）。至於發起人召集之決定，解釋上須經發起人過半數之同意，推派代表人為之，並擔任創立會之主席，且公司法並不承認少數股份認股人之召集權。

2. 創立會應於第一次發行股份之股款繳足後二個月內召集。如逾期不予召集，認股人得撤回其認股（公§152）。

3. 創立會之召集應於二十日前通知各認股人。此項通知應載明召集之事由；其通知經相對人同意者，得以電子方式為之（公§144 I 準用§172 I 、IV）。又選任董事、監察人之事項，應在召集事由中列舉並說明其主要內容，不得以臨時動議提出（公§144 I 準用§172IV）。發起人違反通知期限及召集事由之規定時，各處新臺幣一萬元以上五萬元以上罰鍰（公§144 II）。

（三）決　議

1. 表決權

創立會之決議方法，準用股東會之規定，

(1) 各認股人，除公司法另有規定外，原則上每一股有一表決權（公§144 I 準用§179）。

(2) 政府或法人為認股人時，其代表人不限於一人，但其表決權之行使，仍以其所持有之股份綜合計算（公§144 I 準用§181 I）。代表人若有二人以上時，其代表人行使表決權應共同為之（公§144 I 準用§181 II）。

(3) 有自身利害關係之認股人，不得加入表決或代理表決（公§144 I 準用§178）。

2. 決議方法

(1) 普通決議：應有代表已發行之股份總數過半數之認股入出席，以出席認股人表決權過半數之同意行之（公§144 I 準用§174）。

(2) 假決議：出席認股人不滿定額而有代表已發行股份總數三分之一以上認股人出席時，得以出席人表決權之過半數為假決議，並將假決議通知各認股人，於一個月內再行召集創立會，如仍有已發行股份總數三分之一以上之認股人出席，並經出席認股人表決權過半數同意假決議者，視同正式決議（公§144 I 準用§175）。

(3) 修改章程決議：創立會得為修改章程之決議（公§151 I）。應有代表已發行股份總數三分之二以上之認股人出席，以出席認股人表決權過半數之同意行之。公開發行股票之公司，出席認股人之股份總數不足上開定額者，得以有代表已發行股份總數過半數認股人之出席，出席認股人表決權三分之二以上之同意行之。又出席認股人股份總數及表決權數，章程有較高之規定者，從其規定（公§151 II、§277 II、III、IV）。

(4) 公司不設立決議：創立會得為公司不設立之決議（公§151 I）。應有代表已發行股份總數三分之二以上認股人之出席，以出席認股人表決權過半數之同意行之，公開發行股票之公司，出席認股人之股份總數不足上述定額者，得以有代表已發行股份總數及表決權數，章程有較高之規定者，從其規定（公§151 II、§316）。

3. 議事錄

(1) 創立會之議決事項，應作成議事錄，由主席簽名或蓋章，並於會後二十日內，將議事錄分發各認股人（公§144I準用§183I）。

(2) 議事錄之製作及分發，得以電子方式為之（公§144I準用§183II）。

(3) 議事錄應記載會議之年、月、日、場所、主席姓名、決議方法、議事經過之要領及其結果，在公司存續期間，應永久保存（公§144I準用§183IV）。

(4) 出席認股人之簽名簿及代理出席之委託書，其保存期限至少為一年。但經認股人依公司法第 189 條提起訴訟者，應保存至訴訟終結為止（公§144I準用§183V）。

(5) 發起人違反準用第 183 條第 1 項、第 4 項、第 5 項規定者，處新臺

幣一萬元以上五萬元以下罰鍰（公§144II）。

（四）權　限

1. 聽取有關設立事項之報告

　　發起人應就關於設立之必要事項，報告於創立會，俾認股人瞭解公司設立之情形，發起人對於報告有虛偽情事時，各科新臺幣六萬元以下罰金（公§145 II）。發起人應就下列各款事項報告於創立會（公§145 I）：

(1) 公司章程。

(2) 股東名簿。

(3) 已發行之股份總數。

(4) 以現金以外之財產、技術抵繳股款者，其姓名及其財產、技術之種類、數量、價格或估價之標準及公司核給之股數。

(5) 應歸公司負擔之設立費用，及發起人得受報酬。

(6) 發行特別股者，其股份總數。

(7) 董事、監察人名單，並註明其住所或居所、國民身分證統一編號或其他經政府核發之身分證明文件字號。

2. 選任董事及監察人

(1) 創立會應選任董事及監察人（公§146 I 前段）。

(2) 選任方法，係採累積投票制（公§144 I 但書準用§198）。

3. 調查設立經過

(1) 董事及監察人經選任後，應即就發起人所報告之事項，為確實之調查並向創立會報告（公§146 I）。

(2) 董事或監察人如有由發起人當選，且與自身有利害關係者，創立會得另選檢查人調查之（公§146 II）。

(3) 調查之主要目的在於查明現物出資之估價有無冒濫及公司所核給之股數是否相當，以及應歸公司負擔之設立費用及發起人所得受之報酬或特別利益之數額有無冒濫或虛偽。經調查後，如有冒濫或虛偽者，由創立會裁減之（公§146 III）。

(4) 發起人對於董事、監察人或檢查人之調查不得加以妨礙，而董事、監察人或檢查人之調查報告，亦應據實為之，故如有妨礙調查之行為或報告有虛偽者，均各科新臺幣六萬元以下之罰金（公§146Ⅳ）。

(5) 調查報告因無法及時提出而經董事、監察人或檢查人請求延期提出時，創立會應準用公司法第 182 條之規定，決議在五日內延期或續行集會，並不適用應於二十日前通知認股人之一般召集程序之規定（公§146Ⅴ）。

4. 裁減利益

創立會於聽取董事、監察人或檢查人之調查報告後，可採取下列措施：

(1) 發起人所得受之報酬或特別利益，及公司所負擔之設立費用有冒濫者，創立會得裁減之（公§147 前段）。蓋基於公益之必要，避免大股東濫用權利。公司章程並未規定給予發起人特別利益，股東會竟以其參與籌辦公司為由決議給予特別利益，顯已違反公司法之規定[42]。

(2) 用以抵作股款之財產，如估價過高者，創立會得減少其所給股數或責令補足（公§147 後段）。

(3) 未認足之第一次發行股份，及已認而未繳股款者，創立會得請求發起人連帶認繳，其已認而經撤回者亦同（公§148）。但創立會結束後，認股人不得將股份撤回（公§153）。

(4) 因有公司法第 147 條及第 148 條情形，公司受有損害時，得向發起人請求賠償（公§149）。

5. 修改章程

(1) 章程原係全體發起人所訂立，未必合乎其他全體認股人之意思，故創立會得修改章程（公§151Ⅰ前段）。

(2) 創立會若認為發起人所訂定之章程未臻完善時，得以認股人特別決議之同意修改之（公§151Ⅰ準用§277Ⅱ、Ⅲ、Ⅳ）。亦即，應有代表已發行股份總數三分之二以上認股人之出席，以出席認股人表決

---

[42] 最高法院 90 年度台上字第 1933 號民事裁定。

權過半數之同意行之。公開發行股票之公司,出席認股人之股份總數不足上開定額者,得以有代表已發行股份總數過半數認股人之出席,出席認股人表決權三分之二以上之同意行之。又出席認股人股份總數及表決權數,章程有較高之規定者,從其規定。

6. 為公司不設立之決議

　　創立會之目的固在創設公司,但如因經濟情況變遷,或政府法令修改,原定之事業,已無利可圖,甚或發起人與認股人間意見相左,預見其難以合作,與其解散於成立之後,不如廢止於成立之先,故得為公司不設立之決議。

　　惟公司不設立之決議,關係重大,故準用公司解散有關特別決議之規定(公§151Ⅱ準用§316)。亦即,應有代表已發行股份總數三分之二以上認股人之出席,以出席認股人表決權過半數之同意行之。公開發行股票之公司,出席認股人之股份總數不足上開定額者,得以有代表已發行股份總數過半數認股人之出席,出席認股人表決權三分之二以上之同意行之。又出席認股人股份總數及表決權數,章程有較高之規定者,從其規定。

第三節　股份有限公司之股份

一、股份之意義

　　股份為資本之構成單位,又表示股東之地位,得以股票表彰之。

(一)股份為資本之成分

1. 股份有限公司之資本,應分為股份,擇一採行票面金額股或無票面金額股(公§156Ⅰ),故股份為公司資本構成的最小單位,每一股份具有不可分性。

   (1) 公司採行票面金額股者,每股金額應歸一律;採行無票面金額股者,其所得之股款應全數撥充資本(公§156Ⅱ)。又為鼓勵國內新創事業之發展,於民國 102 年 12 月 23 日刪除「公開發行股票公司

股務處理準則」第 14 條規定後，公開發行股票公司即使採行票面
金額股，每股面額亦不限於新臺幣 10 元，可採行彈性面額。

(2) 公司法第 156 條第 1 項及第 2 項前段僅規定股份有限公司之資本，
應分為股份，採行票面金額股者每股金額應歸一律，並未禁止元以
下之金額為單位。且每股金額採元以下之單位者，依商業會計處理
準則第 12 條但書規定，得依交易之性質延長元以下之位數為會計
處理[43]。

2. 股東之出資，除現金外，得以對公司所有之貨幣債權、公司事業所需
之財產或技術抵充之；其抵充之數額需經董事會決議（公§156 V）。
上開董事會決議係屬普通決議。至於貨幣債權之種類，並無限制規定
[44]。又依公司法第 272 條規定，由原有股東認購或由特定人協議認購，
而不公開發行時之出資，亦得以技術抵繳股款；股東依公司法第 272
條規定以技術授權入股，亦無不可[45]。

3. 公司設立後得發行新股作為受讓他公司股份之對價，需經董事會三分
之二以上董事出席，以出席董事過半數決議行之，不受第 267 條第 1
項至第 3 項之限制（公§156-3）。所稱「他公司」包括依公司法及依
外國法律組織登記之公司[46]。

4. 公司設立後，為改善財務結構或回復正常營運，而參與政府專案核定
之紓困方案時，得發行新股轉讓於政府，作為接受政府財務上協助之
對價；其發行程序不受公司法有關發行新股規定之限制，其相關辦法
由中央主管機關定之（公§156-4 I）。紓困方案達新臺幣十億元以上
者，應由專案核定之主管機關會同紓困之公司，向立法院報告其自救
計畫（公§156-4 II）。經濟部依據上開授權，即訂定發布「參與政府
專案紓困方案公司發行新股與董事監察人經理人限制報酬及相關事
項辦法」，以資遵循。

---

[43] 經濟部 107.2.1.商字第 10702402640 號函。

[44] 經濟部 91.10.7.經商字第 09102224760 號函。

[45] 經濟部 110.3.11.經商字第 11002406410 號函。

[46] 經濟部 91.4.16.經商字第 09102073880 號函。

5. 同次發行之股份，其發行條件相同者，價格應歸一律。但公開發行股票之公司，其股票發行價格之決定方法，得由證券主管機關另定之（公§156IV）。若同次董事會中各發行新股之決議，其相關發行條件均相同，惟所訂發行價格不同之情形，與公司法第 156 條第 4 項規定有所未符[47]。

（二）股東依其股份主張股東權

1. 股東因股份而取得其在公司之地位，得享受權利及負擔義務。質言之，股東權，乃股東基於其股東之身分得對公司主張權利之地位[48]。
2. 每一股份表現一個股東之地位，而一個股東之地位，未必即意味股東一人。股東一人持有數股份時，該股東一人即有數個股東地位。
3. 股份有限公司之資本分成股份，股份分屬出資股東，各股東僅得依其股份對公司主張股東權[49]。至於股份有限公司股東權之內容，原不以分派股利、賸餘財產分配為限，尚包括參與公司之管理、檢查重要文件、優先認購新股、權利損害救濟等[50]。

（三）股份係藉股票以表彰其價值

1. 公司得印製股票表彰股份。惟鑑於有價證券無實體化可有效降低實體有價證券遺失、被竊及被偽造、變造等風險，已為國際主要證券市場發展趨勢，目前各主要證券市場之國家亦陸續朝有價證券無實體化之方向推動。故發行股票之公司，其發行之股份得免印製股票（公§161-2 I）。
2. 股票由股票持有人以背書轉讓之，並應將受讓人之姓名或名稱記載於股票（公§164）。股票為有價證券之一種，具有交換金錢之性能，股份若以股票表彰，其轉讓應在股票以記名背書方式為之。

---

[47] 經濟部 110.3.9.經商字第 11002008700 號函。
[48] 最高法院 95 年度台上字第 984 號民事判決。
[49] 經濟部 91.4.16.經商字第 09102073880 號函。
[50] 最高法院 99 年度台抗字第 1003 號民事裁定。

二、股份之性質

（一）股份之平等性

1. 股份均等之理由

股份為公司資本之最小且均等之單位，每股價格一律，且除公司法另有規定外，均有一表決權。股份價格必須一律之理由：

(1) 便利股東權之計算。

(2) 便於帳簿登載。

(3) 分配股利手續簡易。

(4) 市場買賣便利。

2. 股份平等原則

(1) 同次發行之股份，其發行條件相同者，價格應歸一律。但公開發行股票之公司，其股票發行價格之決定方法，證券管理機關另有規定者，不在此限（公§156Ⅳ）。

(2) 上市或上櫃公司辦理現金增資發行新股，或興櫃股票公司辦理現金發行新股為初次上市、上櫃公開銷售者，提撥以時價對外公開發行時，同次發行由公司員工承購或原有股東認購之價格，應與對外公開發行之價格相同（發行人募集與發行有價證券處理準則§17Ⅳ）。

(3) 表決權平等原則：公司各股東，除公司法另有規定外，每股有一表決權（公§179Ⅰ）。

(4) 一次整批表決解任多數董事，其決議方式違反股份平等原則[51]。但股東會於董事任期未屆滿前，改選全體董事者，如未決議董事於任期屆滿始為解任，視為提前解任（公§199-1Ⅰ）。因此，股東會決議全面改選全體董事，則為法之所許。

（二）股份之不可分性

因股份有限公司之資本，應分為股份，每股金額應歸一律，故一股為

---

[51] 最高法院93年度台上字第417號民事判決。

資本構成之最小單位，不得再分割為幾分之幾[52]。惟公司法第 156 條第 1 項並未禁止元以下之金額為單位。且每股金額採元以下之單位者，依商業會計處理準則第 12 條但書規定，得依交易之性質延長元以下之位數為會計處理[53]。

（三）股份之轉讓性

1. 股份有限公司股份之轉讓，固係包括股東應有權利義務之全體而為轉讓，與一般財產權之讓與有別，但股東之個性與公司之存續並無重大關係，故除法定限制外，股東自可將其股份自由轉讓於他人[54]。

2. 公司法為貫徹股份之自由轉讓性，明定公司股份之轉讓，除公司法另有規定外，不得以章程禁止或限制之。但非於公司設立登記後，不得轉讓（公§163）。

（四）股份之有限責任性及法人格否認法理

1. 股東僅就其所認股份，對公司負其責任（公§2 I ④）；股東對於公司之責任，除公司法第 154 條第 2 項規定外，以繳清其股份之金額為限（公§154 I）。故股東於繳清其所認股份之金額外，並無增資之義務。

2. 股東濫用公司之法人地位，致公司負擔特定債務且清償顯有困難，其情節重大而有必要者，該股東應負清償之責（公§154 II）。

   (1) 我國為解決關係企業中控制公司濫用從屬公司獨立人格之爭議，先於民國 86 年 6 月 25 日在公司法增訂第六章之一關係企業，針對控制公司與從屬公司間從事非常規交易之情形，為保護從屬公司少數股東及債權人權益而為規定，已具有揭穿公司面紗原則之精神，復於民國 102 年 1 月 30 日增訂公司法第 154 條第 2 項，規定濫用公司法人地位之股東對該公司債權人負清償之責，立法理由明示引進揭穿公司面紗原則。詳言之，公司法人格與股東固各具有獨立性，

---

[52] 經濟部 66.2.11.商字第 03910 號函。
[53] 經濟部 107.2.1.經商字第 10702402640 號函。
[54] 最高法院 43 年台上字第 771 號判例。

惟若公司股東濫用公司制度，利用公司獨立法人格規避法律責任或逃避契約義務，以達其規避法規範強制或禁止規定之脫法目的，或造成社會經濟失序等顯不公平情形時，本於誠信及衡平原則，得例外地否認公司之法人格予以救濟[55]。因此，如認關係企業行使基於契約所取得之權利，有違反誠信原則、公共利益，或以損害他人為主要目的，係屬公司制度之濫用，基於揭穿公司面紗原則、法人格否認理論之相同法理，以關係企業名義所為之權利行使，無異其自己之行為，既有為權利濫用或違反誠信原則，故其權利之行使應受限制。

(2) 我國公司法於民國86年6月25日增訂第六章之一關係企業中控制公司對於從屬公司之賠償責任相關規定時，參照德國1965年「股份法」（Aktiengesetz）就關係企業之母公司於某些情形，應對子公司負賠償責任之相關規範，該規範之精神即類似揭穿公司面紗原則之否認公司人格之思維。是公司法雖於102年1月30日始增訂第154條第2項規定，其立法理由敘明「揭穿公司面紗之原則，其目的在防免股東濫用公司之法人地位而脫免責任導致債權人之權利落空，求償無門。為保障債權人權益，我國亦有引進揭穿公司面紗原則之必要。」而將揭穿公司面紗理論明文化[56]。因此，對於民國102年1月30日前股份有限公司之股東濫用公司獨立人格，淘空公司資產，而侵害公司債權人權益者，仍得以公司法第154條第2項規定之揭穿公司面紗法理而予以適用。

（五）股份之證券性

　　股份係以股票表彰之，而股票為有價證券，故股份亦有證券性。應注意者，公開發行股票之公司，應於設立登記或發行新股變更登記後三個月內發行股票（公§161-1 I）。但非公開發行股票之公司是否發行股票，則由公司自行決定。

---

[55] 最高法院111年度台上字第1744號民事判決。
[56] 最高法院108年度台上字第1738號民事判決。

（六）股份之資本性

股份有限公司之資本，係由股份以求得之，若欲知公司之資本，於採行票面金額股者，應先問公司之股份總數，而後乘以每股金額，即可獲知。於採行無票面金額股者，應先問公司之股份總數，而後乘以實際發行金額。

三、股份之種類

（一）普通股與特別股

以股東所享受權利之不同而區分。公司股份之一部分得為特別股；其種類，由章程定之（公§156Ⅲ）。

1. 普通股

所謂普通股，為通常所發行無特別權利之股份，此為公司資本構成之基本股份。

2. 特別股

(1) 所謂特別股（preferred stock），為較諸普通股處於有利或不利待遇狀態之股份。公司發行特別股來籌資，通常具有特殊原因，例如控制負債比率或防止股權與經營權受外人控制等。

① 分派盈餘之優先股：當公司於年終獲有盈餘時，除彌補損失及提存公積外，得按一定之比例優先分派股利，而後，普通股股東始得就其賸餘部分加以分派之特別股。

A. 累積分派優先股：為公司本年度之盈餘數額不敷分派約定之優先股利時，得由下年度盈餘補足之特別股。

B. 非累積分派優先股：為特別股利之分派，以當年度盈餘為準，即使不敷分派，其不足之數額亦不必由下年度盈餘補足之特別股。

C. 參加分派優先股（可參加特別股）：為除優先分派約定之股利外，公司如仍有盈餘，並得參加與普通股共同分派之特別股。

D. 非參加分派優先股（不可參加特別股）：係僅有分派約定股利之優先權，於分派後即使公司尚有盈餘，亦不得再參與分派之特

別股。

② 分派賸餘財產之特別股：係公司於解散清算時，得特別分派賸餘財產者。

③ 表決權優先股：係對於普通股並無表決權之特定事項，享有表決權者。

④ 無表決權股：為不享有表決權之特別股。

⑤ 後配股：乃較普通股處於不利地位，須於普通股受盈餘或賸餘財產分派後，始得受分派之股份。

⑥ 複數表決權股：係對於股東會之決議事項，享有倍數表決權者。

⑦ 否決權股：亦稱黃金股，係指對於特定決議事項具有否決權者。

⑧ 禁止或限制被選舉為董事或監察人股：係指持有該種股份之股東，不得被選舉為董事或監察人者，或其被選舉為董事或監察人受限制者。

⑨ 保障董事名額股：係指持有該種股份之股東，享有當選一定名額董事之權利者。

⑩ 轉讓限制股：係指持有該種股份之股東，其股份之轉讓受到一定條件或程序之限制。

(2) 公司發行特別股時，應就下列各款於章程中定之（公§157 I）：

① 特別股分派股息及紅利之順序、定額或定率。

② 特別股分派公司賸餘財產之順序、定額或定率。

③ 特別股之股東行使表決權之順序、限制或無表決權。

④ 複數表決權特別股或對於特定事項具否決權特別股。但複數表決權特別股股東，於監察人選舉，與普通股股東之表決權同（公§157 II），以確保公司之監督機關不被特定股東把持或壟斷。

⑤ 特別股股東被選舉為董事、監察人之禁止或限制，或當選一定名額董事之權利。亦即，不僅特別股股東之被選舉權為董事或監察人之權利得以章程剝奪之，亦得保障特別股股東當選一定名額董事之權利。但不得保障特別股股東當選一定名額監察人

之權利，以確保公司之監督機關不被特定股東把持或壟斷。

⑥ 特別股轉換成普通股之轉換股數、方法或轉換公式。所謂轉換，係指特別股能否轉換為普通股而言，故特別股可再區分為轉換特別股（可轉換特別股）與非轉換特別股（不可轉換特別股）。

⑦ 特別股轉讓之限制。

⑧ 特別股權利、義務之其他事項。

(3) 為利特別股之股息及紅利分派，公司法第 157 條第 1 項第 1 款所規定之定額或定率，自應具體明定於章程，倘僅載明「若干倍」或「一定比例」，難謂符合上開公司法之規定[57]。

(4) 公司法第 157 條第 1 項第 1 款及第 2 款所定之定額或定率，尚非不得為零[58]。應注意者，倘公司章程具體載明於一定條件下，方得分派一定數額或比率之股息及紅利於特別股，尚無不可，惟所定條件亦應具體明確，倘公司已於章程中具體明確規定特別股分派股息及紅利之定額或定率，並同時規定於一定條件成就時，特別股得享有較高之股息及紅利分派，尚非法所不許[59]。

(5) 公司法第 157 條第 1 項第 4 款規定，公司發行特別股時，應就下列各款於章程中定之：「……複數表決權特別股或對於特定事項具否決權特別股。」是以，立法上既許就特定事項發行具否決權之特別股，依舉重以明輕之法理，尚無限制發行就特定事項具複數表決權，或排除特定事項具複數表決權之特別股，惟事涉特別股股東之權利義務事項，自應於章程中訂明[60]。

(6) 對於特定事項具否決權之特別股股東，於行使否決權時，應以股東會所得決議之事項為限；若依法屬於董事會決議之事項，例如：經理人之委任、解任及報酬（公§29 I ③），則不得行使否決權。又特別股股東對於「董事選舉之結果」，亦不得行使否決權，以維持公

---

[57] 經濟部 110.1.18.經商字第 10902063700 號函。

[58] 經濟部 91.11.28.經商字第 09102272830 號函。

[59] 經濟部 110.3.11.經商字第 11002009640 號函。

[60] 經濟部 109.8.13.經商字第 10902421340 號函。

司之正常運作。又特別股股東針對特定事項行使否決權時，應於討論該事項之股東會中行使，以避免法律關係懸而未決。縱使特別股發行條件另有約定「得於股東會後行使」，亦宜限於該次股東會後合理期間內行使，以使法律關係早日確定[61]。

(7) 按公司法第 157 條第 1 項第 5 款規定，公司得發行特別股股東當選一定名額董事權利之特別股，條文既明定「特別股股東當選一定名額董事」，即指當選之董事須具此等特別股股東資格。次按公司法第 27 條第 1 項規定，政府或法人為股東時，得當選為董事或監察人。但須指定自然人代表行使職務。是以，依該項規定，公司之董事為該法人股東（特別股股東），而非其所指定之自然人，該自然人僅為代表行使職務，爰可指定非具特別股股東身分之人（自然人）代表行使董事職務[62]。

(8) 公司法第 157 條第 1 項第 8 款所謂特別股權利、義務之「其他事項」，係指不得違反股份有限公司之本質及法律之強制或禁止規定[63]；且應不以盈餘分配請求權，膡餘財產分派請求權及表決權有關之事項為限[64]。

(9) 公開發行股票之公司不適用下列特別股：

① 公司法第 157 條第 1 項第 4 款、第 5 款及第 7 款所規定之特別股。蓋考量放寬特別股限制，少數持有複數表決權或否決權之股東，可能凌駕或否決多數股東之意思，公開發行股票之公司股東眾多，為保障所有股東權益，並避免濫用特別股衍生萬年董事或監察人之情形，導致不良之公司治理及代理問題，故明定公開發行股票公司排除適用。又特別股股東被選舉為董事、監察人之禁止或限制，或當選一定名額董事之權利，有違股東平等原則，考量公開發行股票之公司，股東人數眾多，為保障

---

[61] 經濟部 108.1.4.經商字第 10702430970 號函。
[62] 經濟部 108.6.14.經商字第 10800045890 號函。
[63] 經濟部 93.6.11.經商字第 09302318110 號函。
[64] 法務部 79.12.26.法律字第 18888 號函。

所有股東權益，不宜放寬限制。至於特別股轉讓受到限制，即特別股股東無法自由轉讓其持有之特別股，與上市、上櫃或興櫃等公開發行股票之公司，其股票係透過集中市場、店頭市場交易之情形，有所扞格，自應排除其適用。

② 得轉換成複數普通股之特別股。亦即，章程中不可明定特別股得按一股換數股比例轉換為普通股。蓋一特別股轉換複數普通股者，其效果形同複數表決權，考量公開發行股票之公司，股東人數眾多，為保障所有股東權益，不宜放寬限制。

（二）面額股與無面額股

若以股票票面是否記明股份金額為標準而為分類，得區分為面額股與無面額股。公司應擇一採行票面金額股或無票面金額股（公§156 I）。

1. 票面金額股

於股票票面表示有一定金額之股份。公司採行票面金額股者，每股金額應歸一律（公§156 II 前段）。

2. 無票面金額股

股票票面不表示一定金額之股份，亦稱比例股。公司採行無票面金額股者，其所得之股款應全數撥充資本（公§156 II 後段）。

3. 票面金額股轉換為無票面金額股之程序及限制

(1) 公司得經有代表已發行股份總數三分之二以上股東出席之股東會，以出席股東表決權過半數之同意，將已發行之票面金額股全數轉換為無票面金額股；其於轉換前依第 241 條第 1 項第 1 款提列之資本公積，應全數轉為資本（公§156-1 I）。又出席股東股份總數及表決權數，章程有較高之規定者，從其規定（公§156-1 II）。

(2) 公司印製股票者，依公司法第 156 條之 1 第 1 項規定將已發行之票面金額股全數轉換為無票面金額股時，已發行之票面金額股之每股金額，自轉換基準日起，視為無記載（公§156-1 III）。上開情形，公司應通知各股東於轉換基準日起六個月內換取股票（公§156-1 IV）。

(3) 公司法第156條之1第1項至第4項有關票面金額股轉換為無票面
金額股之規定，於公開發行股票之公司，不適用之（公§156-1 V）。
蓋公開發行股票之公司涉及眾多投資人權益，原則上仍續維持現行
票面金額股制度，故明定不得轉換為無票面金額股。至於非公開發
行股票之公司未來申請首次辦理公開發行或申請上市、上櫃掛牌
時，其原為票面金額股者，於公開發行後，即不得轉換，以免造成
投資人交易習慣及資訊之混淆。

(4) 公司採行無票面金額股者，不得轉換為票面金額股（公§156-1 VI）。

（三）償還股與非償還股

若以是否預定以公司之利益予以收回作為區分標準，得分無償還股與
非償還股。

1. 償還股

所稱償還股為得由公司予以收回之股份。特別股得為償還股

(1) 公司發行之特別股，得收回之。但不得損害特別股股東按照章程應
有之權利（公§158）。至於收回特別股之資金來源，不以盈餘或發
行新股所得之股款為限。例如發行公司債或借款，亦無不可。

(2) 公司發行具有收回條件、期限之特別股時，特別股應收回之條件、
期限等事項，屬公司法第157條第1項第8款所稱「特別股權利、
義務之其他事項」，應於章程中訂定。公司收回特別股，不需以公
司法第168條之規定「應經股東會決議」為之[65]。

(3) 公司雖得發行以無償方式收回之特別股，但應依公司法第157條第
1項第8款規定，將發行條件及無償收回載明於章程[66]。

2. 非償還股

所稱非償還股乃不得以公司之利益予以收回之股份。普通股僅能為非
償還股。

---

[65] 經濟部100.9.2.經商字第10002118440號函。
[66] 經濟部98.11.19.經商字第09802152860號函。

（四）轉換股與非轉換股

若係以股份之種類，是否可以轉換為標準而為分類，得區分為轉換股與非轉換股。

1. 轉換股

即得轉換為他種股份者。特別股得轉換為普通股，例如章程記載特別股轉換成普通股之轉換股數、方法或轉換公式（公§157 I ⑥）。由於公司法第 157 條第 1 項第 6 款僅規定「特別股轉換成普通股之轉換股數、方法或轉換公式」，解釋上，特別股僅得轉換成普通股，而不得轉換成他種特別股，且普通股亦不得轉換成特別股。又公司若擬發行普通股收回特別股，因形同特別股轉換為普通股，事涉公司股東股權結構與持股比例之變動，故不得泛以新發行普通股作為收回特別股之對價於章程中定之[67]。

2. 非轉換股

即不得轉換為他種股份者，普通股得否轉換為特別股，公司法未明定。

四、股份之共有

（一）　一股份不妨為數人所共有。數人共有股份時，其股東權利應由共有人推定一人行使之（公§160 I）。

1. 持有一股之股東自得將股份轉讓與數人共有，並由共有人推定其中一人行使股東之權利[68]。

2. 依公司法第 169 條第 1 項第 1 款規定，各股東之本名或名稱、住所或居所，應記載於股東名簿上。故股份為數人共有，如未依前揭法條規定向公司申報其股份為共有者，其未登記為股東之共有人，即不具對抗公司之效力[69]。

3. 公同共有股份之股東，為行使股東之共益權而出席股東會，係屬行使權利而非管理行為，自無民法第 828 條第 2 項準用第 820 條第 1 項規

---

[67] 經濟部 109.6.9.經商字第 10902025270 號函。

[68] 經濟部 73.10.4.商字第 38567 號函。

[69] 經濟部 82.6.10.商字第 212321 號函。

定之適用,亦不得逕由依民法第 1152 條規定所推選之管理人為之。就此權利之行使,公司法第 160 條第 1 項固規定應由公同共有人推定一人為之,惟既係為行使公同共有之股東權所為推選,自應得公同共有人全體之同意,俾符民法第 828 條第 3 項之規定,倘未經全體公同共有人同意推選之人,即不得合法行使股東權[70]。

4. 股東死亡而繼承人有數人時,在分割遺產前,各繼承人得各推一人為管理人,以行使股份共有人權利[71]。

5. 訴請確認股東會決議不成立、無效或撤銷股東會決議之權利為行使共益權範疇,於股份屬公同共有情形,未經全體公同共有人同意推派一人行使其股東權利前,公同共有人中之一人或數人倘欲行使股東之共益權而提起上開訴訟,因屬公同共有財產權其他權利之行使,自應依民法第 831 條準用第 828 條第 3 項規定,得其他公同共有人全體之同意或由公同共有人全體為原告,其當事人適格始無欠缺[72]。公同共有人中一人或數人未得全體公同共有人同意而起訴請求者,倘他公同共有人拒絕同為原告無正當理由,已起訴之原告得聲請法院以裁定命該未起訴之人於一定期間內追加為原告,逾期未追加則視為已一同起訴[73]。

(二) 股份共有人,對於公司負連帶繳納股款之義務(公§160 II)。

五、股份之轉讓

(一)自由轉讓原則

1. 股份有限公司之股份得自由轉讓,公司不得以章程禁止或限制之(公§163 I)。股份之移轉,於支付價款時始生效力,在支付價款以前,股息增資股及股息,由原轉讓人領取[74]。

---

[70] 最高法院 104 年度台上字第 2414 號民事判決。
[71] 經濟部 56.6.20.商字第 22056 號函。
[72] 最高法院 110 年度台上字第 2365 號民事判決、最高法院 111 年度台上字第 605 號民事判決。
[73] 最高法院 111 年度台上字第 605 號民事判決。
[74] 最高法院 69 年度台上字第 2613 號民事判決。

2. 股東轉讓其股權，雖致股東不滿法定人數，其轉讓仍為有效[75]。

3. 股東間私自以書面契約合理禁止或限制股份轉讓者，與以章程強行規定者，尚屬有別，則本於當事人意思自主原則，契約當事人之合意自屬有效。另參酌企業併購法第 11 條第 1 項、第 2 項規定，公司進行併購時，因其他法令規定所為之限制，或因股東身分、公司業務競爭或整體業務發展之目的所為必要之限制，得以股東間書面契約或公司與股東間之書面契約，合理限制股份轉讓之自由。是據此足證上開公司法之規定，僅就公司章程之禁止或限制為之，並不及於股東間書面契約之禁止或限制[76]。

4. 當事人間私自以契約禁止或限制股份轉讓者，與以章程強制規定者，尚屬有別，本於當事人意思自主原則，其合意自屬有效。申言之，有關章程限制或禁止股份自由轉讓，其法律關係存在於公司與股東即團體與成員間；反之，以契約為相類約定者，其法律關乃存在個別當事人間，縱此當事人可能同時具有公司與股東間身分，但無礙其私法當事人身分所為約定，以是，公司與股東間如基於私法當事人身分以契約為前揭約定，即不得認違反公司法第 163 條第 1 項規定而無效[77]。

（二）自由轉讓之例外（限制）

股份之轉讓，原則上雖屬自由，惟為保護投資人之利益，亦設有或存在若干例外：

1. 就一般股東言，股份之轉讓須在公司設立登記後，始得為之（公§163 但書），違反此限制所為之債權讓與行為，依民法第 71 條及第 294 條第 1 項第 1 款之規定，自屬無效[78]。

2. 就董事或監察人言，經選任後應向主管機關申報，其選任當時所持有之公司股份數額；公開發行股票之公司董事在任期中轉讓超過選任當

---

[75] 最高法院 93 年度台上字第 1834 號民事判決。

[76] 臺灣高等法院 97 年度重上字第 61 號民事判決。另參閱臺灣高等法院高雄分院 96 年度重上字第 44 號民事判決。

[77] 臺灣高等法院高雄分院 101 年度上字第 74 號民事判決。

[78] 最高法院 47 年台上字第 46 號判例、最高法院 82 年度台上字第 2205 號民事判決。

時所持有之公司股份數額二分之一時,其董事當然解任(公§197 I、§227)。

3. 就時間言,記名股票之轉讓,於股東常會開會前三十日內,股東臨時會開會前十五日內,或公司決定分派股息及紅利或其他利益之基準日前五日內,不得為「過戶」之手續,且不得以其轉讓對抗公司(公§165 II)。公開發行股票之公司辦理股東名簿記載之變更,於股東常會開會前六十日內,股東臨時會開會前三十日內,不得為之(公§165 III)。前述期間,自開會日或基準日起算(公§165 IV)。

4. 就當事人言,原則上公司本身不得為受讓人而收買自己的股份,以免有悖資本充實之原則(公§167 I)。

5. 就公司員工言,公司對員工依公司法第 267 條第 1 項或第 2 項承購之股份,得限制在一定期間內不得轉讓。但其期間,最長不得超過二年(公§267 VI)。又公司依第 167 條之 1 或其他法律規定收買自己之股份轉讓於員工者,得限制員工在一定期間內不得轉讓。但其期間最長不得超過二年(公§167-3)。

6. 已依證券交易法發行股票公司之董事、監察人、經理人或持有公司股份超過股份總額百分之十之股東,其股票之轉讓,應依下列方式之一為之:(1)經主管機關核准或自申報主管機關生效日後,向非特定人為之。(2)依主管機關所定持有期間及每一交易日得轉讓數量比例,於向主管機關申報之日起三日後,在集中交易市場或證券商營業處所為之。但每一交易日轉讓股數未超過一萬股者,免予申報。(3)於向主管機關申報之日起三日內,向符合主管機關所定條件之特定人為之(證券交易法§22-2 I)。經由前開三款受讓之股票,受讓人在一年內欲轉讓其股票,仍須依前開各款所列方式之一為之(證券交易法§22-2 II)。

7. 上市、上櫃、興櫃等公司之董事、監察人、經理人或持有公司百分之十以上股權之股東,對公司之上市或在證券商營業處所買賣之股票,於取得後六個月內再行賣出,或於賣出後六個月內再行買進,因而獲

得利益者,公司得請求將其利益歸於公司(證券交易法§157、§62Ⅲ)。

8.　就上市、上櫃、興櫃等公司言其董事、監察人、經理人、持有公司股份超過百分之十之股東、基於職業或控制關係獲悉消息之人、喪失前開身分後未滿六個月者或從前述之人獲悉消息者,於獲悉公司有重大影響其股票價格之消息時,在該消息未公開或公開後十八小時內,不得買入或賣出公司上市或在證券商營業處所買賣之股票(證券交易法§157-1)。

(三)股份轉讓及設質之相關實務

1.　公司未經完成設立登記,即發行股票,與偽造有價證券罪有別[79]。

2.　公開發行股票之公司,應於設立登記或發行新股變更登記後三個月內發行股票(公§161-1Ⅰ)。股票係表彰股東權之有價證券,股東權係於公司設立登記或發行新股生效時發生,因此上開規定,旨在規範公司須於股東權發生後,始得發行股票,以維護交易安全。其違反上開規定發行股票者,並不當然具備倫理之非難性,而應科以刑罰,而應視具體情形是否該當於刑事處罰之構成要件而定[80]。

3.　未發行股票之股份有限公司股東,轉讓股份應課徵所得稅[81]。具體而言,未發行股票之股份有限公司,股東為其所有股份之買賣,因其並無與股票性質相同而用以表彰公司股票權利之證書或憑證情事,更與所謂新股權利證書無涉,故此等股份之買賣,性質上自非所得稅法第4條之1所稱之證券交易,而屬同法第14條第1項第7類第1款所規範之財產交易範疇[82],應納入財產交易所得課稅。

4.　股票質權,乃民法第908條證券質權之一種,亦屬權利質權。公司分派之盈餘(包括由盈餘轉成之增資配股),係由各股份所生之法定孳息,質權人亦得就此行使權利質權。

---

[79] 最高法院94年度台上字第498號民事判決。
[80] 最高法院93年度台上字第3287號刑事判決。
[81] 最高行政法院93年度判字第177號判決。
[82] 最高行政法院108年度判字第484號判決。

5. 停止記名股票過戶期間仍可准許法人股東變更其指派之代表人董事或監察人[83]。

6. 認購股份有限公司股份之實際出資人，若欲以其所指定之第三人為股份名義人，指示公司將之登載於公司股東名簿者，該公司於完成相關登記後，就該等股份之轉讓，依公司法第 163 條第 1 項前段規定，不得以章程禁止或限制之，且得行使股東權利之人，僅為登記名義人，與實際出資人並不相關[84]。

六、股份之收回、收買及收為質物

（一）原　則

1. 我國公司法原則上禁止公司自將股份收回、收買或收為質物。亦即，公司除依第 158 條、第 167 條之 1、第 186 條、第 235 條之 1 及第 317 條規定外，不得自將股份收回、收買或收為質物。但於股東清算或受破產之宣告時，得按市價收回其股份，抵償其於清算或破產宣告前結欠公司之債務（公§167 I），為強制禁止規定。

   蓋公司如得任意收回、收買或質押自己之股份，則不僅將使公司之資本減少，有違資本維持之原則，損害債權人之利益；且使公司負責人易於操縱股價，擾亂證券市場，影響投資大眾之利益。於公司蒙受虧損時，公司負責人或將儘先收買自己及其親友所持有之股份，致違背股東平等原則。如公司違反禁止取得自己股份規定之行為，應屬無效[85]，依法應負回復原狀之義務，當不得依該法律行為而行使權利。同理，若公司股東會決議違反該項規定者，其決議內容違法，依同法第 191 條規定應屬無效。

2. 被持有已發行有表決權之股份總數或資本總額超過半數之從屬公

---

[83] 經濟部 62.5.11.商字第 13224 號函。

[84] 最高法院 99 年度台上字第 594 號民事判決。

[85] 最高法院 72 年度台上字第 289 號民事判決、最高法院 96 年度台上字第 252 號民事判決、最高法院 97 年度台上字第 70 號民事判決。

司，亦不得將控制公司之股份收買或收為質物（公§167Ⅲ）。如因合併導致從屬公司取得控制公司之股份者，與上開「收買或收為質物」之情形，係屬二事[86]。又公司法第 167 條第 3 項規定，被持有已發行有表決權之股份總數或資本總額超過半數之從屬公司不得將控制公司之股份收買或收為質物，係在避免控制公司利用其從屬公司收買控制公司之股份，致衍生弊端。是以，倘認從屬公司得以公司法第 156 條之 3 所規定之股份交換方式取得控制公司股份，恐將使第 167 條第 3 項規定形同具文，其所稱「收買」自不限於民法之買賣關係，應擴及於「支付對價取得股份」之行為[87]。

3. 又前述控制公司及其從屬公司直接或間接持有他公司已發行有表決權之股份總數或資本總額合計超過半數者，他公司亦不得將控制公司及其從屬公司之股份收買或收為質物（公§167Ⅳ）。

4. 經當事人協議，自得許公司無償取得自己之股份[88]。

5. 公司不得自將股份收回，收買或收為質物而為之，否則該行為應無效[89]。惟若股份買受人非公司本身，縱為公司之關係企業，不得謂公司自將股份收回[90]。至於是否構成公司法第 167 條第 3 項或第 4 項規定所禁止之行為，則應依具體個案判斷。

6. 給付股票之聘任條件約定，並非假藉合法手段，以達到公司收回、收買或收質股票之目的，自非脫法行為[91]。

7. 因公司合併而取得股份，尚非屬收買或收為質物[92]。又從屬公司因合併而持有控制公司之股份，無收買或收質限制之適用[93]。

8. 公司法第 167 條第 3 項及第 4 項之規定，本國公司或國外之子公司均

---

[86] 經濟部 95.7.11.經商字第 09502096910 號函。
[87] 經濟部 100.6.27.經商字第 10002416950 號函。
[88] 最高法院 81 年度台上字第 296 號民事判決。
[89] 最高法院 97 年度台上字第 70 號民事判決。
[90] 最高行政法院 92 年度判字第 1903 號判決。
[91] 最高法院 93 年度台上字第 1031 號民事判決。
[92] 經濟部 95.7.11.經商字第 09502096910 號函。
[93] 經濟部 95.1.18.經商字第 09402202920 號函。

有適用[94]。

9. 證券金融事業因辦理融資業務,而收受本身事業之股票作為擔保品,似有違反公司法第 167 條第 1 項規定[95]。

10. 公司依第 267 條第 9 項發行限制員工權利新股之情形,仍受公司法第 167 條第 1 項規定之限制[96],仍不得自將股份收回、收買或收為質物。

（二）例　外

1. 特別股之收回

(1) 公司發行之特別股,得收回之（公§158 本文）。特別股係股東平等原則之例外,許其長久存在,影響普通股之權益,故民國 100 年 6 月 29 日修正公司法第 158 條規定之前,規定公司僅得以盈餘或發行新股所得之股款收回之。但限制僅得以盈餘或發行新股所得之股款收回,公司財務之運用欠缺彈性,公司法於民國 100 年 6 月 29 日修正時,認為收回特別股屬公司內部自治事項,宜由公司自行決定,遂回歸公司治理之精神,刪除公司法第 158 條之限制,若公司有需要收回特別股時,不限以盈餘或現金收回,亦得以其他資金來源充之。

(2) 特別股之收回,不得損害特別股股東按照章程應有之權利（公§158 但書）。

(3) 特別股收回毋庸經股東會決議減資[97]。且收回特別股無須依股東所持股份比例減少[98]。

(4) 公司以盈餘收回特別股後,該帳列盈餘可再經股東會決議分派現金股利或股票股利[99]。

(5) 公司發行具有收回條件、期限之特別股時,特別股應收回之條件、

---

[94] 經濟部 90.1.8.經商字第 09002280660 號函。

[95] 法務部 84.7.20.法律決字第 17231 號函。

[96] 法務部 84.7.20.法律決字第 17231 號函。

[97] 經濟部 100.9.2.經商字第 10002118440 號函。

[98] 經濟部 91.10.14.經商字第 09102226190 號函。

[99] 經濟部 79.12.4.商字第 217605 號函。

期限等事項，屬公司法第 157 條第 1 項第 8 款所稱「特別股權利、義務之其他事項」，應於章程中訂定[100]。

2. 清算或破產股東股份之收回

於股東清算或受破產之宣告時，為抵償其於清算或破產宣告前結欠公司之債務，公司得按市價收回該股東之股份（公§167 I 但書）。其立法理由，在於因恐按破產程序處分其股份時，股份因拍賣結果，行情定將下落，致使公司蒙受損害。

3. 轉讓股份於員工

(1) 公司除法律另有規定者外，得經董事會以董事三分之二以上之出席及出席董事過半數同意之決議，於不超過該公司已發行股份總數百分之五之範圍內，收買其股份；收買股份之總金額，不得逾保留盈餘加已實現之資本公積之金額（公§167-1 I）。前開公司收買之股份，應於三年內轉讓於員工，屆期未轉讓者，視為公司未發行股份，並為變更登記（公§167-1 II），又公司依前規定收買之股份，不得享有股東權利（公§167-1 III）。但股票已在證券交易所上市或於證券商營業處所買賣之公司，其為轉讓予員工而買回之股份，應於買回之日起五年內轉讓；逾期未轉讓者，視為公司未發行股份，並應辦理變更登記（證券交易法§28-2 II）。

(2) 公司買回庫藏股票轉讓員工，民國 100 年 6 月 29 日以前並無員工再轉讓的限制，但若員工取得股份後，立即轉讓，即失去員工獎酬工具的效用，故民國 100 年 6 月 29 日修正公司法時，特別增訂公司以員工庫藏股票獎酬員工時，得限制員工於一定期間內不得轉讓。但其期間最長不得超過二年（公§167-3）。

(3) 關於員工庫藏股，依公司法第 167 條之 1 第 1 項後段規定，公司收買股份之總金額，不得逾保留盈餘加已實現之資本公積之金額。是否逾越上述額度，應以董事會為特別決議之日，公司財務報表上所

---

[100] 經濟部 100.7.7.經商字第 10002418380 號函。

載之金額為斷[101]。又員工庫藏股之收買無次數之限制[102]。

(4) 公司法第 167 條第 3 項規定「收買」不限於民法之買賣關係，應擴及於「支付對價取得股份」之行為[103]。又公司收買員工庫藏股，屆期未轉讓者，視為公司未發行股份，並為變更登記，亦即應依比例銷除股份[104]。

(5) 公司章程得訂明員工庫藏股轉讓之對象包括符合一定條件之控制或從屬公司員工（公§167-1IV）。所稱「一定條件之控制或從屬公司」包括國內外控制或從屬公司，認定上，依公司法第 369 條之 2、第 369 條之 3、第 369 條之 9 第 2 項、第 369 條之 11 之標準為之[105]。

(6) 依公司法第 167 條之 1 買回股份轉讓予員工，其轉讓價格公司法未有限制[106]。

(7) 公司法第 167 條第 3 項規定「收買」不限於民法之買賣關係，應擴及於「支付對價取得股份」之行為[107]。

(8) 員工依認股權契約所認購股份之出資種類得以事業所需之財產抵繳之[108]。

4. 因少數股東之請求而收買

(1) 股份收買請求權係為保護少數股東之利益而設。應注意者，公司之併購，依企業併購法之規定，企業併購法未規定者，始依公司法之規定（企業併購法§2 I）。由於企業併購法第 12 條及及第 13 條對於股份收買請求權行使之要件、程序及買回股份，設有詳細規定，依特別法優先於普通法之法律適用原則，應優先適用之。換言之，公司法關於股份有限公司為營業讓與、營業受讓、合併或分割時異

---

[101] 經濟部 91.12.23.經商字第 09102298480 號函。

[102] 經濟部 92.12.30.經商字第 09202266910 號函。

[103] 經濟部 100.6.27.經商字第 10002416950 號函。

[104] 經濟部 93.11.26.經商字第 09302199890 號函。

[105] 經濟部 107.11.30.經商字第 10702427750 號函。

[106] 經濟部 91.1.8.經商字第 09002285260 號函。

[107] 經濟部 100.6.27.經商字第 10002416950 號函。

[108] 經濟部 92.8.25.經商字第 09202175880 號函。

議股東行使股份收買請求權之相關規定，因企業併購法已設有詳細規定，似已無任何適用之空間。

(2) 得請求收買之原因：

① 股東於股東會為公司法第 185 條所列重要決議前，已以書面通知公司反對該項行為之意思表示，並於股東會已為反對者，得請求公司以當時公平價格，收買其所有之股份（公§186）。

② 公司分割或與他公司合併時，股東在股東會集會前或集會中，以書面表示異議或以口頭表示異議經紀錄者，得放棄表決權而請求公司按當時公平價格收買其持有之股份（公§317Ⅰ）。

③ 企業併購法第 12 條第 1 項就公司於進行併購時異議股東之股份收買請求權設有統一規定，明定公司於進行併購而有所列舉之 8 種情形之一，股東得請求公司按當時公平價格，收買其持有之股份。應注意者，民國 111 年 06 月 15 日修正第 12 條第 1 項第 1 款、第 2 款、第 4 款、第 5 款及第 7 款，將股東會集會前或集會中表示異議並投票反對之股東納入得行使收買請求權之範圍。至於未於股東會集會前或集會中表示異議者（包含已出席及未出席之情形）；或雖於股東會集會前或集會中表示異議，但投票贊成者，為求公平，並考量併購成本，則不得行使股份收買請求權。此外，為求明確，「放棄表決權」之股份數，則不算入已出席股東之表決權數（企業併購法§12Ⅱ）。

(3) 請求收買之期間：公司法係規定股東應於股東會決議日起二十日內，並應以書面記載股份種類及數額，提出於公司（公§187Ⅰ、§317Ⅲ）。至於企業併購法則規定股東應於股東會決議日起二十日內以書面提出，並列明請求收買價格及交存股票之憑證。若依企業併購法規定以董事會為併購決議者，應於第 19 條第 2 項、第 30 條第 2 項或第 37 條第 3 項所定期限內以書面提出，並列明請求收買價格及交存股票之憑證（企業併購法§12Ⅲ）。

(4) 收買價格之決定與支付價款之期間：

①　收買價格原則上應經公司與股東協議為之。如達成協議者，公司應自股東會或董事會決議日起九十日內支付。如自決議日起六十日內未達協議者，公司法明定股東應於此期間經過後三十日內，聲請法院為價格之裁定（公§187Ⅱ、§317Ⅲ）。惟企業併購法則規定公司應自決議日起九十日內，依其所認為之公平價格支付價款予未達成協議之股東；公司未支付者，視為同意股東請求收買之價格（企業併購法§12Ⅵ）。

②　股東與公司間就收買價格自股東會或董事會決議日起六十日內未達成協議者，公司應於此期間經過後三十日內，以全體未達成協議之股東為相對人，聲請法院為價格之裁定。未達成協議之股東未列為相對人者，視為公司同意該股東請求收買價格。公司撤回聲請，或受駁回之裁定，亦同。但經相對人陳述意見或裁定送達相對人後，公司為聲請之撤回者，應得相對人之同意（企業併購法§12Ⅶ）。聲請程序費用及檢查人之報酬，由公司負擔（企業併購法§12XⅢ）。

③　公司法規定收買價格如經法院裁定後，公司應自決議時算至九十日期間屆滿日起，支付法定利息（公§187Ⅲ、§317Ⅲ）。惟企業併購法則規定價格之裁定確定時，公司應自裁定確定之日起三十日內，支付裁定價格扣除已支付價款之差額及自決議日起九十日翌日起算之法定利息（企業併購法§12XI）。

④　股份價款之支付，應與股票之交付同時為之，股份之移轉並於價款支付時生效（公§187Ⅲ、§317Ⅲ）。

(5)　請求收買行為之失效：股東之請求，於公司取消（銷）其收買原因行為時，失其效力（公§188、§317Ⅲ、企業併購法§12Ⅴ）。

(6)　收回或收買股份之處置：公司依第 167 條但書或第 186 條規定，收回或收買之股份應於六個月內，按市價將其出售，逾期未經出售者，視為公司未發行股份，並為變更登記（公§167Ⅱ）。

(7)　股東死亡，其繼承人已踐行上開規定之程序，自得於辦妥繼承登記

後，請求公司買回其股份[109]。

(8) 公司依企業併購法第 12 條規定買回股份，應依下列規定辦理：1. 消滅公司自合併後買回股東之股份，應併同消滅公司其他已發行股份，於消滅公司解散時，一併辦理註銷登記。2. 前款以外情形買回之股份，得依下列規定辦理：A.依合併契約、股份轉換契約、分割計畫或其他契約約定轉讓予消滅公司或其他公司股東。B.逕行辦理變更登記。C.於買回之日起三年內，按市價將其出售，屆期未經出售者，視為公司未發行股份，並辦理變更登記（企業併購法§13 I）。公司依企業併購法規定買回之股份，不得質押；於未出售或註銷前，不得享有股東權利（企業併購法§13 II）。

（三）違反之處罰

公司負責人違反公司法第 167 條第 1 項至第 4 項規定，將股份收回、收買或收為質物，或抬高價格抵償債務或抑低價格出售時，應負賠償責任（公§167 V）。

七、股份之銷除

(一) 所謂股份之銷除，乃使公司股份之一部歸於消滅之謂也。股份有限公司之資本為公司債權人之擔保，而股份銷除之結果將使資本減少，可能影響債權人之權益。

1. 公司非依股東會決議減少資本，不得銷除其股份；減少資本，應依股東所持股份比例減少之。但公司法或其他法律另有規定者，不在此限（公§168 I）。所謂股東會決議，原則上以普通決議為之。惟若授權資本額於全部發行後銷除資本或增加資本，既涉及公司章程所載資本額之變動，自應經股東會以特別決議變更章程關於資本額之記載後始得為之。因此，股份有限公司章程所定之資本額已全部發行後，依公司法第 168 條之 1 規定同時辦理減少資本及增加資本時，自須先經股

---

[109] 經濟部 92.7.1.經商字第 09202129190 號函。

東會特別決議變更章程後為之[110]。

2. 公司負責人違反規定銷除股份者,各處新臺幣二萬元以上十萬元以下罰鍰(公§168Ⅳ)。

(二)　為使公司得靈活運用資本,以因應企業經營之實際需求,公司法於民國 100 年 6 月 29 日修正時,乃參酌股東得以現金以外財產出資,即得以對公司貨幣債權、技術或商譽抵繳出資之規定,明定公司減資亦得以現金以外之財產退還股款。但為保障股東權益,落實公司治理之精神,以現金以外財產退還股款,須先經股東會決議,並經該收受財產股東之同意(公§168Ⅱ);且該項財產價值及抵充之數額,董事會應於股東會前,送交會計師查核簽證(公§168Ⅲ)。

(三)　銷除股份之方法,或為收買,或為合併,即將所有股份,以二股或數股合為一股。

(四)　公司為彌補虧損,於會計年度終了前,有減少資本及增加資本之必要者,董事會應將財務報表及虧損撥補之議案,於股東會開會三十日前交監察人查核後,提請股東會決議(公§168-1Ⅰ)。

(五)　法定減資無須召開股東會決議通過及毋庸向債權人通知及公告[111]。

(六)　股份之銷除乃使已發行之股份所表彰之股東權絕對消滅,並使股票失其效力[112]。

(七)　公司辦理減資以現金收回資本公積轉增資配發之增資股票,即係將帳面上資本公積轉增資所增加之股份變現,發放現金給予股東,實質上與營利事業將出售土地之盈餘分配予股東,並無不同,此時股東實質上已有所得,依實質課稅原則,即應計入當年度所得課徵所得稅[113]。

(八)　公司減資收回股票,不生股票轉讓之效果[114]。

---

[110] 最高法院 110 年度台上字第 894 號民事判決。
[111] 經濟部 92.6.16.經商字第 09202120760 號函。
[112] 最高法院 95 年度台上字第 5 號民事判決。
[113] 最高行政法院 94 年度判字第 290 號判決。
[114] 最高行政法院 94 年度判字第 708 號判決。

(九)　股東會不得授權董事會可決議撤銷公司減資之決議[115]。

(十)　減資後之實收資本額不得為零[116]。

(十一) 公司訂章程刪除未發行股份，實收資本並無減少，應不視為減資[117]。

八、股份之拋棄

(一)　股東拋棄其持有之股份時，應向公司為拋棄之意思表示。又股東拋棄其股份之意思表示完成時，該公司因而取得該股份所有權[118]。

(二)　股東拋棄其持有之股份屬單獨行為，無須相對人同意。惟因拋棄股票涉及股東名簿之更改，故須通知公司。依民法第 95 條規定，非對話之意思表示，以其意思表示之通知達到相對人時，發生效力。是投資人將其拋棄股份之意思表示送達發行公司之登記地址時，其拋棄股份之意思表示即已發生效力，與該公司是否有人員可代為收受信函或該信函是否被退回無涉。另為便於股東拋棄股份實務作業之遂行，股東可採通知發行公司拋棄股份之存證信函辦理集保帳戶之股份拋棄作業[119]。

(三)　股東拋棄股份無須俟取得股份起六個月後即可逕行辦理減資變更登記[120]。

九、股份之公開發行及停止公開發行

(一)　公司得依董事會之決議，向證券主管機關申請辦理公開發行程序（公§156-2 I 前段）。

(二)　申請停止公開發行者，應有代表已發行股份總數三分之二以上股東出席之股東會，以出席股東表決權過半數之同意行之（公§156-2 I

---

[115] 經濟部 92.10.31.經商字第 09202221530 號函。

[116] 經濟部 90.9.4.經商字第 09002185470 號函。

[117] 經濟部 78.3.15.商字第 015226 號函。

[118] 司法行政部 64.6.17.台參字第 05196 號函。

[119] 經濟部 102.1.7.經商字第 10102446370 號函。

[120] 經濟部 95.3.8.經商字第 09502024260 號函。

後段）。出席股東之股份總數不足上開定額者，得以有代表已發行股份總數過半數股東之出席，出席股東表決權三分之二以上之同意之（公§156-2Ⅱ）。又出席股東股份總數及表決權數，章程有較高之規定者，從其規定（公§156-2Ⅲ）。

(三)　公開發行股票之公司已解散、他遷不明或因不可歸責於公司之事由，致無法履行證券交易法規定有關公開發行股票公司之義務時，證券主管機關得停止其公開發行（公§156-2Ⅳ）。

(四)　公營事業之申請辦理公開發行及停止公開發行，應先經該公營事業之主管機關專案核定（公§156-2Ⅴ）。

第四節　股份有限公司之股票

一、股票之意義

(一)　股票為表彰股東權之一種有價證券。

(二)　股票雖為有價證券，但其性質係屬證權證券。

二、股票之種類

（一）記名股票與無記名股票

　　若以股票之形式作為其分類標準，可區分為記名股票與無記名股票。

1.　記名股票：股票上有股東姓名之記載者。
2.　無記名股票：股票上無股東姓名之記載者。
　(1)　為配合洗錢防制之需求，我國公司法於民國 107 年 8 月 1 日修正時，已廢除無記名股票制度。
　(2)　惟已發行之無記名股票仍存在，為逐步走向全面記名股票制度，減少無記名股票之流通，就修正施行前已發行之無記名股票，公司應依公司法第 447 條之 1 第 2 項規定變更為記名股票。詳言之，該無記名股票，於持有人行使股東權時，公司應將其變更為記名式。

（二）單數股票與複數股票

若係以股票所表示股份之多寡而區分，可區分為單數股票與複數股票。

1. 單數股票：為表彰一股份之股票。一般股票所表示之股份須為一股。

2. 複數股票：為表彰數股份之股票。如十股票、百股票、千股票。此種股份可便利股份之轉讓與計算。

（三）一般股票與特別股票

若是以股票所表彰股東權之種類而區分，可區分為一般票與特別股票。

1. 一般股票：即表彰普通股權之股票。

2. 特別股票：為表彰特別股權之股票。特別股應標明其特別種類之字樣（公§162 I ⑥）。

三、股票之發行

（一）股票發行之時期

1. 股份有限公司發行股票，係指製作並交付股票之行為[121]。公司非經設立登記或發行新股變更登記後，不得發行股票，但公開發行股票之公司，證券管理機關另有規定者，不在此限，違反前開規定發行股票者，其股票無效。但持有人得向發行股票人請求損害賠償（公§161）。

2. 公開發行股票之公司，應於設立登記或發行新股變更登記後三個月內發行股票（公§161-1 I）。公司負責人違反前項規定，不發行股票者，除由證券主管機關令其限期發行外，各處新臺幣二十四萬元以上二百四十萬元以下罰鍰；屆期仍未發行者，得繼續令其限期發行，並按次處罰至發行股票為止（公§161-1 II）。應注意者，發行股票之公司，其發行之股份得免印製股票（公§161-2 I）。

3. 證券交易法第 6 條第 1 項及第 2 項規定之有價證券，未印製表示其權

---

[121] 最高法院 110 年度台上字第 1418 號民事判決。

利之實體有價證券者，亦視為有價證券（證券交易法§6Ⅲ）。

4. 非公開發行股票之公司是否發行股票，由公司自行決定。

（二）股票發行之款式

1. 編號

發行股票之公司印製股票者，股票應編號。

2. 應記載事項

股票應編號，載明下列事項（公§162Ⅰ）：

(1) 公司名稱。

(2) 設立登記或發行新股變更登記之年、月、日。

(3) 採行票面金額股者，股份總數及每股金額；採行無票面金額股者，股份總數。

(4) 本次發行股數。

(5) 發起人股票應標明發起人股票之字樣。

(6) 特別股應標明其特別種類之字樣。

(7) 股票發行之年、月、日。

以上所列事項，除(5)及(6)兩項為相對必要記載事項外，其餘均為絕對必要記載事項。股票之發行，不得欠缺必要記載事項，否則其股票無效[122]。

股票應用股東姓名，其為同一人所有者，應記載同一姓名；股票為政府或法人所有者，應記載政府或法人之名稱，不得另立戶名或僅記載代表人姓名（公§162Ⅱ）。

3. 簽章及簽證

(1) 股票由代表公司之董事簽名或蓋章，並經依法得擔任股票發行簽證人之銀行簽證後發行之（公§162Ⅰ）。

(2) 股票之簽證規則，由中央主管機關定之。但公開發行股票之公司，證券主管機關另有規定者，不適用之（公§162Ⅲ）。經濟部即依據

---

[122] 經濟部 94.8.8.經商字第 09402113580 號函。

公司法第 162 條第 3 項之授權，訂定發布「股份有限公司發行股票簽證規則」；金融監督管理委員會則依據證券交易法第 35 條規定之授權，訂定發布「公開發行公司發行股票及公司債券簽證規則」，以資適用。

(3) 公司印製之股票，未經主管機關簽證，該股票之性質僅屬股權憑證[123]。

(4) 未依規定簽證之股票，自非證券交易法第 6 條第 1 項及證券交易稅條例第 1 條所稱有價證券[124]。惟若公開發行公司股票、公司債券、新股權利證書、股款繳納憑證及受益憑證等證券，未印製表示其權利之實體證券者，免辦理簽證（公開發行公司發行股票及公司債券簽證規則§2 II）。

(5) 轉讓尚未簽證之股票，應課徵綜合所得稅[125]。

4. 免印製股票

(1) 發行股票之公司，其發行之股份得免印製股票（公§161-2 I）。

(2) 未印製股票之公司，應洽證券集中保管事業機構登錄其發行之股份，並依該機構之規定辦理（公§161-2 II）。

(3) 經證券集中保管事業機構登錄之股份，其轉讓及設質，應向公司辦理或以帳簿劃撥方式為之，不適用公司法第 164 條及民法 908 條之規定（公§161-2 III）。上開情形，於公司已印製之股票未繳回者，不適用之（公§161-2 IV）。

（三）股票發行之實務

1. 我國現行上市、上櫃及興櫃公司股票業已全面無實體化，證券集中保管事業機構就上市、上櫃及興櫃有價證券，全面採無實體登錄方式保管。

2. 非依公司法第 162 條規定發行之股票，即非屬有價證券[126]。

---

[123] 最高行政法院 80 年度判字第 1586 號判決。
[124] 最高行政法院 94 年度判字第 135 號判決。
[125] 最高行政法院 94 年度判字第 2046 號判決。

3. 股票記載事項未臻完備，應由公司改正，對持有人之股權，應不受影響[127]。

4. 偽造公司之股票時，其被害人為公司，非董事個人或股東[128]。

四、股票之轉讓

(一)股票之轉讓方法

1. 股票由股票持有人以背書轉讓之，並應將受讓人之姓名或名稱記載於股票（公§164）。股票由股票持有人以背書轉讓之，並應將受讓人之姓名或名稱記載於股票。因此，記名背書為股票唯一之轉讓方式，受讓人依記名背書方式受讓取得股票者，即為該股票之合法持有人，得請求公司於股東名簿上記載其為股東；未依記名背書方式受讓取得股票者，並非股東，尚無權請求公司為股東名簿記載變更[129]。

2. 背書之方法，公司法未規定，解釋上得比照票據之背書為之。應注意者，記名股票之受讓人雖得經出讓人之授權而自行於股票記載其姓名或名稱，以完成記名股票轉讓之生效要件，惟受讓人在未依授權記載完成前，該記名股票仍不生轉讓效力[130]。

3. 記名股票之出讓人，雖非不得授權受讓人自行於股票記載其姓名或名稱，以完成記名股票轉讓之生效要件，惟受讓人在未依授權記載完成前，若因故已無從完成該記載者，該記名股票仍不生轉讓效力，公司自應依其股東名簿之記載，分派股息及紅利[131]。

4. 記名股票之受讓人，得否主張善意取得？實務上以為，記名股票為證明股東權之有價證券而非動產，故不適用民法第 948 條有關動產善意

---

[126] 最高行政法院 77 年度判字第 1978 號判決。

[127] 最高法院 98 年度台上字第 448 號民事判決。

[128] 最高法院 92 年度台上字第 2723 號刑事判決。

[129] 最高法院 111 年度台上字第 1379 號民事判決。

[130] 最高法院 109 年度台上字第 3239 號民事判決。

[131] 最高法院 105 年度台上字第 1223 號民事判決。

占有之規定[132]。

5. 記名股票在未過戶以前，可由該股票持有人更背書轉讓他人[133]。

6. 出讓股份契約之效力，不因受讓人未辦理過戶而受影響[134]。

7. 若於記名股票背面盜用股票持有人之印章，並記載受讓人之姓名或名稱者，其為偽造股票背書，依規定所為轉讓股票之意思表示，則為偽造股票持有人名義私文書之行為。偽造公司增資股票背書轉讓之方法，使其他公司受讓取得該等增資股票，而予以侵占，對此可認為是以一行為觸犯行使偽造私文書罪及業務侵占罪，可依想像競合犯關係從較重之業務侵占罪處斷，始為適法。[135]

（二）未發行股票時之股份轉讓

1. 股份有限公司未發行股票者，其記名股份轉讓之成立要件，祇須轉讓當事人間具備要約與承諾之意思表示已足[136]，而已發行股票者，倘屬記名股票，依公司法第 164 條規定，其轉讓即須由股票持有人背書[137]。

2. 公司未發行股票者，其股份轉讓之成立要件，只須當事人間具備要約與承諾之意思表示為已足[138]。

3. 未發行股票者其股份之轉讓，應由轉受人雙方填具轉受讓同意書，參照公司法第 165 條規定會同向公司辦理過戶[139]。

4. 股份為無體財產權之一，取得股份、讓與股份之行為，屬於準物權行為，為處分行為之一種[140]。

（三）股票之過戶交割

1. 股份之轉讓，非將受讓人之姓名或名稱及住所或居所，記載於公司股

---

[132] 最高法院 59 年度台上字第 2787 號民事判決。

[133] 最高法院 60 年度台上字第 817 號民事判決。

[134] 最高法院 62 年度台抗字第 307 號民事裁定。

[135] 最高法院 109 年度台上字第 1487 號刑事判決。

[136] 最高法院 105 年度台上字第 1323 號民事判決、最高法院 102 年度台上字第 677 號民事判決。

[137] 最高法院 102 年度台上字第 677 號民事判決。

[138] 臺灣高等法院 93 年度重上字第 510 號民事判決。

[139] 經濟部 60.1.15.商字第 01630 號函。

[140] 最高法院 104 年度台上字第 315 號民事判決。

東名簿，不得以其轉讓對抗公司（公§165 I），即其轉讓必經過戶之後，始得以其轉讓對抗公司。

2. 因股份轉讓所為股東名簿記載之變更，於股東常會開會前三十日內，股東臨時會開會前十五日內，或公司決定分派股息及紅利或其他利益之基準日前五日內，不得為之（公§165 II）。公開發行股票之公司辦理股東名簿記載之變更，於股東常會開會前六十日內，股東臨時會開會前三十日內，不得為之（公§165 III）。

3. 股票在基準日前交割者，應屬連息或連權買賣。如係於基準日以後辦理交割，除買賣雙方有連息或連權之特約並經申報者外，應為除息或除權交易，所有以前應得之股息或其他權利，如當事人未經特約申報者，應歸讓與人享有[141]。

4. 公司法第 165 條第 1 項所謂：「不得以其轉讓對抗公司」，係指未過戶前，不得向公司主張因背書受讓而享受開會及分派股息或紅利而言，並不包括股票持有人請求為股東名簿記載變更之權利[142]。

5. 股份有限公司之股東名簿應記載各股東之本名或名稱、住所或居所，及其股數及股票號數等。記名股票之轉讓，非將受讓人之本名或名稱記載於股票，並將受讓人之本名或名稱及住所或居所記載於公司股東名簿，不得以其轉讓對抗公司。公司法第 169 條第 1 項、第 165 條第 1 項分別定有明文。故凡列名於股東名簿之股東者，即推定其為股東，對公司得主張其有股東資格而行使股東之權利[143]。

6. 股份有限公司若不以股東名簿之記載為準，則股東與公司間之法律關係將趨於複雜，無從確認而為圓滿之處理。故凡於股東名簿登記為股東者，縱未持有公司股票，該股東仍得主張其有股東資格而行使股東之權利。倘第三人向公司主張登記股東之股份為其所有，乃第三人與登記股東間之爭執，應由彼等另以訴訟解決，公司於該第三人提出

---

[141] 經濟部 55.7.2.商字第 15103 號函。

[142] 最高法院 60 年台上字第 817 號判例。

[143] 最高法院 86 年度台上字第 1730 號民事判決。

勝訴確定判決或與確定判決有同一效力之證明,請求將其姓名或名稱及住所或居所記載於股東名簿前,尚不得主張登記股東之股東權不存在[144]。應注意者,股份有限公司股東名簿登記為股東者,倘該登記係偽造或不實,即不能僅以該登記認其對公司之股東權存在[145]。

7. 受讓人持具備過戶要件之股票辦理過戶,遭公司拒絕,此時受讓人應得以其轉讓對抗公司;股東名簿記載之變更,不以雙方填具過戶申請書為必要[146]。

（四）股票轉讓之相關實務

1. 股份之買賣,違反公司法第 163 條關於禁止轉讓規定,其讓與契約無效[147]。

2. 公司減資收回股票,不生股票轉讓之效果[148]。

3. 證券經紀商經營之有價證券買賣,其業務性質應認其為行紀[149]。

4. 以訴訟方式向公司為請求更名登記,經勝訴確定判決,無須受讓人或繼承人再向公司重新聲請[150]。

5. 背書為股票轉讓之唯一方式,且必於背書轉讓,向公司辦妥過戶手續後,始得以股票受讓人之身分對公司主張股東之權利[151]。

6. 股票未過戶之前,不得向公司主張享有開會及分派股息或紅利,惟不包括股票持有人主張因背書受讓請求更換股東名義之權利[152]。

7. 上市公司記名股票設定質權後,倘欲在集中交易市場以變賣方式實行質權,應塗銷質權設定後並符合背書連續之要件,始得為之[153]。

---

[144] 最高法院 110 年度台上字第 3299 號民事判決。
[145] 最高法院 110 年度台上字第 2157 號民事判決。
[146] 臺灣高等法院 97 年度上字第 357 號民事判決。
[147] 最高法院 83 年度台上字第 3022 號民事判決。
[148] 最高行政法院 94 年度判字第 708 號判決。
[149] 最高法院 91 年度台上字第 2426 號民事判決。
[150] 最高法院 89 年度台上字第 1539 號民事判決。
[151] 最高法院 88 年度台上字第 1756 號民事判決。
[152] 臺灣高等法院 88 年度上字第 1500 號民事判決。
[153] 法務部 80.8.1.法律字第 11625 號函。

8. 股票質權之效力及於盈餘及由盈餘轉成之增資配股[154]。

9. 公司以不正當之消極行為,阻止股票受讓人申請辦理變更股東名簿記載之成就,應視為記載已成就[155]。

第五節　股份有限公司之股東

一、股東之意義

(一)　股東為股份之所有人,公司之資本主。

(二)　股東之資格,法無限制,自然人、法人均可。

(三)　股份有限公司應有二人以上股東,此最低人數既為公司之成立要件,亦為其存續要件。但政府、法人為股東時得為一人(公§2 I ④)。

(四)　股東基於其股份,對於公司享有權利並負擔義務。

(五)　政府或法人股東一人之股份有限公司,無公司法第 165 條第 2 項及第 3 項規定之適用[156]。

(六)　一人股份有限公司之董事會代行股東會職權時,為使議事內容明確,可於議案「說明」部分,敘明係「代行股東會職權」及依據公司法第 128 條之 1 規定為之[157]。至於金融控股公司持有子公司已發行全部股份或資本總額時,該子公司之股東會職權亦由董事會行使,不適用公司法有關股東會之規定(公§15 I)。因此,該全資子公司之董事會代行股東會職權時,其法律依據宜敘明依據金融控股公司法第 15 條第 1 項規定為之。

二、股東之有限責任原則

(一)　股份有限公司之股東,在其所認股份之價額限度內,對於公司負出資之義務。

---

[154] 最高法院 63.5.28 第 3 次民庭庭推總會議決議(二)。

[155] 最高法院 96 年度台上字第 515 號民事判決。

[156] 經濟部 92.8.25.經商字第 09202174830 號函。

[157] 經濟部 92.11.4.經商字第 09202435440 號函。

(二)　股東對於公司之責任，原則上以繳清其股份之金額為限（公§154Ⅰ），但仍有下列例外：

1. 股東濫用公司之法人地位，致公司負擔特定債務且清償顯有困難，其情節重大而有必要者，該股東應負清償之責（公§154Ⅱ）。

2. 控制公司直接或間接使從屬公司為不合營業常規或其他不利益之經營，而未於會計年度終了時為適當補償，致從屬公司受有損害者，應負賠償責任（公§369-4Ⅰ）。

3. 公司法人格與股東固各具有獨立性，惟若公司股東濫用公司制度，利用公司獨立法人格規避法律責任或逃避契約義務，以達其規避法規範強制或禁止規定之脫法目的，或造成社會經濟失序等顯不公平情形時，本於誠信及衡平原則，得例外地否認公司之法人格予以救濟。就此英美法與德、日法系分別發展揭穿公司面紗、法人格否認理論等，以達衡平救濟之目的。觀諸我國為解決關係企業中控制公司濫用從屬公司獨立人格之爭議，先於民國 86 年 6 月 25 日在公司法增訂第六章之一關係企業，針對控制公司與從屬公司間從事非常規交易之情形，為保護從屬公司少數股東及債權人權益而為規定，已具有揭穿公司面紗原則之精神，復於民國 102 年 1 月 30 日增訂公司法第 154 條第 2 項，規定濫用公司法人地位之股東對該公司債權人負清償之責，立法理由明示引進揭穿公司面紗原則。是在仲裁判斷當事人利用與關係企業成立契約之自由，以規避仲裁判斷所命義務，如認關係企業行使基於契約所取得之權利，有違反誠信原則、公共利益，或以損害他人為主要目的，係屬公司制度之濫用，基於揭穿公司面紗、法人格否認理論之相同法理，以關係企業名義所為之權利行使，無異仲裁判斷當事人自己之行為，既有為權利濫用或違反誠信原則，其權利之行使應受限制，法院應駁回其請求[158]。

(三)　股東之有限責任原則，不得以章程或股東會之決議變更之。

(四)　公司章程或股東會之決議，違反股東之有限責任原則者，均為無效。

---

[158] 最高法院 111 年度台上字第 1744 號民事判決。

三、股東平等原則

(一) 為基於股東之資格，在公司中之相互法律關係上，概屬平等之原則。公司法針對股東平等原則所設之具體規定如下：

1. 減少資本，應依股東所持股份比例減少之（公§168 I）。亦稱為減資平等原則。

2. 公司各股東，除公司法另有規定外，每股有一表決權（公§179 I）。亦稱為表決權平等原則。

3. 股息及紅利之分派，除章程另有規定外，以各股東持有股份之比例為準（公§235）。亦稱為股東平等分派原則。

4. 公司得經股東會之特別決議，將法定盈餘公積及資本公積之全部或一部，按股東原有股份之比例發給新股或現金（公§241 I）。亦稱為公積發給平等原則。

5. 公司發行新股時，除依前二項保留者外，應公告及通知原有股東，按照原有股份比例儘先分認，並聲明逾期不認購者，喪失其權利（公§267Ⅲ）。亦稱為新股認購平等原則。

6. 清償債務後，賸餘之財產應按各股東股份比例分派。但公司發行特別股，而章程中另有訂定者，從其訂定（公§330）。亦稱為賸餘財產分派平等原則。

(二) 所謂平等，非指股東人數之均一平等，而係持股比例之平等，亦即利益、賸餘財產之分派與表決權之行使，均應依照各股東持有股份之數額定之。

(三) 公司法第 191 條規定股東會決議之內容，違反法令者無效。所謂決議內容違反法令，除違反股東平等原則、股東有限責任原則、股份轉讓自由原則或侵害股東固有權外，尚包括決議違反強行法規或公序良俗在內[159]。相對地，又股份有限公司之章程，倘無違反強制或禁止規定、公共秩序、善良風俗、股份有限公司本質、股東平等原

---

[159] 最高法院 103 年度台上字第 620 號民事判決。

則及侵害股東固有權等情形，原則應承認其效力，以避免過度干擾公司之內部自治[160]。因此，除法有明文可例外排除股東平等原則之適用外，凡章程或股東會之決議違反之者，應解為違反強制規定，均歸無效。

(四)　以營錡機械股份有限公司變更章程之爭議為例，該公司於民國 93 年 7 月 26 日之股東會，決議變更章程後有關盈餘、紅利之分派，股東所能分派之盈餘，僅占全部盈餘 0.5%，已幾近於零；由股東會決議變更章程中有關員工分紅部分，即占公司盈餘紅利分配之 99.5%，而員工紅利中 99%分派予公司協理級以上之員工，而營錡機械股份有限公司僅有法定代理人一人為協理級以上員工；由是項決議變更章程中有關盈餘、紅利之分派比例，其結果使占有營錡機械股份有限公司已發行股份總數 39%之股東即法定代理人王恩光一人獨獲全部盈餘 98%之分派，顯然違反公司法第 235 條所規定之股東平等分派原則，且對於公司法允許公司存在之經濟上目的及資本主義市場之經濟秩序，將為之破壞殆盡，違背一般社會國家之利益，及道德觀念，參諸臺灣公司法第 191 條、民法第 72 條之規定意旨，及最高法院判決、判例意旨，應認該股東常會對於章程中有關更改盈餘分配之決議，違背法令及公共秩序，為無效[161]。

四、股東之權利

股東權，乃股東基於其股東之身分得對公司主張權利之地位[162]。亦即，股東基於其地位，而得享有之權利。股東權係屬財產權之範圍，其訴訟標的價額應以原告如獲勝訴判決，所得受之客觀上利益定之[163]。

---

[160] 最高法院 111 年度台上字第 2463 號民事判決。
[161] 臺灣高等法院 94 年度上字第 194 號民事判決。
[162] 最高法院 95 年度台上字第 984 號民事判決。
[163] 最高法院 94 年度台抗字第 427 號民事裁定。

（一）共益權與自益權

係以權利行使之目的為標準所作之分類。股東權限之性質若以權利行使之目的為標準進行分類，可區分為共益權與自益權，前者係指股東以參與公司之管理、營運為目的所享有之權利，如表決權、股東提案權即屬之，此類權利原則上不得以公司章程或股東會決議剝奪或限制之；後者則純以股東為自己利益而行使之股東權利，包含盈餘分派請求權及賸餘財產分派請求權等，此類股東權利則得以公司章程或股東會決議予以剝奪或限制[164]。

1. 共益權

股東行使之目的，係為其自己之利益，同時亦兼為公司之利益者。例如：

(1) 提案權（公§172-1）

① 提案權係股東之固有權利，公司法並無行使提案權須予迴避之規定[165]。

② 持有已發行股份總數百分之一以上股份之股東，得向公司提出股東常會議案。但以一項為限，提案超過一項者，均不列入議案（公§172-1 I）。

③ 提案權係股東之固有權利，公司法並無行使提案權須予迴避之規定[166]。

(2) 股東會召集請求權或自行召集權（公§173 I、II、證券交易法§45-4 IV）

① 繼續一年以上，持有已發行股份總數百分之三以上股份之股東，得以書面記明提議事項及理由，請求董事會召集股東臨時會（公§173 I）。關於公司法第 173 條及第 173 條之 1 規定之股東會召集權，並無排除持有無表決權股東之適用，故持有無表

---

[164] 臺灣高等法院臺南分院 101 年度上字第 69 號民事判決。

[165] 最高法院 102 年度台上字第 2334 號民事判決。

[166] 最高法院 102 年度台上字第 2334 號民事判決。

決權之股東仍得行使股東會召集權，無表決權之股份數亦應計入已發行股份總數[167]。

② 解釋上凡屬於股東會得決議之事項，經股東載明於提議事項，請求董事會召集，於提出後 15 日內董事會不為召集，經股東就該提議事項報請主管機關審查許可其可自行召集時，均可提出於該股東會議決，公司法第 185 條第 1 項規定相關之議案亦然，且不受同法條第 5 項規定董事會提出程序要件之限制[168]。

③ 公開收購人與其關係人於公開收購後，所持有被收購公司已發行股份總數超過該公司已發行股份總數百分之五十者，得以書面記明提議事項及理由，請求董事會召集股東臨時會，不受公司法第 173 條第 1 項規定之限制（證券交易法§43-5Ⅳ）。

④ 股東依公司法第 173 條規定獲得主管機關許可、依第 173 條之 1 規定自行召集股東臨時會，或監察人依公司法第 220 條規定召集股東會者，應委託股務代理機構辦理有關「公開發行公司出席股東會使用委託書規則」第 7 條規定製作及傳送徵求人徵求彙總資料、第 12 條規定傳送及揭示徵求人徵得之委託書明細資料、第 13 條規定傳送及揭示非屬徵求受託代理人代理之股數明細資料、第 13 條之 1 規定辦理委託書統計驗證作業與「公開發行公司股東會議事手冊應行記載及遵行事項辦法」第 5 條及第 6 條規定製作與傳送股東會議事手冊及各項議案之說明資料[169]。

(3) 股東會自行召集權（公§173Ⅳ、§173-1）

① 董事因股份轉讓或其他理由，致董事會不為召集或不能召集股東會時，得由持有已發行股份總數百分之三以上股份之股東，報經主管機關許可，自行召集（公§173Ⅳ）。

② 股東臨時會係由未辦理過戶之股東所召集，縱其事實上為股份

---

[167] 經濟部 107.11.26.日經商字第 10702062910 號函。
[168] 最高法院 106 年度台上字第 2461 號民事判決。
[169] 金融監督管理委員會 107.11.16.金管證交字第 1070340761 號令。

過半數之股東，因其餘公司股東既無從得知其有無召集權限而無法決定是否出席，基於公示原則及維持法律關係穩定之考量，自不得依公司法第 173 條之 1 規定召集股東臨時會，以避免不必要之紛爭[170]。

③　公司之股東死亡發生股份當然繼承之情形，繼承人既未向公司辦理股份變更登記，自難僅以其為事實上持有過半數股份之股東，即得依公司法第 173 條之 1 規定，自行召集股東臨時會，此與繼承人得否以公司已知悉繼承之事實，而對公司主張行使股東權，應屬兩事[171]。

(4)　出席股東會之表決權（公§179）

①　股東得親自或委託代理人於出席股東會（公§177 I）。公司各股東，除公司法另有規定外，每股有一表決權（公§179 I）。

②　股東對公司權利之行使，惟有賴參與股東會以行使表決權方式為之，該表決權為股東固有權，除法令或章程另有限制外，不容股東會以決議或任何方式剝奪。公司因經營需要，由股東會決議實質上剝奪部分股東之表決權，公司須證明該決議具正當性，即該決議為公司經營上所必要，且公司因該決議所獲利益遠大於部分股東因此喪失行使表決權之利益，而符合比例原則。否則，即係以多數股東之決議侵害少數股東之權利，而屬權利濫用，被剝奪表決權之股東自得主張該決議無效[172]。

③　公司不當禁止股東出席股東會，積極侵害股東參與股東會之權益，應認為違反之事實重大，不論該行為對於決議有否影響，法院均不得駁回撤銷股東會決議之請求[173]。

(5)　董事、監察人候選人提名權（公§192-1、§216-1）

①　公司董事選舉，採候選人提名制度者，應載明於章程，股東應

---

[170] 最高法院 111 年度台上字第 134 號民事判決。
[171] 最高法院 111 年度台上字第 760 號民事判決。
[172] 最高法院 108 年度台上字第 1234 號民事判決。
[173] 最高法院 110 年度台上字第 3067 號民事判決。

就董事候選人名單中選任之。但公開發行股票之公司，符合證券主管機關依公司規模、股東人數與結構及其他必要情況所定之條件者，應於章程載明採董事候選人提名制度（公§192-1 I）。持有已發行股份總數百分之一以上股份之股東，得以書面向公司提出董事候選人名單，提名人數不得超過董事應選名額；董事會提名董事候選人之人數，亦同（公§192-1 III）。

② 公開發行股票之公司董事選舉，對董事被提名人之審查，依公司法第 192 條之 1 第 5 項規定，係由董事會或其他召集權人召集股東會者為之，亦即公司董事被提名人之審查應屬該公司董事會職權範圍，自應經公司董事會決議始為合法。次按公司法第 192 條之 1 第 7 項明文規定，公司應將審查結果通知提名股東，對於提名人選未列入董事候選人名單者，並應敘明未列入之理由，故公司董事既對公司法第 192 條之 1 規定知之甚詳，雖仍有將審查結果通知提名股東，然卻在將審查結果通知提名股東之通知函未記載不列入之具體理由，即難認董事不具非難性及可責性[174]。

③ 採取董事候選人提名制度之公司，持有已發行股份總數 1%以上股份之股東，得於公司受理期間，以書面敘明被提名人姓名、學歷、經歷（公§192-1 IV），向公司提出董事候選人名單，由公司董事會就提名股東及董事候選人之資格、要件加以審查，倘提名股東未敘明未敘明被提名人姓名、學歷及經歷，公司無待踐行通知補正之程序，經董事會審查無誤後，即得不將該被提名人列入董事候選人名單（公§192-1 V ④）。

(6) 董事會決議違反法令或章程之制止請求權（公§194）

① 董事會決議，為違反法令或章程之行為時，繼續一年以上持有股份之股東，得請求董事會停止其行為（公§194）。公司法第 194 條所規定之單獨股東權，旨在強化小股東之股權，使之為保護

---

[174] 臺灣臺北地方法院 106 年度簡字第 228 號行政訴訟判決。

公司及股東之利益，得對董事會之違法行為，予以制止，藉以防範董事之濫用權限，而董事長或董事為董事會之成員，若董事長或董事恣意侵害公司及股東之利益而為違法行為，是否仍應拘泥須為董事會之違法行為，始有上開規定之適用，而不得探求法律規定之目的，為法律的補充或類推適用，尚非無疑[175]。

② 公司法第 194 條所定董事會決議，為公司登記業務範圍以外之行為或為其他違反法令或章程之行為時，得由繼續一年以上持有股份之股東請求董事會停止其行為之「股東制止請求權」，必以董事會之組成為合法，且其所作成之決議有違反法令或章程等情形為其前提。倘由不具董事身分之人所非法組成董事會而作成決議，自非屬於董事會之決議，即不生股東行使制止請求權之問題[176]。

③ 公司法第 194 條所定股東制止請求權，為單獨股東權、共益權及固有權，其目的在預防董事會執行不法之決議，該制止請求權必以董事會組成合法，且所作成之決議有違反法令或章程等情形為前提。另股東行使制止請求權，得於訴訟外通知董事會停止違法行為，非必以訴訟為之，倘董事會於股東行使制止請求權時，其所為決議已執行完畢，或停止其行為，即無預防董事會執行不法決議可言，應無行使制止請求權之必要[177]。

(7) 撤銷股東會決議訴請權（公§189）

① 股東會之召集程序或其決議方法，違反法令或章程時，股東得自決議之日起三十日內，訴請法院撤銷其決議（公§189）。若股東初僅以股東會之決議方法違反法令為由，訴請撤銷該股東會決議，嗣後再以股東會有召集程序之瑕疵，訴請撤銷股東會決議，後者於行使撤銷訴權時，距股東會決議之日已逾三十日除

---

[175] 最高法院 80 年度台上字第 1127 號民事判決。
[176] 最高法院 87 年度台上字第 433 號民事判決。
[177] 智慧財產及商業法院 111 年度商訴字第 3 號民事判決。

斥期間，其撤銷權即告消滅[178]。

② 公司法為民法之特別法，依特別法優於普通法原則，公司應優先適用公司法之有關規範，如公司法中無特別規定時，則應回歸適用民法之普通規定。公司法雖未對有限公司決議方法違法之撤銷為規定，但民法第 56 條既就社團法人總會決議方法違法之撤銷已有明文，是有限公司股東會決議之決議方法如有違反法令或章程者，自得依該條規定撤銷之，是股東於股東會之召集程序或決議方法，違反法令或章程時，其得於決議後三個月內請求法院撤銷其決議，但以出席社員，對召集程序或決議方法，當場表示異議者為限，避免出席會議之股東，事後任意翻異，致有礙公司營運之決策與推展[179]。

③ 法院對於前條撤銷決議之訴，認為其違反之事實非屬重大且於決議無影響者，得駁回其請求（公§189-1）。應注意者，民法第 56 條第 1 項請求撤銷總會決議之規定，既係參考公司法第 189 條規定修正而來，基於相類情形應為相同處理原則，於法院受理撤銷總會決議之訴時，自得類推適用公司法第 189 條之 1 規定，倘總會之召集程序或決議方法違反法令或章程之事實，非屬重大且於決議無影響時，法院得駁回其請求，以兼顧大多數社員之權益[180]。

(8) 宣告股東會決議無效之請求權（公§191）

① 股東會決議之內容，違反法令或章程者無效（公§191）。

② 所謂誠實信用之原則，係在具體之權利義務關係，依正義公平方法，確定並實現權利內容，避免一方犧牲他方利益以圖利自己，應以各方當事人利益為衡量依據，並考慮權利義務之社會作用，於具體事實為妥善運用。倘經認定違反誠信原則時，其

---

[178] 最高法院 111 年度台上字第 2120 號民事判決。
[179] 臺灣高等法院 100 年度上字第 120 號民事判決。
[180] 最高法院 107 年度台上字第 1957 號民事判決。

法律效果以不發生該違反者所期待者為原則。而本於股東平等
原則，股份有限公司就各股東基於股東地位對公司享有權利及
負擔義務，應予平等待遇。此原則係基於衡平理念而建立，藉
以保護一般股東，使其免受股東會多數決濫用之害，為股份有
限公司重要原則之一。倘因股東會多數決之結果，致少數股東
之自益權遭實質剝奪，大股東因而享有不符比例之利益，而可
認為有恣意之差別對待時，即屬有違立基於誠信原則之股東平
等原則，該多數決之決議內容，自該當於公司法第 191 條規定
之「違反法令者無效」之情形[181]。

(9) 裁判解任董事及監察人訴請權（公§200、§227）

① 董事執行業務，有重大損害公司之行為或違反法令或章程之重
大事項，股東會未為決議將其解任時，得由持有已發行股份總
數百分之三以上股份之股東，於股東會後三十日內，訴請法院
裁判之（公§200）。公司法第 200 條係補充同法第 199 條第 1 項
前段之不足，使公司股東得對不適任董事訴請法院解任，避免
董事持股甚多而無從依公司法第 199 條第 1 項前段規定以股東
會決議解任不適任董事，其規範目的與公司法第 192 條第 5 項
準用第 30 條於董事當選之初即視為當然解任不同[182]。

② 保護機構辦理證券投資人及期貨交易人保護法第 10 條第 1 項業
務，發現上市、上櫃或興櫃公司之董事或監察人，有證券交易
法第 155 條、第 157 條之 1 或期貨交易法第 106 條至第 108 條
規定之情事，或執行業務有重大損害公司之行為或違反法令或
章程之重大事項，得訴請法院裁判解任公司之董事或監察人，
不受公司法第 200 條及第 227 條準用第 200 條之限制，且解任
事由不以起訴時任期內發生者為限（證券投資人及期貨交易人
保護法§10-1 I ②）。又證券投資人及期貨交易人保護法第 10 條

---

[181] 最高法院 108 年度台上字第 1836 號民事判決。
[182] 臺灣高等法院高雄分院 105 年度金上字第 1 號民事判決。

之 1 第 1 項第 2 款之董事或監察人，經法院裁判解任確定後，自裁判確定日起，三年內不得充任上市、上櫃或興櫃公司之董事、監察人及依公司法第 27 條第 1 項規定受指定代表行使職務之自然人，其已充任者，當然解任（證券投資人及期貨交易人保護法§10-1Ⅶ）。

(10) 章程及帳簿查閱請求權（公§210Ⅱ、§229）

① 股東及公司之債權人得檢具利害關係證明文件，指定範圍，隨時請求查閱、抄錄或複製；其備置於股務代理機構者，公司應令股務代理機構提供（公§210Ⅱ）。又董事會所造具之各項表冊與監察人之報告書，應於股東常會開會十日前，備置於本公司，股東得隨時查閱，並得偕同其所委託之律師或會計師查閱（公§229）。

② 公司法第 210 條第 2 項規定之「簿冊」，係指歷屆股東會議事錄、資產負債表、股東名簿及公司債存根簿，尚不包括財務業務契約在內[183]。抄錄之方式，包含影印[184]。

③ 當事人為公司登記之真正股東，其股東身分，非借名登記，自得行使股東權利，閱覽公司之帳簿資料，不須另提出其他利害關係之證明文件。且有權知悉公司經營情況、分享公司營運成果[185]。具體而言，董事如因執行業務之合理目的需要，為善盡義務，自應使其取得於執行業務合理目的必要範圍內之相關公司資訊。而董事之資訊請求權既緣於其執行職務之本質所生，與股東權之行使無涉，其範圍當非以公司法第 210 條規定為限。然董事之資訊請求權，係應受託義務為基礎而生，則其所得請求查閱、抄錄之資訊應以其為履行執行職務之合理目的所必要者為限，且董事就取得之公司資訊仍應本於忠實及注意義務為

---

[183] 經濟部 81.12.8.商字第 232851 號函。
[184] 經濟部 85.3.4.商字第 85203563 號函。
[185] 最高法院 111 年度台上字第 402 號民事裁定。

合理使用，並盡相關保密義務，不得為不利於公司之行為。因此，倘公司舉證證明該資訊與董事之執行業務無涉或已無必要，或董事請求查閱抄錄該資訊係基於非正當目的，自得拒絕提供[186]。

④　董事為公司負責人，應忠實執行業務並盡善良管理人之注意義務，如有違反致公司受損害者，負損害賠償責任，董事依其權責自有查閱、抄錄公司法第 210 條第 1 項章程、簿冊之權。且其所得查閱、抄錄或複製簿冊文件的範圍，當大於股東及債權人所得查閱、抄錄或複製之範圍，原則上不宜有過多的限制[187]。具體而言，董事如因執行業務之合理目的需要，為善盡義務，自應使其取得於執行業務合理目的必要範圍內之相關公司資訊。而董事之資訊請求權既緣於其執行職務之本質所生，與股東權之行使無涉，其範圍當非以公司法第 210 條規定為限。然董事之資訊請求權，係應受託義務為基礎而生，則其所得請求查閱、抄錄之資訊應以其為履行執行職務之合理目的所必要者為限，且董事就取得之公司資訊仍應本於忠實及注意義務為合理使用，並盡相關保密義務，不得為不利於公司之行為。因此，倘公司舉證證明該資訊與董事之執行業務無涉或已無必要，或董事請求查閱抄錄該資訊係基於非正當目的，自得拒絕提供[188]。

⑤　公司股東及公司債權人，依公司法第 210 條第 2 項規定向公司請求查閱或抄錄時，得出具委任書委任他人為之[189]。

⑥　代表公司之董事，違反公司法第 210 條第 2 項規定無正當理由而拒絕查閱、抄錄、複製或未令股務代理機構提供者，處新臺幣一萬元以上五萬元以下罰鍰。但公開發行股票之公司，由證券主管機關處代表公司之董事新臺幣二十四萬元以上二百四十

---

[186] 最高法院 110 年度台上字第 3245 號民事判決、最高法院 110 年度台上字第 539 號民事判決。
[187] 經濟部 108.1.29.經商字第 10800002120 號函。
[188] 最高法院 110 年度台上字第 3245 號民事判決、最高法院 110 年度台上字第 539 號民事判決。
[189] 經濟部 96.3.30.經商字第 09602408050 號函。

萬元以下罰鍰（公§210Ⅳ）。主管機關或證券主管機關並應令其限期改正；屆期未改正者，繼續令其限期改正，並按次處罰至改正為止（公§210Ⅴ）。

⑦ 董事會所造具之各項表冊與監察人之報告書，應於股東常會開會十日前，備置於本公司，股東得隨時查閱，並得偕同其所委託之律師或會計師查閱（公§229）。

(11) 對董事及監察人提起代表訴訟之權（公§214、§227）

① 繼續六個月以上，持有已發行股份總數百分之一以上之股東，得以書面請求監察人或董事會為公司對董事或監察人提起訴訟（公§214Ⅰ、§227），此為股東提起代表訴訟之前置要件。惟若新公司設立尚未滿六個月，股東應如何請求監察人或董事會為公司對董事或監察人提起訴訟，顯有法律漏洞。解釋上應為目的性限縮，對於新設立尚未滿六個月之公司，得不適用「繼續六個月以上」之要件。

② 公司法就監察人對少數股東以書面請求對董事起訴，既未明文規定應經監察人以多數決通過或由全體始得提起，監察人自應各自本於忠實執行職務義務之考量，裁量斟酌是否起訴，並由同意起訴之監察人為公司法定代理人提起訴訟，以免因監察人間之立場不一致而影響公司對董事訴訟之進行或使該訴訟程序陷於不能開始[190]。

③ 監察人或董事會自有公司法第 214 條第 1 項之請求日起，三十日內不提起訴訟時，股東得為公司提起訴訟；股東提起訴訟時，法院因被告之申請，得命起訴之股東，提供相當之擔保；如因敗訴，致公司受有損害，起訴之股東，對於公司負賠償之責（公§214Ⅱ、§227）。

④ 股東提起公司法第 214 條第 2 項訴訟，其裁判費超過新臺幣六十萬元部分暫免徵收（公§214Ⅲ、§227）。

---

[190] 最高法院 104 年度台抗字第 581 號民事裁定。

⑤ 股東提起公司法第 214 條第 2 項訴訟，法院得依聲請為原告選任律師為訴訟代理人（公§214IV、§227）。

⑥ 提起公司法第 214 條第 2 項訴訟所依據之事實，顯屬虛構，經終局判決確定時，提起此項訴訟之股東，對於被訴之董事，因此訴訟所受之損害，負賠償責任。提起公司法第 214 條第 2 項訴訟所依據之事實，顯屬實在，經終局判決確定時，被訴之董事，對於起訴之股東，因此訴訟所受之損害，負賠償責任（公§215、§227）。

⑦ 公司法第 214 條第 2 項所賦與少數股東者為訴訟實施權，屬法定訴訟擔當之一種，少數股東於訴訟上係本於公司對於董事之實體法上請求權起訴，仍應以該實體法上請求權人知悉損害與賠償義務人時，起算請求權時效[191]。

⑧ 證券投資人及期貨交易人保護法於民國 109 年 6 月 10 日修正時，名定，保護機構辦理第 10 條第 1 項業務，發現上市、上櫃或興櫃公司之董事或監察人，有證券交易法第 155 條、第 157 條之 1 或期貨交易法第 106 條至第 108 條規定之情事，或執行業務有重大損害公司之行為或違反法令或章程之重大事項，得以書面請求公司之監察人為公司對董事提起訴訟，或請求公司之董事會為公司對監察人提起訴訟，或請求公司對已卸任之董事或監察人提起訴訟。監察人、董事會或公司自保護機構請求之日起三十日內不提起訴訟時，保護機構得為公司提起訴訟，不受公司法第 214 條及第 227 條準用第 214 條之限制（證券投資人及期貨交易人保護法§10-1①）。又保護機構依證券投資人及期貨交易人保護法第 10 條之 1 第 1 項第 1 款規定提起訴訟時，就同一基礎事實應負賠償責任且有為公司管理事務及簽名之權之人，得合併起訴或為訴之追加；其職務關係消滅者，亦同（證券投資人及期貨交易人保護法§10-1V）。

---

[191] 最高法院 106 年度台上字第 965 號民事判決。

(12)檢查人選派聲請權（公§245、證券交易法§38-1Ⅱ）

① 公司法第 245 條第 1 項所定聲請選派檢查人之規定，除具備繼續六個月以上持有已發行股份總數百分之一之股東之要件外，別無其他資格之限制[192]。縱具身兼董事身分，亦得聲請法院選派檢查人[193]。

② 最高法院曾認為，依公司法第 218 條第 1 項規定，監察人得隨時調查公司業務及財物狀況，查核簿冊文件，並請求董事會提出報告。若股東身兼監察人，自得隨時行使上開職權，殊無另依公司法第 245 條第 1 項規定，聲請法院選派檢查人，檢查公司業務帳目及財產情形之必要[194]。惟檢查人之權限在於檢查公司業務帳目及財產情形，將其結果報告於法院，法院審查檢查人之報告認有必要時，得命監察人召集股東會，以謀求因應之道（如：解任董監事、追究董監事責任等），故其權限為監督權，與監察人之監查權迥異[195]。

③ 公司法第 326 條第 1 項規定：「清算人就任後，應即檢查公司財產情形，造具資產負債表及財產目錄，送經監察人審查，提請股東會請求承認後，並即報法院。」既已明定公司於清算中，其財產之檢查由清算人為之，而清算人執行職務應顧及股東之利益，清算人就任後，如有不適任情形，監察人及股東又得依公司法第 323 條第 2 項規定將清算人解任，是少數股東之權益已獲有相當之保障，故股份有限公司除在特別清算程序中，有公司法第 352 條第 1 項情形，法院得依聲請或依職權命令檢查公司之財產外，在普通清算程序中，自不容許股東依公司法第 245 條第 1 項聲請法院選派檢查人[196]。

---

[192] 最高法院 86 年度台抗字第 108 號民事裁定。
[193] 臺灣高等法院臺中分院 101 年度非抗字第 42 號民事裁定。
[194] 最高法院 75 年度台抗字第 150 號民事裁定。
[195] 臺灣高等法院 101 年度非抗字第 48 號民事裁定。
[196] 最高法院 81 年台抗字第 331 號判例。

④　繼續一年以上，持有股票已在證券交易所上市或於證券商營業處所買賣之公司已發行股份總數百分之三以上股份之股東，對特定事項認有重大損害公司股東權益時，得檢附理由、事證及說明其必要性，申請主管機關就發行人之特定事項或有關書表、帳冊進行檢查之權（證券交易法§38-1 II）。

(13)請求解任清算人之權（公§323 II）

①　法院因監察人或繼續一年以上持有已發行股份總數百分之三以上股份股東之聲請，得將清算人解任（公§323 II）。

②　清算人合法就任後，非經股東會或法院予以解任，自不失其清算人資格[197]。

(14)從屬公司股東提起代表訴訟之權（公§369-4 III）

①　控制公司未為公司法第 369 條之 4 第 1 項之賠償，繼續一年以上持有從屬公司已發行有表決權股份總數或資本總額百分之一以上之股東，得以自己名義行使第 369 條之 4 第 1 項及第 2 項從屬公司之權利，請求對從屬公司為給付（公§369-4 III）。

②　控制公司直接或間接使從屬公司為不合營業常規或其他不利益之經營，而未於會計年度終了時為適當補償，致從屬公司受有損害者，應負賠償責任，無論形式上或實質上之控制公司與從屬公司，均有其適用[198]。

2. 自益權

所謂自益權，指股東行使之目的，係專為該股東自己之利益者。

(1) 發給股票之請求權（公§161-1）

公開發行股票之公司，應於設立登記或發行新股變更登記後三個月內發行股票。又公司法於民國 107 年 11 月 1 日修正施行後，非公開發行股票之公司是否發行股票，宜由公司自行決定，故改以公司有無公

---

[197] 最高法院 104 年度台上字第 561 號民事判決。
[198] 最高法院 107 年度台上字第 4182 號刑事判決。

開發行，作為是否強制發行股票之判斷基準[199]。

(2) 股東名簿變更記載（股份過戶）之請求權（公§165）

① 股份之轉讓，非將受讓人之姓名或名稱及住所或居所，記載於公司股東名簿，不得以其轉讓對抗公司（公§165 I）。

② 公司法第 165 條第 1 項所謂「不得以其轉讓對抗公司」，係指未過戶前，不得向公司主張因背書受讓而享受開會及分派股息或紅利而言，並不包括股票持有人請求為股東名簿記載變更之權利，亦即該變更登記之股東權利，並不在限制之列[200]。

(3) 股息紅利分派請求權或盈餘分派請求權（公§235）

① 公司無盈餘時，不得分派股息及紅利（公§232 II）。股東之盈餘分派請求權與盈餘分派給付請求權不同。股東之盈餘分派請求權乃股東權之一種，於股東會決議分派盈餘時，股東之盈餘分派請求權即告確定，而成為具體的請求權，屬於單純之債權，故得與股份分離而成為讓與扣押之標的，而股份讓與時，上開獨立之債權並不當然隨同移轉予股份受讓人[201]。申言之，所謂盈餘分派請求權，乃於公司有盈餘時，股東可能獲得分派之期待權，不得與股份分離而獨立存在，當股份轉讓時，應一併移轉於股份受讓人[202]。

② 公司收入是否分配盈餘予各股東，應依公司章程辦理，倘公司章程訂有分配盈餘之規定，卻未分配，股東仍應向公司行使盈餘分派請求權，自不得向董事個人請求[203]。

(4) 建設股息請求權（公§234）

① 公司依其業務之性質，自設立登記後，如需二年以上之準備，

---

[199] 經濟部 107.12.22.經商字第 10702428590 號函。

[200] 最高法院 60 年度台上字第 817 號民事判決、最高法院 101 年度台上字第 1747 號民事判決、臺灣高等法院 111 年度上更一字第 1 號民事判決。

[201] 最高法院 90 年度台上字第 1721 號民事判決。

[202] 臺灣桃園地方法院 99 年度訴字第 461 號民事判決。

[203] 臺灣高等法院 101 年度上字第 1023 號民事判決。

始能開始營業者，經主管機關之許可，得依章程之規定，於開
始營業前分派股息（公§234 I）。因此，建設股息之分派，係指
公司開始營業前依公司章程規定分派股息予股東。

② 公司符合第 234 條第 1 項規定時，固得於未開始營業而無盈餘
時，分派股息，但開始營業後，須有盈餘始得為之。所謂「營
業」，係指公司經營其事業獲取利益之事實狀態，故「開始營業」
應以該狀態之啟始為認定時點，以判定其因營業而獲取利益後
有無盈餘，當不以其全部營業據點均開始營業為必要[204]。換言
之，公司一旦開始營業，即須嚴守資本維持原則，回歸盈餘分
配之規定，不得發放建設股息。

(5) 新股認購權（公§267Ⅲ）

① 公司發行新股時，除依公司法第 267 條第 1 項及第 2 項保留者
外，應公告及通知原有股東，按照原有股份比例儘先分認，並
聲明逾期不認購者，喪失其權利；原有股東持有股份按比例不
足分認一新股者，得合併共同認購或歸併一人認購；原有股東
未認購者，得公開發行或洽由特定人認購（公§267Ⅲ）。

② 公司法第 267 條第 3 項規定係屬強制規定，於公司發行新股時，
應依原有股份比例儘先分認，其乃為防止原股東之股權被稀
釋，而影響其基於股份所享有之權利，惟為保護交易安全，非
謂原股東以外第三人認購新股之法律行為即為無效。又原股東
可於發行新股完畢前對董事會行使股東制止請求權，若股份已
發行完畢，原股東亦得就其股份被稀釋之損害請求董事會負連
帶損害賠償責任[205]。蓋觀諸民法第 71 條後段，可知法律行為違
反強制規定並非一律無效，判斷行為是否無效，應綜合法規意
旨、法益種類、交易安全、其所禁止者係針對雙方當事人或一
方當事人等加以認定。

---

[204] 最高法院 104 年度台上字第 2120 號民事判決。
[205] 最高法院 103 年度台上字第 1681 號民事判決。

(6) 賸餘財產分派請求權（公§330）

① 清償債務後，賸餘之財產應按各股東股份比例分派。但公司發行特別股，而章程中另有訂定者，從其訂定（公§330）。所謂章程另有訂定，例如章程規定特別股分派公司賸餘財產之順序、定額或定率。

② 股份有限公司之股東，基於持有股份對於公司行使盈餘分派及於公司解散後，請求賸餘財產之分配請求權，與公司本身之財產遭受他人侵害，而對於侵權行為人請求損害賠償請求權者，截然有別。申言之，受損害者為公司而非股東，即難以該公司之股東，基於其股權得行使盈餘分派或賸餘財產分配之權，即認其同時受損害，而得對侵害人有損害賠償請求權[206]。

(7) 盈餘分派給付請求權

① 公司股東之盈餘分派給付請求權雖源自股東盈餘分派請求權，惟二者並非相同，倘股東常會已合法決議分派盈餘，股東對公司即有具體之盈餘分派給付請求權存在[207]。

② 盈餘分派請求權係股東權之一種，於公司有盈餘時，股東可能獲得分派之期待權，不得與股份分離而獨立存在，當股份轉讓時，應一併移轉於股份受讓人。至盈餘分派給付請求權則自股東盈餘分派請求權分支而生，係對已經股東會承認之確定盈餘分派金額之具體的請求權，屬於單純之債權，得與股份分離而獨立存在，亦不當然隨同股份移轉與受讓人。故股東之盈餘分派請求權與盈餘分派給付請求權不同[208]。

（二）固有權與非固有權

若以股東權可否以章程或股東會之決議予以剝奪或限制為分類標準，可區分為固有權與非固有權。

---

[206] 最高法院 101 年度台上字第 1650 號民事判決。
[207] 最高法院 103 年度台上字第 2260 號民事判決。
[208] 臺灣桃園地方法院 99 年度訴字第 461 號民事判決。

1. 固有權：為非經該股東之同意，不得以章程或股東會決議予以剝奪之權利。例如股東之共益權，多屬之。

2. 非固有權：係得依公司章程或股東會決議予以剝奪或限制之權利。例如股東之自益權，多屬之。

（三）普通權與特別權

若依權利歸屬之主體為標準而為分類，可區分為普通權與特別權。

1. 普通權：乃屬於公司一般股東之權利。

2. 特別權：為屬於股東中特定人之權利。例如否決權、當選一定名額董事之權利等。

（四）單獨股東權與少數股東權

若以股東行使權利時，須否達一定之股份數額為分類標準，可區分為單獨股東權與少數股東權。

1. 單獨股東權

為股東一人單獨即可行使之權利。一般之權利均屬之，部分之共益權亦屬之。例如：

(1) 請求法院判決撤銷股東會決議之權（公§189）。

(2) 宣告決議無效之請求權（公§191）。

(3) 董事會決議違反法令或章程之制止請求權（公§194）。

2. 少數股東權

所謂少數股東權，係指持有已發行股份總數達百分之若干比例以上股份之股東，始得行使之權利。通常不限於有表決權股份，僅從屬公司之少數股東行使代表訴訟權時，始限於有表決權股份。

(1) 承認少數股東權之目的，乃在於利用此權利之行使，以防止多數股東濫用權利而損害少數股東之利益。

(2) 但為防止少數股東利用此權利，以妨害公司或董事、監察人正常業務之執行，對於少數股東權通常設有兩種限制：

① 對於持有股份之期間，課以最低期限之限制，如繼續三個月以

上、六個月以上或一年以上持有者是。

② 對於請求人持有之股份總數加以最低之限制，如持有已發行股份總數百分之一、百分之三或百分之十以上是。

(3) 依現行公司法，少數股東權可分成下列八大類：

① 繼續三個月以上持有已發行股份總數過半數股份之股東，得自行召集股東臨時會（公§173-1 I）。應注意者，所稱「持有已發行股份總數過半數股份之股東」，不以單一股東為限，如數股東持有股份總數之和過半數者，亦包括在內。此外，持有無表決權之股東仍得行使股東會召集權，無表決權之股份數亦應計入已發行股份總數[209]。

② 繼續六個月以上，持有已發行股份總數百分之一以上之股東：

　A. 得為公司對董事或監察人提起訴訟（公§214、§227）。

　B. 得檢附理由、事證及說明其必要性，聲請法院選派檢查人，於必要範圍內，檢查公司業務帳目、財產情形、特定事項、特定交易文件及紀錄（公§245 I）。

③ 繼續六個月以上持有已發行股份總數百分之三以上股份之股東，得聲請法院檢查清算中公司之業務及財產（公§352 I）。

④ 繼續六個月以上持有已發行股份總數百分之十以上股份之股東：

　A. 得聲請公司重整（公§282 I ②）。

　B. 得聲請裁定解散（公§11 II）。

⑤ 繼續一年以上持有從屬公司已發行有表決權股份總數或資本總額百分之一以上之股東，得以自己名義行使從屬公司之權利，請求控制公司及其負責人對從屬公司為給付（公§369-4 III）。

⑥ 繼續一年以上持有已發行股份總數百分之三以上股份之股東：

　A. 得請求董事會召集股東臨時會或自行召集（公§173 I、II）。

　B. 得訴請法院解任董事（公§200）。

---

[209] 經濟部 107.11.26.經商字第 10702062910 號函。

C. 得請求法院解任清算人（公§323 II）。

D. 得申請主管機關就發行人之特定事項或有關書表、帳冊進行檢查（證券交易法§38-1 II）。

⑦ 持有已發行股份總數百分之一以上股份之股東：

A. 得以書面或電子受理方式向公司提出股東常會議案（公§172-1 I）。

B. 得以書面向公司提出董事或監察人候選人名單（公§192-1 III、216-1 I）。

⑧ 持有已發行股份總數百分之三以上股份之股東，於董事因股份轉讓或其他理由，致董事會不為召集或不能召集股東會時，得報經主管機關許可，自行召集（公§173 IV）。

五、股東之義務

（一）繳納股款之義務

發起人認足第一次應發行之股份時，應即按股繳足股款（公§131 I）。認股人有照所填認股書，繳納股款之義務（公§139），如數人共有股份，則各共有人對於公司負連帶繳納股款之義務（公§160 II）。

（二）對公司債務之義務

股東對公司之債務，原則上僅負有限責任，即各股東之責任，以繳清其所認股份之金額為限。若股東已盡此義務，則雖公司之資產仍不足清償其債務，亦不負責任（公§154 I）。惟股東若濫用公司之法人地位，致公司負擔特定債券且清償顯有困難，其情節重大而有必要者，該股東仍應負清償之責任（公§154 II），學理上稱為法人格否認法理或揭穿公司面紗原則。

六、揭穿公司面紗原則

(一) 公司法人格與股東個人固相互獨立，惟公司股東倘濫用公司獨立人

格，侵害他人權益，若不要求股東對公司之負債負責，將違反公平正義時，英美法例就此發展出揭穿公司面紗原則，俾能在特殊情形下，否認公司法人格，排除股東有限責任原則，使股東就公司債務負責[210]。原則上，公司與其股東既然各為不同之法律主體，亦即各具有獨立之人格，從而公司之權利及責任，係與其股東分離。股東對公司之債務僅於其出資額或所認股份之限度內負責。但法院為保護更高位階之法益，而不得不透過否認公司之法人格，亦即可「揭穿公司面紗」，否定公司與股東各為獨立主體之原則。

(二)　在「揭穿公司面紗原則」下，就股東對於公司債務僅負有限責任之公司而言，雖然股東原則上只就其出資額或所認繳之股款負責，但當公司因資力不足無法清償其債務時，公司債權人在某些特定之情形下，可要求公司股東或其他成員就公司之債務負責。「揭穿公司面紗原則」又稱「揭開公司面紗原則」或「法人格否認法理」。

(三)　我國公司法為防股東濫用法人人格獨立及股東有限責任之設計，而脫免責任，乃於民國 102 年 1 月 30 日對於股份有限公司增訂第 154 條第 2 項，引進「揭穿公司面紗原則」。此條款又俗稱為「王又曾條款」。

(四)　於現行規定下，須公司就其所負擔債務之清償發生顯著之困難時，始有揭穿公司面紗進入權衡審酌的空間。

七、股東名簿

（一）意　義

所謂股東名簿，乃記載股東及其股份有關事項之簿冊。代表公司之董事，應將股東名簿備置於本公司或其指定之股務代理機構；違反者，處新臺幣一萬元以上五萬元以下罰鍰。連續拒不備置者，並按次連續處新臺幣二萬元以上十萬元以下罰鍰（公§169）。

---

[210] 最高法院 108 年度台上字第 1738 號民事判決。

（二）股東名簿之應記載事項

1. 股東名簿應編號記載左列事項（公§169Ⅰ）：

   (1) 各股東之姓名或名稱、住所或居所；

   (2) 各股東之股數，發行股票者其股票號數；

   (3) 發給股票之年、月、日；

   (4) 發行特別股者，並應註明特別種類字樣。

2. 附表：採電腦作業或機械處理者，以上之資料得以附表補充之（公§169Ⅱ）。

（三）股東名簿之作用

1. 股東名簿為公司申請設立時，不可或缺之文件。

2. 除證券主管機關另有規定外，董事會應將股東名簿備置於本公司或股務代理機構（公§210Ⅰ），以便於查考或寄發通知之依據。且股東及公司之債權人得檢具利害關係證明文件，指定範圍，隨時請求查閱、抄錄或複製；其備置於股務代理機構者，公司應令股務代理機構提供（公§210Ⅱ）。

3. 公司對於股東之通知或催告，如已按股東名簿上所記載之住所發送者，縱未送達，公司亦不負責任。申言之，股東會之召集通知，祇須依照股東名簿上所載股東之住址於法定期限前為通知，即屬合法，至該股東有無收受該通知在所不問[211]。

4. 記名股票之轉讓，非將受讓人之姓名或名稱及住所，記載於股東名簿，則不得對抗公司（公§165Ⅰ）。

5. 凡列名於股東名簿之股東者，即推定其為股東，對公司得主張其有股東資格而行使股東之權利[212]。惟公司股東名簿登記僅係公司股份轉讓對抗要件，並非生效要件，如得反證推翻股東名簿之記載，關於實際股東為何人、股權有無轉讓等事實，仍非不得另為實質認定，且不因

---

[211] 最高法院95年度台再字第9號民事判決。
[212] 最高法院86年度台上字第1730號民事判決。

股東名簿是否已經陳報主管機關備查而有異[213]

6. 股份有限公司若不以股東名簿之記載為準，則股東與公司間之法律關係將趨於複雜，無從確認而為圓滿之處理。故凡於股東名簿登記為股東者，縱未持有公司股票，該股東仍得主張其有股東資格而行使股東之權利[214]。惟股份有限公司股東名簿登記為股東者，倘該登記係偽造或不實，即不能僅以該登記認其對公司之股東權存在[215]。

7. 以訴訟方式向公司為請求更名登記，經勝訴確定判決，無須受讓人或繼承人再向公司重新聲請[216]。

8. 股份過戶之閉鎖期間不得延長或縮短[217]。又股權過戶之閉鎖期間，若予受理辦妥過戶手續，不生效力[218]。

9. 受讓人持具備過戶要件之股票辦理過戶，遭公司拒絕，此時受讓人應得以其轉讓對抗公司；股東名簿記載之變更，僅為受讓人對公司主張股東權所應踐行之程序，而不以雙方填具股東讓與過戶申請書為必要[219]。

10. 過戶之閉鎖期間之立法目的在於方便公司股東會之開會作業，是於閉鎖期間，僅有礙公司憑以確定股東開會通知寄發對象，或有礙公司憑以確定股息等利益分派對象之股東名簿記載變更行為，始受限制而不得為之。至股東之其他權利，則不在限制之列[220]。

11. 按股份有限公司之新任董事長，自其就任後即生效力。而股東向公司辦理股票事務或行使其他有關權利，凡以書面為之者，應簽名或加蓋留存印鑑，股東於印鑑卡同時留存簽名式及印鑑者，其向公司辦理股票事務或行使其他有關權利時，得以簽名或蓋章其一方式為之即生效

---

[213] 臺灣高等法院 102 年度上字第 230 號民事判決。
[214] 最高法院 110 年度台上字第 3299 號民事判決。
[215] 最高法院 110 年度台上字第 2157 號民事判決。
[216] 最高法院 89 年度台上字第 1539 號民事判決。
[217] 經濟部 95.6.2.經商字第 09502078440 號函。
[218] 最高法院 87 年度台上字第 190 號民事判決。
[219] 臺灣高等法院 97 年度上字第 357 號民事判決。
[220] 最高法院 108 年度台上字第 2550 號民事判決。

力[221]。

（四）股東名簿之備置及提供

1. 除證券主管機關另有規定外，董事會應將股東名簿備置於本公司或股務代理機構（公§210 I）。代表公司之董事，不備置簿冊者，處新臺幣一萬元以上五萬元以下罰鍰。但公開發行股票之公司，由證券主管機關處代表公司之董事新臺幣二十四萬元以上二百四十萬元以下罰鍰（公§210 III）。

2. 股東及公司之債權人得檢具利害關係證明文件，指定範圍，隨時請求查閱、抄錄或複製股東名簿；其備置於股務代理機構者，公司應令股務代理機構提供（公§210 II）。

   (1) 代表公司之董事，無正當理由而拒絕查閱、抄錄、複製或未令股務代理機構提供者，處新臺幣一萬元以上五萬元以下罰鍰。但公開發行股票之公司，由證券主管機關處代表公司之董事新臺幣二十四萬元以上二百四十萬元以下罰鍰（公§210 IV）。

   (2) 請求查閱或抄錄股東名簿須證明其為公司股東或債權人之身分，並檢具利害關係證明文件[222]。惟最高法院曾認為，若參酌股東名冊、帳戶交易明細、協議書、領據、錄音譯文、經濟部函釋、臺北市商業處函等件足見當事人為公司登記之真正股東，其股東身分，非訴外人借名登記，自得行使股東權利，閱覽公司之帳簿資料，不須另提出其他利害關係之證明文件[223]。

3. 代表公司之董事，不備置簿冊者，或無正當理由而拒絕查閱、抄錄、複製或未令股務代理機構提供者，主管機關或證券主管機關並應令其限期改正；屆期未改正者，繼續令其限期改正，並按次處罰至改正為止（公§210 V）。

4. 董事會或其他召集權人召集股東會者，得請求公司或股務代理機構提

---

[221] 最高法院 103 年度台上字第 2329 號民事判決。

[222] 臺灣高等法院 85 年度上字第 743 號民事判決。

[223] 最高法院 111 年度台上字第 402 號民事裁定。

供股東名簿（公§210-1 I）。代表公司之董事拒絕提供股東名簿者，處新臺幣一萬元以上五萬元以下罰鍰。但公開發行股票之公司，由證券主管機關處代表公司之董事新臺幣二十四萬元以上二百四十萬元以下罰鍰（公§210-1 II）。股務代理機構拒絕提供股東名簿者，由證券主管機關處新臺幣二十四萬元以上二百四十萬元以下罰鍰（公§210-1 III）。

5. 代表公司之董事或股務代理機構拒絕提供股東名簿者，主管機關或證券主管機關並應令其限期改正；屆期未改正者，繼續令其限期改正，並按次處罰至改正為止（公§210-1 IV）。

第六節　股份有限公司之機關

一、概　說

股份有限公司為法人，既有權利能力，亦有行為能力，但其本身卻不能為任何行為，故須借助自然人之行為以表現其行為，並設置公司之機關。

按股份有限公司之股東會、董事會及董事、監察人為法定必備之機關，而副董事長、常務董事及經理人為非必設之任意機關[224]。應注意者，政府或法人股東一人所組織之股份有限公司，得依章程規定不置監察人；未置監察人者，不適用公司法有關監察人之規定（公§128-1 III）。

（一）法定必備之機關

公司法就股份有限公司之必要機關採取三分制，即公司最高意思機關之股東會、業務執行機關之董事會及監察機關之監察人。

應注意者，已依證券交易法發行股票之公司，應擇一設置審計委員會或監察人。但主管機關得視公司規模、業務性質及其他必要情況，命令設置審計委員會替代監察人（證券交易法§14-4 I）。具體而言，已依證券交易法發行股票之金融控股公司、銀行、票券公司、保險公司、證券投資信

---

[224] 經濟部 88.9.10.商字第 88218862 號函。

託事業、綜合證券商及上市（櫃）期貨商，及實收資本額達新臺幣一百億元以上非屬金融業之上市（櫃）公司，應自本令發布日起設置審計委員會替代監察人；實收資本額新臺幣二十億元以上未滿新臺幣一百億元之非屬金融業之上市（櫃）公司，應自中華民國 106 年 1 月 1 日起設置審計委員會替代監察人。但前開金融業如為金融控股公司持有發行全部股份者，得擇一設置審計委員會或監察人[225]。

　　又股票已在證券交易所上市或於證券商營業處所買賣之公司，尚應設置薪資報酬委員會（證券交易法§14-6Ⅰ）。

（二）非必設之任意機關

　　公司章程得規定設置副董事長、常務董事或經理人。

1. 董事會未設常務董事者，得依章程規定，以互選董事長之同一方式互選一人為副董事長（公§208Ⅰ）。董事會設有常務董事者，董事長或副董事長由常務董事依公司法第 208 條第 1 項選舉方式互選之（公§208Ⅱ後段）。

2. 董事會設有常務董事者，其常務董事依公司法第 208 條第 1 項選舉方式互選之（公§208Ⅱ前段），故常務董事之選舉，應以三分之二以上董事之出席，出席董事過半數之同意互選之[226]。由於常務董事非必設之任意機關，章程雖設置常務董事，於未選任時公司業務之執行仍由董事會決定之，並不以立即選任為必要[227]。

3. 董事會設有常務董事者，其名額至少三人，最多不得超過董事人數三分之一（公§208Ⅱ）。常務董事於董事會休會時，依法令、章程、股東會決議及董事會決議，以集會方式經常執行董事會職權（公§208Ⅳ）。

4. 公司得依章程規定置經理人，股份有限於章程規定經理人之設置者，其委任、解任及報酬應由董事會以董事過半數之出席，及出席董事過

---

[225] 金融監督管理委員會 102.12.31.金管證發字第 10200531121 令。
[226] 經濟部 94.6.2.經商字第 09402315620 號函。
[227] 經濟部 88.9.10.商字第 88218862 號函。

半數同意之決議行之。但公司章程有較高規定者，從其規定（公§29
Ⅰ③）。

二、股東會

（一）股東會之意義

股東會乃全體股東所組織而為公司內部決定意思之最高機關。

（二）股東會之種類

1. 股東常會與股東臨時會

 (1) 以須否經常開會為標準所為之分類，可區分為股東常會與股東臨時會。

 ① 股東常會：每年至少召集一次（公§170Ⅰ①）。

 A. 須於每會計年度終結後六個月內召集之股東會議。每年至少須召集一次，召集次數及時期，得以章程定之，但除非有正當理由而報經主管機關核准，均應於每會計年度終結後六個月內召集（公§170Ⅱ）。

 B. 代表公司之董事違反召開期限之規定者，處新臺幣一萬元以上五萬元以下罰鍰（公§170Ⅲ）。

 C. 股票已在證券交易所上市或於證券商營業處所買賣之公司股東常會，應於每會計年度終了後六個月內召開；不適用公司法第170條第2項但書規定時（證券交易法§36Ⅶ）。

 ② 股東臨時會：於必要時召集之（公§170Ⅰ②）。

 A. 因法律規定應強制召集者，例如：董事缺額達三分之一時，董事會應於三十日內召開股東臨時會補選之。但公開發行股票之公司，董事會應於六十日內召開股東臨時會補選之（公§201）；監察人全體均解任時，董事會應於三十日內召開股東臨時會選任之。但公開發行股票之公司，董事會應於六十日內召開股東臨時會選任之（公§217-1）；法院對於檢查人之報告認為必要時，

得命監察人召集股東會（公§245Ⅱ）；公司重整人，應於重整計畫所定期限內完成重整工作；重整完成時，應聲請法院為重整完成之裁定，並於裁定確定後，召集重整後之股東會選任董事、監察人（公§310Ⅰ）；清算完結時，清算人應於十五日內，造具清算期內收支表、損益表、連同各項簿冊，送經監察人審查，並提請股東會承認（公§331Ⅰ）等。

B. 董事會依繼續一年以上，持有已發行股份總數百分之三以上股份之股東，得以書面記明提議事項及理由之請求（公§173Ⅰ）。

C. 董事因股份轉讓或其他理由，致董事會不為召集或不能召集股東會時，由持有已發行股份總數百分之三以上股份之股東，報經主管機關許可，自行召集（公§173Ⅳ）。

D. 繼續三個月以上持有已發行股份總數過半數股份之股東，得自行召集股東臨時會（公§173-1Ⅰ）。

E. 監察人除董事會不為召集或不能召集股東會外，得為公司利益，於必要時，召集股東會（公§220）。

F. 董事會不為召集或不能召集股東常會，監察人自得召集股東常會。

G. 依證券交易法第 14 條之 4 第 4 項規定，公司法第 220 條對審計委員會之獨立董事成員準用之，是以有關審計委員會之獨立董事召集股東會議一節，依公司法對於監察人之規定辦理[228]。

(2) 公司未經主管機關核准延期召開，仍應於當年度擇期召開股東常會[229]。

(3) 已於會計年度終了後六個月內召開股東會，因出席股東不足而流會，尚無違公司法第 170 條第 2 項規定[230]。

---

[228] 經濟部 100.3.1.經商字第 10000533380 號函。
[229] 經濟部 91.7.24.經商字第 09102149590 號函。
[230] 經濟部 91.7.15.經商字第 09102141900 號函。

2. 普通股東會與特別股東會

以股東會之構成員為標準所為之分類，可區分普通股東會與特別股東會。

(1) 普通股東會：由普通股股東及特別股股東出席組成者，公司法第170條第1項規定之股東常會及股東臨時會均屬之。

(2) 特別股東會：僅由特別股股東出席而構成者，每於變更章程而有損害特別股股東之權利時，召集之。倘無章程需變更之情事，自無公司法第159條規定之適用。

　① 公司已發行特別股者，其章程之變更如有損害特別股股東之權利時，除應有代表已發行股份總數三分之二以上股東出席之股東會，以出席股東表決權過半數之決議為之外，並應經特別股股東會之決議（公§159Ⅱ）。公開發行股票之公司，出席股東之股份總數不足前項定額者，得以有代表已發行股份總數過半數股東之出席，出席股東表決權三分之二以上之同意行之，並應經特別股股東會之決議（公§159Ⅱ）。上開出席股東股份總數及表決權數，章程有較高之規定者，從其規定（公§159Ⅲ）。

　② 特別股股東會準用關於股東會之規定（公§159Ⅳ）。

（三）股東會之召集

1. 召集權人

(1) 股東會召集權之歸屬

　① 原則：由董事會召集之（公§171）。

　② 例外：監察人（公§220、§245Ⅱ）、少數股東（公§173Ⅱ、Ⅳ）、持有過半數股份之股東（公§173-1Ⅰ）、重整人（公§310Ⅰ）、清算人（公§331Ⅰ）等亦有召集權。

(2) 無召集權人召集股東會之效力

　① 無召集權人召集之股東會所為之決議所以為當然無效，係因股東會應由有召集權人召集，其由無召集權人召集之股東會，既

非合法成立之股份有限公司之意思機關，自不能為有效之決議，此與公司法第 191 條規定股東會決議之內容違反法令或章程者無效，迴然有異[231]。

② 無召集權人召集之股東會所為之決議，當然無效[232]。

③ 公司之改選董事及監察人，既未經董事會決議，或由少數股東或監察人循前開程序召集股東會為之。僅由常務董事某乙之名義召集股東會，係屬無權召集。從而其所召集之臨時股東會所為改選董事及監察人之決議，應屬當然無效[233]。

④ 公司董事長代表公司秉承董事會之決議，通知召集股東臨時會，所發開會通知雖未記載由董事會名義召集，與單純無召集權之人擅自召集之情形有別，尚不得指其召集程序為違法，據為撤銷決議之原因[234]。

⑤ 公司召集董事會，並未於七日前通知各董事及監察人，監察人亦未出席董事會，董事會決議應屬無效，惟其既有董事會決議之外觀，並據以召集股東會，則股東會自與由無召集權人召集之情形有別，尚不得逕認該股東會決議無效，而應認僅屬召集程序之瑕疵[235]。

⑥ 監察人於無召集股東會之必要時召集股東會，與無召集權人召集股東會之情形有別，僅係該股東會之召集程序有無違反法令，得否依公司法第 189 條規定，由股東自決議之日起一個月內，訴請法院撤銷其決議而已，該決議在未經撤銷前，仍為有效[236]。

(3) 召集權人召集股東會程序瑕疵之爭議及實務

---

[231] 最高法院 70 年度台上字第 2235 號民事判決。
[232] 最高法院 92 年度台上字第 2291 號民事判決。
[233] 司法院司法業務研究會 72 年度第三期。
[234] 最高法院 79 年台上字第 1302 號判例。
[235] 最高法院 111 年度台上字第 2120 號民事判決。
[236] 最高法院 86 年台上字第 1579 號判例。

① 依董事會無效之決議所召開之股東會，其召集程序自屬違反法令，得訴請撤銷，如未訴請撤銷，其決議自屬有效[237]。

② 董事長如未先行召集董事會，即逕以董事會名義召集股東會，屬召集程序違反法令[238]。

③ 董監事解任僅餘董事二人，仍應以董事會名義召集股東會改選[239]。

④ 由少數股東依公司法第 173 條規定召集之股東會，其臨時動議倘係就主管機關許可以外之事項為決議，其決議自有瑕疵[240]。

⑤ 董事會不為召集股東會之情形，包括雖為召集，但所定股東會開會日期故意拖延之情形[241]。

⑥ 股東會開會通知召集人之記載只要足使一般人知悉何人召開及該人確屬有權召開會議即可[242]。惟股東未真正召開股東會議，虛偽作成會議決議，雖股東持有公司過半數之股權，但該決議仍應認為有損害股東之權益[243]。

⑦ 臨時管理人得單獨代行該公司董事會之職權召集股東會[244]。亦即臨時管理人得代行董事會之職權，得依公司法有關規定召集股東會[245]。

⑧ 有關審計委員會之獨立董事召集股東會議一節，依公司法對於監察人之規定辦理[246]。

⑨ 清算公司尚不得由股東依公司法第 173 條第 2 項規定自行召集[247]。

---

[237] 最高法院 96 年度台上字第 1853 號民事判決。
[238] 最高法院 93 年度台上字第 1677 號民事判決。
[239] 經濟部 68.6.15.商字第 17754 號函。
[240] 最高法院 94 年度台上字第 1821 號民事判決。
[241] 經濟部 82.12.10.商字第 230086 號函。
[242] 臺灣高等法院高雄分院 97 年度上字第 144 號民事判決。
[243] 最高法院 94 年度台上字第 5776 號民事判決。
[244] 臺灣高等法院臺中分院 97 年度上字第 362 號民事判決。
[245] 經濟部 81.9.26.商字第 224788 號函。
[246] 經濟部 100.3.1.經商字第 10000533380 號函。
[247] 經濟部 93.12.28.經商字第 09302217950 號函。

⑩ 申請自行召集股東會，得由他人「代表」召集。亦即，民法及公司法固有關於代表之規定，但並無自然人之間不得互為代表之規定，因代表制度並非專為法人而設之制度，舉凡符合代表制度之精神，為簡化多數人多數行為同一目的，自可推選代表人為之[248]。

2. 召集程序

(1) 股東常會之召集，應於二十日前通知各股東。股東臨時會之召集，應於十日前通知各股東（公§172 I、II）。

(2) 公開發行股票之公司股東常會之召集，應於三十日前通知各股東；股東臨時會之召集，應於十五日前通知各股東（公§172 III）。

(3) 通知及公告應載明召集事由。其通知經相對人同意者，得以電子方式為之（公§172 IV）。至於相對人同意之取得方式，公司法並無明文，是以，公司係採用主動徵詢或被動受理等方式取得相對人同意，均無不可。又公司採用主動徵詢方式者，基於股東平等原則，應對所有股東為之；若公司應股東請求而被動受理者，核與前開情形不同，自無對所有股東為之問題。至股東經公司公告，向公司表達同意股東會召集通知以電子方式為之者，性質上仍屬公司以被動受理之方式取得相對人同意。又股東可否同意其喪失股東身分後，復取得股東身分時，毋庸再經其同意，仍得以其原同意為電子方式股東會召集通知一節，查上開公司法所定經相對人同意之意旨，係為尊重股東之意願而保障其股東會召集通知之權益而設，且股東參與投資之特徵難期一致性，準此，倘公司賦予股東有擇定一定期間或不定期間以電子方式為股東會召集通知之多元選擇機會，且使該股東明確知悉擇定同意一定期間或不定期間以電子方式為通知之範圍及效果（股東雖喪失股東身分，復經取得者，亦毋庸再經同意，仍得以電子方式為股東會召集通知），並提供得隨時變更其同意內容之機制者，核與前開尊重股東之意願及保障收受通知方式之程序

---

[248] 最高法院 82 年度台再字第 120 號民事判決。

無違，似無不可[249]。

(4) 禁止以臨時動議提出之議案

① 選任或解任董事、監察人、變更章程、減資、申請停止公開發行、董事競業許可、盈餘轉增資、公積轉增資、公司解散、合併、分割或第 185 條第 1 項各款之事項，應在召集事由中列舉並說明其主要內容，不得以臨時動議提出；其主要內容得置於證券主管機關或公司指定之網站，並應將其網址載明於通知（公§172 V）。

② 公開發行公司關於公司法第 209 條第 1 項、第 240 條第 1 項及第 241 條第 1 項之決議事項，應在召集事由中列舉，並說明其重要內容，不得以臨時動議提出（證券交易法§26-1）。

③ 公開發行公司進行有價證券之私募者，不得以臨時動議提出（證券交易法§43-6 VI）。

④ 變更章程，應在股東會召集事由中列舉，係指召集通知應載明會議議案有變更章程事項，非謂應將擬修正之章程條項一一詳列[250]。至於公司法第 185 條第 1 項各款之事項，既應在召集事由中列舉並說明其主要內容，自不得僅在召集事由記載「處分重大資產」，應至少載明處分資產內容[251]。

⑤ 股東就有關章程修正議案，於股東會上有主動提修正案之權利。公司法第 172 條第 4 項之規定意旨，無非謂：以變更章程為召集事由者，應於召集通知之召集事由中列舉，未載明者，不得以臨時動議提出之意，非謂應將擬修正之章程條項詳列[252]。

(5) 股東會之召集通知及發信主義。

① 股份有限公司股東會召集之通知採發信主義，公司法對於如何計算期間之方法既未特別規定，自仍應適用民法第 119 條、第

---

[249] 經濟部 111.4.8.經商字第 11102402800 號函。

[250] 最高法院 96 年度台上字第 642 號民事判決、最高法院 109 年度台上字第 2641 號民事判決。

[251] 經濟部 109.8.19.經商字第 10900068030 號函。

[252] 最高法院 72 年度台上字第 113 號民事判決。

120 條第 2 項不算入始日之規定，自通知之翌日起算至開會前一日，算足公司法所定期間[253]。

②　股份有限公司股東會之召集通知，係採發信主義，祇要將召集之通知書交付郵局寄出之日，即發生通知之效力[254]。

③　股份有限公司之股東人數眾多，為避免股東動輒藉召集股東會之通知未合法送達而爭執股東會決議之效力，公司法第 172 條規定股東會召集之通知，於解釋上應採發信主義，即於規定期限內，依股東名簿所載股東地址發送通知，一經付郵，即生通知之效力，受通知人是否收受，則在所不問。若確實知悉該股東之實際所在，而向非股東名簿所載之地址發送時，因客觀上得使該股東確實收受通知，自應認為屬合法通知[255]。

(6)　股東會之召集通知，祇須依照股東名簿上所載股東之住址於法定期限前為通知，即屬合法，至該股東有無收受該通知在所不問[256]。

(7)　召集股東會通知，須於法定期限前，依股東名簿所載各股東之本名或名稱、住所或居所，為發送該召集股東會之通知，始生其效力[257]。

(8)　股東會開會通知召集人之記載只要足使一般人知悉何人召開及該人確屬有權召開會議即可[258]。

(9)　股份有限公司不得將不同日期不同討論內容之兩次股東會，於同一份開會通知書一次通知各股東[259]。

(10)變更章程，應在股東會召集事由中列舉，係指召集通知應載明會議議案有變更章程事項，非謂應將擬修正之章程條項一一詳列[260]。

(11)股東就有關章程修正議案，於股東會上有主動提修正案之權利。公

---

[253] 最高法院 84.1.17.第 1 次民事庭會議決議。

[254] 最高法院 83 年度台上字第 941 號民事判決。

[255] 最高法院 103 年度台上字第 615 號民事判決。

[256] 最高法院 95 年度台再字第 9 號民事判決。

[257] 最高法院 89 年度台上字第 1311 號民事判決。

[258] 臺灣高等法院高雄分院 97 年度上字第 144 號民事判決。

[259] 經濟部 72.12.21.商字第 50602 號函。

[260] 最高法院 96 年度台上字第 642 號民事判決。

司法第 172 條第 4 項之規定意旨，無非謂：以變更章程為召集事由者，應於召集通知之召集事由中列舉，未載明者，不得以臨時動議提出之意，非謂應將擬修正之章程條項詳列[261]。

(12) 股東未真正召開股東會議，虛偽作成會議決議，雖股東持有公司過半數之股權，但該決議仍應認為有損害股東之權益[262]。

3. 召集處所

公司股東會舉行地點，公司法並無規定，如章程亦無特別規定者，可自由選擇適當地點召開股東會，惟公司股東會為公司最高決策機構，自應使全體股東皆有參與審議機會[263]。

4. 違反召集期限及禁止以臨時動議提出議案規定之處罰

代表公司之董事，違反公司法第 172 條第 1 項至第 3 項或第 5 項規定者，處新臺幣一萬元以上五萬元以下罰鍰。但公開發行股票之公司，由證券主管機關處代表公司之董事新臺幣二十四萬元以上二百四十萬元以下罰鍰（公§172 VI）。

5. 禁止以臨時動議提出議案之公開及股東會議事手冊之編製

(1) 選任或解任董事、監察人、變更章程、減資、申請停止公開發行、董事競業許可、盈餘轉增資、公積轉增資、公司解散、合併、分割或第 185 條第 1 項各款之事項，應在召集事由中列舉並說明其主要內容，不得以臨時動議提出；其主要內容得置於證券主管機關或公司指定之網站，並應將其網址載明於通知（公§172 V）。

(2) 公開發行股票之公司召開股東會，應編製股東會議事手冊，並應於股東會開會前，將議事手冊及其他會議相關資料公告（公§177-3 I）。公告之時間、方式，議事手冊應記載之主要事項及其他應遵行事項之辦法，由證券管理機關定之（公§177-3 II）。

---

[261] 最高法院 72 年度台上字第 113 號民事判決。
[262] 最高法院 94 年度台上字第 5776 號民事判決。
[263] 經濟部 57.9.9.經商字第 31763 號函。

6. 少數股東之提案權

　　鑑於現代公司法架構下，公司之經營權及決策權多賦予董事會。若股東無提案權，則許多不得以臨時動議提出之議案，除非由董事會於開會通知列入，否則股東難有置喙之餘地，為使股東得積極參與公司之經營，民國 94 年 6 月 22 日修正公司法時，爰賦予股東提案權。

(1) 股東提出議案之條件（公§172-1 I ）

① 持有已發行股份總數百分之一以上股份之股東，得向公司提出股東常會議案。股東之持股證明得以：（一）股務單位開立。（二）自行提示證券存摺。（三）集保公司所產製的餘額資料證明，其中任一項均可[264]。

② 提案以一項為限，超過一項者，均不列入議案。持有已發行股份總數百分之一以上股份之股東以書面向公司提出追究三位董事之法律責任之議案，究為一項議案或多項議案一節，如基於其議案之構成要件事實相同者，為一項議案。至對象多少，表決次數為何，尚不過問。如係對於參與董事會某一議案之討論及決議之多數董事提出時，亦同[265]。

(2) 受理提案之公告（公§172-1 II ）

① 公司應於股東常會召開前之停止股票過戶日前，公告受理股東之提案、書面或電子受理方式、受理處所及受理期間。股東議案之提出，公司法採到達主義[266]。

② 受理期間不得少於十日。

(3) 提案之限制（公§172-1 III ）

① 股東所提議案以三百字為限。鑒於我國文字三百字已足表達一項議案之內容，三百字包括理由及標點符號[267]。

② 提案股東應親自或委託他人出席股東常會，並參與該項議案討

---

[264] 經濟部 107.4.27.經商字第 10700027290 號函。

[265] 經濟部 95.6.1.經商字第 0950202414310 號函。

[266] 經濟部 95.4.7.經商字第 09502043500 號函。

[267] 經濟部 95.2.9.經商字第 09502402930 號函、經濟部 95.4.13.經商字第 09500537340 號函。

論。

(4) 不列入議案之情事及得列入議案之情事

① 為保障股東提案權益，明定除所列各款情形外，董事會均應將股東提案列為議案。亦即，除有下列情事之一者外，股東所提議案，董事會應列為議案（公§172-1Ⅳ）：

A. 該議案非股東會所得決議。

B. 提案股東於公司依第 165 條第 2 項或第 3 項停止股票過戶時，持股未達百分之一。

C. 該議案於公告受理期間外提出。

D. 該議案超過三百字或有公司法第 172 條第 1 項但書提案超過一項之情事。

② 公司法第 172 條第 1 項股東提案係為敦促公司增進公共利益或善盡社會責任之建議，董事會仍得列入議案（公§172-1Ⅴ）。例如公司注意環保議題、污染問題等。股東所提建議性提案，程序上仍應遵守公司法第 172 條之 1 之相關規定。是以，股東所提提案，依公司法第 172 條之 1 第 1 項但書規定，不論是否為建議性提案，仍以 1 項為限，提案超過 1 項者，均不列入議案[268]。

(5) 提案之處理（公§172-1Ⅵ）

① 公司應於股東會召集通知前，將處理結果通知提案股東，並將合於規定之議案列於開會通知。

② 對於未列入議案之股東提案，董事會應於股東會說明未列入之理由。

(6) 違反之處罰

公司負責人違反公司法第 172 條第 2 項、第 4 項或第 6 項規定者，各處新臺幣一萬元以上五萬元以下罰鍰。但公開發行股票之公司，由證券主管機關各處公司負責人新臺幣二十四萬元以上二百四十萬元以下罰鍰（公§172-1Ⅶ）。

---

[268] 經濟部 108.1.9.經商字第 10700105410 號函。

(7) 股東提案權相關之實務

① 法人股東一人所組股份有限公司，無公告受理股東提案問題[269]。

② 公司召開股東常會，股東始有提出議案權利[270]。

③ 股東提出之議案採到達主義[271]。

④ 股東提修正案或替代案時毋庸具一定股份之要件[272]。

⑤ 提案權或提名權，不扣除無表決權股份數[273]。

⑥ 股東提案之審查權，專屬董事會職權，故不得授權常務董事會為之[274]。但股東常會亦可能由少數股東或監察人分別依公司法第 173 條第 4 項或第 220 條等規定召集，公司法對其他合法召集權人所召集之股東常會，可否由其他合法召集權人對於股東提出之議案進行審查，並未加以規範。若對照公司法第 192 條之 1 第 5 項明文規定「董事會或其他合法召集權人」，對於董事會或股東提出之候選人具有審查權，顯見公司法第 172 條之 1 第 4 項未就其他合法召集權人所召集之股東常會應由何者對於股東提出之議案進行審查設有明文，應屬法律漏洞。因此，當股東常會係由其他合法召集權人所召集時，允宜類推適用公司法第 172 條之 1 第 4 項規定，由其他合法召集權人審查股東提出之議案。

⑦ 觀諸公司法第 172 條之 1 第 4 項及第 6 項規定，業將股東提案之審查權及對於未列入議案之原因說明義務，賦予董事會。是以，非由董事會召集之股東常會，尚無公司法第 172 條之 1 規定之適用問題[275]。

⑧ 提案權係股東之固有權利，公司法並無行使提案權須予迴避之

---

[269] 經濟部 95.4.28.經商字第 09502057920 號函。

[270] 經濟部 95.4.13.經商字第 09500537340 號函。

[271] 經濟部 95.4.7.經商字第 09502043500 號函。

[272] 經濟部 95.2.8.經商字第 09502402970 號函。

[273] 經濟部 95.2.8.經商字第 09502402920 號函。

[274] 經濟部 95.1.11.經商字第 09402204660 號函。

[275] 經濟部 94.12.2.經商字第 09402187390 號函。

規定[276]。

（四）股東會之會議及開會形式

1. 股東會之出席

(1) 各股東均有出席股東會之權利，不論所持有之股份得否行使表決權。

(2) 股東得於每次股東會，出具委託書，載明授權範圍，委託代理人，出席股東會。但公開發行股票之公司，證券主管機關另有規定者，從其規定（公§177 I）。

(3) 除信託事業或經證券主管機關核准之股務代理機構外，一人同時受二人以上股東委託時，其代理之表決權不得超過已發行股份總數表決權之百分之三，超過時其超過之表決權，不予計算（公§177 II）。

(4) 一股東以出具一委託書，並以委託一人為限，應於股東會開會五日前送達公司，委託書有重複時，以最先送達者為準，但聲明撤銷前委託者，不在此限（公§177 III）。經查該規定係民國 55 年 7 月 19 日所增列，揆其立法目的，在於便利公司之股務作業，並含有糾正過去公司召集股東會收買委託書之弊，防止大股東操縱股東會之旨趣，乃規定股東委託代理人出席股東會時，應於開會五日前將委託書送達公司。上開規定並無必須強制實現及其違反之法律效果，非屬強制規定，且自上開立法旨趣觀察，亦非屬僅具教示意義之訓示規定。則以該規定有便利公司作業之目的出發，將股東未於開會五日前送達委託書之情形，讓諸公司決定是否排除（優先）上開規定而適用，而屬隱藏性任意規定，適與上開立法目的相符。準此，除公司同意排除適用上開規定，或股東逾規定之開會五日前期限送達委託書而未拒絕者外，股東仍應遵守該期間送達委託書於公司，否則公司得拒絕其委託之代理人出席[277]。

(5) 委託書送達後，股東欲親自出席股東會或欲以書面或電子方式行使

---

[276] 最高法院 102 年度台上字第 2334 號民事判決。

[277] 最高法院 107 年度台上字第 1706 號民事判決、最高法院 106 年度台上字第 1203 號民事判決。

表決權或欲以書面或電子方式行使表決權者，應於股東會開會二日前，以書面向公司為撤銷委託之通知，逾期撤銷者，以委託代理人出席行使之表決權為準（公§177Ⅳ）。

(6) 非公開發行股票公司之股東得自行書寫委託書，委託他人代理出席[278]。

(7) 遭禁止行使股東權之股東及股數，仍得出席股東會，僅不得行使股東權利[279]。

(8) 政府或法人股東如代表人因故不能出席股東會時，可由政府或法人股東另行改派其他代表人出席，如政府或法人股東未另行指派他人出席時，其代表人可複委託他人代理出席股東會[280]。

(9) 股東委託出席股東會之代理人並不限於公司之股東[281]。

(10) 按公司法第 177 第 1 項規定，並未限制股東不得授權予代理人於相當期間內出席股東會之權限，而係僅在建立股東得以委託書授權他人出席之制度，倘股東授權受託人出席一定期間內之數次股東會，因屬股東對自身股東權益之合法處分，一旦確認股東具有授權真意者，自無禁止受託人行使代理權限之理[282]。

2. 視訊會議或其他經中央主管機關公告之方式

(1) 鑑於科技發達，以視訊會議或其他經中央主管機關公告之方式（例如視公司規模大小公告可採行語音會議）開會，亦可達到相互討論之會議效果，與親自出席無異，故放寬閉鎖性股份有限公司以外之非公開發行股票之公司，其股東會亦得以視訊會議或其他經中央主管機關公告之方式召開，並規定其法律效果。

(2) 就非公開發行股票之公司而言，其公司章程得訂明股東會開會時，以視訊會議或其他經中央主管機關公告之方式為之。但因天災、事

---

[278] 最高法院 69 年度台上字第 3879 號民事判決。
[279] 最高法院 95 年度台上字第 984 號民事判決。
[280] 最高法院 91 年度台上字第 2496 號民事判決。
[281] 經濟部 72.3.30.商字第 11957 號函。
[282] 臺灣高等法院臺南分院 101 年度上字第 69 號民事判決。

變或其他不可抗力情事，中央主管機關得公告公司於一定期間內，得不經章程訂明，以視訊會議或其公告之方式開會（公§172-2Ⅰ）。股東會開會時，如以視訊會議為之，其股東以視訊參與會議者，視為親自出席（公§172-2Ⅱ）。

(3) 關於股東會以視訊會議為之，於公開發行股票之公司應符合之條件、作業程序及其他應遵行事項，證券主管機關另有規定者，從其規定（公§172-2Ⅲ）。金融監督管理委員會依據民國 110 年 12 月 29 日修正公司法第 172 條之 2 第 3 項之授權，即配合修正「公開發行股票公司股務處理準則」之相關條文，明定公開發行公司召開股東會視訊會議相關作業規範，俾使我國建立符合國際趨勢之股東會視訊會議制度。至於臺灣集中保管結算所股份有限公司則配合主管機關推動視訊輔助股東會政策，訂定「股東會視訊會議平台作業要點」，以建置股東會視訊會議平台。

(4) 就閉鎖性股份有限公司而言，其公司章程得訂明股東會開會時，以視訊會議或其他經中央主管機關公告之方式為之。但因天災、事變或其他不可抗力情事，中央主管機關得公告公司於一定期間內，得不經章程訂明，以視訊會議或其公告之方式開會（公§356-8Ⅰ）。閉鎖性股份有限公司之股東會開會時，如以視訊會議為之，其股東以視訊參與會議者，視為親自出席（公§356-8Ⅱ）。

3. 股東會之主席

(1) 董事長對內為股東會、董事會及常務董事會主席，對外代表公司。董事長請假或因故不能行使職權時，由副董事長代理之；無副董事長或副董事長亦請假或因故不能行使職權時，由董事長指定常務董事一人代理之；其未設常務董事者，指定董事一人代理之；董事長未指定代理人者，由常務董事或董事互推一人代理之（公§208Ⅲ）。

(2) 股東會由董事會召集者，其主席依第 208 條第 3 項規定辦理；由董事會以外之其他召集權人召集者，主席由該召集權人擔任之，召集權人有二人以上時，應互推一人擔任之（公§182-1Ⅰ）。若法人股

東依公司法第 173 條第 2 項規定,於報經主管機關許可自行召集股東臨時會時,該法人股東即為召集權人,並依公司法第 182 條之 1 第 1 項規定為會議主席;惟因法人本身依法尚須由代表人代為行使職務,則前開之召集權人自應由其法定代表人,或由其指定(派)之人代表行使會議主席職務[283]。

(3) 法定之股東會主席因故未能出席股東會,得經由股東會股東於會議進行前先行推選一人擔任會議主席[284]。惟主持並指揮會議進行之主席,對於決議過程及結果有極大之影響,故股東會如由無法定資格者擔任主席,則經其主持並指揮會議進行之股東會決議,自不能謂其未違反法令[285]。

(4) 公司應訂定股東會議事規則(公§182-1 Ⅱ 前段)。解釋上,股東會議事規則之訂定及修正,應經股東會以普通決議通過。惟政府或法人股東一人組成之股份有限公司,其股東會職權係由董事會行使,得免訂定股東會議事規則[286]。

(5) 為預防法人股東濫用權利,造成股東會場失序情事,公司如於議事規則規定法人股東指派代表人之人數,以當次股東會擬選董事及監察人之人數為上限,於法尚屬可行[287]。

(6) 股東會開會時,主席違反議事規則,宣布散會者,得以出席股東表決權過半數之同意推選一人擔任主席,繼續開會(公§182-1 Ⅱ 後段)。易言之,社團法人主席任意宣布散會之處理方式,得以出席股東表決權過半數之同意推選一人擔任主席[288]。

(7) 公開發行公司股東會議,議程於議事(含臨時動議)未終結前,非經決議,主席不得逕行宣布散會[289]。但若股東會既定議程既已完

---

[283] 經濟部 103.1.20.經商字第 10302002070 號函。
[284] 臺灣高等法院 97 年度上字第 460 號民事判決。
[285] 最高法院 97 年度台上字第 2686 號民事判決。
[286] 經濟部 108.1.21.經商字第 10802400550 號函。
[287] 經濟部 104.3.10.經商字第 10402404570 號函。
[288] 臺灣高等法院 97 年度上字第 356 號民事判決。
[289] 最高法院 93 年度台上字第 423 號民事判決。

成，則宣布散會即屬主席裁量權限而無須全體股東表決通過[290]。

4. 股東會之職權

(1) 股東會之職權已大受縮減

① 現行法因採行企業所有與企業經營分離之原則，股東會之職權遂大受縮減，其得決議之事項，僅以法律或章程有特別規定者為限，其餘則由董事會決議之（公§202）。由此觀之，公司法似傾向於採取董事優位主義，而非股東優位主義。最高法院亦曾認為我國尊重董事會之治理權能，雖採取董事會優先原則，即董事會負責制定業務發展方針與落實營運計畫，而賦予相當之權力，然相對地要求其應以善良管理人之注意義務（應符合理、誠信及比例原則），重視每個股東權益，務須平等待之，貫徹公司核心理念，並應強化資訊揭露之受託義務[291]。

② 公司法第 202 條規定：「公司業務之執行，除本法或章程規定應由股東會決議之事項外，均應由董事會決議行之。」旨在劃分股東會及董事會職權，不使兩者權責混淆，並充分賦予董事執行業務之權。例如，公司法第 29 條第 1 項第 3 款之委任、解任經理人規定，係專屬董事會職權，股東會之決議對此不具拘束力。惟依同法第 193 條第 1 項規定，「董事會執行業務，應依照法令章程及股東會之決議。」據此，公司法或章程規定股東會決議之事項，董事會應依決議執行之，自不得由董事會決議變更[292]。

③ 公司法基於企業所有與企業經營分離之原則，於第 202 條規定：「公司業務之執行，除本法或章程規定應由股東會決議之事項外，均應由董事會決議行之。」故凡非經法律或於章程規定屬股東會權限之公司業務執行事項，皆應由董事會決議行之，不

---

[290] 經濟部 99.11.25.經商字第 09900692530 號函。

[291] 最高法院 108 年度台上字第 2622 號民事判決。

[292] 經濟部 94.5.27.經商字第 09402071210 號函。

因公司法第 193 條第 1 項規定：「董事會執行業務，應依照法令章程及股東會之決議」，而有不同。又股東會係由公司所有者組成，董事會就其權限事項，決議交由股東會決定時，乃將其權限事項委由股東會以決議行之，尚非法之所禁[293]。

(2) 法定得決議事項

① 查核表冊

董事會有應將其所造具之各項表冊，請求股東常會承認之義務（公§230）。監察人對於此項表冊，則有核對簿據、調查實況、報告意見於股東會之義務（公§219）。股東會就上述之表冊及報告，有查核之職責（公§184）。

② 聽取報告

A. 董事會報告

(A) 公司虧損達實收資本額二分之一時，董事會應於最近一次股東會報告（公§211 I）。惟公司資產顯有不足抵償其所負債務時，除得依第 282 條辦理者外，董事會應即聲請宣告破產（公§211 II），其立法意旨在鞏固社會大眾公益，保障債權人權益。所謂「公司資產」係指其淨變現價值而言，亦即公司於合理期間內從容處分其資產所可得之淨變現價值，與依「繼續經營」慣例之公司帳載資產價值有別[294]。代表公司之董事，違反上開規定者，處新臺幣二萬元以上十萬元以下罰鍰（公§211 III）。

(B) 公司經董事會決議後，得募集公司債。但須將募集公司債之原因及有關事項報告股東會（公§246 I）。

(C) 公司合併後，存續公司之董事會，於完成催告債權人程序後，其因合併而有股份合併者，應於股份合併生效後；其不適於合併者，應於該股份為處分後，應即召集合併後之股東會，為合併事項之報告，其有變更章程必要者，並為變更章程（公§318

---

[293] 最高法院 103 年度台上字第 2719 號民事判決。
[294] 經濟部 78.9.26.商字第 211080 號函。

　　　I①）。由於公司法第 318 條第 1 項第 1 款因未明定合併後存
　　　續公司召開股東會報告合併事項之時間，且公開發行股票之公
　　　司召集股東會較為困難，故明定存續公司得於合併後第一次股
　　　東會為合併事項之報告（企業併購法§26）。

B. 監察人、清算人或檢查人之報告：

(A)監察人對於董事會編造提出股東會之各種表冊，應予查核，並
　　報告意見於股東會（公§184 I、219 I）。

(B)清算完結時，清算人應於十五日內，造具清算期內收支表、損
　　益表、連同各項簿冊，送經監察人審查，並提請股東會承認（公
　　§331 I）。

(C)關於清算完結，股東會得另選檢查人，檢查清算人造具之各項
　　簿冊是否確當（公§331 II）。

C. 財務之處理

　　股東會得據董事會所提出之「盈餘分派或虧損彌補之議案」決
　　議分派盈餘及股息紅利（公§184 I），亦得將應分派股息及紅利
　　之全部或一部，以發行新股的方式為之（公§240 I），或決議另
　　提特別公積（公§237 II）等是。

D. 人事之處理

　　公司之重要人事，如董事、監察人及清算人之選任、解任及
　　報酬的決定，均由股東會決議之（公§192、§196、§199、§216、
　　§227、§322 I、§323 I）。

E. 重要議案之決定

　　其他例如董事競業行為之許可（公§209）、營業政策重大變更之
　　同意（公§185 I）、公司章程之變更（公§277）及公司之解散、
　　分割及合併（公§316 I）等事項。

5. 股東會之決議

(1) 股東行使表決權之方式

① 股東除得以親自出席或委託代理人出席股東會行使表決權外，

於公司採行以書面或電子方式行使表決權時，亦得以書面或電子方式行使之。

② 以書面或電子方式行使表決權之方法及限制

A. 公司召開股東會時，採行書面或電子方式行使表決權者，其行使方法應載明於股東會召集通知。但公開發行股票之公司，符合證券主管機關依公司規模、股東人數與結構及其他必要情況所定之條件者，應將電子方式列為表決權行使方式之一（公§177-1 I）。經查上市（櫃）公司及興櫃公司召開股東會時，應將電子方式列為表決權行使管道之一；並自民國 112 年 1 月 1 日生效[295]。

B. 以書面或電子方式行使表決權之股東，視為親自出席股東會。但就該次股東會之臨時動議及原議案之修正，視為棄權（公§177-1 II）。

C. 股東以書面或電子方式行使表決權者，其意思表示應於股東會開會二日前送達公司，意思表示有重複時，以最先送達者為準。但聲明撤銷前意思表示者，不在此限（公§177-2 I）。

D. 股東以書面或電子方式行使表決權後，欲親自出席股東會者，應於股東會開會二日前，以與行使表決權相同之方式撤銷前項行使表決權之意思表示；逾期撤銷者，以書面或電子方式行使之表決權為準（公§177-2 II）。

E. 股東以書面或電子方式行使表決權，並以委託書委託代理人出席股東會者，以委託代理人出席行使之表決權為準（公§177-2 III）。

F. 公司召開股東會視訊會議，股東以書面或電子方式行使表決權後，欲以視訊方式參與股東會，應於股東會開會二日前，以與行使表決權相同之方式撤銷前述行使表決權之意思表示；逾期撤銷者，以書面或電子方式行使之表決權為準（公開發行股票

---

[295] 金融監督管理委員會 111.1.18.金管證交字第 1110380064 號令。

公司股務處理準則§44-14）。

G. 公司召開股東會視訊會議，應同時向以視訊方式參與之股東、徵求人或受託代理人，提供投票功能，參與之股東並應透過視訊會議平台進行各項議案表決及選舉議案之投票（公開發行股票公司股務處理準則§44-17 II ①）。

H. 關於公司股東會以書面、電子方式行使股東會表決權，其具體規定應遵守「公開發行股票公司股務處理準則」第 44 條之 1 至第 44 條之 8 等規定。關於股東會視訊會議，其具體規定應遵守「公開發行股票公司股務處理準則」第 44 條之 9 至第 44 條之 23 等規定。

③ 表決權行使方式之相關實務

A. 表決權之行使，採取「無異議視為通過」之表決方式，於法並無違背[296]。亦即，本於私法自治原則，股東會議事規則定有以無異議表決之方式進行議決，該方式進行仍要求符合上開條文規範，公開進行決議，為明確計算法定決議數額，並無否決股東得提出反對意見之權益，亦或剝奪少數股東之不同意見表達權益，自與以單純為反面表決，致影響贊成者、無意見者之表決權數不確定之情形不同，自屬合法之表決方式[297]。

B. 公司股東常會開會時，股東就系爭議案提出異議，主席即予說明並徵詢在場股東無異議後，以多數鼓掌視為通過之表決方式作成決議之過程，其決議方式於法尚無不合[298]。事實上，若公開發行股票之公司召開股東會時，採行以電子方式並得採行以書面方式行使其表決權時，即不可能採取「無異議視為通過」之表決方式，應進行投票表決。例如，依臺灣證券交易所股份有限公司訂定發布「○○股份有限公司股東會議事規則」參考

---

[296] 臺灣高等法院 86 年度上字第 1829 號民事判決。

[297] 臺灣高等法院 95 年度上字第 348 號民事判決。

[298] 最高法院 85 年度台上字第 2945 號民事判決。

範例第 13 條第 5 項規定，股東會表決時，應逐案由主席或其指定人員宣布出席股東之表決權總數後，由股東逐案進行投票表決。

C. 公司法規定之股東表決權，其行使以意思表示為之，並未限制須以投票或其他何種方式表示[299]，自得由公司於開會中採行適當方式為之[300]。

D. 關於反面表決方式是否合法，司法實務有不同見解。有認為若公司股東會議事規則就有無表決權過半數之同意之統計方式，並無規定僅得以統計同意之表決權數之方法為限，亦未限制不得以反面表決方式為之，則以統計反對股東權數，經主席徵詢並表示其餘均視為無異議通過之表決方式，有助於議事之順利進行，對決議結果並無影響，且對少數不同意股東之表決權數予以確實計算，尚難認有何違反法令章程之處，自為合法有效之表決方式。是以，只要有代表已發行股份總數過半數股東之出席，且出席股東表決權數扣除反對股東之表決權數逾出席股數半數者，即得推定贊成股東之表決數逾出席股數半數之同意，而通過議案之表決方式，對於決議之正確性並無影響[301]。相對地，有認為「反表決方式」，因未表示反對意見之股東，未必即為贊成議案之股東，且依修正前公司法第 179 條第 1 項但書「一股東而有已發行股份總數百分之三以上者，應以章程限制其表決權。」或中途有人離席或棄權，均影響「贊成」表決權數之計算，此種「反表決方式」似不無違背股東每股有一表決權之原則，而有規避法律規定門檻之嫌，是否為法之所許，尚非無研求之餘地[302]。

---

[299] 臺灣高等法院 86 年度上字第 397 號民事判決。
[300] 最高法院 104 年度台上字第 1454 號民事判決。
[301] 臺灣高等法院 92 年度上更（一）字第 78 號民事判決。
[302] 最高法院 92 年度台上字第 595 號民事判決。

E. 股東會之決議成立，係出於股東表決時即為成立[303]。

F. 報請主管機關許可召集股東臨時會，就主管機關許可以外事項為決議，屬有瑕疵而得撤銷[304]。

G. 為保障全體股東之權益，非僅形式上賦予每一股份相等之表決權為已足，更應實質上以公平之方式實施決議方式，使每一股份於行使其表決權時，得以自由表達其意思，不受不當之干擾或限制，否則即有違背每一股份均有一表決權、每一股份表決權利平等之原則，而一次整批表決解任多數董事，不能表達參與表決之股東對各被解任董事之個別意思，會產生不公平之結果。如公司形式上雖符合每一股有一表決權，但於實質上違背股東以公平方式表達其意見，影響表決之結果，其決議方式應認為違反股份平等原則[305]。

H. 股東臨時會可以變更股東常會決議[306]。惟為避免公司於其後之年度股東常會上變更決議，以迴避公司法第 232 條盈餘應以上年度財務表冊為基礎，於彌補虧損及提出法定盈餘公積後方得分派之規範意旨，股東常會分派盈餘之決議，應僅於股東常會召開當年度營業終結前召開之股東臨時會，方得變更股東常會之決議[307]。

I. 股東親自出席股東會，而將已領取之選舉票囑人代為填寫被選人姓名，並將其投入票櫃，要係利用他人為傳送意思之機關，或係民法上代理權之授與，究與公司法出席股東會之代理有所不同，除有特別約定外，無上開法條之適用，此種選票認為有效[308]。因此，若股東親自出席股東會，將已領取之選舉票囑人

---

[303] 臺灣高等法院 96 年度上字第 999 號民事判決。

[304] 最高法院 98 年度台上字第 280 號民事判決。

[305] 最高法院 93 年度台上字第 417 號民事判決。

[306] 經濟部 62.4.4.商字第 09047 號函。

[307] 最高法院 90 年度台上字第 1721 號民事判決。

[308] 最高法院 55.3.28.第 2 次民刑庭總會會議決議（五）。

代為填寫被選人姓名，並將其投入票櫃，不須出具委託書。

J. 委託書未載明委託事項，依法得行使表決權之一切事項均得代理行使表決權[309]。

K. 表決就出席股東表決權計算之，不以表決時實際出席股數為準[310]。

(2) 股東表決權行使之限制

① 表決權行使之迴避

原則上出席之股東或其代理人均得行使表決權，但股東對會議之事項，有自身利害關係致有害於公司利益之虞時，不得加入表決，並不得代理他股東行使其表決權（公§178）。

A. 對股東決議事項是否有自身利害關係，於法人股東時應以該法人股東為認定之標準[311]。

B. 依公司法第 178 條，股東對於會議之事項，有自身利害關係致有害於公司利益之虞時，不得加入表決，並不得代理他股東行使其表決權。該規定係屬強行規定，故若股份有限公司之股東會之決議，違背該規定而為決議，其決議方法即屬同法第 189 條所稱之決議方法違反法令，而得訴請法院撤銷其決議[312]。

C. 公司法第 178 條所謂有自身利害關係致有害於公司利益之虞，係指會議之事項，對於股東或董事自身有直接具體權利義務之變動，將使該股東或董事特別取得權利、或免除義務、或喪失權利、或新負義務，並致公司利益有受損害之可能而言[313]。

D. 合併通常係為提升公司經營體質，強化公司競爭力，不致發生有害於公司利益之情形。此外，公司擬進行解散或合併，以調

---

[309] 經濟部 71.12.20.商字第 47593 號函。

[310] 經濟部 64.1.30.商字第 02367 號函。

[311] 最高法院 88 年度台上字第 2590 號民事判決、臺灣高雄地方法院 106 年度訴字第 683 號民事判決。

[312] 最高法院 95 年度台上字第 1848 號民事判決。

[313] 最高法院 107 年度台上字第 1666 號民事判決、臺灣高等法院 104 年度上字第 1367 號民事判決、臺灣臺北地方法院 103 年度訴字第 4429 號民事判決、臺灣高雄地方法院 106 年度訴字第 683 號民事判決。

整企業經營模式，若持有多數股權之股東或全體董事同為擬合併之他公司股東或董事時，即認該等股東或董事於股東會或負責公司業務執行之董事會議，均應迴避，將造成少數股東可藉由反對公司解散或合併案方式阻止多數股東進行企業轉型或改變經營模式，難謂妥適[314]。

② 表決權計算之限制

原則上每股有一表決權，但應受下列限制：

A. 公司各股東，除公司法另有規定外，每股有一表決權（公§179 I 序文）。

B. 除信託事業或經證券主管機關核准之股務代理機構外，一人同時受二人以上股東委託時，其代理之表決權不得超過已發行股份總數表決權之百分之三，超過時其超過之表決權，不予計算（公§177 II）。亦即，代理之表決權超過百分之三之部分應計入已出席股份總數[315]，但不得行使表決權。

C. 政府或法人為股東時，其代表人不限於一人。但其表決權之行使，仍以其所持有之股份綜合計算（公§181 I）。其代表人有二人以上時，其代表人行使表決權應共同為之（公§181 II）。

D. 法人為股東而有指派代表人者，其表決權應由其指派之代表人行使。而當事人為法人股東所指派之代表人，其自有權代表公司於股東臨時會行使股東表決權[316]。

E. 公司法第 181 條規定，政府或法人為股東時，其代表人不限於一人。但其表決權之行使，仍以其所持有之股份綜合計算。前項之代表人有二人以上時，其代表人行使表決權應共同為之。故政府或法人股東之代表人雖有數人，各該代表人固均得出席股東會，惟其所代表之該政府或法人股東實質上僅一法人格，

---

[314] 臺灣高等法院 104 年度上字第 1367 號民事判決。
[315] 經濟部 92.4.11.經商字第 09200059580 號函。
[316] 最高法院 110 年度台上字第 2530 號民事判決。

就所參與表決之議案僅有一意思決定。是各該出席股東會之代表人於參與股東會表決時，其等所持有之股份為表彰該政府或法人股東對議案之一個意思決定，即應共同為之，並綜合計算該政府或法人股東所持有之股份，而不得各為相互歧異之意思表示。至於該政府或法人股東指派之代表人是否全體出席股東會參與表決，則非所問。經濟部指派二十二人為其股權代表，共同代表經濟部行使職權，而系爭股東臨時會開會當日雖僅等十八人與會，仍不影響已出席之代表人，共同代表經濟部所持有之全部股數，行使其股東職權[317]。

F. 公開發行公司之股東係為他人持有股份時，股東得主張分別行使表決權（公§181Ⅲ）。至於分別行使表決權之資格條件、適用範圍、行使方式、作業程序及其他應遵行事項之辦法，由證券主管機關定之（公§181Ⅳ）。金融監督管理委員會已依據上開授權，訂定發布「公開發行公司股東分別行使表決權作業及遵行事項辦法」。

G. 有下列情形之一者，其股份無表決權（公§179Ⅱ）：

(A)公司依法持有自己之股份。

(B)被持有已發行有表決權之股份總數或資本總額超過本數之從屬公司，所持有控制公司之股份。

(C)控制公司及其從屬公司直接或間接持有他公司已發行有表決權之股份總數或資本總額合計超過半數之他公司，所持有控制公司及其從屬公司之股份。

H. 股東會之決議，對無表決權股東之股份數，不算入已發行股份之總數（公§180Ⅰ）。

I. 股東會之決議，對依公司法第 178 條規定不得行使表決權之股份數，不算入已出席股東之表決權數（公§180Ⅱ）。

③　表決權行使限制之相關實務

---

[317] 最高法院 98 年度台上字第 1695 號民事判決。

A. 為防止公司利用從屬公司之控股結構持有公司自己股份，公司法第 167 條第 3 項及第 4 項規定對控制公司持股過半之從屬公司將控制公司之股份收買或收為質物之限制，亦包含控制公司及其從屬公司再轉投資之其他公司之情形。惟就原已存在之交叉持股情形，為避免影響過大，故未強制其賣出。又從屬公司對控制公司之持股，於控制公司股東會中行使表決權時，與控制公司就自己股份行使表決權並無不同，有違公司治理原則，故有限制其行使表決權之必要。至同法第 179 條第 2 項第 3 款有關從屬公司之規定，雖明文規定持有已發行有表決權之股份總數或資本額超過半數，仍應解釋僅限於形式控制之從屬公司，蓋如非限於形式控制之從屬公司，將發生直接實質上之從屬公司具有表決權，而間接實質上從屬公司則無之失衡現象。

B. 為落實公司治理原則，公司法第 179 條第 2 項第 3 款與同法第 167 條第 4 項規定，應作相同之解釋，始符合立法規範目的。因此同法第 167 條之規定旨在避免控制公司經由其從屬公司，將控制公司股份收買或收為質物，故該條第 3 項、第 4 項規範對象係以出資關係形成之控制從屬公司類型為限[318]。

C. 法人股東與公司締結買賣契約議案，法人股東之代表人不得加入表決[319]。

D. 公開發行股票之公司董事之股份設定質權超過選任當時所持有之公司股份數額二分之一時，其超過之股份不得行使表決權，不算入已出席股東之表決權數（公§197-1 II）。關於計算董事股份設質數時，是否以其於任期中之設質為限，司法實務曾有不同見解。

　(A)臺灣高等法院曾認為股東於擔任董監事前將股份設質，並無違反對公司之忠實義務，因此公司法第 197 條之 1 第 2 項表決權

---

[318] 最高法院 100 年度台上字第 1178 號民事判決。
[319] 經濟部 91.1.16.經商字第 09102287950 號函。

之限制，係屬規範董監事任職期間，將股份設質之行為，而不包括股東擔任董監事之前將股份設質之情形。若包括股東擔任董監事之前將股份設質之情形，則與立法目的不合。此外，設質股份過半之表決權予以扣除，其決議方法違反之事實非屬重大且於決議無影響，法院得依公司法第 189 條駁回撤銷股東會決議之請求[320]。

(B) 最高法院則認為，依公司法第 197 條之 1 第 2 項規定，公開發行股票之公司董事以股份設定質權超過選任當時所持有之公司股份數額二分之一時，其超過之股份不得行使表決權，不算入已出席股東之表決權數。其立法意旨係因發生財務困難之上市、上櫃公司，其董監事多將持股質押以求護盤；股價下跌時，又再借貸力守股價，導致公司財務急遽惡化，損害投資大眾權益。為健全資本市場與強化公司治理，防免董監事信用過度膨脹、多重授信，固無論董監事之持股設質係在任期前或任期中，對其超過一定比例之股份限制其表決權之行使，始符法意。則計算董監事股份設質數時，應不以其於任期中之設質為限[321]。

(3) 股東會之決議方法

因決議事項之不同而異，可分為下列四種。

① 普通決議

A. 股東會之決議，除公司法另有特別規定外，均應依此方式為之。

B. 此項決議，應有代表已發行股份過半數股東之出席，以出席股東表決權過半數之同意行之（公§174）。

C. 普通決議，可依公司法第 175 條規定之二次「假決議」之方法行之。

② 假決議

---

[320] 臺灣高等法院 102 年度上字第 604 號民事判決。
[321] 最高法院 103 年度台上字第 1732 號民事判決。

A. 所謂「假決議」，係指出席股東不足前條定額，而有代表已發行股份總數三分之一以上股東出席時，得以出席股東表決權過半數之同意，為假決議，並將假決議通知各股東，於一個月內再行召集股東會（公§175 I）。上開股東會，對於假決議，如仍有已發行股份總數三分之一以上股東出席，並經出席股東表決權過半數之同意，即視同公司法第 174 條之決議（公§175 II）。

B. 少數股東自行召集股東臨時會，依公司法第 173 條第 4 項規定應報經地方主管機關許可，惟依同法第 175 條為假決議後，於一個月內再召集第二次股東臨時會時，固不須再報經地方主管機關許可，但僅得就假決議再為表決，不得修改假決議之內容而為決議，用以貫徹事先須報經地方主管機關許可之意旨[322]。

C. 公司法就改選董事、監察人既有特別規定，是於改選董事、監察人不適用第 175 條假決議之規定[323]。

D. 參照公司法第 175 條，假決議依其表決方式，應僅能適用於普通決議事項，公司法中特別決議事項及選舉董事、監察人，因另設其決議或選舉方法，無從適用假決議，是系爭股東會中關於選舉董監事之決議部分，亦無從適用依假決議之方式補行成立或治癒其效力[324]。

E. 董事、監察人之選舉並無假決議之適用[325]。

③ 特別決議

A. 特別決議係指公司法第 174 條第 1 項所言「除本法另有規定外」者而言。

B. 特別決議用於決定特別重大之事項，其出席股東所代表之股份總數或表決權數必須提高。

C. 輕度特別決議：原則上應經代表已發行股份總數三分之二以上

---

[322] 最高法院 92 年度台上字第 1174 號民事判決。
[323] 最高行政法院 89 年度判字第 3903 號判決。
[324] 臺灣臺南地方法院 100 年度訴字第 595 號民事判決。
[325] 經濟部 94.8.17.經商字第 09402120100 號函。

股東之出席，以出席股東表決權過半數之同意者。此種決議方法，在公開發行股票之公司，若出席股東之股份總數不足上述定額時， 得以有代表已發行股份總數過半數股東之出席，出席股東表決權三分之二以上之同意行之。但不論是否為公開發行股票之公司，有關出席股東股份總數及表決權數，章程有較高之規定者，從其規定。例如：

(A)轉投資超過實收股本百分之四十之決議（公§13Ⅱ、Ⅲ、Ⅳ）。

(B)申請停止公開發行之決議（公§156-2Ⅰ、Ⅱ、Ⅲ）。

(C)重大營業政策之變更（公§185Ⅰ、Ⅱ、Ⅲ）。

(D)決議解任董事或監察人之決議（公§199Ⅱ、Ⅲ、Ⅳ、§227）。

(E)董事競業行為之許可（公§209Ⅱ、Ⅲ、Ⅳ）。

(F)盈餘轉增資之決議（公§240Ⅰ、Ⅱ、Ⅲ）。

(G)公積轉增資或發給現金之決議（公§241Ⅰ）。

(H)發行限制員工權利新股之決議（公§267Ⅸ、Ⅹ、ⅩⅠ）。

(I)變更章程之決議（公§277Ⅱ、Ⅲ、Ⅳ）。

(J)公司解散、分割或合併（公§316Ⅰ、Ⅱ、Ⅲ）。

(K)閉鎖性股份有限公司變更為非閉鎖性股份有限公司之決議（公§356-13Ⅰ、Ⅱ）。

D. 重度特別決議

公司法於民國 90 年 11 月 12 日修正前，設有重度特別決議之規定，適用於公司解散或合併事由，其由應有代表已發行股份總額四分之三以上股東出席，以出席股東表決權過半數之同意行之者之決議，然公司法於民國 90 年 11 月 12 日第十一次修正時已將公司解散或合併之決議修改為輕度特別決議，故現行公司法已無重度特別決議。

④ 全體股東同意

非公開發行股票之股份有限公司得經全體股東同意，變更為閉鎖性股份有限公司（公§356-14Ⅰ）。

⑤　股東會決議方法之相關實務

A. 公司未經股東會特別決議通過即為主要財產之處分，係屬無效行為，惟相對人於受讓時如屬善意，公司尚不得以其無效對抗該善意之相對人[326]。

B. 讓與主要部分之營業或財產，係指該部分營業或財產之轉讓，足以影響公司所營事業之不能成就者而言[327]。

C. 和解未經公司股東會之特別決議同意，則因和解而拋棄財產之行為在經股東會之特別決議追認以前，對於公司自不生效力[328]。

D. 公司讓與全部或主要部分之營業或財產，如以臨時動議提出並為決議，自不生效力[329]。

E. 股份有限公司之清算人將公司營業包括資產負債轉讓於他人時，　以經特別決議即得行之[330]。

F. 公司讓與商標毋庸經股東會之特別決議，然應經董事會決議[331]。

G. 總公司將分公司資產轉讓，如係公司法第 185 條情形，應經股東會特別決議，並非分公司得自行轉讓[332]。

6. 表決權拘束契約及表決權信託契約

(1) 為使非公開發行股票公司之股東，得以協議或信託之方式，匯聚具有相同理念之少數股東，以共同行使表決權方式，達到所需要之表決權數，爰參酌公司法第 356 條之 9 第 1 項有關閉鎖性股份有限公司之規定，明定公司股東得訂立表決權拘束契約及表決權信託契約。亦即，股東得以書面契約約定共同行使股東表決權之方式，亦得成立股東表決權信託，由受託人依書面信託契約之約定行使其股東表決權（公§175-1 I）。因此，最高法院早期關於表決權拘束契

---

[326] 最高法院 97 年度台上字第 2216 號民事判決。

[327] 最高法院 81 年度台上字第 2696 號民事判決、最高法院 96 年度台上字第 1707 號民事判決。

[328] 最高法院 97 年度台抗字第 312 號民事裁定。

[329] 最高法院 87 年度台上字第 1998 號民事判決。

[330] 最高法院 91 年度台上字第 2137 號民事判決。

[331] 最高法院 86 年度台上字第 2996 號民事判決。

[332] 經濟部 70.10.6.商字第 42082 號函。

約之見解，例如最高法院 71 年度台上字第 4500 號民事判決、最高
法院 96 年度台上字第 134 號民事判決，應不再參考。

(2) 股東非將前項書面信託契約、股東姓名或名稱、事務所、住所或居
所與移轉股東表決權信託之股份總數、種類及數量於股東常會開會
三十日前，或股東臨時會開會十五日前送交公司辦理登記，不得以
其成立股東表決權信託對抗公司（公§175-1 II）。

(3) 非公開發行股票公司之股東成立表決權信託契約，其受託人之資
格，不以股東為限，與公司法第 356 條之 9 第 2 項規定不同。

(4) 公開發行股票之公司，不適用公司法第 175 條之 1 第 1 項及第 2
項有關表決權拘束契約及表決權信託契約之規定（公§175-1 III）。

(5) 股東間協議與表決權拘束契約之概念不同。就股東間協議之合意內
容而言，通常包括當事人應為之給付（出資）、當事人期待之對價
及實現對價之手段。其中，當事人應為之給付（出資）與當事人期
待之對價（利益分配），可稱為對價契約；至於實現對價之方法，
通常會涉及股東之表決權行使，可稱為表決權拘束契約。

(6) 表決權信託，性質上為信託行為，因此，股東成立表決權信託時，
必須將其股份移轉與受託人，並由受託人依書面信託契約之約定行
使其股東表決權。受託人係以自己名義行使表決權，非代理委託股
東行使表決權[333]。

（五）股東會決議之紀錄

1. 股東會之議決事項，應作成議事錄，由主席簽名或蓋章，並於會後二
十日內，將議事錄分發各股東（公§183 I）。

2. 議事錄之製作及分發，得以電子方式為之（公§183 II）。又議事錄之
分發，公開發行股票之公司，得以公告方式為之（公§183 III）。

3. 議事錄應記載會議之年、月、日、場所、主席姓名、決議方法、議事
經過之要領及其結果，在公司存續期間，應永久保存（公§183 IV）。

---

[333] 經濟部 104.12.29.經商字第 10402137390 號函。

4. 出席股東之簽名簿及代理出席之委託書，其保存期限至少為一年。但經股東依第 189 條提起訴訟者，應保存至訴訟終結為止（公§183 V）。

5. 代表公司之董事，違反前述規定者，處新臺幣一萬元以上五萬元以下罰鍰（公§183 VI）。

6. 公司股東會議事錄、董事會議事錄之製作名義人，均為會議主席，須該股東會、董事會之主席，始有權製作股東會、董事會議事錄[334]。

7. 股份有限公司董事會執行業務，應依照法令章程及股東會之決議，至股東會議事錄僅為股東會議決事項等之證明文件之一，如確有誤載情事，自得由公司予以更正，並應依公司法第 183 條之規定，將更正後之議事錄分發各股東，公司法上尚無要求公司須再召開臨時股東會說明更正股東會議事錄之規定[335]。

（六）股東會決議之瑕疵

股東會決議之瑕疵，有不成立、無效、得撤銷等態樣，為各自獨立之類型，必須先有符合成立要件之股東會決議存在，始有探究股東會決議是否有無效或得撤銷事由[336]。

1. 決議之撤銷

(1) 撤銷之原因（公§189）

① 召集程序之違反法令或章程：例如對一部分股東未發召集通知，或不於通知中載明召集事由等是。

② 決議方法違反法令或章程：例如非股東或非其代理人之第三人參與表決，或有自身利害關係之股東加入表決等是。其中，決議方法之違反，係指非股東參與決議、特別利害關係人加入表決，或出席股東不足法定之定額等，對於決議結果有影響之情形而言；僅議案未經討論，與決議結果難謂有影響，自不屬所

---

[334] 最高法院 97 年度台上字第 5548 號民事判決。

[335] 經濟部 87.11.17.商字第 87033128 號函。

[336] 最高法院 111 年度台上字第 672 號民事判決。

謂決議方法違法[337]。

(2) 撤銷之程序與效力

① 股東會之召集程序或其決議方法，違反法令或章程時，股東得自決議之日起三十日內，以通常訴訟程序，訴請第一審管轄法院撤銷其決議，法院對於前述撤銷決議之訴，認為其違反之事實非屬重大且於決議無影響者，得駁回其請求（公§189-1）。

② 依公司法第 189 條所定請求撤銷股東會決議之訴，應以股東會所由屬之公司為被告，其當事人之適格始無欠缺[338]。

③ 提起撤銷決議之訴之原告，於起訴時，須具有股東身分[339]。

④ 其判決之效力不獨及於公司，且及於與該決議有利害關係之第三人[340]。

⑤ 決議事項已為登記者，經法院為撤銷決議之判決確定後，主管機關經法院之通知或利害關係人之聲請時，應撤銷其登記（公§190）。

(3) 法院駁回請求撤消決議之要件

① 法院對於撤銷股東會決議之訴，認為其違反之事實非屬重大且於決議無影響者，得駁回其請求（公§189-1）。

② 監察人暨股東已有機會於股東會中針對股東會召集程序之瑕疵提出異議，復因該股東會決議而受領盈餘分配，且改選之董事及監察人亦已就任執行職務，而董事會召集程序之瑕疵，實質上不會影響股東會決議結果及公司之利益，則股東會召集程序之瑕疵，仍應認非屬重大[341]。

③ 若得任由公司違反召集程序或決議方法，惡意將持股比例甚低之股東摒除於股東會之外，顯非公司法增列第 189 條之 1 規定

---

[337] 最高法院 104 年度台上字第 1454 號民事判決。
[338] 最高法院 68 年台上字第 603 號判例。
[339] 最高法院 57 年台上字第 3381 號判例。
[340] 最高法院 31.9.22.民刑事庭會議決議（四）。
[341] 最高法院 106 年度台上字第 57 號民事判決。

之立法意旨。故對於惡意違反法令之情形，應為限縮解釋，而無適用該規定之餘地[342]。

④ 公司不當禁止股東出席股東會，積極侵害股東參與股東會之權益，應認為違反之事實重大，不論該行為對於決議有否影響，法院均不得駁回撤銷股東會決議之請求[343]。

⑤ 民法第 56 條第 1 項請求撤銷總會決議之規定，既係參考公司法第 189 條規定修正而來，基於相類情形應為相同處理原則，於法院受理撤銷總會決議之訴時，自得類推適用公司法第 189 條之 1 規定，倘總會之召集程序或決議方法違反法令或章程之事實，非屬重大且於決議無影響時，法院得駁回其請求，以兼顧大多數社員之權益[344]。

2. 股東會決議撤銷之相關實務

(1) 撤銷股東會決議之股東，仍應受民法第 56 條第 1 項但書之限制[345]。

(2) 股份有限公司之股東，依公司法第 189 條規定訴請撤銷股東會之決議，仍應受民法第 56 條第 1 項但書之限制，如已出席股東會而其對於股東會之召集程序或決議方法未當場表示異議者，不得為之[346]。

(3) 監察人於無召集股東會之必要時召集股東會，係屬股東會之召集程序有無違反法令，該決議在未經撤銷前，仍為有效[347]。

(4) 關於撤銷訴權之規定，股東依此規定提起撤銷之訴，其於股東會決議時，雖尚未具有股東資格，然若其前手即出讓股份之股東，於股東會決議時，具有股東資格，且已依民法第 56 條規定取得撤銷訴權時，其訴權固不因股份之轉讓而消滅。但若其前手未取得撤銷訴

---

[342] 最高法院 106 年度台上字第 440 號民事判決。
[343] 最高法院 110 年度台上字第 3067 號民事判決。
[344] 最高法院 107 年度台上字第 1957 號民事判決。
[345] 最高法院 72.9.6.第 9 次民事庭會議決議（一）。
[346] 最高法院 73 年台上字第 595 號判例、最高法院 75 年台上字第 594 號判例。
[347] 最高法院 86 年台上字第 1579 號判例。

權，則繼受該股份之股東，亦無撤銷訴權可得行使[348]。

(5) 無召集權人召集之股東會所為之決議，當然無效[349]。股東會係依無效董事會決議而召集，應認其決議無效[350]。

(6) 少數股東獲得合併之資訊不足、不易結合，且無餘力對合併案深入瞭解，執有公司多數股份股東或董事會欲召集股東會對於公司合併為決議者，應於相當時日前使未贊同合併之股東，及時獲取合併對公司利弊影響之重要內容、有關有利害關係股東及董事之自身利害關係之重要內容、贊成或反對併購決議之理由、收購價格計算所憑之依據等完整資訊，其召集始符正當程序之要求，否則即應認有召集程序之違法[351]。

(7) 請求撤銷臨時股東會決議，核其標的，並非對於親屬關係及身分上之權利有所主張，自屬財產權之訴訟[352]。

(8) 股東會決議如剔除不具股東適格之表決權數，仍有成立決議之定額，且不具決議瑕疵，難謂該股東會決議有撤銷之餘地[353]。

(9) 未出席股東會之股東，對於股東會決議有違反章程或法令之情事，應許其於法定期間內提起撤銷股東會決議之訴[354]。

(10) 請求撤銷股東會決議之訴中，請求合併確認對公司及該次決議所選任之董事或監察人間之委任關係不存在，自符合訴訟經濟原則[355]。

(11) 撤銷股東會決議之訴，不得以其中一股東已取得撤銷權，即認為共同原告之他股東所行使之撤銷權亦屬存在[356]。

(12) 提起撤銷股東會決議之訴，在起訴時具有股東身分，其當事人之適

---

[348] 最高法院 73 年台上字第 595 號判例。
[349] 最高法院 96 年度台上字第 257 號民事判決、最高法院 93 年度台上字第 2833 號民事判決。
[350] 最高法院 93 年度台上字第 2833 號民事判決。
[351] 最高法院 110 年度台上字第 1835 號民事判決。
[352] 最高法院 92 年度台上字第 635 號民事判決。
[353] 最高法院 89 年度台上字第 1558 號民事判決。
[354] 最高法院 86 年度台上字第 3604 號民事判決。
[355] 最高法院 86 年度台上字第 772 號民事判決。
[356] 最高法院 83 年度台上字第 2840 號民事判決。

格，即無欠缺，並不以占有股票為必要[357]。

(13) 撤銷選任董事、監察人之股東會決議之訴，於起訴前或訴訟中其經選任之董事、監察人業已任滿改選者，應認為欠缺訴之利益[358]。

(14) 開會通知召集事由未記載之事項，除法律禁止以臨時動議提出者外，難認董事會不得以臨時動議提出而為決議[359]。

(15) 股東會部分議案之決議方法有違反法令或章程，股東僅須就該部分決議訴請法院撤銷[360]。

(16) 股東會決議不成立應為股東會決議瑕疵之獨立類型；少數股東自行召集股東臨時會其通知及公告應載明召集事由，得列臨時動議，惟未列臨時動議者，開會時即不得提臨時動議[361]。

(17) 股東會縱承認內容違法不實或漏載有關伊頓園經營之會計表冊，亦不構成股東會決議違反法令或章程情形[362]。

(18) 公司召集董事會，並未於七日前通知各董事及監察人，監察人亦未出席董事會，董事會決議應屬無效，惟其既有董事會決議之外觀，並據以召集股東會，則股東會自與由無召集權人召集之情形有別，尚不得逕認該股東會決議無效，而應認僅屬召集程序之瑕疵。此外，股東會之召集程序或其決議方法，違反法令或章程時，股東得自決議之日起三十日內，訴請法院撤銷其決議，惟股東會之決議方法違反法令，與召集程序違反法令，係屬不同原因事實。因此，股東初僅以股東會之決議方法違反法令為由，訴請撤銷該股東會決議，嗣後再以股東會有召集程序之瑕疵，訴請撤銷股東會決議，後者於行使撤銷訴權時，距股東會決議之日已逾三十日除斥期間，其撤銷權即告消滅。

---

[357] 最高法院 80 年度台上字第 2645 號民事判決。
[358] 臺灣高等法院 95 年度重上字第 560 號民事判決。
[359] 臺灣高等法院 93 年度上字第 467 號民事判決。
[360] 經濟部 90.6.1.經商字第 09002118540 號函。
[361] 最高法院 92 年度台上字第 1174 號民事判決。
[362] 臺灣高等法院臺南分院 96 年度上字第 81 號民事判決。

3. 決議之無效

(1) 股東會決議之內容，違反法令或章程者無效（公§191）。

① 所謂決議內容違反法令，除違反股東平等原則、股東有限責任原則、股份轉讓自由原則或侵害股東固有權外，尚包括決議違反強行法規或公序良俗在內[363]。

② 所謂決議內容違反章程，係指由發起人訂立或股東會決議變更之章程。蓋章程係由發起人以全體之同意訂立，為公司申請設立登記事項之一，於公司成立後，其變更須經股東會之特別決議，「股東會議事規則」雖經股東會決議通過，但其效力究與章程有別[364]。

(2) 股東會之決議既屬無效，公司及股東即不受其拘束，但內容是否違法，公司與股東間若有爭執時，則得提起確認之訴，以確認某特定決議事項之法律關係存在或不存在。

4. 股東會決議無效之相關實務

(1) 股東會決議是否有效，行政機關或行政法院對該先決問題並無判斷權限[365]。

(2) 股份有限公司董事長之職務加給及總經理之薪資，屬應由董事會而非股東會所得決議之事項[366]。

(3) 股東會決議得為確認訴訟之標的[367]。

(4) 董事及監察人之選任經判決無效確定，則其執行職務行為依無因管理法則解決[368]。

(5) 股東會決議違反法令或章程，以有會議決議存在之事實為前提[369]。

(6) 公司法第 191 條雖規定股東會決議之內容違反法令或章程者無

---

[363] 最高法院 103 年度台上字第 620 號民事判決。
[364] 臺灣臺北地方法院 102 年度訴字第 4189 號民事判決。
[365] 最高行政法院 96 年度判字第 1232 號判決。
[366] 臺灣高等法院 97 年度抗字第 485 號民事裁定。
[367] 臺灣高等法院臺中分院 93 年度上字第 100 號民事判決。
[368] 經濟部 58.8.5.商字第 26762 號函。
[369] 臺灣高等法院花蓮分院 86 年度上字第 83 號民事判決。

效，然此種決議之內容為法律關係發生之原因，要非法律關係之本身，當不能作為確認之訴之標的[370]。

(7) 股東會係依無效董事會決議而召集，應認其決議無效[371]。惟公司召集董事會，並未於七日前通知各董事及監察人，監察人亦未出席董事會，董事會決議雖屬無效，但其既有董事會決議之外觀，並據以召集股東會，則股東會自與由無召集權人召集之情形有別，尚不得逕認該股東會決議無效，而應認僅屬召集程序之瑕疵。

(8) 公司法第 191 條規定，股東會決議之內容違反法令或章程者，無效。故盈餘分配，於決議前未依該法第 232 條規定彌補虧損及提出法定盈餘公積，則該部分之決議自屬無效[372]。

(9) 本於股東平等原則，股份有限公司就各股東基於股東地位對公司享有權利及負擔義務，應予平等待遇。此原則係基於衡平理念而建立，藉以保護一般股東，使其免受股東會多數決濫用之害，為股份有限公司重要原則之一。倘因股東會多數決之結果，致少數股東之自益權遭實質剝奪，大股東因而享有不符比例之利益，而可認為有恣意之差別對待時，即屬有違立基於誠信原則之股東平等原則，該多數決之決議內容，自該當於公司法第 191 條規定之「違反法令者無效」之情形[373]。

5. 決議之不成立

股份有限公司股東會議決議之瑕疵，與法律行為之瑕疵相近，有不成立（不存在）、無效、得撤銷等態樣。股東會之決議，乃多數股東基於平行與協同之意思表示相互合致而成立之法律行為，如法律規定其決議必須有一定數額以上股份之股東出席，此一定數額以上股份之股東出席，為該法律行為成立之要件。若欠缺此項要件，股東會決議即屬不成立[374]，尚非

---

[370] 最高法院 71 年度台上字第 4013 號民事判決。
[371] 最高法院 96 年度台上字第 2833 號民事判決。
[372] 最高法院 109 年度台上字第 2435 號民事判決。
[373] 最高法院 108 年度台上字第 1836 號民事判決。
[374] 最高法院 111 年度台上字第 672 號民事判決。

單純之決議方法違法問題。

6. 股東會決議不成立之相關實務

(1) 未召集股東會、董事會或無決議之事實，而在議事錄為虛構之開會或決議之紀錄，其決議自始不成立，亦不生任何效力[375]。

(2) 股東會之決議係多數股東合致之意思表示，如決議須有一定股份之股東出席，則為該法律行為之成立要件。倘有欠缺，則該股東會決議為不成立。又按公司法第 174 條規定，股東會之決議，除本法另有規定外，應有代表已發行股份總數過半數股東之出席，以出席股東表決權過半數之同意行之。亦即股東會出席之股東不足代表已發行股份總數過半數，所為之決議即不成立[376]。

(3) 股東會之決議，乃多數股東基於平行與協同之意思表示相互合致而成立之法律行為，如法律規定其決議須有一定數額以上股份之股東出席，此一定數額以上股份之股東出席，為該法律行為成立之要件，如欠缺此項要件，則股東會決議不成立，為股東會決議瑕疵之獨立類型[377]。

(4) 股東會決議之不成立（不存在），應屬股東會決議瑕疵之獨立類型，當事人如就股東會決議是否成立（存在）有所爭執，以決議不成立（不存在）為理由，提起確認股東會決議不成立（不存在）之訴，應為法之所許[378]。

(5) 所謂決議不成立，係指自決議之成立過程觀之，顯然違反法令，在法律上不能認為有股東會召開或有決議成立之情形而言[379]。

(6) 確認會議決議不成立，此乃屬確認法律關係基礎事實存否之訴，非法律關係本身，以不能提起他訴訟者為限，始能請求確認[380]。

---

[375] 臺灣高等法院臺中分院 93 年度上字第 100 號民事判決。
[376] 最高法院 103 年度台上字第 1764 號民事判決、最高法院 103 年度台上字第 1516 號民事判決。
[377] 最高法院 103 年度台上字第 1644 號民事判決。
[378] 最高法院 92 年度台上字第 1174 號民事判決、最高法院 98 年度台上字第 1724 號民事判決。
[379] 臺灣高等法院 92 年度上字第 768 號民事判決。
[380] 臺灣高等法院 96 年度上字第 955 號民事判決。

(7) 由無召集權人召集之股東會所為之決議，係屬當然無效[381]。

三、董事及董事會

（一）董　事

董事為董事會之構成分子，不以具有股東身分為必要，主要職責為參與公司業務之執行。

1. 董事之選任

(1) 選任人

① 公司設立之初

A. 發起設立：由發起人互選之（公§131 I）。前項選任方法，準用公司法第 198 條之規定（公§131 II）。

B. 募集設立：由創立會選任之（公§146 I）。關於董事長及監察人之選任，準用第 198 條之規定（公§144 I 但書）。

② 公司成立之後：選任之權，專屬於股東會（公§292 I）。但政府或法人股東一人所組織之股份有限公司，其董事由政府或法人股東指派（公§128-1 IV）。

(2) 選任方法

① 股東會選任董事時，每一股份有與應選出董事人數相同之選舉權，得集中選舉一人，或分配選舉數人，由所得選票代表選舉權較多者，當選為董事（公§198 I）。又第 178 條之規定，對於前項選舉權，不適用之（公§198 II）。

② 董事及監察人之改選，應有代表已發行股份總數過半數股東之出席（公§199-1 II、§227）。

③ 公開發行公司之董事選舉，應依公司法第 198 條規定辦理，獨立董事與非獨立董事應一併進行選舉，分別計算當選名額。依證券交易法設置審計委員會之公開發行公司，其獨立董事至少

---

[381] 最高法院 93 年度台抗字第 763 號民事裁定、最高法院 98 年度台上字第 257 號民事判決。

一人應具備會計或財務專長（公開發行公司獨立董事設置及應遵循事項辦法§5Ⅶ）。

④ 選舉權人將選票投入票箱前，更改其記載，至其用何方法塗改，如經在場監票人認可，仍應有效[382]。

⑤ 公司董事或監察人選舉票之分割，允屬公司自治事項[383]。

(3) 董事之種類

① 個人董事

所謂個人董事，即自然人以個人名義當選董事者。公開發行公司之獨立董事，僅得以個人名義當選。

② 政府董事或法人董事

政府或法人為股東時，得當選為董事或監察人。但須指定自然人代表行使職務（公§27Ⅰ）。公司法第27條第1項及第2項之代表人，得依其職務關係，隨時改派補足原任期（公§27Ⅲ）。又對於公司法第27條第1項、第2項代表權所加之限制，不得對抗善意第三人（公§27Ⅳ）。

A. 法人為股東時，雖得自己或其代表人當選為董事或監察人，然同法第27條第1項係由法人股東自己當選為董事或監察人後，再指定自然人代表行使職務，其與公司間成立委任關係者係法人股東本身；而同條第2項乃由法人股東之代表人以個人身分當選為董事或監察人，其與公司成立委任關係者為該代表人個人而非法人股東本身。因此，由法人股東自己當選為董事或監察人，再指定自然人代表行使職務之情形，除有其他法律規定或特別約定或另有決議外，該經指定之自然人代表因與公司間無委任關係存在，即無本於委任關係請求公司給付報酬之餘地，公司亦不負給付該自然人代表報酬之義務[384]。

---

[382] 臺灣高等法院89年度上字第256號民事判決。

[383] 經濟部95.5.22.經商字第09502070850號函。

[384] 最高法院101年度台上字第1696號民事判決。

B. 依公司法第 27 條第 1 項規定，於公司登記之董事為法人股東，而不涉及指定之自然人，該自然人僅為代表行使職務；如該法人股東當選為董事長時，亦同。是以，A 法人當選為 B 公司董事，並經 B 公司董事會選舉為董事長，A 法人仍可依同法第 27 條第 3 項規定隨時改派之[385]。

C. 依公司法第 27 條第 1 項規定，法人股東固得當選為董事，惟同一法人僅得擔任同一權利能力之主體，自不得當選並兼任二席以上之董事。至法人代表有數人時，得分別當選為董事，並以各該自然人身分當選之。是法人股東係基於股票數額而表彰之股東權益，並於股東大會按其持股對公司營運政策加以表決。如法人股東並未擔任公司董事或監察人，且依股東臨時會會議事錄及董事會會議事錄記載內容，並未當選為決選之董事、監察人或董事長、總經理等職務，故有關公司之申請登記事項，自與該法人股東本身法律上之利害關係無涉[386]。

C. 法人股東代表以該身分擔任另一法人公司董事，其有關該項職務之權利義務，自應直接歸屬於該法人股東[387]。

D. 對股東會決議事項是否有自身利害關係，於法人股東時應以該法人股東為認定之標準[388]。

③ 政府之代表人董事或法人之代表人董事

政府或法人為股東時，亦得由其代表人當選為董事或監察人。代表人有數人時，得分別當選，但不得同時當選或擔任董事及監察人（公§27Ⅱ）。法人股東若依公司法第 27 條第 2 項規定委任指派代表當選董事，不僅該代表人董事與公司間具有委任關係，且該代表人董事與法人股東間亦具有委任關係。若法人股東指示代表人董事為不利於公司之行為，因公司法第 23 條第

---

[385] 經濟部 94.5.5.經商字第 09402311260 號函。

[386] 最高行政法院 103 年度判字第 377 號判決。

[387] 臺灣高等法院 92 年度重上字第 551 號民事判決。

[388] 最高法院 88 年度台上字第 2590 號民事判決。

1 項規定為強行規定，代表人董事自應遵守法令，對公司負善管注意義務及忠實義務，至於法人股東之不法指示，代表人董事應可拒絕履行。

A. 當法人股東依公司法第 27 條第 1 項規定當選為被投資公司之董事或監察人者，其委任關係存在於法人股東與被投資公司之間；若法人股東指派之代表人根據同條第 2 項當選為被投資公司之董事或監察人者，其委任關係則存在於代表人與被投資公司之間[389]。

B. 政府或法人為股東時，其代表人當選為董事，該代表人個人與公司成立委任關係[390]。

C. 政府或法人股東之代表人當選為董監事時，則公司與董監事之委任關係應係存在於公司與該政府或法人股東之代表人間[391]。

D. A 法人股東之代表甲，代表 A 法人行使 B 公司董事之職務，則該代表甲與 B 公司間，並不生民法之委任關係，該代表甲自不得向 B 公司請求報酬[392]。

E. 法人股東之原代表為董事長，其後改派代表尚非當然繼任董事長[393]。

(4) 被選任之資格

① 須就有行為能力之人選任之，但不以具備股東身分為必要，故無行為能力人固不得當選為董事，即民法第 15 條之 2 有關受輔助宣告之人及第 85 條有關行為能力補充之規定，於股東任董事之資格，亦不適用（公§192 I 、IV）。

② 積極資格雖無限制，但在消極方面，公司法第 30 條關於經理人消極資格之規定，對董事亦準用之（公§192 VI）。

---

[389] 最高法院 101 年度台上字第 700 號民事判決。

[390] 最高法院 89 年度台上字第 2191 號民事判決、最高法院 101 年度台上字第 700 號民事判決。

[391] 臺灣高等法院 88 年度上更（一）字第 463 號民事判決。

[392] 最高法院 93 年度台上字第 532 號民事判決。

[393] 經濟部 94.5.20.經商字第 09402061430 號函。

③ 公營事業之組織型態不一，依公司法設立者為私法人，其與內部人員之關係，屬私法上之契約關係；依法規特別設立者為公法人，其與內部人員之關係，依公務員任用法或事業特別法之規定，屬公法關係。是以判斷公營事業之法人屬性時，應以其設立法源之性質、構成員資格之取得、有無行使公權力之權能及得否為權利義務主體等項為標準[394]。

④ 股份有限公司二位法人董事尚不得分別指派同一位自然人出席董事會[395]。

⑤ 選任董事之股東會決議當然無效或不存在，則董事之選任無效或不存在，被選任人自始非董事[396]。

(5) 當選失效

① 公開發行股票之公司董事當選後，於就任前轉讓超過選任當時所持有之公司股份數額二分之一時，或於股東會召開前之停止股票過戶期間內，轉讓持股超過二分之一時，其當選失其效力（公§197Ⅲ）。但若因公司依章程規定收回特別股而交回該特別股，與轉讓股份不同，不適用上開規定。

② 獨立董事持股轉讓，不適用公司法第 197 條第 3 項規定（證券交易法§14-2Ⅴ）。蓋獨立董事之持股偏低，甚至得免持有公司股票，為避免獨立董事因小額持股轉讓而有公司法第 197 條第 1 項及第 3 項規定之情事，故排除公司法有關持股轉讓超過二分之一應解任規定之適用。

③ 有關公職人員財產申報法所定財產申報信託義務人，如本為公開發行股票之公司董事，若將股票全部強制信託予信託業者，不喪失董事身分[397]。

(6) 候選人提名制度

---

[394] 最高法院 93 年度台上字第 1365 號民事判決。

[395] 經濟部 98.2.19.經商字第 09800522520 號函。

[396] 臺灣高等法院高雄分院 95 年度上字第 84 號民事判決。

[397] 經濟部 102.4.19.經商字第 10200569710 號函。

① 候選人提名制度採行之條件

A. 公司董事選舉，採候選人提名制度者，應載明於章程，股東應
就董事候選人名單中選任之（公§192-1 I 本文）。

B. 公開發行股票之公司，符合證券主管機關依公司規模、股東人
數與結構及其他必要情況所定之條件者，應於章程載明採董事
候選人提名制度（公§192-1 I 但書）。

C. 公開發行公司獨立董事選舉，應依公司法第 192 條之 1 規定採
候選人提名制度，並載明於章程，股東應就獨立董事候選人名
單中選任之（公開發行公司獨立董事設置及應遵循事項辦法§5
I）。

D. 公司章程規定採候選人提名制度者，股東應就董事候選人名單
中選任之。

E. 上市（櫃）公司董事及監察人選舉應採候選人提名制度，並載
明於章程，股東應就董事及監察人候選人名單中選任之[398]。

② 受理提名之公告

A. 公司應於股東會召開前之停止股票過戶日前，公告受理董事候
選人提名之期間、董事應選名額，其受理處所及其他必要事項
（公§192-1 II 前段）。

B. 受理期間不得少於十日（公§192-1 II 後段）。

③ 候選人之提名

A. 持有已發行股份總數百分之一以上股份之股東，得以書面向公
司提出董事候選人名單（公§192-1 III 前段）。

B. 提名人數不得超過董事應選名額。董事會提名董事候選人之人
數，亦同（公§192-1 III 後段）。

C. 提名股東應敘明被提名人姓名、學歷及經歷（公§192-1 IV）。至
於「當選後願任董事之承諾書、無第三十條規定情事之聲明書」
者，鑑於是否當選，尚屬未定，實無必要要求提前檢附，況被

---

[398] 金融監督管理委員會 108.4.25.金管證交字第 1080311451 號令。

提名人一旦當選，公司至登記主管機關辦理變更登記時，即知是否願任；又「被提名人為法人股東或其代表人者，並應檢附該法人股東登記基本資料及持有之股份數額證明文件」者，基於法人股東登記基本資料及持有之股份數額證明文件，公司已有相關資料，亦無必要要求檢附。因此，提名股東僅敘明被提名人姓名、學歷及經歷即可。

D. 股東或董事會依「公開發行公司獨立董事設置及應遵循事項辦法」第 5 條第 3 項提供推薦名單時，應敘明被提名人姓名、學歷及經歷，並檢附被提名人符合「公開發行公司獨立董事設置及應遵循事項辦法」第 2 條第 1 項、第 3 條、第 4 條之文件及其他證明文件（公開發行公司獨立董事設置及應遵循事項辦法§5IV）。

④ 不列入董事候選人名單之法定事由

為簡化提名股東之作業程序，故是否列入董事候選人名單，應依公司法第 192 條之 1 第 5 項規定判斷，遂不再要求董事會或其他召集權人，對被提名人予以審查。因此，董事會或其他召集權人召集股東會者，除有下列情事之一者外，應將其列入董事候選人名單（公§192-1 V）。

A. 提名股東於公告受理期間外提出。

B. 提名股東於公司依第 165 條第 2 項或第 3 項停止股票過戶時，持股未達百分之一。

C. 提名人數超過董事應選名額。

D. 提名股東未敘明被提名人姓名、學歷及經歷。

⑤ 候選人資料之公告

公司應於股東常會開會二十五日前或股東臨時會開會十五日前，將董事候選人名單及其學歷、經歷公告。但公開發行股票之公司應於股東常會開會四十日前或股東臨時會開會二十五日前為之（公§192-1 VI）。

⑥　違反之處罰

公司負責人或其他召集權人違反公司法第 192 條之 1 第 2 項或第 5 項、第 6 項規定者，各處新臺幣一萬元以上五萬元以下罰鍰。但公開發行股票之公司，由證券主管機關各處公司負責人或其他召集權人新臺幣二十四萬元以上二百四十萬元以下罰鍰（公§192-1Ⅶ）。

⑦　違法排除被提名人之效力

董事會或其他股東會召集權人若濫用審查權，恣意排除符合公司法第 192 條之 1 第 5 項、「公開發行公司獨立董事設置及應遵循事項辦法」第 5 條第 5 項規定之被提名人，其法律效果為何，實務上頗有爭議。

A. 有權審查候選人者如果濫權恣意不將符合公司法第 192 條之 1 第 5 項、「公開發行公司獨立董事設置及應遵循事項辦法」第 5 條第 5 項規定之被提名人列入候選人名單，除可能影響股東出席股東會之意願外，將致股東無從選舉原屬合格之候選人，所召集之股東會，解釋上應構成股東會召集程序之違反法令或章程事由，依公司法第 189 條之規定，得向法院提起撤銷股東會決議之訴[399]。

B. 董事會若違反公司法第 192 條之 1 第 5 項、「公開發行公司獨立董事設置及應遵循事項辦法」第 5 條第 5 項規定，決議不將股東合法提名之董事候選人名單列為董事、獨立董事候選人，因董事會通過董事候選人名單之決議為單一決議，自屬全部當然無效。又因股東會公布之董事、獨立董事候選人名單，係依董事會之違法決議而來，董事會所通過之候選人名單自非合法之董事、獨立董事候選人，股東會若依據違法之董事、獨立董事候選人名單，作成選出董事、獨立董事之決議自屬無效，且形同為違法董事會決議背書，而等同實質上同意董事會所為之違

---

[399] 臺灣臺北地方法院 106 年度訴字第 2349 號民事判決。

法審查決議。因此，股東會決議與董事會所提出董事、獨立董事候選人名單之決議環環相扣，無法切割，二者皆應解為無效[400]。

(7) 董事之人數

① 董事之設置，不得少於三人（公§192 I）。

② 公司得依章程規定不設董事會，置董事一人或二人。置董事一人者，以其為董事長，董事會之職權並由該董事行使，不適用公司法有關董事會之規定；置董事二人者，準用公司法有關董事會之規定（公§192 II）。

③ 已依證券交易法發行股票之公司董事會，設置董事不得少於五人（證券交易法§26-3 I）。

(8) 董事責任保險

① 公司得於董事任期內就其執行業務範圍依法應負之賠償責任投保責任保險（公§193-1 I）。

② 公司為董事投保責任保險或續保後，應將其責任保險之投保金額、承保範圍及保險費率等重要內容，提最近一次董事會報告（公§193-1 II）。

(9) 董事之報酬

① 其報酬未經章程訂明者，應由股東會議定，不得事後追認（公§196 I）。公司法第 29 條第 2 項之規定，對董事準用之（公§196 II）。應注意者，依經濟部之解釋，曾認為公司採募集設立者，其創立會之位階與股東會相同，設立時有決議董事、監察人報酬之需要，由創立會決議之，尚屬可行[401]。問題在於，創立會與股東會之職權明顯有異，焉能謂二者之位階相同。蓋創立會之職權僅限於報告聽取權（公§145 I）、選任董事、監察人（公§146 I）、發起人所得受之報酬或特別利益及公司設立費用之裁減權、抵作股款財產所給股數過高之裁減權或責令補足權（公§

---

[400] 臺灣高等法院 107 年度上字第 1522 號民事判決。

[401] 經濟部 94.12.15.經商字第 09402428680 號函。

147 I）、得修改章程或為公司不設立之決議（公§151 I）等，並無議定董事、監察人報酬之權限。同理，公司採發起設立者，發起人雖得互選董事及監察人，但亦無議定董事、監察人報酬之權限。

② 所謂「董事之報酬」，係指董事為公司服勞務應得之酬金而言。所謂「車馬費」，顧名思義，則指董事前往公司或為公司與他人洽商業務所應支領之交通費用而言，自與董事之報酬有別[402]。

③ 公司股東會不得以決議將董、監事報酬額之決定委諸董事會定之，否則該決議無效[403]。

④ 董事之報酬未經章程訂明者，應由股東會議定，無事後追認之情事[404]。

⑤ 股份有限公司與董事間之關係，除公司法另有規定外，依民法關於委任之規定。而董事之報酬，未經章程訂明者，應由股東會議定。又委任契約報酬縱未約定，如依習慣，或依委任事務之性質，應給與報酬者，受任人得請求報酬。分別為公司法第192 條第 5 項、第 196 條及民法第 547 條定有明文[405]。

⑥ 按股份有限公司與董事或監察人間之關係，依公司法第 192 條第 4 項、第 196 條第 1 項、第 216 條第 3 項之規定，原則上從民法關於有償委任之規定，即由法人股東自己當選為董事或監察人後，再指定自然人代表行使職務，其與公司間成立委任關係者係法人股東本身而非該代表行使職務之自然人。同法第 27 條第 1 項、第 2 項規定，法人為股東時，得自己或其代表人當選為董事或監察人，係由法人股東之代表人以個人身分當選為董事或監察人，其與公司成立委任關係者為該代表人個人而非法人股東本身。因此，由法人股東自己當選為董事或監察人，

---

[402] 最高法院 69 年度台上字第 4049 號民事判決。
[403] 最高法院 98 年度台上字第 935 號民事判決。
[404] 經濟部 93.1.20.經商字第 0930200550 號函。
[405] 最高法院 94 年度台上字第 2350 號民事判決。

再指定自然人代表行使職務之情形，除有其他法律規定或特別約定或另有決議外，該經指定之自然人代表因與公司間無委任關係存在，即無本於委任關係請求公司給付報酬之餘地，公司亦不負給付該自然人代表報酬之義務[406]。

⑦ 政府或法人為股東時，依修正前公司法第 27 條第 2 項規定，得由其代表人當選為董事或監察人，代表人有數人時，得分別當選。是法人股東代表人當選為被投資公司之董事或監察人者，就代表人與被投資公司，及法人股東三者間之內部權利義務關係，非單純代表人與被投資公司間雙方之關係，有關如何給付代表人之報酬乙事，仍須由當選之代表人、法人股東及被投資公司三方間依其內部關係以為決定，非單純由當選代表人對被投資公司直接請求給付報酬[407]。

(10)董事之任期

① 董事之任期，不得逾三年，但得連選連任（公§195 I）。董事得連選連任係公司法明文賦予之權利，既董事得連選連任，同樣具董事身分之董事長又無其他特別規定，應亦得連選連任。是以，公司於章程限制董事（長）不得連任或只能連選連任一次，與公司法第 195 條第 1 項之意旨不符[408]。

② 董事任期屆滿而不及改選時，延長其執行職務至改選董事就任時為止。但主管機關得依職權限期令公司改選；屆期仍不改選者，自限期屆滿時，當然解任（公§195 II）。若董事當然解任後仍實際行使董事職權，則構成公司法第 8 條第 3 項之事實上董事。

③ 股份有限公司之新任董事長或監察人，雖不以經主管機關准予變更登記後始生效力，惟仍須「就任」始生效力[409]。

---

[406] 最高法院 101 年度台上字第 1696 號民事判決。
[407] 最高法院 101 年度台上字第 1696 號民事判決。
[408] 經濟部 108.5.20.經商字第 10802411360 號函。
[409] 最高法院 96 年度台上字第 2152 號民事判決。

④ 新任董事長業經選舉產生，尚未就任，原任董事長自得延長其執行職務至新任董事長就任時為止[410]。

⑤ 董、監事雖已任期屆滿，然主管機關經濟部，既命其於某期限前改選董、監事，則在此期限屆至前，即不生當然解任之問題[411]。

⑥ 公司之董事並非任期屆滿即不得再執行職務，必俟改選之董事就任時，始喪失原任董事之資格[412]。

⑦ 董監事任期屆滿不及改選時，該法人股東得另改派代表人執行職務至改選就任時為止[413]。

⑧ 主管機關依職權限期改變，屆期未改選者，無須俟主管機關為解任之處分即生解任效力[414]。

2. 董事之職權

(1) 出席董事會參與討論及表決

① 董事為董事會之構成員，故董事會開會時，董事原則上應親自出席並參與表決及執行業務，但公司章程得訂定可由其他董事代理（公§205 I）。

② 董事委託其他董事代理出席董事會時，應於每次出具委託書，並列舉召集事由之授權範圍，但代理人以受一人之委託為限（公§205 III）。

③ 董事會開會時，如以視訊會議為之，其董事以視訊參與會議者，視為親自出席（公§205 II）。公司法第 205 條規定董事會採行視訊會議方式進行，而無董事親自出席集會時，有關議事錄會議場所之記載，得載明某一特定與會者（如主席）之「實際所在地」或記載該次視訊會議所使用之連結及識別方式作為會議場所。

---

[410] 最高法院 94 年度台抗字第 1041 號民事裁定。
[411] 最高法院 94 年度台抗字第 72 號民事裁定。
[412] 最高法院 84 年度台抗字第 268 號民事裁定。
[413] 經濟部 91.11.12.經商字第 09102257800 號函。
[414] 經濟部 91.7.12.經商字第 09102139170 號函。

④ 公司章程得訂明經全體董事同意，董事就當次董事會議案以書面方式行使其表決權，而不實際集會（公§205 V）。應注意者，董事會議案採書面決議者，除全體董事就當次董事會議案應以書面方式行使其表決權，並無實際集會外，尚無排除公司法第204條規定之適用，故公司仍應將書面決議之事由及行使方式依限通知各董事與監察人[415]。

(2) 調查報告

董事由創立會選任後，應即就公司法第 145 條第 1 項所規定事項，為確實之調查，並向創立會報告（公§146 I）。

(3) 簽章於股票與公司債

公司所發行之股票或公司債，代表公司之董事簽名或蓋章（公§162 I 、257 I）。

(4) 任免經理人

經理人之委任、解任、報酬，應由董事會的董事過半數之出席，及出席董事過半數同意之決議行之（公§29 I ③）。

(5) 申請各種登記

股份有限公司之登記，由代表公司之負責人申請之（公§387 I、IV）。

(6) 代表公司對監察人提起訴訟

股東會決議，對於監察人提起訴訟時，若未另行選任起訴之代表，則董事得代表公司自決議之日起三十日內提起之（公§225）。

(7) 董事行使職權之相關實務

① 董事長或董事應無公司法第 194 條股東之制止請求權[416]。

② 董事之資格，因股東臨時會之決議並改選全體董、監事而提前解任，自不得再行使董事長之職權[417]。

③ 董事會之召集程序有瑕疵時，該董事會之效力，當然無效[418]。

---

[415] 經濟部 111.2.25.經商字第 11102407120 號函。

[416] 臺灣高等法院臺中分院 97 年度上字第 157 號民事判決。

[417] 最高法院 95 年度台抗字第 722 號民事裁定。

[418] 臺灣高等法院 97 年度上字第 603 號民事判決。

④ 董事為自己或他人與公司有交涉時，由監察人為公司之代表，惟此所謂交涉，並不包括訴訟行為在內[419]。

⑤ 董事或其他有代表權人之執行職務，應包括外觀上足認為法人之職務行為，或與職務行為在社會觀念上有適當牽連關係之行為在內[420]。

⑥ 事如因執行業務之合理目的需要，為善盡義務，自應使其取得於執行業務合理目的必要範圍內之相關公司資訊。董事之資訊請求權既係附隨於受託義務或緣於其執行職務之本質所生，而與股東權行使無涉，其所得請求查閱、抄錄之資訊範圍，自非以公司法第 210 條規定者為限，惟仍應與其履行執行職務相關，本於正當、合理之目的所必要者，且應就取得之公司資訊本於忠實及注意義務為合理使用，並盡相關保密義務，不得為不利於公司之行為，公司除能舉證證明該資訊與董事之執行業務無涉或已無必要，或董事請求查閱、抄錄該資訊係基於非正當目的者外，不得拒絕提供[421]。

3. 董事之義務

就股份有限公司與董事間之關係而言，依公司法第 192 條第 5 項規定，應適用民法關於委任之規定。該特殊委任契約之締結係以股東會決議為基礎，並以處理團體法上之公司事務為標的[422]。故董事除應對公司負民法上之受任人義務外，尚應對公司負公司法之受託人義務（fiduciary duty）或誠信服務。亦即，董事應忠實執行業務，並盡善良管理人之注意義務。

(1) 善良管理人之注意義務

① 董事為公司之當然負責人，應盡善良管理人之注意義務，如有違反致公司受有損害者，負損害賠償責任（公§23 I）。

② 依司法實務之見解，向來認為觀諸公司法第 192 條第 5 項及第

---

[419] 臺灣高等法院花蓮分院 84 年度抗字第 184 號民事裁定。

[420] 最高法院 92 年度台上字第 2344 號民事判決。

[421] 最高法院 111 年度台上字第 1079 號民事判決、最高法院 110 年度台上字第 3245 號民事判決。

[422] 最高法院 93 年度台上字第 1224 號民事判決。

196 條規定，股份有限公司與董事間之關係為有償委任[423]。蓋公司與董事之關係，除公司法另有規定外，依民法關於委任之規定（公§192 V），而董事之報酬，未經章程訂明者，應由股東會議定（公§196）。故董事受有報酬者，不論該報酬係何項名義，其處理公司事務，均應以善良管理人之注意為之（民§535）。申言之，董事與公司間之關係既屬有償委任，則就處理委任事務有過失或因逾越權限之行為對公司發生損害，應適用民法第 544 條之規定，對公司負賠償之責。例如若公司董事長於未經董事會決議前，不僅未利益迴避，且未遵循公司內控制度，復未審慎評估財務狀況，違反公司內部控制及稽核制度，致公司受有保證金被出租人沒入之損害，應可認定其在執行前開業務時，未忠實執行業務，顯未盡善良管理人之注意義務，即有可歸責於公司之事由，自得依公司法第 23 條第 1 項規定，請求其負損害賠償責任[424]。

③ 觀諸司法實務之見解，通常認為所謂善良管理人之注意義務，即依交易上一般觀念，認為有相當知識經驗及誠意之人應盡之注意[425]。惟亦有以為，所謂盡善良管理人之注意，係指董事應在善意與相當注意下，追求公司與股東之最大利益[426]。應注意者，是否已盡善良管理人之注意，應依抽象、客觀之標準定之，而以一般審慎之人處於同樣地位及類似情況下，被合理期待行使之注意能力判斷。

(2) 忠實義務

① 董事為公司之當然負責人，應忠實執行業務，如有違反致公司受有損害者，負損害賠償責任（公§23 I）。

---

[423] 最高法院 89 年度台上字第 2191 號民事判決、最高法院 101 年度台上字第 1696 號民事判決、臺灣高等法院 98 年度上字第 1307 號民事判決、臺灣高等法院 101 年度上字第 1083 號民事判決。

[424] 臺灣高等法院 98 年度上字第 1307 號民事判決。

[425] 臺灣高等法院 98 年度上字第 1307 號民事判決。

[426] 智慧財產及商業法院 111 年度商訴字第 4 號民事判決。

② 觀諸司法實務之見解，有認為所稱忠實義務，係指公司負責人即董事處理公司事務時，須為公司利益著想，不得違背公司與股東之信賴，圖謀自己或第三人之利益[427]。亦有認為所謂忠實執行業務，係指公司負責人執行業務，應對公司盡最大之誠實，謀取公司之最佳利益[428]。蓋公司負責人因受公司股東信賴而委以特殊優越之地位，故於執行業務時，自應本於善意之目的，著重公司之利益，依公司規定之程序做出適當之經營判斷，避免自身利益與公司利益相衝突。質言之，董事固不得利用公司之資源、資產、資金、資本或資訊，為自己或他人謀取利益，但非謂董事與公司進行關係人交易皆不得有所獲利。若雙方之交易具備實質公平性，即不得逕認董事違反忠實義務。

③ 公司負責人係對公司（股東全體）負忠實義務，而非針對股東個人[429]。

④ 所謂忠實義務，即公司負責人因受公司股東信賴而委以特殊優越之地位，故於執行業務時，自應本於善意之目的，著重公司之利益，依公司規定之程序做出適當之經營判斷，避免自身利益與公司利益相衝突。忠實義務大致可歸納為二種類型，一為禁止利益衝突之規範理念，一為禁止奪取公司利益之理念[430]。

(3) 守法義務

① 董事會執行業務，應依照法令章程及股東會之決議（公§193 I），性質上為不作為義務。

② 董事會或董事執行業務有違反法令、章程或股東會決議之行為者，監察人應即通知董事會或董事停止其行為（公§218-2 II）。

③ 所謂善良管理人之注意義務，應包括公司負責人知悉並遵守法

---

[427] 智慧財產及商業法院 111 年度商訴字第 4 號民事判決。
[428] 臺灣高等法院臺中分院 111 年度重上字第 6 號民事判決。
[429] 臺灣高等法院 94 年度抗字第 2125 號民事裁定。
[430] 臺灣高等法院 98 年度上字第 1307 號民事判決。

令規定之守法義務[431]。具體而言，公司法第 23 條第 1 項規定為董事受託義務之規範，而董事基於受託義務，解釋上應本於善意行事，不得違反法律規定，否則無法達成受託目的，董事執行受託事務時自有守法義務，且此應善意行事之守法義務，與同具善意要件之善良管理人注意義務相合，與規範利益衝突之忠實義務有異，該守法義務，應為受託義務中善良管理人之注意義務內涵[432]。

(4) 監督義務

① 我國司法實務上尚未明確確立監督義務（duty to monitor）之範疇，但關於內部控制制度建置之相關法令規定，經常被認為是董事監督義務之重要內涵。鑑於忠實義務主要在處理董事與公司間之利益衝突事項，故董事之監督義務宜定位為屬於善良管理人之注意義務的一環，性質上為作為義務。不過監督義務並不應解為等同於僅負建置內部控制制度之義務，而仍應涵蓋是否適當監督公司事務之合法運作。

② 提供會計表冊、營業報告書、損益表及財務報表等年報或相關文件予董事會成員參閱並事先準備，本係公司經營者之責任，董事會理應以善良管理人之注意義務，監督並全盤兼顧管理人之管理，或思慮未及之處，就各提出之年報，詳加審閱，避免怠忽監察職責，此為董事會督導、事後據實審核之責[433]。

(5) 報告損害之義務

董事發現公司有受重大損害之虞時，應立即向監察人報告（公§218-1），俾能貫徹監察人之監察權。

(6) 符合持股比例義務

公開發行股票之公司依公司法第 192 條第 1 項選任之董事，其全體

---

[431] 最高法院 110 年度台上字第 2608 號民事判決。
[432] 智慧財產及商業法院 111 年度商訴字第 4 號民事判決。
[433] 臺灣高等法院臺中分院 100 年度重上更（一）字第 27 號民事判決。

董事合計持股比例，證券主管機關另有規定者，從其規定（公§192
Ⅱ）。凡依證券交易法公開募集及發行有價證券之公司，其全體董
事及監察人二者所持有記名股票之股份總額，各不得少於公司已發
行股份總額一定之成數（證券交易法§26Ⅰ）；至於董事、監察人股
權成數及查核實施規則，則由主管機關以命令定之。證券主管機關
依據尚開授權，即訂定發布「公開發行公司董事監察人股權成數及
查核實施規則」，以資遵循。

(7) 申報持股義務

董事經選任後，應向主管機關申報，其選任當時所持有之公司股份
數額（公§197Ⅰ）。董事在任期中其股份有增減時，應向主管機關
申報並公告之（公§197Ⅱ）。

(8) 不為競業行為之義務

① 競業之限制：董事熟知公司業務之秘密，為防止其與公司爭利，
原則上，董事不得為自己或他人為屬於公司營業範圍內之行為
（公§209Ⅰ）。其規範目的在防杜董事為牟自己或他人之利益，
與公司為現實之競業行為，防制此利益衝突之情事，以保障公
司及股東之權益。

② 例外之許可：董事如對股東會說明其行為之重要內容，並取得
股東會之許可者，則仍可與公司經營同類之業務（公§209Ⅰ）。
惟股東會為許可之決議，應有代表已發行股份總數三分之二以
上股東之出席，以出席股東表決權過半數之同意行之（公§209
Ⅱ）。公開發行股票之公司，出席股東之股份總數不足上述定額
者，則得以有代表已發行股份總數過半數股東之出席，出席股
東表決權三分之二以上之同意行之（公§209Ⅲ）。有關出席股東
股份總數及表決權數，章程有較高之規定者，均從其規定（公
§209Ⅳ）。

A. 董事競業許可之事項，應在召集事由中列舉並說明其主要內
容，不得以臨時動議提出；其主要內容得置於證券主管機關或

公司指定之網站,並應將其網址載明於通知(公§172V)。

B. 已依證券交易法發行有價證券之公司召集股東會時,關於公司法第 209 條第 1 項之決議事項,應在召集事由中列舉並說明其主要內容,不得以臨時動議提出(證券交易法§26-1)。所稱「說明其主要內容」,與公司法規定之「對股東會說明其行為之重要內容」,用語雖不同,惟目的均在確保董事競業資訊之充分揭露,使股東得以決定是否許可董事競業行為。上開規定乃預防性規定,董事應於事前個別向股東會說明競業行為之重要或主要內容,並取得許可,不包括由股東會事後概括性追認解除所有董事責任。故競業董事是否已盡說明義務,應就其說明之內容是否足供股東據以作成是否同意董事從事該競業行為之合理判斷,即是否得使股東據以合理預測公司營業今後將因該競業行為所受影響程度。於具體個案並應就各董事說明競業行為之內容,檢視是否已充分揭露。是公開發行公司擬向股東會提出許可新選任董事競業行為議案,應適用證券交易法第 26 條之 1 規定,在股東會召集通知書上列舉選舉董事、許可新任董事競業行為議案,說明其新任董事競業行為之主要內容。於確有不能在股東會召集通知書說明者,始得表明於股東會討論該議案前,當場補充說明其範圍與內容。不論說明或補充說明,均應依上開規定,適當而充分揭露董事競業行為之資訊,始能謂無違反證券交易法第 26 條之 1 規定[434]。

C. 公司在進行股東許可決議前,至少應提供全體股東有關董事競業行為之重要內容,以便股東在表決前有相當之判斷資料。倘股東會議案僅為概括性地解除董事競業禁止之義務,則全體股東無法評估判斷是否解除董事競業禁止之義務及其風險,與公司法第 209 條第 1 項之立法目的顯然有違,應認股東會決議無

---

[434] 最高法院 109 年度台上字第 686 號民事判決。

效[435]。

D. 公司在進行股東許可決議前，至少應提供全體股東有關董事競業行為之重要內容，以便股東在表決前有相當之判斷資料。倘股東會議案僅為概括性地解除董事競業禁止之義務，對於董事競業行為之內容卻毫無所悉，則全體股東無法評估判斷是否解除董事競業禁止之義務及其風險，與公司法第 209 條第 1 項之立法目的顯然有違，違反該規定者，依公司法第 191 條「股東會決議之內容，違反法令或章程者無效。」之規定，係屬於違反強制規定，應認為股東會決議無效[436]。

③ 適用範圍：董事兼任他公司之董事或經理人職務，即係董事為他人為屬於公司營業範圍之行為，他公司如非為營業性質相同或類似者，因二公司間無競爭關係，無適用競業禁止規範之必要；他公司如為經營同類業務者，因存在競爭之可能性，仍應受本項競業禁止之規範。惟二公司間如為百分之百之母子公司，或為同一法人百分之百直接或間接持股之公司，或為關係企業（公司法第 369 條之 1 參照），雖各公司獨立存在而有各別法人格，因在經濟意義上實為一體，或無利益衝突可言，則不構成競業行為[437]。

④ 違反之效果：董事未得股東會之許可，而為自己或他人為屬於公司業務範圍之行為時，股東會得以決議，將該行為之所得，視為公司之所得，但自所得產生後逾一年者，不在此限（公§209 V）。

⑤ 公司在進行股東許可決議前，至少應提供全體股東有關董事競業行為之重要內容，以便股東在表決前有相當之判斷資料。倘股東會議案僅為概括性地解除董事競業禁止之義務，則全體股

---

[435] 臺灣新竹地方法院 106 年度訴字第 578 號民事判決。
[436] 臺灣新竹地方法院 96 年度訴字第 4947 號民事判決。
[437] 最高法院 109 年度台上字第 686 號民事判決。

東無法評估判斷是否解除董事競業禁止之義務及其風險，與公司法第 209 條第 1 項之立法目的顯然有違，應認股東會決議無效[438]。

⑥　公司在進行股東許可決議前，至少應提供全體股東有關董事競業行為之重要內容，以便股東在表決前有相當之判斷資料。倘股東會議案僅為概括性地解除董事競業禁止之義務，對於董事競業行為之內容卻毫無所悉，則全體股東無法評估判斷是否解除董事競業禁止之義務及其風險，與公司法第 209 條第 1 項之立法目的顯然有違，違反該規定者，依公司法第 191 條「股東會決議之內容，違反法令或章程者無效。」之規定，係屬於違反強制規定，應認為股東會決議無效[439]。

(8)　不得為雙方代理之義務

董事為自己或他人與公司為買賣、借貸或其他法律行為時，由監察人為公司之代表（公§223）。

(9)　民法委任關係下之其他義務

公司與董事之關係，除公司法另有規定外，依民法關於委任之規定（公§192Ⅳ）。所稱公司法另有規定，例如公司法第 192 條第 6 項準用同法第 30 條關於董事之消極資格、第 195 條關於董事之任期、第 196 條關於董事之報酬、第 197 條、第 199 條、第 200 條關於董事之解任、第 205 條關於董事之出席董事會、第 209 條關於董事之競業禁止等[440]，即屬之。茲列舉民法所規定之其他義務如下：

①　自己處理義務

受任人應自己處理委任事務。但經委任人之同意或另有習慣或有不得已之事由者，得使第三人代為處理（民§537）。應注意者，公司法第 205 條第 1 項及第 3 項設有代理出

---

[438] 臺灣新竹地方法院 106 年度訴字第 578 號民事判決。
[439] 臺灣新竹地方法院 96 年度訴字第 4947 號民事判決。
[440] 最高法院 102 年度台上字第 2457 號民事判決。

席董事會之限制。

② 報告義務

A. 受任人應將委任事務進行之狀況，報告委任人，委任關係終止時，應明確報告其顛末（民§540）。

B. 公司董事或經理於委任關係終止時，固負有依民法第 540 條之規定，明確報告委任事務進行顛末之義務，其有違反者，並應負債務不履行之損害賠償責任。惟公司董事或經理如未於終止時主動為之，而由公司於委任關係終止後，另依民法第 540 條之規定，請求公司董事或經理報告委任事務進行之狀況或顛末者，因公司之董事源於股東會之選任，經理係由董事會之決議而委任（公§192Ⅰ、§29Ⅰ③），足見董事與公司間委任關係之形成係以股東會之決議為基礎，經理與公司間之關係，不因委任契約之締結，乃基於董事會之決議產生，均以處理公司法（團體法）上之事務為其標的，與依據民法（個人法）所訂立之一般委任契約，未盡相同。故上開報告義務在適用於公司董事或經理時，自不能毫無期間之限制。參酌公司法第 231 條規定，公司各項會計表冊經股東會決議承認後，除董事有不法行為者外，應視為公司已解除董事之責任；及商業會計法第 68 條第 3 項規定，商業負責人對於該年度會計上之責任，除有不法或不正當行為者外，於決算報表獲得承認後解除。復以企業（尤其是公司）活動及經營管理所衍生之事務恆具有多樣性、持續性、頻繁性與複雜性，苟於委任關係終止後時隔久遠，公司董事或經理記憶淡薄或模糊時，始要求其明確報告委任事務進行之顛末，勢有困難而不具期待性。於此情形，應視公司要求報告事項內容與性質之不同，將公司董事或經理人之報告義務限縮在其與公司間委任關係終止後相當且合理之期間內為之，俾董事或經理得在其記憶仍屬清晰之情形下，作明確之報告，以免強

人所難並造成強制執行上之困難[441]。

③ 計算義務：受任人因處理委任事務，所收取之金錢、物品及孳息，應交付於委任人。受任人以自己之名義，為委任人取得之權利，應移轉於委任人（民§541）。

4. 董事之責任

(1) 對公司之責任

① 董事應忠實執行業務並盡善良管理人之注意義務，如有違反致公司受有損害者，負損害賠償責任（公§23 I）。

② 公司董事對於違反公司法第 23 條第 1 項之規定，為自己或他人為該行為時，股東會得以決議將該行為之所得視為公司之所得。但自所得產生後逾一年者，不在此限（公§23 III）。例如董事違反忠實義務，竊取公司機會以中飽私囊，股東會得以決議對其行使歸入權。

③ 董事其因處理公司事務有過失或因逾越權限之行為所生之損害，對於公司應負損害賠償責任（民§544、公§192 V）。

④ 董事會之決議，如違反法令、章程及股東會之決議，致公司受損害時，參與決議之董事，對於公司應負賠償責任，但經表示異議之董事，有紀錄或書面聲明可證者，可免其責（公§193 II）。

⑤ 董事違反公司法第 209 條第 1 項之規定，為自己或他人為該行為時，股東會得以決議，將該行為之所得視為公司之所得。但自所得產生後逾一年者，不在此限（公§209 V）。

(2) 對股東之責任

股東依公司法第 214 條之規定，為公司自行對董事提起訴訟，而所依據之事實，顯屬實在，經終局判決確定時，被訴訟之董事，對於起訴之股東，因此訴訟所受之損害，負賠償之責任（公§215 II）。

(3) 對第三人之責任

股份有限公司之董事為公司之負責人（公§8 I），對於公司業務之

---

[441] 最高法院 102 年度台上字第 2457 號民事判決。

執行，如有違反法令致他人受有損害時，對他人應與公司負連帶賠償之責（公§23）。

(4) 與監察人之連帶責任

監察人對於公司或第三人負損害賠償責任，而董事亦負其責任時，董事與監察人為連帶債務人（公§226）。

(5) 事實上董事與影子董事之責任

公司之非董事，而實質上執行董事業務或實質控制公司之人事、財務或業務經營而實質指揮董事執行業務者，與公司法董事同負民事、刑事及行政罰之責任。但政府為發展經濟、促進社會安定或其他增進公共利益等情形，對政府指派之董事所為之指揮，不適用之（公§8Ⅲ）。

5. 董事責任之解除

(1) 各項表冊經股東會決議承認後，視為公司已解除董事及監察人之責任。但董事或監察人有不法行為者，不在此限（公§231）。

(2) 公司各項表冊經股東會決議承認後，視為公司已解除董事及監察人之責任，解釋上應限於向股東常會提出之會計表冊所揭載事項或自此等表冊得知悉之事項[442]，而非因不法行為所生已發生或未確定發生之各種責任而言，至於其他事項，不包括在內[443]。

(3) 所稱解除董事之經營責任，係指股東承認董事之經營成果，不再追究董事對於經營成敗之責，亦即公司不得以董事經營績效不佳為由，解任董事或請求損害賠償，要非指股東常會承認前一年度之會計表冊後，公司即喪失各項法律關係之請求權。若公司依法律規定得據以為主張時，仍得依各該法律關係主張各項權利；另董事及監察人對公司之責任，雖得經股東常會決議承認各項會計表冊而視為解除，然董事及監察人若有不法行為，如營私舞弊或假造單據等，

---

[442] 最高法院 95 年度台上字第 1942 號民事判決。

[443] 最高法院 105 年度台上字第 2074 號民事判決、臺灣高等法院臺中分院 101 年度重上字第 83 號民事判決。

不因承認決議而視為解除，董事及監察人仍須就該不法行為負責。準此，會計表冊之承認與董事及監察人責任之解除為不同概念，其間並無必然關連，董事、監察人若有不法行為，並無法因各項表冊之承認而免責[444]。

6. 經營判斷法則之抗辯

(1) 經營判斷法則之概念

所謂「經營判斷法則」或「商業判斷原則」（business judgment rule），在美國學說及實務上，其內涵及實際適用標準，並非完全無爭論。基本上，經營判斷原則是一種推定，即推定公司董事所作成之經營決定，立於資訊充足之基礎上，且出於善意，真實確信其行為符合公司之最佳利益。在無裁量權濫用（absent an abuse of discretion）之情況下，法院將尊重董事之經營判斷，而由原告負責舉證以相關事實來推翻推定。一旦經營判斷法則之推定經原告舉證推翻，舉證責任將移轉至董事負擔，以證明其已盡到注意義務。

(2) 經營判斷法則之測試要素

關於檢驗是否符合經營判斷法則之要素，主要包括：1.限於經營決定（a business decision）；2.不具個人利害關係且獨立判斷（disinterested and independence）；3.盡注意義務（due care）；4.善意（good faith）；5.未濫用裁量權（no abuse of discretion）。亦即，股東或公司起訴董事時，必須先推翻經營判斷法則之適用，其應舉證證明董事具有下列某些事項或情況，否則依經營判斷法則，法院即不對董事是否違反受託人義務進行實質審查：

① 非屬經營決策之事項。例如有詐欺等不合法越權行為及浪費情事。

② 董事作成決定時係處於資訊不足之狀況。

③ 董事係基於惡意作成決定。亦即非基於善意作成決策。

④ 參與作成決定之董事具有重大利益衝突之關係。

---

[444] 臺灣高等法院臺中分院 101 年度重上字第 83 號民事判決。

⑤　董事有濫用裁量權之情事。

(3) 我國肯定適用經營判斷法則之實務見解

① 審究我國公司法第23條第1項規定係源自英美法上之「fiduciary duty」即一般所稱之忠誠義務。所謂「fiduciary duty」，即是認為公司負責人（含董事、經理人等）與公司間之關係為一種「信託」關係，根據此一信託關係（fiduciary relationship），課予公司負責人忠實義務。公司負責人應對公司盡最大之誠實義務為內容，使其於執行公司業務時，能為公正誠實之判斷，並防止其追求公司利益以外之個人利益。英美法上之忠誠義務（fiduciary duty）又可細分為三大類，即注意義務（duty of care）、狹義忠誠義務（duty of loyalty）及其他義務（other duty）。注意義務約當於我國法上之「善良管理人注意義務」，即指公司負責人必須以合理的技能水準、合理的謹慎和注意程度去處理公司事務。因此，公司負責人在無其他忠實義務或其他相關法令之違反，而已盡其應有之注意義務，公司負責人之判斷縱然有錯誤或結果未如預期，公司負責人之經營判斷行為仍屬「經營判斷原則」下合理行為，亦即相當於我國法上已盡善良管理人之注意義務，自毋庸就其經營管理行為對公司負損害賠償之責。公司負責人在經營公司時，若已經盡善良管理人之注意義務，惟因經營判斷錯誤，事後公司雖然發生損失，則仍不可反推公司負責人未盡其善良管理人之注意義務。此即英美法所謂「經營判斷原則」（Business judgment rule）。據此我國法院在判斷公司負責人所為之營業行為是否符合「經營判斷法則」，可借用與美國法院相同之營業標準，亦即：1.限於經營決定（a business decision）；2.不具個人利害關係且獨立判斷（disinterested and independence）；3.盡注意義務（due care）；4.善意（good faith）；5.未濫用裁量權（no abuse of discretion）。若公司負責人為經營行為當時若具備此五項經營判斷法則，則可推定其具善良管理

人之注意義務，而毋庸對公司及股東負損害賠償責任。本件被告董事會決議修改章程變更公司名稱，符合前述「經營判斷法則」之五個原則，不論其有效或無效，董事會成員可推定已具善良管理人之注意義務，而毋庸對公司負損害賠償責任[445]。

② 關於注意義務，美國法院於經營者注意義務違反的審查上，採用所謂「經營判斷法則」，可供參考。依美國法律協會（ALI）所編寫的「公司治理原則」規定，當董事之行為符合下列各款規定，而基於善意作出經營判斷時，即認其已滿足應負之注意義務：「（一）與該當經營判斷事項無利害關係。（二）在該當情況下，董事等有合理理由相信渠等已於適當程度上，取得該當經營判斷事項所需之相關資訊。（三）董事等合理地相信其之經營判斷符合公司最佳利益。」在此規範理念下，「公司治理原則」要求，董事等負有「一般審慎之人於同樣地位及類似情況下，被合理期待行使之注意」義務，類似於我國善良管理人之注意義務[446]。

③ 按企業之間透過併購之方式進行組織調整，以發揮企業經營之效率，本有不同主、客觀因素之考量，尚難逕行比附援引其他企業間之合併過程據為應行注意之操作基準。又法人代表以討論合併案及召開股東會議為事由，寄發董事會開會通知單予各董事及監察人，固未依公司法第 204 條規定於開會前七日為之。但有緊急情事時，得隨時召集之。是以，法人代表認有急待董事會商決之緊急情事，隨即於董事會請財務顧問及會計師列席說明，使全體董事得以獲悉相關內容及與會討論，應認尚未逾董事經營判斷之合理範疇[447]。

(4) 我國否定適用經營判斷法則之實務見解

---

[445] 臺灣臺北地方法院 96 年度訴字第 2105 號民事判決。
[446] 臺灣高等法院 98 年度上字第 1307 號民事判決。
[447] 最高法院 99 年度台上字第 261 號民事判決。

我國公司法未將經營判斷法則予以明文化，且該原則適用對象為公司董事，與公司法第 23 條、第 8 條所稱公司負責人包含董事、監察人、經理人等之規範主體並不相同。又「經營判斷法則」包含兩項法律原則，一為程序上之推定，一為實體法上之規則，前者指在訴訟程序上推定具有善意與適當注意，後者指公司董事在授權範圍內，以善意與適當之注意而為的行為，即便造成公司損害或損失，亦毋庸承擔法律上責任。然我國程序法推定免責，應以法律明文規定者為限，但並無此推定免責之規定，又公司法上之董事係適用民法委任關係為規範，且受任人處理委託事件具有過失或逾越權限，委任人依委任關係得請求賠償，而公司法無具體排除此項規定適用之明文，是不能採用上開法則[448]。

(5) 引進經營判斷法則之思維路徑

由於我國善良管理人注意義務之過失程度為抽象輕過失，美國法上董事注意義務之過失程度需達重大過失（gross negligence），兩者在過失程度上顯然有極大差異。又因經營判斷法則在美國法上是推定公司董事所作成之經營決定，立於資訊充足之基礎上，且出於善意，真實確信其行為符合公司之最佳利益。因此，我國若欲在民事訴訟程序上引進經營判斷法則，似不宜直接以舉證責任轉換或倒置論述，而應關注經營判斷法則所欲達成之目的在於避免股東濫訴、避免法官事後判斷、鼓勵董事勇於任事等，而對於訴訟程序上之舉證活動及待證事項，合理分配及調整舉證責任。

7. 決策及行為合理性之抗辯

(1) 按公司負責人若意圖為自己或第三人不法之利益，或損害公司之利益，而為違背其職務之行為，致生損害於公司財產或其他利益者，在刑事上可能構成普通背信罪（刑法§342）或特別背信罪（金融控股公司法§57、銀行法§125-2、保險法§168-2、票券金融管理法§58、信託業法§48-1、證券交易法§171I③、期貨交易法§113、證券投資

---

[448] 臺灣臺北地方法院 92 年度重訴字第 4844 號民事判決。

信託及顧問法§105-1）。實質上，經營判斷法則固然為民事程序中舉證責任分配之規則，但對於判斷公司負責人是否構成背信罪「違背職務」之構成要件時，究竟有無作用？司法實務上則有不同見解。持肯定見解者認為，法院不應也不宜以市場結果之後見之明，論斷經理人或相關授信人員原先所為商事判斷是否錯誤，甚而認失敗之商業判斷係故意或過失侵害公司，即論經營者或經理人以背信罪責[449]。相對地，持否定見解者認為，刑事訴訟程序關於背信罪構成事實之判斷，基於證據裁判、無罪推定、罪疑唯輕原則，本應由檢察官就犯罪構成事實實質舉證，經法院審判程序嚴格證明達確信程度，以定其罪責有無，而無待乎援引商業判斷法則推定行為人已盡注意義務[450]。

(2) 關於背信罪之違背職務行為，通常在本質上含有違反信託義務之特徵，而行為人是否違反信託義務，涉及公司經營之合理「商業判斷法則」，此項法則包括注意義務及忠實義務之合理性判斷。依最高法院之見解，即認為法院在審理是類個案時，固然不能就「行為人所為決定是否正確」或「行為人應作如何的決定」等涉及商業經營的專業考量為事後審查，以免干預市場機制；然法院為維護公平正義，判斷行為人之行為是否違背其職務時，職責上必須審查者，自當包括行為人作成該決定時，「是否已盡其應有之謹慎態度（注意義務）」及「真心相信其決定係置於一個合理的基礎上（忠實義務）」。具體言之，欲審究行為人有無違背信託義務（即違背職務之行為），可以其決策及行為是否建立在合理性的基準上，加以綜合判斷。而此一合理性基準，並非以公司業績（或股東利益）極大化等之功利思考為唯一參考因素，尚應權衡行為人之決策內容是否符合公平原則、有無特殊性應優先考量的因素、是否兼顧非財務因素

---

[449] 臺灣高等法院高雄分院95年度上易字第233號刑事判決、臺灣高等法院100年度金上重更(一)字第4號刑事判決。

[450] 最高法院109年度台上字第3212號刑事判決。

的重要性、是否只顧慮單一關係特殊的利害關係人,以及決策過程是否符合程序正義的要求等因素,為一整體性判斷[451]。由此觀之,公司負責人之決策及行為若係建立在合理性之基準上,應可認定並未違背職務。例如公司負責人為公司進行交易時,已依法令或公司內部規章之要求,委託合格、獨立之不動產估價師、會計師或其他獨立專家就交易條件之公平性提出意見,並經具獨立性之董事會及相關之功能性委員會審議通過,應可認定公司負責人之決策及行為係建立在合理性之基準上。應注意者,若公司進行該筆交易之決策內容及鑑價程序實質上皆與關係人交易無異,縱然事後經認定屬於關係人交易,因其決策內容仍符合公平原則,且交易條件亦為公平價格,並未致生公司損害,公司負責人仍可主張決策及行為合理性之抗辯。

8. 對董事之訴訟

(1) 公司對董事提起訴訟

① 股東會決議對於董事提起訴訟時,公司應自決議之日起三十日內提起之(公§212)。

② 公司對董事提起訴訟之當事人,乃公司與董事,自不宜由董事代表公司,故除法律另有規定外(例如公§214 I 所規定之少數股東),應由監察人代表公司為之,股東會亦得另選代表公司之訴訟人(公§213)。至於股份有限公司與董事間訴訟,於訴訟進行中,代表公司之監察人聲明承受訴訟者,法院毋庸審酌其與該董事間之利害關係[452]。

③ 公司法第 213 條規定「公司與董事間訴訟,除法律另有規定外,由監察人代表公司,股東會亦得另選代表公司為訴訟之人」。所謂公司與董事間之訴訟,當指同法第 212 條所定股東會決議於董事提起訴訟而言,蓋股東會為公司最高權力機關,惟其有權

---

[451] 最高法院 109 年度台上字第 4806 號刑事判決。
[452] 最高法院 109 年度台抗大字第 1196 號民事裁定。

決定公司是否對董事（或監察人）提起訴訟。至監察人行使監察權，如認董事有違法失職，僅得依同法第 220 條召集股東會，由股東會決議是否對董事提起訴訟。同法第 213 條所稱除法律另有規定外，則指如同法第 214 條所定不經股東會決議之例外情形而言[453]。

④ 股份有限公司之董事係以合議方式決定公司業務之執行，於公司與董事間訴訟，為避免董事代表公司恐循同事之情，損及公司利益，故公司法第 213 條規定，應由監察人或股東會另選之人代表公司為訴訟。而該為訴訟當事人之董事倘已不具董事資格，既不復有此顧慮，且非屬公司與董事間訴訟，自無適用上開規定之餘地，亦不生對其起訴是否應經股東會決議之問題[454]。

(2) 少數股東對董事提起訴訟

① 當選董事者，多為持有多數股份之股東，致要以股東會之決議對董事提起訴訟，事實恐有困難，故為保障少數股東之權利計，公司法明定，繼續六個月以上，持有已發行股份總數百分之一以上之股東，得以書面請求監察人為公司對董事提起訴訟，上述股東得為公司，自行提起訴訟（公§214Ⅰ）。

② 監察人自有前項之請求日起，三十日內不提起訴訟時，前項之股東，得為公司提起訴訟；股東提起訴訟時，法院因被告之申請，得命起訴之股東，提供相當之擔保（公§214Ⅱ）。

③ 裁判費之暫免徵收

為降低少數股東提起訴訟之障礙，股東提起公司法第 214 條第 2 項訴訟，其裁判費超過新臺幣六十萬元部分暫免徵收（公§214Ⅲ）。

④ 訴訟代理人之選任

公司法第 214 條第 2 項訴訟，法院得依聲請為原告選任律師為

[453] 最高法院 69 年度台上字第 1995 號民事判決。
[454] 最高法院 103 年度台抗字第 603 號民事裁定。

訴訟代理人（公§214Ⅳ）。

⑤　訴訟之效果

　A. 起訴股東之責任

　　(A)對公司負賠償責任：如敗訴，致公司受有損害時，對公司應負賠償之責（公§214Ⅱ後段）。

　　(B)對被訴董事負賠償責任：其所依據之事實，顯屬虛構，經終局判決確定時，對於被訴董事因此訴訟所受之損害，負賠償責任（公§215Ⅰ）。

　B. 敗訴董事之賠償責任

　　少數股東提起訴訟所依據之事實，顯屬實在，經終局判決時，被訴之董事，對於起訴之股東因此所受之損害，負賠償責任（公§215Ⅱ）。

(3)　證券投資人及期貨交易人保護中心為公司對董事提起訴訟

　①　保護機構發現上市、上櫃或興櫃公司之董事或監察人，有證券交易法第155條、第157條之1或期貨交易法第106條至第108條規定之情事，或執行業務有重大損害公司之行為或違反法令或章程之重大事項，得以書面請求公司之監察人為公司對董事提起訴訟，或請求公司之董事會為公司對監察人提起訴訟，或請求公司對已卸任之董事或監察人提起訴訟。監察人、董事會或公司自保護機構請求之日起三十日內不提起訴訟時，保護機構得為公司提起訴訟，不受公司法第214條及第227條準用第214條之限制（證券投資人及期貨交易人保護法§10-1Ⅰ①）。

　②　公司已依法設置審計委員會者，證券投資人及期貨交易人保護法第10條之1第1項及第6項所稱監察人，指審計委員會或其獨立董事成員（證券投資人及期貨交易人保護法§10-1Ⅸ）。

　③　證券投資人及期貨交易人保護法第34條至第36條規定，於保護機構依第10條之1第1項規定提起訴訟、上訴或聲請保全程序、執行程序時，準用之（證券投資人及期貨交易人保護法§10-1Ⅲ）。

④ 公司因故終止上市、上櫃或興櫃者，保護機構就該公司於上市、上櫃或興櫃期間有證券投資人及期貨交易人保護法第 10 條之 1 第 1 項所定情事，仍有同條第 1 項至第 3 項規定之適用（證券投資人及期貨交易人保護法§10-1Ⅳ）。

⑤ 保護機構依證券投資人及期貨交易人保護法第 10 條之 1 第 1 項第 1 款規定提起訴訟時，就同一基礎事實應負賠償責任且有為公司管理事務及簽名之權之人，得合併起訴或為訴之追加；其職務關係消滅者，亦同（證券投資人及期貨交易人保護法§10-1Ⅴ）。又公司之監察人、董事會或公司依同條第 1 項第 1 款規定提起訴訟時，保護機構為維護公司及股東權益，於該訴訟繫屬中得為參加，並準用民事訴訟法第 56 條第 1 項規定（證券投資人及期貨交易人保護法§10-1Ⅵ）。

⑥ 為加強公司治理機制，發揮保護機構為公司代位訴訟功能，增訂證券投資人及期貨交易人保護法第 10 條之 1 第 1 項第 1 款，使具公益色彩之保護機構於辦理業務時，就上市、上櫃或興櫃公司之董事或監察人執行業務違反法令或章程，發現其重大者，即得以自己名義為原告，為公司對董事或監察人提起損害賠償之訴，性質上屬法律賦與訴訟實施權之規範，應自公布施行起，即對保護機構發生效力。因保護機構於訴訟程序上所行使之實體法上權利仍屬公司所有，本應對公司負損害賠償責任之董事或監察人而言，並未增加不可預期之法律上制裁，亦非另創設保護機構新的獨立請求權基礎，不生不適用之問題[455]。

⑦ 保護機構於證券投資人及期貨交易人保護法在民國 109 年 5 月 22 日修正之條文施行前，已依第 10 條之 1 第 1 項規定提起之訴訟事件尚未終結者，適用修正施行後之規定（證券投資人及期貨交易人保護法§40-1）。

---

[455] 最高法院 103 年度台上字第 846 號民事判決。

9. 董事之辭任及解任

(1) 董事之自行辭職

① 董事得自行辭職，故從廣義而言，辭職亦為其解任之一原因。公司與董事間之關係，除公司法另有規定外，依民法關於委任之規定（公§192 V）。依民法第 549 條第 1 項規定：「當事人之任何一方，得隨時終止委任契約。」故董事得隨時辭職，終止與公司間之委任契約。但董事於不利於公司之時期終止契約者，應負損害賠償責任（民§549 II）。

② 董事之辭職，以向公司為辭任之意思表示，即生效力[456]。

③ 公司與董事間之關係，依公司法第 192 條第 5 項規定，除公司法另有規定外，依民法關於委任之規定。依民法第 549 條規定，當事人之一方得隨時終止委任，故董事不論是否有任期，或其事由如何，得為一方之辭任，不須經公司之承諾。董事之辭職，向公司之代表人（董事長或其代理人）為辭任意思表示即生效力。至於辭任之意思表示，以口頭或書面為之，並無限制。僅前者依民法第 94 條之規定，以相對人了解時，發生效力；而後者依民法第 95 條之規定，以通知達到相對人時，發生效力[457]。

④ 股份有限公司董事於向公司為辭職之表示時，其與公司間之委任關係即已終止；然後其公司之董事登記尚未變更前，應認其對外應負之董事責任並非當然解消[458]。

(2) 任期之屆滿

① 董事之任期，應依章程所定，但不得逾三年，董事任期屆滿而不及改選時，延長其執行職務至改選董事就任時為止。但主管機關得依職權限期令公司改選；屆期仍不改選者，自限期屆滿時，當然解任（公§195）。

---

[456] 經濟部 93.3.22.經商字第 09302039820 號函。
[457] 經濟部 80.9.7.商字第 223815 號函。
[458] 最高行政法院 98 年度判字第 164 號判決。

② 董、監事雖已任期屆滿，然主管機關經濟部，既命其於某期限前改選董、監事，則在此期限屆至前，即不生當然解任之問題[459]。

(3) 股東會之決議（決議解任）

① 董事得由股東會之決議，隨時解任；如於任期中無正當理由將其解任時，董事得向公司請求賠償因此所受之損害（公§199 I）。股東會為前述解任之決議，應有代表已發行股份總數三分之二以上股東之出席，以出席股東表決權過半數之同意行之（公§199 II）。又公開發行股票之公司，出席股東之股份總數不足前項定額者，得以有代表已發行股份總數過半數股東之出席，出席股東表決權三分之二以上之同意行之（公§199 III）。前述出席股東股份總數及表決權數，章程有較高之規定者，從其規定（公§199 IV）。

② 股東會於董事任期未屆滿前，經改選全體董事者，如未決議董事於任期屆滿始為解任，視為提前解任（公§199-1 I）。上開改選，應有代表已發行股份總數過半數股東之出席（公§199-1 II）。因此，股東會決議改選全體董事及監察人者，僅須經普通決議。

③ 董事、監察人在任滿前因無正當理由遭解任，該董事、監察人於任期屆滿前，如未遭解任原可獲得之報酬，為其等所受之損害[460]。

④ 股東會尚不得逕行決議將董事、監察人停權[461]。

⑤ 董事長解任後應先補選董事長或補選董事，公司可自行決定[462]。

⑥ 法人股東之代表人有數人時，依公司法第 27 條第 2 項規定當選董事、監察人，其經公司股東會決議解任者，即屬董事、監察人之缺位，自不發生另為改派之情事[463]。

---

[459] 最高法院 94 年度台抗字第 72 號民事裁定。
[460] 臺灣高等法院 84 年度上更（二）字第 449 號民事判決。
[461] 經濟部 82.10.28.商字第 226225 號函。
[462] 經濟部 93.11.1.經商字第 09300189290 號函。
[463] 經濟部 85.12.10.經商字第 85222923 號函。

⑦ 公司法於民國 90 年 11 月 12 日修正時增訂第 199 條之 1 規定之立法理由明謂：「依第 195 條第 1 項規定，董事係採任期制。惟實務上公司於董事任期中提前改選者頗多，而依其所附會議記錄及召集通知，均僅載明改選董監事議案；又依第 172 條改選案，係經董事會決議通過，始行通知各股東開會，雖未同時於議程中就現任董事為決議解任，而實務上均於新任董事就任日視為提前解任，爰增訂本條，俾釐清董事與公司之權益關係。」顯見本條新增之立法目的旨在釐清股東會於董事任期屆滿前提前改選董事時，新舊任董事任期問題，而非規定董事選任或解任之方式[464]，亦非強調提前改選應經較慎重之特別決議程序或股東會決議改選全體董事須先為解任董事之決議[465]。

(4) 當然解任

① 董事準用公司法第 30 條有關經理人消極資格之規定。有下列情事之一者，不得充董事，其已充任者，當然解任：

A. 曾犯組織犯罪防制條例規定之罪，經有罪判決確定，尚未執行、尚未執行完畢，或執行完畢、緩刑期滿或赦免後未逾五年。

B. 曾犯詐欺、背信、侵占罪經宣告有期徒刑一年以上之刑確定，尚未執行、尚未執行完畢，或執行完畢、緩刑期滿或赦免後未逾二年。

C. 曾犯貪污治罪條例之罪，經判決有罪確定，尚未執行、尚未執行完畢，或執行完畢、緩刑期滿或赦免後未逾二年。

D. 受破產之宣告或經法院裁定開始清算程序，尚未復權。

E. 使用票據經拒絕往來尚未期滿。

F. 無行為能力或限制行為能力。

G. 受輔助宣告尚未撤銷。

② 已依證券交易法發行股票之公司，其獨立董事有下列情事之一

---

[464] 最高法院 105 年度台上字第 797 號民事判決。
[465] 臺灣高等法院暨所屬法院 100.11.16.法律座談會民事類提案第 19 號。

者，不得充任獨立董事，其已充任者，當然解任（證券交易法§
14-2IV）：

A. 有公司法第 30 條第 1 項各款情事之一。

B. 依公司法第 27 條規定以政府、法人或其代表人當選。

C. 違反依證券交易法第 14 條之 2 第 2 項所定獨立董事之資格。亦
即，不具備「公開發行公司獨立董事設置及應遵循事項辦法」
第 2 條規定之積極資格或及構成第 3 條規定之消極資格。

③ 股份之轉讓

A. 董事與公司之成敗，關係至為密切，若將其股份轉讓過多，必
減低對公司之責任心，故公司法規定，董事經選任後，應向主
管機關申報，其選任當時所持有之公司股份數額；公開發行股
票之公司董事在任期中轉讓超過選任當時所持有之公司股份數
額二分之一時，其董事當然解任，即不待股東會之決議或法院
之裁判，當然地喪失董事的身分（公§197 I）。惟上開規定，似
有違所有權與經營權分離原則之理念。

B. 公開發行股票之公司董事當選後，於就任前轉讓超過選任當時
所持有之公司股份數額二分之一時，或於股東會召開前之停止
股票過戶期間內，轉讓持股超過二分之一時，其當選失其效力
（公§197III）。

C. 獨立董事持股轉讓，不適用公司法第 197 條第 1 項後段及第 3
項規定（證券交易法§14-2V）。

D. 董事經選任後，在任期中股份轉讓超過二分之一時，其董事當
然解任，此所謂轉讓，不以將股票受讓人記載於股東名簿為限
[466]。

E. 董事、監察人信託移轉股份超過選任當時二分之一時，仍有公
司法第 197 條當然解任之適用[467]。

---

[466] 最高法院 92 年度台上字第 1504 號民事判決。

[467] 證券暨期貨管理委員會 92.9.16.財證（三）字第 920137238 號函。

F. 「選任當時所持有之公司股份數額」之認定，係指停止過戶股東名簿所記載股份數額[468]。

G. 轉讓之股份恰為二分之一即未超過並不影響董事之職務[469]。

(5) 法院之裁判解任

① 少數股東訴請法院裁判解任

A. 董事執行業務，有重大損害公司之行為或違反法令或章程之重大事項，股東會未為決議將其解任時，得由持有已發行股份總數百分之三以上股份之股東，於股東會後三十日內，訴請法院裁判之（公§200）。

B. 公司法第 200 條係補充同法第 199 條第 1 項前段之不足，使公司股東得對不適任董事訴請法院解任，避免董事持股甚多而無從依公司法第 199 條第 1 項前段規定以股東會決議解任不適任董事，其規範目的與公司法第 192 條第 5 項準用第 30 條於董事當選之初即視為當然解任不同。是以，倘董事當選時逾公司法第 30 條所定期間，自不生當然解任之效果，惟若其有不適任之情形，股東會或少數股東自得各依公司法第 199 條第 1 項前段或第 200 條解任董事[470]。

② 證券投資人及期貨交易人保護中心訴請法院裁判解任

A. 保護機構發現上市、上櫃或興櫃公司之董事或監察人，有證券交易法第 155 條、第 157 條之 1 或期貨交易法第 106 條至第 108 條規定之情事，或執行業務有重大損害公司之行為或違反法令或章程之重大事項，訴請法院裁判解任公司之董事或監察人，不受公司法第 200 條及第 227 條準用第 200 條之限制，且解任事由不以起訴時任期內發生者為限（證券投資人及期貨交易人保護法§10-1 I ②）。證券投資人及期貨交易人保護法第 10 條之

---

[468] 經濟部 91.9.9.經商字第 09102195340 號函。

[469] 經濟部 56.4.21.商字第 10005 號函。

[470] 臺灣高等法院高雄分院 105 年度金上字第 1 號民事判決。

1 第 1 項第 2 款之董事或監察人，經法院裁判解任確定後，自裁判確定日起，三年內不得充任上市、上櫃或興櫃公司之董事、監察人及依公司法第 27 條第 1 項規定受指定代表行使職務之自然人，其已充任者，當然解任（證券投資人及期貨交易人保護法§10-1Ⅶ）。且同條第 1 項第 2 款之解任裁判確定後，由主管機關（金融監督管理委員會）函請公司登記主管機關辦理解任登記（證券投資人及期貨交易人保護法§10-1Ⅷ）。

B. 證券投資人及期貨交易人保護法第 34 條至第 36 條規定，於保護機構依第 1 項規定提起訴訟、上訴或聲請保全程序、執行程序時，準用之（證券投資人及期貨交易人保護法§10-1Ⅲ）。

C. 公司因故終止上市、上櫃或興櫃者，保護機構就該公司於上市、上櫃或興櫃期間有證券投資人及期貨交易人保護法第 10 條之 1 第 1 項所定情事，仍有同條第 1 項至第 3 項規定之適用（證券投資人及期貨交易人保護法§10-1Ⅳ）。

D. 證券投資人及期貨交易人保護法第 10 條之 1 第 1 項第 2 款訴請法院裁判解任權，自保護機構知有解任事由時起，二年間不行使，或自解任事由發生時起，經過十年而消滅（證券投資人及期貨交易人保護法§10-1Ⅱ），以明定形成訴權行使之除斥期間。

E. 我國雖未如英美等國採行由法院宣告董事於一定期間失格之制度，惟證券投資人及期貨交易人保護法第 10 條之 1 第 1 項第 2 款規定既兼具維護股東權益及社會公益之保護，其裁判解任，應以董事或監察人損害公司之行為或違反法令或章程之事項，在客觀上已足使人認該董事或監察人繼續擔任其職務，將使股東權益或社會公益受有重大損害，而不適任其職務，即足當之。參以該條款係規定保護機構發現有前開行為時得行使裁判解任之形成訴權，發現時點與行為時點本或有時間差異，則裁判解任事由自不以發生於起訴時之當次任期內為限[471]。因此，證券

---

[471] 最高法院 106 年度台上字第 177 號民事判決。

投資人及期貨交易人保護法於民國 109 年 6 月 10 日修正時，特別增訂第 10 條之 1 第 1 項第 2 款規定，明定解任事由不以起訴時任期內發生者為限。應注意者，證券投資人及期貨交易人保護法第 10 條之 1 第 1 項第 2 款裁判解任規定未如同條項第 1 款代表訴訟規定般，明定可對已卸任之董事提起，乃存在法律漏洞，應予目的性擴張，認董事於起訴前雖已不在任，仍具解任訴訟之訴之利益，以填補該法律漏洞，而達事理之平[472]。換言之，保護機構依證券投資人及期貨交易人保護法第 10 條之 1 規定行使形成訴權，提起解任訴訟，其解任之確定裁判於修法後乃具失格效力，遭裁判解任者於一定期間內不得再繼續擔任公司董事、監察人職務，縱其於訴訟中自行辭任，該訴訟仍具訴之利益[473]。

F. 董事違反證券交易法第 20 條第 2 項財務報告不得為虛偽或隱匿之規定，顯屬違反法令之重大事項。證券投資人及期貨交易人保護中心依證券投資人及期貨交易人保護法第 10 條之 1 第 1 項第 2 款之規定，訴請法院解任該董事長之董事職務，於法自屬有據[474]。惟為求明確並強化經營者之誠信，促進公司治理，證券投資人及期貨交易人保護法於民國 109 年 6 月 10 日修正時，明定保護機構發現上市、上櫃或興櫃公司之董事或監察人，有證券交易法第 155 條、第 157 條之 1 或期貨交易法第 106 條至第 108 條規定之情事，或執行業務有重大損害公司之行為或違反法令或章程之重大事項，證券投資人及期貨交易人保護中心得訴請法院裁判解任，明文將之列舉為保護機構得提起解任訴訟之獨立事由。

G. 董事長違反其應盡之忠實義務，以操縱股價之犯罪行為，製造

---

[472] 最高法院 112 年度台上字第 842 號民事判決。
[473] 臺灣高等法院 111 年度金上字第 13 號民事判決。
[474] 臺灣高等法院 105 年度上字第 460 號民事判決。

該公司交易熱絡之市場表象，吸引不知情投資人進場追價追量，趁機出脫低價股票，解任其董事職務，核屬有據[475]。

H. 董事如有違反法令之重大事項，縱對於公司未造成重大損害，保護機構仍得訴請法院裁判解任其董事職務，以達保護市場即證券投資人權益之目的[476]。

I. 證券投資人及期貨交易人保護法第 10 條之 1 第 1 項所稱「執行業務」意涵，應參酌董事忠實義務意涵，採取廣義解釋，而不應採取狹義解釋，如董事利用執行董事職務所獲取公司營業資訊而為內線交易或操縱股價行為，該內線交易或操縱股價行為固非屬狹義之「執行業務」行為，然屬董事因執行業務機會獲取相關營業資訊，始得完成內線交易或操縱股價，與董事職務有密切相關，自應仍屬該條所稱「執行業務」行為。至於該執行業務行為是否違反董事忠實義務，且對公司造成重大損害或該當違反法令、章程之重大事項，乃屬另事。又證券投資人及期貨交易人保護法第 10 條之 1 第 1 項第 2 款之裁判解任制度，乃屬有別於公司法裁判解任制度之獨立監督公司治理制度，該解任事由並不限於所欲解任董事任期所生之事由，法院應依公司法第 23 條第 1 項董事忠實義務之立法意旨，具體妥為審認董事是否違反忠實義務且情節重大[477]。

J. 證券投資人及期貨交易人保護法第 10 條之 1 第 1 項第 2 款裁判解任規定，應以董事或監察人損害公司之行為或違反法令或章程之事項，在客觀上已足使人認該董事或監察人繼續擔任其職務，將使股東權益或社會公益受有重大損害，而不適任其職務，即足當之[478]。

K. 證券投資人及期貨交易人保護法於民國 109 年 5 月 22 日修正之

---

[475] 臺灣高等法院 105 年度金上字第 2 號民事判決。
[476] 臺灣高等法院 105 年度金上字第 18 號民事判決。
[477] 臺灣高等法院臺中分院 105 年度金上字第 3 號民事判決。
[478] 臺灣新竹地方法院 106 年度金字第 4 號民事判決。

條文施行前，保護機構已依第 10 條之 1 第 1 項規定提起之訴訟事件尚未終結者，適用修正施行後之規定（證券投資人及期貨交易人保護法§40-1）。

(6) 其他事由：如公司破產解散、決議解散或董事死亡等是。

10. 董事之補選

(1) 董事缺額達三分之一時，董事會應於三十日內召開股東臨時會補選之。但公開發行股票之公司，董事會應於六十日內召開股東臨時會補選之（公§201）。

(2) 獨立董事因故解任，致人數不足證券交易法第 14 條之 2 第 1 項或章程規定者，應於最近一次股東會補選之。獨立董事均解任時，公司應自事實發生之日起六十日內，召開股東臨時會補選之（證券交易法§14-2 VI）。

(3) 已依證券交易法發行股票之公司，其董事因故解任，致不足五人者，公司應於最近一次股東會補選之。但董事缺額達章程所定席次三分之一者，公司應自事實發生之日起六十日內，召開股東臨時會補選之（證券交易法§26-3 VII）。所稱最近一次股東會，當獨立董事或董事因故解任之時點，已逾公開發行公司董事會訂定股東會日期及股東會議案內容之決議日，或章程訂有董事候選人提名制度，已逾董事會董事候選人提名受理期間及董事應選名額之決議日者，為前述董事會決議所召開股東會之下次股東會[479]。

(4) 股東會補選董事之人數是否應與缺額董事人數相同，公司法尚乏規定[480]。

(5) 董事缺額達三分之一時，公司可自行決定補選或全面改選[481]。

---

[479] 行政院金融監督管理委員會 96.8.6.金管證一字第 0960042004 號令。
[480] 經濟部 90.5.16.經商字第 09002096490 號函。
[481] 經濟部 93.11.12.經商字第 09302191430 號函。

（二）董事會

1. 董事會之組成

(1) 董事會為公司執行業務之必要集體機構，故董事必組成董事會以決定業務之執行。

(2) 董事會以三人以上之董事組成之（公§192Ⅰ）。但公司得依章程規定不設董事會，置董事一人或二人。置董事一人者，以其為董事長，董事會之職權並由該董事行使，不適用公司法有關董事會之規定；置董事二人者，準用公司法有關董事會之規定（公§192Ⅱ）。因此，非公開發行股份有限公司之董事人數及職權設計，得採取下列三種選擇：

① 設置董事三人以上，並組成董事會。

② 設置董事二人，並準用董事會規定。

③ 設置董事一人，並擔任董事長及行使董事會職權。

(3) 已依證券交易法發行股票之公司董事會，設置董事不得少於五人（證券交易法§26-3Ⅰ）。

(4) 董事會未設常務董事者，應由三分之二以上董事之出席，及出席董事過半數之同意，互選一人為董事長，並得依章程規定，以同一方式互選一人為副董事長（公§208Ⅰ）。

(5) 每屆第一次董事會，由所得選票代表選舉權最多之董事於改選後十五日內召開之。但董事係於上屆董事任滿前改選，並決議自任期屆滿時解任者，應於上屆董事任滿後十五日內召開之（公§203Ⅰ）。

(6) 董事會並非經常開會，故得設常務董事會。董事會設有常務董事者，其常務董事依前項選舉方式互選之，名額至少三人，最多不得超過董事人數三分之一。董事長或副董事長由常務董事依前項選舉方式互選之（公§208Ⅱ）。

(7) 董事長對內為股東會、董事會及常務董事會主席，對外代表公司。董事長請假或因故不能行使職權時，由副董事長代理之；無副董事長或副董事長亦請假或因故不能行使職權時，由董事長指定常務董事一人代理之；其未設常務董事者，指定董事一人代理之；董事長

未指定代理人者，由常務董事或董事互推一人代理之（公§208Ⅲ）。

(8) 司法實務上認為，僅剩二人董事，不可召開董事會決議提出破產之聲請[482]。惟經濟部之解釋認為，公司如因其他因素，僅剩二人以上之董事可參與董事會時（二人以上方達會議之基本形式要件），可依實際在任而能應召出席董事，以為認定董事會應出席之人數，由該出席董事以董事會名義召開臨時股東會改（補）選董（監）事，以維持公司運作[483]。

(9) 董事會組成之相關實務：

① 董事長死亡，董事未重新選任董事長時，應由全體常務董事或全體董事代表公司，自無公司代表人欠缺之問題[484]。換言之，公司董事長死亡，其人格權即告消滅，僅能另行補選董事長，殊無互推代理人之餘地[485]。惟股份有限公司董事長死亡而未及補選前，得由副董事長暫時執行董事長職務[486]。

② 參照公司法第 171 條、第 203 條第 1 項本文等規定，股份有限公司之股東會，除另有規定外，由董事長召集之董事會召集之，並就已經董事會決議之事項為審議。若公司設有董事三人，但於股東臨時會召集前，董事長已死亡，另一董事亦因轉讓過半持股而解任職務，膡餘董事已無從以董事會名義召開股東會，自不得逕予論定該董事不需經董事會決議即可召開股東臨時會，選任之監察人亦屬有效，論事用法尚有可議之處[487]。

③ 公司董事長之執行業務，非其獨自一人所得全權決定[488]。

④ 章程不得明定副董事長二人[489]。

---

[482] 臺灣高等法院 96 年度抗字第 103 號民事裁定。
[483] 經濟部 93.12.2.經商字第 09302202470 號函。
[484] 最高法院 97 年度台簡上字第 21 號民事判決。
[485] 最高法院 93 年度台抗字第 999 號民事裁定。
[486] 最高法院 88 年度台抗字第 85 號民事裁定。
[487] 最高法院 99 年度台上字第 109 號民事判決。
[488] 最高法院 91 年度台上字第 1432 號民事判決。
[489] 經濟部 92.3.11.經商字第 09202048480 號函。

⑤　公司章程內或董事會規程中不得將董事長之職權明定一部分為
　　副董事長之職權[490]。

⑥　公司法明定董事會職權者，不得由常務董事會決議[491]。

2. 董事會之召集權人及程序

(1) 召集權人及主席

董事會由董事長召集之，但每屆第一次董事會，由所得選票代表選
舉權最多之董事召集之（公§203 I）。

① 每屆第一次董事會之召集及主席

A. 每屆第一次董事會，由所得選票代表選舉權最多之董事於改選
後十五日內召開之。但董事係於上屆董事任滿前改選，並決議
自任期屆滿時解任者，應於上屆董事任滿後十五日內召開之（公
§203 I）。解釋上，每屆第一次董事會既由所得選票代表選舉權
最多之董事召集，自應由其擔任主席。

B. 董事係於上屆董事任期屆滿前改選，並經決議自任期屆滿時解
任者，其董事長、副董事長、常務董事之改選得於任期屆滿前
為之，不受第 1 項之限制（公§203 II）。

C. 第一次董事會之召開，出席之董事未達選舉常務董事或董事長
之最低出席人數時，原召集人應於十五日內繼續召開，並得適
用公司法第 206 條之決議方法選舉之（公§203 III）。應注意者，
當屆第一次董事會之召開，出席董事倘未達選舉董事長之最低
出席人數，若原召集人並未於 15 日內繼續召開，自無從遽依公
司法第 206 條之決議方法選舉董事長，而仍應以三分之二以上
董事出席、出席董事過半數同意之決議方法為之[492]。

D. 得選票代表選舉權最多之董事，未在公司法第 203 條第 1 項或
第 3 項期限內召開董事會時，得由過半數當選之董事，自行召

[490] 經濟部 88.3.17.經商字第 88204911 號函。

[491] 經濟部 86.12.26.經商字第 86224536 號函。

[492] 臺灣高等法院高雄分院 111 年度上字第 253 號民事判決。

　　　集之（公§203Ⅳ）。

② 定期董事會之召集及主席

　A. 董事會由董事長召集之（公§203-1Ⅰ），董事長對內為董事會之
　　　主席（公§208Ⅲ）。

　B. 過半數之董事得以書面記明提議事項及理由，請求董事長召集
　　　董事會（公§203-1Ⅱ）。上開請求提出後十五日內，董事長不為
　　　召開時，過半數之董事得自行召集（公§203-1Ⅲ）。因此，董事
　　　長倘未於前開期限內，按過半數董事書面記明之提議事項召開
　　　董事會者，該等過半數董事即得自行召集董事會[493]。倘實務上
　　　發生董事長不作為之情事，不僅導致公司之運作僵局，更嚴重
　　　損及公司治理。為解決董事長不召開董事會，而影響公司之正
　　　常經營，並考量避免放寬董事會召集權人後之濫行召集或減少
　　　董事會議發生雙胞或多胞之情況，爰明定允許過半數之董事，
　　　得請求董事長召集董事會及自行召集之要件。

　C. 過半數之董事自行召集之董事會，可比照公司法第 182 條之 1
　　　規定由過半董事互推產生主席，不適用第同法 208 條第 3 項規
　　　定[494]。

　D. 依公司法第 203 條之 1 第 2 項及第 3 項規定，過半數之董事得
　　　以書面記明提議事項及理由，請求董事長召集董事會。若請求
　　　提出後 15 日內，董事長不為召開時，過半數之董事得自行召
　　　集。雖然第 3 項僅規定「董事長不為召開時」，過半數之董事得
　　　自行召集，但當「董事長無法召集時」，應解為亦構成「董事長
　　　不為召開時」之情事。

　E. 董事長如不召開定期董事會，尚不得由其他監察人召集之。

(2) 召集之程序

① 召集通知及方式

---

[493] 經濟部 111.6.10.經商字第 11102019270 號函。

[494] 經濟部 108.1.19.經商字第 10802400580 號函。

A. 董事會之召集，應於三日前通知各董事及監察人。但章程有較高之規定者，從其規定（公§204 I）。公開發行股票之公司董事會之召集，其通知各董事及監察人之期間，由證券主管機關定之，不適用公司法第 204 條第 1 項規定（公§204II）。又依證券交易法第 26 條之 3 第 8 項規定之授權，金融監督管理委員會並據以訂定發布「公開發行公司董事會議事辦法」，以資遵循。質言之，公開發行公司董事會之召集，應載明召集事由，於七日前通知各董事及監察人。但有緊急情事時，得隨時召集之（公開發行公司董事會議事辦法§3II）。

B. 有緊急情事時，董事會之召集，得隨時為之（公§204III）。

C. 召集之通知，經相對人同意者，得以電子方式為之（公§204IV）。

(A) 同意之方式包含明示同意及默示同意兩種情形。明示同意係指當事人間以書面或口頭明白表示同意以電子方式為之；默示同意係指依其外在所表現之行為，足以認定相對人已默示同意以電子方式為之。又相對人是否已經表示同意，屬事實認定問題，應由司法機關依具體情況綜合判斷，解釋上，未可一概而論。倘章程已規定董事會召集通知得以電子方式為之者，解釋上既認定為董事已默示同意，是以發送董事會召集通知給董事時，即得以電子方式為之（毋庸另取得董事同意），尚無「董事得否不同意以電子方式通知」之問題[495]。

(B) 所謂董事會之召集通知，包含會議資料，自得於取得相對人同意後，以電子方式為之。倘將召集通知紙本用印掃描後，透過網際網路以電子郵件傳輸給相對人，或上傳雲端硬碟或其他網路平台後，由相對人自行下載者，倘經相對人同意，自無不可[496]。

② 董事會召集之相關實務

---

[495] 經濟部 101.7.23.經商字第 10102093130 號函。
[496] 經濟部 102.9.2.經商字第 10202097590 號函。

A. 董監事未親自出席或視同親自出席董監事會議之情形，則公司即不得列報董監事議事費用[497]。

B. 董事會之召集，應於三日前通知各董事及監察人，所稱三日前不算入始日。董事會未通知監察人列席陳述意見即逕為決議，其效力如何，公司法雖無明文，惟參諸公司法第 218 條之 2 第 1 項規定，賦予監察人得列席董事會陳述意見之權利，乃係藉由監察人之客觀、公正第三人立場，提供董事會不同意見，且監察人為公司業務之監督機關，須先明瞭公司業務經營狀況，俾能妥善行使職權，同法第 204 條第 1 項因就董事會之召集明定應載明事由，於 3 日前通知監察人，以資遵循之趣旨以觀，董事會未通知監察人列席陳述意見，即逕為決議，其決議應屬無效[498]。應注意者，公司法第 204 條關於董事會之召集應載明事由於三日前通知各董事及監察人之規定，其目的無非係以董事會由董事所組成，董事會之召集通知，自應對各董事為之，俾確保各董事均得出席董事會，參與議決公司業務執行之事項。故董事會之召集雖違反上開規定，惟全體董監事倘皆已應召集而出席或列席董事會，對召集程序之瑕疵並無異議而參與決議，尚難謂董事會之召集違反法令而認其決議為無效[499]。

C. 股份有限公司設立董事會之趣旨，在使全體董事經參與董事會會議，互換意見，詳加討論後，決定公司業務執行之方針。因此，董事會之召集程序，若有違反公司法第 203 條之 1 第 1 項規定之情形，其所為決議雖屬無效。惟董事會開會通知書係由時任公司董事長指示職員辦理，且經職員將該開會通知書先行傳送予董事長確認後，再由職員依其指示通知公司董事召開董事會事宜，故該董事會係由董事長所召集，其所為決議自無決

---

[497] 最高行政法院 95 年度判字第 1804 號判決。
[498] 參閱最高法院 106 年度台上字第 2629 號民事判決、最高法院 106 年度台上字第 57 號民事判決。
[499] 最高法院 104 年度台上字第 823 號民事判決。

議無效之情事[500]。同理，公司董事長召集董事會，於期限前依公司登記名冊之本名或名稱、住所或居所發送召集董事會之通知，應認已生通知之效力[501]。

D. 開會通知召集事由未記載之事項，難認董事會不得以臨時動議提出而為決議[502]。

E. 公司法及證券交易法對於董事會開會地點，均無明文規定。又董事會係公司之執行機關，董事會召開之地點，自應使全體董事皆有參與討論機會，應於公司所在地或便於全體董事出席且適合董事會召開之地點為之，並不以國內為限[503]。

F. 董事會通知係採發信主義[504]。

3. 董事會之決議

(1) 實體會議及董事會之出席

① 董事會開會時，董事應親自出席，但公司章程訂定得由其他董事代理者，不在此限（公§205 I）。惟董事會僅由董事一人親自出席，不具會議之基本形式要件[505]。

② 董事委託其他董事代理出席董事會時，應於每次出具委託書，並列舉召集事由之授權範圍（公§205 III）。

③ 為防止董事會為人所操縱，代理人以受一人之委託為限（公§205 IV）。

④ 董事委託其他董事出席董事會時，應每次出具委託書，並列舉召集事由之授權範圍，違反者，不生委託出席之效力[506]。

⑤ 章程未訂有董事出席董事會之代理者，則董事委託其他董事代

---

[500] 臺灣高等法院臺南分院 111 年度上字第 171 號民事判決。
[501] 最高法院 95 年度台上字第 2611 號民事判決。
[502] 臺灣高等法院 93 年度上字第 467 號民事判決。
[503] 經濟部 97.10.21.經商字第 09702424710 號函。
[504] 經濟部 99.4.9.經商字第 09902036620 號函。
[505] 經濟部 93.5.7.經商字第 09302073130 號函。
[506] 最高法院 70 年度台上字第 3410 號民事判決。

理出席董事會對公司不生效力[507]。

⑥ 按股份有限公司設立董事會之趣旨，在使全體董事經參與董事會會議，互換意見，詳加討論後，決定公司業務執行之方針。因此，公司法第 203 條之 1、第 204 條、第 205 條第 3 項、第 4 項、第 206 條規定董事會之召集程序及決議方式，俾利全體董事出席董事會，及議決公司業務執行之計策。董事會召集程序及決議方式，違反法令或章程時，其所為決議，應屬無效[508]。

(2) 視訊會議

① 董事會開會時，如以視訊會議為之，其董事以視訊參與會議者，視為親自出席（公§205 II）。

② 鑑於電傳科技發達，人與人溝通已不侷限於同一時間、同一地點、從事面對面交談，如以視訊會議方式從事會談，亦可達到相互討論之會議效果，與親自出席無異。

(3) 書面決議

① 非公開發行之股份有限公司，其章程得訂明經全體董事同意，董事就當次董事會議案以書面方式行使其表決權，而不實際集會（公§205 V）。亦即，公司本於章程自治，允許董事以書面方式行使其表決權，可不實際集會，以利公司運作之彈性及企業經營之自主。

② 上開情形，視為已召開董事會；以書面方式行使表決權之董事，視為親自出席董事會（公§205 VI）。

③ 非公開發行之股份有限公司，其董事會雖得依章程規定，以書面決議取代實際開會，但僅就當次董事會議案為限。

④ 於公開發行股票之公司，不適用董事會得採用書面決議之規定（公§205 VII）。

(4) 決議之方法

---

[507] 經濟部 92.8.19.經商字第 09202171850 號函。
[508] 最高法院 99 年度台上字第 1650 號民事判決、最高法院 106 年度台上字第 2629 號民事判決。

① 表決權行使之限制：

A. 董事對於會議之事項，有自身利害關係時，應於當次董事會說明其自身利害關係之重要內容（公§206 II），負有說明義務。

B. 董事對於會議之事項，有自身利害關係時，致有害於公司利益之虞時，不得加入表決，並不得代理他董事行使其表決權（公§178、§206 IV）。

C. 董事之配偶、二親等內血親，或與董事具有控制從屬關係之公司，就前項會議之事項有利害關係者，視為董事就該事項有自身利害關係（公§206 III）。

(A) 所謂「董事之配偶、二親等內血親」，其利害關係人之範圍，不僅包括個人董事之配偶、二親等內血親，亦應包括法人或政府所指派代表人董事之配偶、二親等內血親。

(B) 所稱「與董事具有控制從屬關係之公司」，解釋上除法人董事之控制公司及從屬公司外，亦應將與指派代表人董事之法人具有控制從屬關係之公司納入利害關係人之範圍。

D. 不得行使表決權之董事，亦不算入已出席之表決權數（公§206 IV準用§108）。但董事會之決議，對依第 178 條規定不得行使表決權之董事，仍應算入已出席之董事人數內[509]。鑑於董事會之決議，對依公司法第 178 條規定不得行使表決權之董事，仍應算入已出席之董事人數內，故董事出席符合法定開會門檻，雖僅餘 1 人可就決議事項進行表決且其同意決議事項，仍符合決議門檻[510]。

E. 董事會對會議事項，有自身利害關係致有害於公司利益之虞時，不得加入表決，違背而為決議，該決議無效，且不必以訴訟主張[511]。至於子公司之董事對於母子公司雙方合作或締結買

---

[509] 經濟部 91.5.16.經商字第 09102088350 號函。
[510] 經濟部 99.4.26.經商字第 09902408450 號函。
[511] 最高法院 88 年度台上字第 2863 號民事判決。

賣契約之議案，應依事實個案認定是否依公司法第 178 條「有自身利害關係致有害於公司利益之虞」之認定而迴避[512]。

F. 所謂董事「對於會議之事項，有自身利害關係」，乃指因該決議之表決結果，將立即、直接致特定董事取得權利或負擔義務，或喪失權利，或新負義務而言[513]。

G. 參照公司法第 206 條第 4 項準用第 178 條規定，股份有限公司董事會於表決會議事項時，董事對於會議之事項有自身利害關係致有害於公司利益之虞時，該董事應不得加入表決。董事會違背上揭規定而為決議者，該部分之決議為無效。故若以股東公司未向他人借款之情形，竟有其他董事於董事會議提案將系爭股票轉讓予他人抵償借款，受讓人亦為公司董事，依上述規定自不得參與表決，惟其仍參與表決同意，且收受系爭股票，自已違反上述規定，而有不法侵害他人權利之情形，應依民法第 185 條規定負連帶損害賠償責任，惟若以上述二董事間之行為，若其中一人已因請求權時效消滅而得免債務，另一董事亦難免其應賠償之責任，非可以連帶關係認其賠償義務亦得免除[514]。

② 表決之方法：

A. 普通決議：應有過半數董事之出席，出席董事過半數之同意行之（公§206 I）。

B. 特別決議：應由三分之二以上董事出席，以出席董事過半數之同意行之。何種事項應經特別決議，依公司法之特別規定，例如董事長或常務董事之選任（公§208 I）、公司債之募集（公§246 II）及新股之發行（公§266 II）等均屬之。

③ 董事長僅有一表決權，故董事會正反意見同數時，其不得行使可決權[515]。

---

[512] 經濟部 99.5.5.經商字第 09902408910 號函。
[513] 最高法院 107 年度台上字第 649 號民事判決。
[514] 最高法院 99 年度台上字第 385 號民事判決。
[515] 經濟部 81.2.1.商字第 200876 號函。

(5) 議事錄之作成

① 董事會之議事錄準用股東會議事錄之相關規定（公§207準用§183）。

② 董事會之議決事項，應作成議事錄，由主席簽名或蓋章，並於會後二十日內，將議事錄分發各股東（公§207準用§183 I）。

③ 議事錄應記載會議之年、月、日、場所、主席姓名、決議方法、議事經過之要領及其結果，在公司存續期間，應永久保存（公§207準用§183 IV）。公司法第205條規定董事會採行視訊會議方式進行，而無董事親自出席集會時，有關議事錄會議場所之記載，得載明某一特定與會者（如主席）之「實際所在地」或記載該次視訊會議所使用之連結及識別方式作為會議場所。至於公開發行股票之公司，如其董事會之召開採視訊會議者，其議事錄之會議地點得直接敘明採視訊進行，且其視訊影音資料為議事錄之一部分，爰應同時錄音與錄影，且該視訊影音資料呈現方式，須注意應能清楚呈現各董事與會情形、其發言內容及會議完整過程等，俾符合「公開發行公司董事會議事辦法」第17條規定有關議事錄應詳實記載之意旨[516]。

④ 董事會之議事錄應保存出席董事簽名簿[517]。

⑤ 議事錄之製作及分發，得以電子方式為之。董事會議事錄之分發，公開發行股票之公司，得以公告方式為之（公§183 II、III、§207）。

(6) 董事會決議之瑕疵

① 召集程序或決議方法之瑕疵

A. 董事會之召集，漏未通知部分董事致有影響決議結果之虞時，該決議當然無效[518]。

---

[516] 經濟部110.7.19.經商字第11000641250號函。
[517] 經濟部91.12.31.經商字第09102302570號函。
[518] 臺灣高等法院暨所屬法院高65.12.10.法律座談會民事類提案第28號。

B. 董事會之召集程序有瑕疵時，該董事會之效力，當然無效[519]。

C. 董事會對會議事項，有自身利害關係致有害於公司利益之虞時，不得加入表決，違背而為決議，該決議無效，且不必以訴訟主張[520]。

D. 董事會之召集程序或決議方法有瑕疵，雖無準用同法第 189 條之明文，惟參諸董事會係供全體董事交換意見，決定公司業務方針之意旨以觀，如違反上開規定，其所為之決議，應屬無效[521]。

E. 董事會之召集程序違反法律規定所為之決議無效[522]。

F. 股份有限公司設立董事會之趣旨，在使全體董事經參與董事會會議，互換意見，詳加討論後，決定公司業務執行之方針。因此，公司法第 203 條之 1、第 204 條、第 205 條第 3 項、第 4 項、第 206 條規定董事會之召集程序及決議方式，俾利全體董事出席董事會，及議決公司業務執行之計策。董事會召集程序及決議方式，違反法令或章程時，其所為決議，應屬無效[523]。

G. 按董事會為股份有限公司之權力中樞，為充分確認權力之合法、合理運作，及其決定之內容最符合所有董事及股東之權益，原應嚴格要求董事會之召集程序、決議方法須符合公司法第 203 條至第 207 條之規定，如有違反，應認為當然無效。惟公司法第 204 條關於董事會之召集應載明事由於三日前通知各董事及監察人之規定，其目的無非係以董事會由董事所組成，董事會之召集通知，自應對各董事為之，俾確保各董事均得出席董事會，參與議決公司業務執行之事項。故董事會之召集雖違反上開規定，惟全體董監事倘皆已應召集而出席或列席董事會，對召集程序之瑕疵並無異議而參與決議，尚難謂董事會之召集違

[519] 臺灣高等法院 97 年度上字第 693 號民事判決。
[520] 最高法院 88 年度台上字第 2863 號民事判決、最高法院 100 年度台上字第 2235 號民事判決。
[521] 最高法院 106 年度台上字第 133 號民事判決。
[522] 最高法院 97 年度台上字第 925 號民事判決。
[523] 最高法院 99 年度台上字第 1650 號民事判決。

反法令而認其決議為無效[524]。

② 決議內容之瑕疵

A. 董事會之召集程序有瑕疵時，該董事會之效力如何，公司法雖未明文規定，惟董事會為公司之權力中樞，為充分確認權力之合法、合理運作，及其決定之內容最符合所有董事及股東之權益，應嚴格要求董事會之召集程序、決議內容均須符合法律之規定，如有違反，應認為當然無效[525]。

B. 董事會因執行業務已決議事項，違反法令、章程及股東會之決議，致公司受損害時，參與決議之董事，對於公司負賠償之責，但經表示異議之董事有紀錄及書面聲明可證者，免其責任（公§193 II）。

C. 公司董事會決議之有效與否，非屬於法律關係之基礎事實，自不得為確認之訴之標的[526]。蓋所謂「為法律關係基礎事實」係指法律關係所由發生之原因事實而言。董事會決議之提案通常僅係股東會作成決議之基礎，但兩者間並無必然關係，股東會仍有可能否決董事會所提之議案。

D. 董事會決議，為違反法令或章程之行為時，繼續一年以上持有股份之股東，得請求董事會停止其行為（公§194）。

③ 業務執行之瑕疵

董事會或董事執行業務有違反法令、章程或股東會決議之行為者，監察人應即通知董事會或董事停止其行為（公§218-2）。

4. 董事會之權限

(1) 業務之執行

① 董事會之主要權限為決定公司業務之執行。

② 公司業務之執行，除公司法或章程規定應由股東會決議之事項

---

[524] 最高法院 104 年度台上字第 823 號民事判決。

[525] 最高法院 97 年度台上字第 925 號民事判決。

[526] 最高法院 96 年度台上字第 2304 號民事判決。

外，均應由董事會決議行之（公§202）。

③　我國尊重董事會之治理權能，雖採取董事會優先原則，即董事會負責制定業務發展方針與落實營運計畫，而賦予相當之權力，然相對地要求其應以善良管理人之注意義務（應符合理、誠信及比例原則），重視每個股東權益，務須平等待之，貫徹公司核心理念，並應強化資訊揭露之受託義務[527]。

(2)　董事會之權限至為廣泛，茲舉其要者如下：

①　任命公司經理人（公§29 I ③）。

②　申請辦理公開發行程序（公§156-2 I）。

③　收買員工庫藏股（公§167-1 I）。

④　與員工簽訂認股權契約（公§167-2 I）。

⑤　召集股東會（公§171）。

⑥　提出營業政策重大變更之議案權（公§185 V）。

⑦　決定募集公司債之權（公§246）。

⑧　在授權資本制下，決定發行新股權（公§266）。

⑨　向法院聲請重整（公§282 I）。

⑩　於每季或每半年會計年度終了時決定以發放現金方式之盈餘分派（公§228-1 II、IV）。

⑪　作成分割計畫、合併契約（公§317 I）。

(3)　董事會執行業務並非漫無限制，仍應依照法令、章程及股東會之決議（公§193 I）。

(4)　商標權之讓與應經董事會決議行之[528]。又公司之重大投資事項，必須依法定程序召開董事會作成決議，始具有法定效力。從而公司負責人並未經過公司董事會正式開會決議合法授權，擅自以公司名義簽訂投資案。縱其私下取得相關人員之同意，然依公司法及公司內部章程之規定，尚不足以取代董事會之決議，應僅屬私下意見溝通

---

[527] 最高法院 108 年度台上字第 2622 號民事判決。
[528] 最高法院 96 年度台上字第 2352 號民事判決。

之性質，並不生董事會決議之合法效力者，自不能據以認定公司業
經其董事會決議授權，由負責人執行投資案之進行[529]。

(5) 代表公司之董事將公司之債權讓與他人，而未經董事會決議，董事
此項行為，非經公司承認，對於公司不生效力[530]。

(6) 公司停業中，董事會功能不彰或不能推行時，公司股東會尚無代董
事會議決出租理財行為之可言[531]。

(7) 股份有限公司之董事會，係屬意思決定機關，而非代表機關，其決
議不能直接對外發生效力[532]。

5. 董事會之職責及義務

(1) 董事會除應負責業務執行外，尚負有下列重要職責：

① 作成並保存議事錄之義務（公§183、§207）。

② 備置章程簿冊之義務（公§210）。

③ 編造會計表冊書類之義務（公§228）。

④ 分發並公告會計表冊之義務（公§230）。

⑤ 報告資本虧損之義務（公§211 I 、Ⅲ）。

⑥ 依監察人之請求提出報告義務（公§218 I）。

⑦ 聲請宣告公司破產之義務（公§211 II）。

⑧ 通知、公告公司解散之義務（公§316）。

(2) 董事會係在缺額達三分之一未依主管機關函令依法補選前召開，則
其決議提出破產之聲請，當然程序於法不合[533]。

(3) 公司經法院裁定駁回破產聲請，公司自可經股東會為解散之決
議[534]。

(4) 依公司法第 211 條第 1 項規定，公司虧損達實收資本額二分之一

---

[529] 最高法院 107 年度台抗字第 333 號刑事裁定。
[530] 最高法院 95 年度台上字第 2370 號民事判決。
[531] 經濟部 91.9.18.經商字第 09102206950 號函。
[532] 最高法院 84 年度台上字第 213 號民事判決。
[533] 臺灣高等法院高雄分院 96 年度破抗字第 103 號民事判決。
[534] 經濟部 93.12.7.經商字第 0930062972 號函。

時，董事會應於最近一次股東會報告。實務上，對於公司虧損之認定，以公司財務報表上之累積虧損及當期損益作為判斷依據。至於在台外國公司虧損達營運資金一半時並不準用公司法第 211 條破產宣告[535]。

(5) 依公司法第 211 條第 2 項規定，股份有限公司於其資產顯有不足抵償其所負債務而向法院聲請重整遭駁回時，該公司之董事會即有向法院聲請宣告破產之法定作為義務，並無須經董事會為同意之決議後，始得向法院聲請宣告破產之明文規定[536]。董事若不為破產聲請致公司之債權人受損害時，該董事對於債權人應否負責，在公司法既無規定，自應適用民法第 35 條第 2 項之一般規定[537]。惟所謂「損害」，係指如法人之董事有向法院聲請破產，則債權人可得全部或部分之清償，因怠於聲請，致全未受償或較少受償而言。如公司宣告破產與否，對債權人之債權（普通債權）不能受償之結果，仍屬相同，則未聲請法院宣告破產，並不增加債權人之損失，此時該法人之法定代理人，自不負賠償責任[538]。

(6) 所謂公司資產顯有不足抵償其所負債務，係指公司現實資產總額少於負債總額顯然不足抵償其債務之情形而言[539]。

6. 常務董事會

(1) 常務董事會，乃經常以集合方式，於董事會休會時，經常執行董事會職權之機構。

(2) 常務董事於董事會休會時，依法令、章程、股東會決議及董事會決議，以集會方式經常執行董事會職權，由董事長隨時召集，以半數以上常務董事之出席，及出席過半數之決議行之（公§208Ⅳ）。從法條文義而言，常務董事之權限似採法定職權說，而非授權說。

[535] 經濟部 80.12.20.商字第 23370 號函。
[536] 最高法院 97 年度台抗字第 308 號民事判決。
[537] 最高法院 23 年上字第 204 號判例。
[538] 臺灣高等法院 92 年度重上字第 551 號民事判決。
[539] 司法院 78.7.12.祕（一）字第 1678 號函。

(3) 常務董事之選任，應由三分之二以上董事之出席及出席董事過半數之同意，由董事互選之，其名額至少三人，最多不得超過董事人數三分之一（公§208 II）。

(4) 董事會因董事人多難以經常集會，故公司得設置常務董事會，於董事會休會期間，決定公司業務之執行。應注意者，是否設置常務董事，依章程之規定為之。

(5) 就常務董事之代理而言，因常務董事會係在董事會休會時所作之設置，故如公司章程訂定董事得由其他董事代理時，則常務董事會亦得比照代理之[540]。

(6) 常務董事會開會時，宜通知監察人，監察人亦得列席常務董事會陳述意見[541]。

(7) 依經濟部之解釋，公司法明定專屬「董事會」決議之事項，不論係普通決議（例如同法第 171 條召集股東會之決議）或特別決議（例如第 266 條發行新股之決議），均不得由常務董事會決議[542]。亦即，採取限制性法定職權說之見解。

7. 臨時管理人

(1) 董事會不為或不能行使職權，致公司有受損害之虞時，法院因利害關係人或檢察官之聲請，得選任一人以上之臨時管理人，代行董事長及董事會之職權。但不得為不利於公司之行為（公§208-1 I）。所稱「董事會不為或不能行使職權」，例如董事會長期無法召集開會或執行業務、董事全體辭任、全部董事均無法行使職權等是。

(2) 公司法第 208 條之 1 所定選任臨時管理人事件，由利害關係人或檢察官向法院聲請（非訟事件法§183I），法院為裁定時，應附理由（非訟事件法§183IV）。上開聲請，應以書面表明董事會不為或不能行使職權，致公司有受損害之虞之事由，並釋明之（非訟事件法

---

[540] 經濟部 87.3.21.商字第 87205438 號函。

[541] 經濟部 91.4.22.經商字第 09102068230 號函。

[542] 經濟部 86.12.26.經商字第 86224536 號函。

§183Ⅱ）。公司法第 208 條之 1 第 1 項事件，法院為裁定前，得徵詢主管機關、檢察官或其他利害關係人之意見（非訟事件法§183Ⅲ）。法院選任臨時管理人時，應囑託主管機關為之登記（公§208-1Ⅱ、非訟事件法§183Ⅴ）。

(3) 又臨時管理人解任時，法院應囑託主管機關註銷登記（公§208-1Ⅲ）。

(4) 法院選任之臨時管理人不以股東為限[543]。

(5) 臨時管理人之選任與解任，允屬法院職權[544]。

(6) 各臨時管理人得單獨代行該公司董事會之職權召集股東會[545]。

(7) 臨時管理人，在代行董事長及董事會時，自屬公司負責人（公§8Ⅱ）。

(8) 臨時管理人選任，以法人有急切需董事親自處理之具體事項，因董事全部不能行使職權，致法人有受損害之虞時為要件[546]。

(9) 臨時管理人對於有自身利害關係致有害於公司利益之虞之事項，類推適用同法第 178 條規定，亦不得代理公司行使其職權[547]。

（三）董事長

1. 代表機關

(1) 董事會應有董事長，董事長對外代表公司。故董事長為代表機關。

(2) 股份有限公司之新任董事長，自其就任後即生效力[548]。

(3) 代表公司之董事，關於公司營業上一切事務，有辦理之權（公§208Ⅴ準用§57）。公司對於董事長代表權所加之限制，不得對抗善意第三人（公§208Ⅴ準用§58）。凡與公司營業有關之一切事務，董事長均有代表公司辦理之權，不以公司章程所載之營業事項為限，以維

---

[543] 經濟部 92.4.4.經商字第 09202070730 號函。
[544] 經濟部 95.12.11.經商字第 09502168730 號函。
[545] 臺灣高等法院臺中分院 97 年度上字第 362 號民事判決。
[546] 臺灣高等法院 87 年度抗字第 943 號民事裁定。
[547] 最高法院 92 年度台抗字第 538 號民事裁定。
[548] 最高法院 97 年度台抗字第 688 號民事裁定。

護交易安全及保障善意之交易相對人[549]。

(4) 有權代表公司之人與第三人訂立契約時，只須表明代表公司之意旨而為，即生效力，並不以加蓋公司之印章為必要[550]。

(5) 公司董事長之執行業務，非其獨自一人所得全權決定[551]。

(6) 公司雖已選任董事，但尚未選任董事長，自應由全體董事對內經多數決執行法人事務，對外均有代表公司之權限[552]。

(7) 代表與代理固不相同，惟關於公司機關之代表行為，解釋上應類推適用關於代理之規定，故無代表權人代表公司所為之法律行為，若經公司承認，即對於公司發生效力[553]。

(8) 公司法第 208 條第 3 項雖規定董事長對外代表公司，但僅關於公司營業上之事務有辦理之權，若有所代表者非公司營業上之事務，本不在代表權範圍之內，此項無權限之行為，不問第三人是否善意，非經公司承認，不能對於公司發生效力[554]。亦即，採取效力未定說之立場。相對地，董事長對外所為之法律行為，如未經董事會決議或其決議有瑕疵，且其情形為交易相對人所明知，則該法律行為對於公司尚不發生效力[555]。

(9) 按股份有限公司董事對外執行業務時，依公司法第 202 條、第 206 條規定，固應依章程或董事會決議等行之，然股份有限公司之董事會係定期舉行，其內部如何授權董事長執行公司之業務、董事長對外所為之特定交易行為有無經董事會決議及其決議有無瑕疵等，均非交易相對人從外觀即可得知；而公司內部就董事會與董事長職權範圍之劃分，就交易對象言，與公司對於董事長代表權之限制無異，為保障交易安全，自應參酌同法第 57 條、第 58 條之規定，認

---

[549] 最高法院 108 年度台上字第 1640 號民事判決。

[550] 最高法院 87 年度台上字第 801 號民事判決。

[551] 最高法院 91 年度台上字第 1432 號民事判決。

[552] 臺灣高等法院 97 年度抗字第 1192 號民事裁定。

[553] 最高法院 74 年台上字第 2014 號判例、最高法院 110 年度台上字第 330 號民事判決。

[554] 最高法院 76 年度台上字第 1866 號民事判決。

[555] 最高法院 106 年度台上字第 133 號民事判決。

董事長代表公司所為交易行為，於交易相對人為善意時，公司不得僅因未經董事會決議或其決議有瑕疵，即逕否認其效力[556]。觀諸司法實務之見解，似傾向採取相對無效說之立場。

(10) 依公司法第 208 條第 3 項規定，股份有限公司之董事長對內為股東會、董事會及常務董事會主席，對外代表公司。雖同法第 202 條規定：「公司業務之執行，除本法或章程規定應由股東會決議之事項外，均應由董事會決議行之」，第 206 條第 1 項規定：「董事會之決議，除本法另有規定外，應有過半數董事之出席，出席董事過半數之同意行之」，惟股份有限公司之董事會係定期舉行，其內部如何授權董事長執行公司之業務、董事長對外所為之特定交易行為有無經董事會決議及其決議有無瑕疵等，均非交易相對人從外觀即可得知；而公司內部就董事會與董事長職權範圍之劃分，對於交易對象而言，與公司對於董事長代表權之限制無異，為保障交易之安全，宜參酌公司法第 57 條、第 58 條之規定，認董事長代表公司所為之交易行為，於交易相對人為善意時，公司不得僅因未經董事會決議或其決議有瑕疵，即否認其效力[557]。

2. 召集權限

(1) 董事會由董事長召集之（公§203-1 I）。

(2) 常務董事於董事會休會時，依法令、章程、股東會決議及董事會決議，以集會方式經常執行董事會職權，由董事長隨時召集（公§208 IV）。

3. 主席權

董事長對內為股東會、董事會及常務董事會主席（公§208 III 前段）。

4. 董事長之代理

(1) 董事長請假或因故不能行使職權時，由副董事長代理之；無副董事長或副董事長亦請假或因故不能行使職權時，由董事長指定常務董

---

[556] 最高法院 103 年度台上字第 1568 號民事判決。

[557] 最高法院 102 年度台上字第 2511 號民事判決。

事一人代理之；其未設常務董事者，指定董事一人代理之；董事長
未指定代理人者，由常務董事或董事互推一人代理之（公§208Ⅲ）。

(2) 董事長因故不能行使職權，係指事實之不能或法律上之不能而言，
並不包括董事長能行使而消極不行使職權在內。例如董事長因案被
押或逃亡等一時的不能行使其職權而言[558]。

(3) 董事間既未能互推一人代理董事長，應由全體董事代表公司[559]。

5. 董事長之辭任

董事長辭任，乃屬董事長缺位之情形，與公司法第 208 條第 3 項「董
事長因故不能行使職權」之情形有別。故董事長辭職後，其職權消滅，其
基於董事長地位而指定之代理人，其代理權限亦隨同消滅，應依公司法第
208 條第 1 項、第 2 項補選董事長；於未及補選董事長前，得類推適用同
條第 3 項規定，由副董事長代理之；無副董事長者，由常務董事或董事互
推一人暫時執行董事長職務，以利改選董事長會議之召開及公司業務之執
行[560]。

6. 董事長之解任

(1) 依公司法第 208 條規定，董事長、副董事長、常務董事之選任，係
屬董事會或常務董事會之權限，雖其解任方式，公司法並無明文，
若非章程另有規定，自仍以由原選任之常務董事會或董事會決議為
之較合理[561]。至於常務董事會或董事會決議解任之出席人數及決議
方法，可準照公司法第 208 條第 1 項規定之董事會選任董事長、副
董事長、常務董事或董事會選任董事長、副董事長之出席人數及決
議方法行之。此外，則董事長、副董事長、副董事長或常務董事仍
得因股東會決議解除其董事職務而當然去職[562]。

---

[558] 臺灣高等法院 97 年度上易字第 489 號民事判決。
[559] 最高法院 96 年度台聲字第 793 號民事判決。
[560] 最高法院 107 年度台上字第 97 號民事判決。
[561] 經濟部 97.7.15.經商字第 09702082340 號函、經濟部 94.8.2.經商字第 09402105990 號函、經濟部 74.11.27.
經商字第 51787 號函。
[562] 經濟部 74.11.27.經商字第 51787 號函。

(2) 公司法第 208 條第 1 項、第 2 項規定，董事長之選任，係屬董事會或常務董事會之職權，雖其解任方式，公司法並無明文，若非章程另有規定，自仍以由原選任之董事會或常務董事會決議為之，較為合理[563]。

(3) 董事長之改選方式與董事長之解任方式，公司法均無明文規定，是其決議之出席人數及決議方法，得由董事會依公司法第 208 條第 1 項規定之決議為之[564]。

(4) 董事長若經股東會決議解任其董事之資格，其董事長之身分自應連同其董事之資格一併喪失[565]。

(5) 公司法對於董事會之臨時動議，並未如公司法第 172 條第 5 項規定設有明文限制。因此，董事會以臨時動議解任及選任董事長，公司法尚無限制規定[566]。應注意者，若為公開發行公司，依民國 111 年 8 月 5 日修正之「公開發行公司董事會議事辦法」第 7 條第 1 項規定：「公司對於下列事項應提董事會討論：一、公司之營運計畫。二、年度財務報告及半年度財務報告。但半年度財務報告依法令規定無須經會計師查核簽證者，不在此限。三、依本法第十四條之一規定訂定或修正內部控制制度，及內部控制制度有效性之考核。四、依本法第三十六條之一規定訂定或修正取得或處分資產、從事衍生性商品交易、資金貸與他人、為他人背書或提供保證之重大財務業務行為之處理程序。五、募集、發行或私募具有股權性質之有價證券。六、董事會未設常務董事者，董事長之選任或解任。七、財務、會計或內部稽核主管之任免。八、對關係人之捐贈或對非關係人之重大捐贈。但因重大天然災害所為急難救助之公益性質捐贈，得提下次董事會追認。九、依本法第十四條之三、其他依法令或章程規定應由股東會決議或董事會決議事項或主管機關規定

---

[563] 經濟部 94.8.2.經商字第 09402105990 號函。
[564] 經濟部 111.6.10.經商字第 11102019270 號函。
[565] 最高法院 96 年度台上字第 5609 號民事判決。
[566] 經濟部 97.7.15.經商字第 09702082340 號函。

之重大事項。」又依「公開發行公司董事會議事辦法」第 3 條第 4
項規定：「第七條第一項各款之事項，除有突發緊急情事或正當理
由外，應在召集事由中列舉，不得以臨時動議提出。」因此，公開
發行公司董事長之選任及解任不得以臨時動議提出。

7. 董事長之責任

(1) 董事長為公司負責人，應忠實執行業務並盡善良管理人之注意義
務，如有違反致公司受有損害者，負損害賠償責任（公§23 I）。此
外，對於公司業務之執行，如有違反法令致他人受有損害時，對他
人應與公司負連帶賠償之責人（公§23 II）。

(2) 又董事長是經董事會選任之公司代表，對公司及股東負有忠實之義
務，倘若董事長有背於忠實義務之行為，致使公司發生損害，而且
其行為可評價為高度違反誠信者，應認為已該當民法第 184 條第 1
項後段以違背善良風俗之方法侵害他人權利或利益之侵權行為要
件[567]。

四、監察人

（一）概　說

1. 監察人為股份有限監察公司業務及財務狀況之必要常設監察機關。
2. 監察人為公司職務上之負責人（公§8 II）。
3. 監察人各得單獨行使監察權（公§221）。
4. 為期能以超然立場行使職權，監察人不得兼任公司董事、經理人或其
他職員（公§222）。

（二）監察人之選任

1. 人　數

(1) 至少一人（公§216 I），多則無限制，視公司之需要，以章程定之。
(2) 公開發行股票之公司依前項選任之監察人須有二人以上，其全體監

---

[567] 最高法院 110 年度台上字第 2493 號民事判決。

察人合計持股比例，證券主管機關另有規定者，從其規定（公§216Ⅱ）。

(3) 公司設置「監察人會」，不生法律效力[568]。

2. 資　格

(1) 須為有行為能力之人，其中至少須有一人在國內有住所（公§216Ⅰ、Ⅳ）。

(2) 公司法第 30 條之規定及第 192 條第 1 項、第 4 項關於行為能力之規定，對監察人準用之（公§216Ⅳ）。

(3) 政府或法人監察人與政府或法人代表人監察人。

① 政府或法人為股東時，得當選為監察人。但須指定自然人代表行使職務（公§27Ⅰ）。不同法人股東依公司法第 27 條第 1 項規定分別當選董事、監察人，不得指定同一自然人代表行使職權[569]。

② 政府或法人為股東時，亦得由其代表人當選為監察人。代表人有數人時，得分別當選，但不得同時當選或擔任董事及監察人（公§27Ⅱ）。

③ 公司法第 27 條第 1 項及第 2 項之代表人，得依其職務關係，隨時改派補足原任期（公§27Ⅲ）。

④ 對公司法第 27 條第 1 項及第 2 項代表權所加之限制，不得對抗善意第三人（公§27Ⅳ）。

⑤ 又政府或法人為公開發行公司之股東時，除經主管機關核准者外，不得由其代表人同時當選或擔任公司之董事及監察人（證券交易法§26-3Ⅱ）。證券交易法第 26 條之 3 第 2 項所稱代表人，包括政府、法人股東或與其有控制或從屬關係者（含財團法人及社團法人等）指派之代表人[570]。

---

[568] 經濟部 83.8.3.商字第 214137 號函。

[569] 經濟部 107.1.22.經商五字第 10702196520 號函。

[570] 行政院金融監督管理委員會 99.2.6.金管證發字第 0990005875 號令。

(4) 關於經理人及董事資格之限制之規定，於監察人準用之（公§216
Ⅳ）。

(5) 繼承人所推之代表人得依法當選為監察人[571]。

(6) 公司之監察人於就任後，如有公司法所規定消極資格限制之情事
時，即當然解任。

3. 兼職限制

(1) 董事及經理人及其他職員不得兼任監察人（公§222）。

(2) 所謂不得兼任公司董事及經理人，係指不得兼任同一公司之董事及
經理人而言，如兼任其他公司之董事及監察人，自不受限制[572]。

(3) 監察人不得兼任清算人[573]。

4. 候選人提名制度

(1) 公司得依章程規定，對監察人採候選人提名制度。

(2) 公司監察人選舉，依章程規定採候選人提名制度者，準用第 192
條之 1 第 1 項至第 6 項有關董事之規定（公§216-1 Ⅰ）。

(3) 公司負責人或其他召集權人違反前項準用第 192 條之 1 第 2 項、第
5 項或第 6 項規定者，各處新臺幣一萬元以上五萬元以下罰鍰。但
公開發行股票之公司，由證券主管機關各處公司負責人或其他召集
權人新臺幣二十四萬元以上二百四十萬元以下罰鍰（公§216-1 Ⅱ）。

5. 選任程序

(1) 由股東會就有行為能力之人選任之（公§216 Ⅰ 、Ⅳ）。

(2) 監察人之選任方法，準用公司法第 198 條關於董事選任方法之規定
（公§227）。

（三）監察人之任期及報酬

1. 任　期

(1) 監察人任期不得逾三年，但得連選連任（公§217 Ⅰ）。又監察人任

---

[571] 經濟部 79.10.22.商字第 219268 號函。

[572] 經濟部 93.8.26.經商字第 09302139530 號函。

[573] 經濟部 92.12.24.經商字第 09202263550 號函。

期屆滿而不及改選時,延長其執行職務至改選監察人就任時為止。
但主管機關得依職權,限期令公司改選;屆期仍不改選者,自限期
屆滿時,當然解任（公§217Ⅱ）。

(2) 股份有限公司之新任董事長或監察人,雖不以經主管機關准予變更
登記後始生效力,惟仍須「就任」始生效力[574]。

(3) 公司之監察人於就任後,如有公司法所規定消極資格限制之情事
時,即當然解任。

2. 報　酬

公司與監察人之關係,從民法關於委任之規定（公§216Ⅲ）,性質上
宜屬有償委任,故如監察人之報酬未經章程訂明者,應由股東會議定,不
得事後追認（公§227準用§196）。

（四）監察人之職權

1. 監察權

(1) 監察人各得單獨行使監察權（公§221）

① 公司法第213條規定之訴訟代表權,性質上非監察權之行使[575]。

② 公司法第223條規定之法律行為代表權,性質上非監察權之行使[576]。

(2) 查核發起人之報告

股份有限公司於募集設立時,監察人應就公司法第146條各款事項
調查後,報告於創立會。

(3) 檢查業務（監督權、調查權、查核權、報告聽取權）

① 監察人應監督公司業務之執行,並得隨時調查公司業務及財務
狀況,查核簿冊文件,並得請求董事會或經理人提出報告（公
§218Ⅰ）。監察人乃公司法定常設機關,而公司法第218條第1
項所規定者,乃監察人之法定職權,尚不因曾任該公司董事,

---

[574] 最高法院96年度台上字第2152號民事判決。
[575] 最高法院99年度台抗字第142號民事裁定。
[576] 最高法院100年度台上字第1026號民事判決。

而影響其上開法定職權之行使。次按監察人檢查業務權，係為健全公司之經營，核乃公司內部之權利制衡機制，且條文亦未規定行使監察權須向董事會表示查核或須待董事會決議始得為之，是尚難僅憑公司帳冊涉及公司業務及財務狀況之營業秘密項目，對公司營運實有重大影響，而要求監察人檢查時應類推適用公司法第 228 條經董事會同意之規定[577]。

② 董事發現公司有受重大損害之虞時，應立即向監察人報告（公§218-1）。

③ 監察人辦理業務檢查，得代表公司委託律師、會計師審核之（公§218Ⅱ），而監察人委託律師、會計師以外人員充任時，公司得加以拒絕[578]。又公司法第 218 條第 2 項規定「監察人辦理前項事務，得代表公司委託律師、會計師審核之」，其委託行為係代表公司所為，故其委託應認係公司之委託行為，所需費用自應由公司負擔[579]。

④ 股份有限公司監察人對公司行使查閱財產文件、帳簿、表冊之檢查業務權，為對公司之監督權行使之一環，其行使之對象自係公司[580]。

⑤ 公司法第 210 條是針對股東及債權人查閱或抄錄公司股東名簿表冊所設計；而同法第 218 條則是因應公司監察人行使監察權之職權而為規範，其文字解釋上，第 218 條的範圍大於第 210條，原則上可查閱或抄錄之範圍不宜有過多的限制[581]。

⑥ 違反公司法第 218 條第 1 項規定，規避、妨礙或拒絕監察人檢查行為者，代表公司之董事處新臺幣二萬元以上十萬元以下罰鍰。但公開發行股票之公司，由證券主管機關處代表公司之董

---

[577] 臺灣高等法院 102 年度上字第 636 號民事判決。
[578] 經濟部 63.10.22.商字第 27259 號函。
[579] 經濟部 71.3.16.經商字第 08736 號函。
[580] 最高法院 104 年度台上字第 1116 號民事判決。
[581] 經濟部 104.3.10.經商字第 10402404610 號函。

事新臺幣二十四萬元以上二百四十萬元以下罰鍰（公§218Ⅲ）。上開情形，主管機關或證券主管機關並應令其限期改正；屆期未改正者，繼續令其限期改正，並按次處罰至改正為止（公§218Ⅳ）。

⑦ 公司法第 218 條第 2 項規定「監察人辦理前項事務，得代表公司委託律師、會計師審核之」，其委託行為係代表公司所為，故其委託應認係公司之委託行為，所需費用自應由公司負擔[582]。

⑧ 公司法第 210 條是針對股東及債權人查閱或抄錄公司股東名簿表冊所設計；而同法第 218 條則是因應公司監察人行使監察權之職權而為規範，其文字解釋上，第 218 條的範圍大於第 210 條，原則上可查閱或抄錄之範圍不宜有過多的限制[583]。

(4) 查核表冊

① 監察人對於董事、清算人會編造提出股東會之各種表冊，應該對簿據、調查實況、報告意見於股東會（公§219Ⅰ、§331）。監察人違反前開規定而為虛偽之報告者，各科新臺幣六萬元以下罰金（公§219Ⅲ）。

② 為辦理此項事務，監察人得委託會計師審核之（公§219Ⅱ）。

③ 所稱監察人報告，則係指監察人依同法第 219 條第 1 項之規定對於董事會編造之各種表冊，應核對簿據調查實況而提供給股東之意見報告[584]。

④ 公司法第 219 條第 1 項之報告應以書面為之[585]。

2. 董事會違法行為之制止權

公司法為加強監察人職責，於民國 69 年 5 月 9 日修正時，增訂監察人之停止請求權。其後民國 90 年 11 月 12 日修正時，認為董事執行業務，亦為規範對象，故將「董事」執行業務納入規範。因此，董事會或董事執

---

[582] 經濟部 71.3.16.經商字第 08736 號函。

[583] 經濟部 104.3.10.經商字第 10402404610 號函。

[584] 經濟部 79.4.26.經商字第 204489 號函。

[585] 經濟部 90.5.18.經商字第 09002097920 號函。

行業務有違反法令、章程或股東會決議之行為者，監察人應即通知董事會或董事停止其行為（公§218-2 II）。

3. 股東會召集權

(1) 監察人除董事會不為召集或不能召集股東會外，得為公司利益，於必要時，召集股東會（公§220）。

① 依司法實務之見解，有認所謂為公司利益，必須客觀上具備公司發生須由股東會決定之重大事項或監察人可否透過正常程序對公司不合宜之事項予以指證或解決其發現之問題。

A. 所謂為公司利益，必要時，應係指公司發生重大事項，必須藉由為公司最高意思機關之股東會決定，始符公司利益者，尚非得任由監察人憑一己主觀意思擅自行使，否則勢將影響公司正常營運狀態，殊非立法原意[586]。

B. 監察人召集公司股東會，仍須符合為公司利益，且必要之情形為要件，否則將使公司及董事疲於應對股東會之召集，影響公司正常之營運。換言之，公司法第220條所規定「為公司利益，而有必要」，應採目的限縮，亦即監察人固有其監督之權，惟應否該召開股東臨時會，除法條列舉董事應召開而不召開之情形外，端視監察人可否透過正常程序，在董監事會議或股東會發聲表達意見，本於監督人之角色，針對公司不合宜之事項予以指證，或可透過之正常程序，在不影響公司之利益情況下，解決其發現之問題[587]。

C. 監察人職司公司執行業務之監督及公司會計之審核，公司法第220條所謂「必要時」，應以監察人行使監察權時，基於公司利害關係審慎裁量，認為確有召集股東會必要之情形，始為相當，以符比例原則之要求。倘並無不能召開董事會或應召集而不為召集股東會乃至其他類此之必要情形，任由監察人憑一己之主

---

[586] 臺灣高等法院99年度上字第488號民事判決。
[587] 臺灣高等法院99年度上字第1166號民事判決。

觀意旨，隨時擅自行使此一補充召集之權，勢將影響公司之正常營運，有礙公司利益，自失立法原意[588]。

D. 所謂必要時，應以行使監察權時，基於公司利害關係審慎裁量，認為確有召集股東會必要者為之。又監察人召集股東會是否為公司利益及有無必要性之認定，應以召開時其所持召開之事由，客觀上是否確與公司利益相關，而與所提決議事項間具有合理關聯性者定之，非僅以召集通知書面所記載及爭議結果有無確定為斷。

② 相對地，司法實務上有認為公司法第 220 條立法理由已明示所謂「為公司利益，而有必要」之情形「由監察人認定」，法院應適度加以尊重，不應過度干涉。

A. 公司之監察人若為公司利益，於必要之時，有權召開股東臨時會。所謂「為公司利益，而有必要」之情形，公司法第 220 條立法理由已明示「由監察人認定」，則法院雖非不得於受理此類訴訟時，依召集當時之客觀情形加以審視，但不應過度干涉，如非明顯違法，即應適度加以尊重[589]。

B. 按監察人依照公司法第 220 條規定，得為公司利益，於必要時，召集股東會，不以董事會不為召集或不能召集之情形為限[590]。似認為監察人為公司利益，於必要時，召集股東會，係屬於監察人之獨立權限。

(2) 監察人召集股東會，不得委託他人代為召集[591]。

(3) 監察人依法召集之股東會，可由監察人擔任主席[592]。

(4) 監察人無召集股東會之必要而召集股東會，與無召集權人召集股東

---

[588] 最高法院 101 年度台上字第 847 號民事判決。

[589] 臺灣高等法院臺南分院 100 年度上字第 182 號民事判決。

[590] 臺灣高等法院 103 年度上字第 1170 號民事判決。

[591] 經濟部 66.8.3.商字第 22414 號函。

[592] 經濟部 59.12.4.商字第 55816 號函。

會有別，在決議未被撤銷前仍然有效[593]。

(5) 監察人於公司清算期間得召集股東會[594]。

4. 代表權

(1) 代表公司起訴

① 公司與董事間之訴訟，除法律另有規定，或股東會另選代表人者外，由監察人代表公司（公§213），故監察人具有訴訟代表權。觀諸公司法第 213 條規定之立法意旨，在於股份有限公司之董事，係以合議方式決定公司業務之執行，如董事與公司間訴訟，仍以董事為公司之代表起訴或應訴，難免利益衝突，乃規定應改由監察人或股東會另行選定之人代表公司。故股份有限公司與董事間訴訟，不論公司為原告或被告，除法律別有規定、股東會另選代表公司為訴訟之人，或少數股東依同法第 214 條第 2 項規定為公司提起訴訟外，即應由監察人代表公司起訴或應訴[595]。

② 監察人不得逕自代表公司對董事提起自訴[596]。亦即，監察人代表公司對董事提起自訴，應經公司股東會決議[597]。

③ 按公司與董事間訴訟，除法律另有規定外，由監察人代表公司，股東會亦得另選代表公司為訴訟之人，公司法第 213 條定有明文。所謂公司與董事間訴訟，無論由何人提起，均有其適用，且亦不限於其訴之原因事實係基於董事資格而發生，即其事由基於個人資格所生之場合，亦包括在內[598]。至於股東會依公司法第 213 條規定另選代表公司為訴訟之人不以股東為限[599]。

④ 公司清算中，公司股東會與監察人依然存續，對董事之訴訟應

---

[593] 最高法院 88 年度台上字第 2886 號民事判決、經濟部 91.5.21.經商字第 09102094570 號函。

[594] 經濟部 95.2.6.經商字第 09502008820 號函。

[595] 最高法院 109 年度台抗大字第 1196 號民事裁定。

[596] 最高法院 93 年度台上字第 335 號民事判決。

[597] 最高法院 91 年度台上字第 5081 號民事判決。

[598] 最高法院 98 年度台抗字第 844 號民事裁定。

[599] 經濟部 93.4.5.經商字第 09602040510 號函。

由監察人或股東會所選任之人代表公司為之[600]。亦即，公司與清算人間訴訟，應由監察人代表公司，或經股東會選任代表公司為訴訟之人代表公司為之，始為適法[601]。

⑤　公司對董事或清算人之訴訟，依公司法第 212 條、第 213 條規定，除有公司法第 214 條所定情形外，尚須經股東會決議，監察人始得代表公司對董事提起訴訟，股東會並得另選代表公司為訴訟之人，監察人非得任意代表公司為訴訟行為。準此，於董事或清算人對公司提起之訴訟時，如監察人有二人以上，而未經股東會選任者，自應列全體監察人為公司之法定代理人，始為適法。又公司監察人依公司法第 221 條規定，固得單獨行使監察權，惟行使監察權與對外代表公司係屬二事，尚不得以監察人得單獨行使監察權，而謂董事或清算人對公司訴訟時，得任選一監察人為公司之法定代理人進行訴訟[602]。

⑥　公司對第三人起訴，並非監察人執行職務之範圍，故監察人就此當無代表公司起訴之權源[603]。相對地，公司之董事長，對公司提起確認股東會決議無效訴訟，應以公司之監察人代表公司應訴[604]。至於股份有限公司為被害人時，僅得由其代表人提起自訴[605]。

(2)　代表公司委託律師、會計師：

①　監察人為辦理檢查業務及查核表冊事項，監察人辦理前項事務，得代表公司委託律師、會計師審核之（公§218Ⅱ）。又監察人委託律師會計師審核費用應由公司負擔[606]。至於監察人委託

---

[600] 最高法院 94 年度台上字第 230 號民事判決、臺灣高等法院 97 年度抗字第 1554 號民事裁定。

[601] 臺灣高等法院 97 年度抗字第 114 號民事裁定。

[602] 臺灣高等法院 97 年度抗字第 114 號民事裁定。

[603] 最高法院 95 年度台抗字第 483 號民事裁定。

[604] 最高法院 91 年度台抗字第 579 號民事裁定。

[605] 最高法院 91 年度台上字第 67 號民事判決。

[606] 經濟部 71.3.16.商字第 08736 號函。

律師會計師以外人員審核時公司得加以拒絕[607]。

② 監察人辦理查核董事會編造提出股東會之各種表冊事務，得委託會計師審核之（公§219 II）。

(3) 代表公司與董事交涉

① 董事為自己或他人與公司為買賣、借貸或其他法律行為時，由監察人為公司之代表（公§223），故監察人具有法律行為代表權。

② 董事為自己或他人與公司有交涉時，由監察人為公司之代表，惟此所謂交涉，並不包括訴訟行為在內[608]。

③ 董事為自己或他人與公司為買賣、借貸或其他法律行為時，由監察人為公司之代表，非強行規定，如有違反，其法律行為並非無效[609]。

④ 董事如有違反禁止雙方代表，其法律行為並非無效，倘公司事前許諾或事後承諾，即對於公司發生效力[610]。

⑤ 「董事為自己或他人為買賣或借貸」之「為他人」，包含基於「法定代理」而為他人為法律行為之情形[611]。

⑥ 董事長與公司有所交涉時，倘由監察人以外之人代表公司為之，即屬無權代表[612]。

⑦ 公司法第 223 條規定：「董事為自己或他人與公司為買賣、借貸或其他法律行為時，由監察人為公司之代表。」旨在防患董事礙於同事之情誼，致有犧牲公司利益之虞，故監察人為公司之代表時，應本諸該立法意旨實質審查該法律行為。又依公司法第 221 條規定：「監察人各得單獨行使監察權。」是以，自無應由數監察人共同代表公司之可言。又監察人依前開規定因董事

---

[607] 經濟部 64.10.22.商字第 27259 號函。

[608] 臺灣高等法院花蓮分院 84 年度抗字第 184 號民事裁定。

[609] 最高法院 94 年度台抗字第 485 號民事裁定。

[610] 最高法院 87 年度台上字第 1524 號民事判決。

[611] 最高行政法院 95 年度判字第 61 號判決。

[612] 臺灣高等法院 88 年度重上字第 108 號民事判決。

為自己或他人與公司為買賣、借貸或其他法律行為而取得之代表權，性質上，仍屬監察權之一環，得由監察人一人單獨為公司之代表[613]。

⑧ 董事為自己或他人與公司為買賣、借貸或其他法律行為時，由監察人為公司之代表，公司法第 221 條、第 223 條定有明文。本條係規定監察人之代表權，而非監察權之行使，公司之監察人若有數人時，應由全體監察人共同代表公司與董事為買賣、借貸或其他法律行為[614]。

⑨ 依公司法第 223 條，董事為自己或他人與公司為買賣、借貸或其他法律行為，應由監察人為公司之代表。然該條規定旨在保護公司之利益，禁止雙方代表，非為維護公益而設，自非強行規定，故董事與公司為法律行為違反該條規定，並非當然無效，倘公司事前許諾或事後承認，對公司亦生效力[615]。

⑩ 按公司法第 223 條規定，董事為自己或他人與公司為買賣、借貸或其他法律行為時，由監察人為公司之代表，旨在禁止雙方代表，以保護公司（本人）之利益，非為維護公益而設，自非強行規定，故董事與公司為借貸等法律行為違反該規定，並非當然無效，倘公司（本人）事前許諾或事後承認，對於公司（本人）亦發生效力，此觀民法第 106 條及第 170 條第 1 項之規定自明[616]。

⑪ 早期最高法院見解曾認為，監察人代表公司時，其行為仍須先經董事會決議通過方可代表公司為行為[617]。惟其後最高法院民事庭會議決議則採不同見解，而認為參酌公司法第 223 條立法規範意旨，在於董事為自己或他人與本公司為買賣、借貸或其

---

[613] 經濟部 101.10.3.經商字第 10102130450 號函。
[614] 最高法院 100 年度台上字第 1026 號民事判決。
[615] 最高法院 100 年度台上字第 1672 號民事判決。
[616] 最高法院 98 年度台上字第 2050 號民事判決。
[617] 臺灣高等法院 97 年度重上字第 338 號民事判決。

他法律行為時，不得同時作為公司之代表，以避免利害衝突，並防範董事長礙於同事情誼，而損及公司利益，故監察人代表公司與董事為法律行為時，無須經公司董事會之決議核准[618]。

⑫　公司法第 223 條規定，董事為自己或他人與公司為買賣、借貸或其他法律行為時，由監察人為公司之代表，其目的係為避免相互間之利害衝突，故不得於為買賣、借貸等行為同時亦為公司代表，以免有因情誼等問題，而致生損害公司利益之情事，因此，如係由監察人為代表時，自無須再經由董事會之決定認可[619]。

5. 列席權

(1) 監察人得列席董事會陳述意見（公§218-1 I）。公司法於民國 90 年 11 月 12 日修正增訂第 218 條之 2 第 1 項規定，其立法理由係基於監察人為公司業務之監督機關，而妥善行使監督職權之前提，須先明瞭公司之業務經營狀況，若使監察人得列席董事會，則往往較能及早發覺董事等之瀆職行為，故賦予監察人亦有參加董事會之權利。是以，監察人自應親自列席董事會，俾發揮監督功能，不得委託第三人代理或攜同第三人列席董事會[620]。

(2) 監察人得列席常務董事會[621]。

(3) 監察人應親自列席董事會[622]。

6. 監察人行使職權之相關實務

(1) 監察人無召集股東會之必要而召集股東會，與無召集權人召集股東會有別，在決議未被撤銷前仍然有效[623]。

(2) 監察人於無召集股東會之必要時召集股東會，與無召集權人召集股

---

[618] 最高法院 100.6.21.第 3 次民事庭會議決議。
[619] 最高法院 100 年度台上字第 964 號民事判決。
[620] 經濟部 98.12.9.經商字第 09802166680 號函。
[621] 經濟部 91.4.22.經商字第 09102068230 號函。
[622] 經濟部 94.9.27.經商字第 09402143110 號函。
[623] 最高法院 88 年度台上字第 2886 號民事判決。

東會情形有別[624]。

(3) 監察人於公司清算期間得召集股東會[625]。

(4) 股東會依公司法第 213 條規定另選代表公司為訴訟之人不以股東為限[626]。

(5) 按公司與董事間訴訟，除法律另有規定外，由監察人代表公司，股東會亦得另選代表公司為訴訟之人，公司法第 213 條定有明文。所謂公司與董事間訴訟，無論由何人提起，均有其適用，且亦不限於其訴之原因事實係基於董事資格而發生，即其事由基於個人資格所生之場合，亦包括在內[627]。

(6) 公司清算中，公司股東會與監察人依然存續，對董事之訴訟應由監察人或股東會所選任之人代表公司為之[628]。

(7) 公司與清算人間訴訟，應由監察人代表公司，或經股東會選任代表公司為訴訟之人代表公司為之，始為適法[629]。

(8) 公司對第三人起訴，並非監察人執行職務之範圍，故監察人就此當無代表公司起訴之權源[630]。

(9) 監察人不得逕自代表公司對董事提起自訴[631]。

(10) 監察人代表公司對董事提起自訴，應經公司股東會決議[632]。

(11) 股份有限公司為被害人時，僅得由其代表人提起自訴[633]。

(12) 公司清算中，公司股東會與監察人依然存續，對董事之訴訟應由監察人或股東會所選任之人代表公司為之[634]。

---

[624] 經濟部 91.5.21.經商字第 09102094570 號函。
[625] 經濟部 95.2.6.經商字第 09502008820 號函。
[626] 經濟部 93.4.5.經商字第 09602040510 號函。
[627] 最高法院 98 年度台抗字第 844 號民事裁定。
[628] 最高法院 94 年度台上字第 230 號民事判決。
[629] 臺灣高等法院 97 年度抗字第 114 號民事裁定。
[630] 最高法院 95 年度台抗字第 483 號民事裁定。
[631] 最高法院 93 年度台上字第 335 號民事判決。
[632] 最高法院 91 年度台上字第 5081 號民事判決。
[633] 最高法院 91 年度台上字第 67 號民事判決。
[634] 最高法院 94 年度台上字第 230 號民事判決。

(13) 公司之董事長，對公司提起確認股東會決議無效訴訟，應以公司之監察人代表公司應訴，否則應以公司現任董事長應訴[635]。

(14) 公司於清算程序中，如董事對公司為訴訟時，應由監察人或股東會所選任之人代表公司為之，始為適法[636]。

(15) 公司對董事或清算人之訴訟，依公司法第 212 條、第 213 條規定，除有公司法第 214 條所定情形外，尚須經股東會決議，監察人始得代表公司對董事提起訴訟，股東會並得另選代表公司為訴訟之人，監察人非得任意代表公司為訴訟行為。準此，於董事或清算人對公司提起之訴訟時，如監察人有二人以上，而未經股東會選任者，自應列全體監察人為公司之法定代理人，始為適法。又公司監察人依公司法第 221 條規定，固得單獨行使監察權，惟行使監察權與對外代表公司係屬二事，尚不得以監察人得單獨行使監察權，而謂董事或清算人對公司訴訟時，得任選一監察人為公司之法定代理人進行訴訟[637]。

(16) 監察人乃公司法定常設機關，而公司法第 218 條第 1 項所規定者，乃監察人之法定職權，尚不因曾任該公司董事，而影響其上開法定職權之行使。次按監察人檢查業務權，係為健全公司之經營，核乃公司內部之權利制衡機制，且條文亦未規定行使監察權須向董事會表示查核或須待董事會決議始得為之，是尚難僅憑公司帳冊涉及公司業務及財務狀況之營業秘密項目，對公司營運實有重大影響，而要求監察人檢查時應類推適用公司法第 228 條經董事會同意之規定[638]。

(17) 公司法第 219 條第 1 項之報告應以書面為之[639]。

(18) 監察人委託律師會計師審核費用應由公司負擔[640]。

---

[635] 最高法院 91 年度台抗字第 579 號民事裁定。

[636] 臺灣高等法院 97 年度抗字第 1554 號民事裁定。

[637] 最高法院 99 年度台抗字第 142 號民事裁定。

[638] 臺灣高等法院 102 年度上字第 636 號民事判決。

[639] 經濟部 90.5.18.經商字第 09002097920 號函。

[640] 經濟部 71.3.16.商字第 08736 號函。

(19) 監察人委託律師會計師以外人員審核時公司得加以拒絕[641]。

(20) 董事為自己或他人與公司有交涉時，由監察人為公司之代表，惟此所謂交涉，並不包括訴訟行為在內[642]。

(21) 董事為自己或他人與公司為買賣、借貸或其他法律行為時，由監察人為公司之代表，非強行規定，如有違反，其法律行為並非無效[643]。

(22) 董事如有違反禁止雙方代表，其法律行為並非無效，倘公司事前許諾或事後承諾，即對於公司發生效力[644]。

(23)「董事為自己或他人為買賣或借貸」之「為他人」，包含基於「法定代理」而為他人為法律行為之情形[645]。

(24) 董事長與公司有所交涉時，倘由監察人以外之人代表公司為之，即屬無權代表[646]。

(25) 公司法第 223 條規定：「董事為自己或他人與公司為買賣、借貸或其他法律行為時，由監察人為公司之代表。」旨在防患董事礙於同事之情誼，致有犧牲公司利益之虞，故監察人為公司之代表時，應本諸該立法意旨實質審查該法律行為。又依公司法第 221 條規定：「監察人各得單獨行使監察權。」是以，自無應由數監察人共同代表公司之可言。又監察人依前開規定因董事為自己或他人與公司為買賣、借貸或其他法律行為而取得之代表權，性質上，仍屬監察權之一環，得由監察人一人單獨為公司之代表[647]。

(26) 董事為自己或他人與公司為買賣、借貸或其他法律行為時，由監察人為公司之代表，公司法第 221 條、第 223 條定有明文。本條係規定監察人之代表權，而非監察權之行使，公司之監察人若有數人

---

[641] 經濟部 64.10.22.商字第 27259 號函。

[642] 臺灣高等法院花蓮分院 84 年度抗字第 184 號民事裁定。

[643] 最高法院 94 年度台抗字第 485 號民事裁定。

[644] 最高法院 87 年度台上字第 1524 號民事判決。

[645] 最高行政法院 95 年度判字第 61 號判決。

[646] 臺灣高等法院 88 年度重上字第 108 號民事判決。

[647] 經濟部 101.10.3.經商字第 10102130450 號函。

時，應由全體監察人共同代表公司與董事為買賣、借貸或其他法律行為[648]。

(27) 依公司法第 223 條，董事為自己或他人與公司為買賣、借貸或其他法律行為，應由監察人為公司之代表。然該條規定旨在保護公司之利益，禁止雙方代表，非為維護公益而設，自非強行規定，故董事與公司為法律行為違反該條規定，並非當然無效，倘公司事前許諾或事後承認，對公司亦生效力[649]。

(28) 按公司法第 223 條規定，董事為自己或他人與公司為買賣、借貸或其他法律行為時，由監察人為公司之代表，旨在禁止雙方代表，以保護公司（本人）之利益，非為維護公益而設，自非強行規定，故董事與公司為借貸等法律行為違反該規定，並非當然無效，倘公司（本人）事前許諾或事後承認，對於公司（本人）亦發生效力，此觀民法第 106 條及第 170 條第 1 項之規定自明[650]。

(29) 董事長與公司有所交涉時，倘由監察人以外之人代表公司為之，即屬無權代表[651]。

(30) 早期最高法院見解曾認為，監察人代表公司時，其行為仍須先經董事會決議通過方可代表公司為行為[652]。惟其後最高法院民事庭會議決議則採不同見解，而認為參酌公司法第 223 條立法規範意旨，在於董事為自己或他人與本公司為買賣、借貸或其他法律行為時，不得同時作為公司之代表，以避免利害衝突，並防範董事長礙於同事情誼，而損及公司利益，故監察人代表公司與董事為法律行為時，無須經公司董事會之決議核准[653]。

(31) 公司法第 223 條規定，董事為自己或他人與公司為買賣、借貸或其

[648] 最高法院 100 年度台上字第 1026 號民事判決。
[649] 最高法院 100 年度台上字第 1672 號民事判決。
[650] 最高法院 98 年度台上字第 2050 號民事判決。
[651] 臺灣高等法院 88 年度重上字第 108 號民事判決。
[652] 臺灣高等法院 97 年度重上字第 338 號民事判決。
[653] 最高法院 100.6.21.第 3 次民事庭會議決議。

他法律行為時，由監察人為公司之代表，其目的係為避免相互間之利害衝突，故不得於為買賣、借貸等行為同時亦為公司代表，以免有因情誼等問題，而致生損害公司利益之情事，因此，如係由監察人為代表時，自無須再經由董事會之決定認可[654]。

（五）監察人之義務及責任

1. 監察人之義務

(1) 監察人在執行其職務之範圍內，亦為公司之負責人（公§8Ⅱ），故應忠實執行業務並盡善良管理人之注意義務，如有違反致公司受有損害者，負損害賠償責任（公§23Ⅰ）。

(2) 公司監察人利用職務上之權限與機會獲悉之重大消息，於公司股東及證券市場投資人均不知情前，先行賣出所持有之公司股票以規避損失，其顯然考量個人利益優先於公司利益，將原本應屬於基因公司全體股東之重大消息，挪作個人規避損失之私益使用，此利用職務之便及資訊上不平等之優勢，即已違反證券交易法第 157 條之 1 內線交易禁止之規定，顯為圖謀個人之不法利益，並損害公司股東及投資人之權益，勘認違背負責人之忠實義務[655]。

2. 對於公司之責任

(1) 監察人得享受報酬，其與公司之關係乃屬有償委任，故於執行職務時，應盡善良管理人之注意義務及忠實義務（公§23Ⅰ）。監察人執行職務違反法令、章程或怠忽監察職務，致公司受損害者，對公司負賠償責任（公§224）。

(2) 按監察人與公司間之關係既屬有償委任，則就處理委任事務有過失或因逾越權限之行為對公司發生損害，應對公司負賠償之責[656]。

(3) 監察人有依股東會決議起訴之義務，監察人未依決議對董事起訴，如違反忠實執行職務義務時，應對公司負賠償之責；倘依決議起

---

[654] 最高法院 100 年度台上字第 964 號民事判決。
[655] 臺灣高等法院 104 年度金上字第 6 號民事判決。
[656] 最高法院 103 年度台上字第 7 號民事判決。

訴，並就該訴訟盡其善良管理人之注意義務，縱然敗訴，對公司亦不負損害賠償責任[657]。

3. 對於第三人之責任

監察人在執行其職務之範圍內，亦為公司之負責人（公§8Ⅱ），故如有違反法令，致第三人受有損害時，對他人應與公司負連帶賠償之責（公§23Ⅱ）。

4. 對於股東之責任

由少數股東對監察人提起代表訴訟，其所訴屬實經終局判決確定時，被訴之監察人對起訴之股東，因此訴訟所受之損害應負賠償責任（公§227準用§215）。

5. 監察人與董事之連帶責任

監察人對公司或第三人負損害賠償責任，而董事亦負其責任時，該監察人及董事為連帶債務人（公§226）。

（六）對監察人之訴訟

1. 股東會之提訴

(1) 股東會決議，對於監察人提起訴訟時，公司應自決議之日起三十日內提起之（公§225Ⅰ）。

(2) 公司對監察人起訴之代表，股東會得於董事外另行選任（公§225Ⅱ）。蓋因對於監察人之訴訟，多係由於其對於公司業務未盡監察義務，若由執行業務之董事長代表公司，則有所不妥，故明定股東會得另行選任。

2. 少數股東之提訴

(1) 繼續六個月以上，持有已發行股份總數百分之一以上之股東，得以書面請求董事會為公司對監察人提起訴訟（公§227準用§214Ⅰ）。董事會自有上開之請求日起，三十日內不提起訴訟時，股東得為公司利益，自行提起訴訟（公§227準用§214Ⅱ）。

---

[657] 最高法院104年度台抗字第581號民事判決。

(2) 公司法第 214 條就監察人對少數股東以書面請求對董事起訴，既未明文規定應經監察人以多數決通過或由全體始得提起，監察人自應各自本於忠實執行職務義務之考量，裁量斟酌是否起訴，並由同意起訴之監察人為公司法定代理人提起訴訟，以免因監察人間之立場不一致而影響公司對董事訴訟之進行或使該訴訟程序陷於不能開始[658]。

(3) 股東對監察人提起公司法第 227 條準用第 214 條第 2 項之訴訟，其裁判費超過新臺幣六十萬元部分暫免徵收（公§227 準用§214Ⅲ）。法院並得依聲請為原告選任律師為訴訟代理人（公§227 準用§214Ⅳ）。

(4) 股東為公司對監察人提起代表訴訟之提供擔保及賠償損害，均準用有關董事之規定（公§227 準用§214Ⅱ、§215）。

（七）監察人之辭任及解任

關於監察人之辭任及解任，其情形與董事之解任相同（公§216Ⅳ準用§30、公§227 準用§197、§199、§200）。

（八）監察人之補選

1. 監察人全體均解任時，董事會應於三十日內召開股東臨時會選任之。但公開發行股票之公司，董事會應於六十日內召開股東臨時會選任之（公§217-1）。

2. 股份有限公司監察人缺額達三分之一時，公司法尚無準用第 201 條之規定[659]。

---

[658] 最高法院 104 年度台抗字第 581 號民事判決。
[659] 經濟部 91.1.23.經商字第 09102012170 號函。

第七節　股份有限公司之會計

一、概　說

　　股份有限公司係以公司財產為其債務之唯一擔保，且因其股東人數通常眾多，而大部分股東又不能直接參與經營，故為保護股東及債權人之利益，我國公司法對股份有限公司乃特設「會計」一節，關於會計表冊之編造、承認、分發、公積之提存及使用、盈餘及建設股息之分派等，均設有強行規定。

二、會計表冊之編造

（一）會計表冊之種類

　　股份有限公司於每會計年度終了，董事會應編造下列各項表冊，於股東常會開會三十日前，交監察人查核（公§228 I）。監察人亦得請求董事會提前交付查核（公§228 III）。

1. 營業報告書：乃報告上一年度公司營業狀況之文書。
2. 財務報表：乃記載公司財務之報告表。又財務報表包括下列各種：(1)資產負債表。(2)綜合損益表。(3)現金流量表。(4)權益變動表（商業會計法§28 I）。上開各款報表應予必要之附註，並視為財務報表之一部分（商業會計法§28 II）。
3. 盈餘分派或虧損發補之議案。

（二）會計表冊之編造方法

1. 會計表冊應依中央主管機關規定之規章編造之（公§228 II）。例如商業會計法、「商業會計處理準則」等是。
2. 證券交易法所稱財務報告，指發行人及證券商、證券交易所依法令規定，應定期編送主管機關之財務報告（證券交易法§14 I）。上開財務報告之內容、適用範圍、作業程序、編製及其他應遵行事項之財務報告編製準則，由主管機關定之，不適用商業會計法第四章、第六章及

第七章之規定（證券交易法§14 II）。例如金融監督管理委員會即依證券交易法第 14 條第 2 項規定之授權，訂定發布「證券發行人財務報告編製準則」（採國際財務報導準則版本）、「金融控股公司財務報告編製準則」、「公開發行銀行財務報告編製準則」、「公開發行票券金融公司財務報告編製準則」、「證券商財務報告編製準則」及「公司制證券交易所財務報告編製準則」，以資遵守。至於「期貨商財務報告編製準則」及「期貨結算機構財務報告編製準則」及「公司制期貨交易所財務報告編製準則」，則係依期貨交易法第 97 條第 2 項規定之授權而訂定發布；「保險業財務報告編製準則」則是依保險法第 148 條之1 第 3 項規定之授權而訂定發布。

3. 公司於開始營業前依章程訂定分派建設股息時，其分派股息之金額，應以預付股息列入資產負債表之股東權益項下，公司開始營業後，每屆分派股息及紅利超過實收資本額百分之六時，應以其超過之金額扣抵沖銷之（公§234 II）。

（三）會計表冊之查核

1. 監察人之查核

監察人於收到董事會所造具之各項表冊，應核對單據、調查實況、報告意見於股東會（公§219 I）。監察人辦理上項事務，得委託會計師審核之（公§219 II）。至於會計師受監察人委託至受查核公司進行上開條文所指事務之審核時，應親自為之。會計師事務所助理人員欲在會計師指導下進行查核時，應得受查核公司同意[660]。

2. 股東之查閱

(1) 董事會應將其所造具之各項表冊及監察人報告書，於股東常會開會十日前備置於本公司，股東得隨時查閱（公§229 前段）。

(2) 股東於查閱時，得偕同其所委託之律師或會計師查閱（公§229 後段）。股東雖得偕同其所委託之律師或會計師查閱董事會於股東常

---

[660] 經濟部 102.10.31.經商字第 10202121040 號函。

會前所備置之各項表冊，但因其委託係股東之個人行為，故其費用應由股東個人負擔[661]。

(3) 股東及債權人得委任他人為查閱或抄錄[662]。

(4) 公開發行公司得拒絕提供財務業務契約予股東[663]。惟繼續六個月以上，持有已發行股份總數百分之一以上之股東，得檢附理由、事證及說明其必要性，聲請法院選派檢查人，於必要範圍內，檢查公司業務帳目、財產情形、特定事項、特定交易文件及紀錄（公§245Ⅰ）。

（四）會計表冊之承認

1. 董事會應將其所造具之各項表冊，提出於股東常會請求承認（公§230Ⅰ）。應注意者，因公司法第 230 條有關董事會所造具表冊之承認，係屬股東會專屬職權，故政府或法人股東一人所組織之股份有限公司，自應依公司法第 128 條之 1 規定由董事會行使[664]。

2. 各項表冊經股東會決議承認後，視為公司已解除董事及監察人之責任，但董事及監察人有不法之行為者，不在此限（公§231）。

3. 公司各項表冊經股東會決議承認後，視為公司已解除董事及監察人之責任，解釋上應限於向股東常會提出之會計表冊所揭載事項或自此等表冊得知悉之事項[665]。

4. 公司停業期間仍應召開股東會承認會計表冊[666]。

5. 股東會未承認董事會所造具之各項表冊，自應再行召集股東常會承認之[667]。

6. 若股東協議係由公司當時全體股東所簽訂，則除各該股東個人外，由

---

[661] 經濟部 71.3.16.經商字第 08736 號函。

[662] 經濟部 96.3.30.經商字第 09602408050 號函。

[663] 經濟部 81.12.8.商字第 232851 號函。

[664] 經濟部 91.5.24.經商字第 09102099060 號函。

[665] 最高法院 95 年度台上字第 1942 號民事判決。

[666] 經濟部 86.11.27.商字第 86222989 號函。

[667] 經濟部 93.1.9.經商字第 09302002300 號函。

全體股東形成其意思決定之公司，亦應受該協議之拘束。嗣有限公司雖變更組織為股份有限公司，惟其法人格之同一性不變，即已承認該公司經會計師事務所查核無誤之帳務，自無從再以營收短少、虛列成本為由，對協議之當事人主張權利，亦無從代表公司對其提起訴訟[668]。

（五）會計表冊之分發、抄錄及公示

1. 公司法之一般規定

(1) 董事會應將其所造具之各項表冊，提出於股東常會請求承認，經股東常會承認後，董事會應將財務報表及盈餘分派或虧損撥補之決議，分發各股東（公§230 I）。上開財務報表及盈餘分派或虧損撥補決議之分發，公開發行股票之公司，得以公告方式為之（公§230 II）。其理由乃為節省分發作業之成本及響應環保無紙化政策，並考量公開資訊觀測站之建置已臻完善所致。

(2) 上述各種表冊及決議，公司債權人得要求給予、抄錄或複製（公§230 III）。

(3) 代表公司之董事，違反公司法第 230 條第 1 項規定不為分發者，處新臺幣一萬元以上五萬元以下罰鍰（公§230 IV）。

(4) 公司每屆會計年度終了之虧損撥補議案之「虧損」，係指為完成決算程序經股東會承認後之累積虧損[669]。

2. 證券交易法上之特別規定

(1) 已依證券交易法發行有價證券之公司，應於每會計年度終了後三個月內公告並向證券主管機關申報，經會計師查核簽證、董事會通過及監察人承認之年度財務報告（證券交易法§36 I ①）。

(2) 股票已在證券交易所上市或於證券商營業處所買賣之公司股東常會，應於每會計年度終了後六個月內召開；不適用公司法第 170 條第 2 項但書規定（證券交易法§36 VII）。

(3) 已依證券交易法發行有價證券之公司，除情形特殊，經主管機關另

[668] 最高法院 109 年度台上字第 360 號民事判決。
[669] 最高行政法院 96 年度判字第 489 號判決。

予規定者外，應依下列規定公告並向主管機關申報：

① 於每會計年度終了後三個月內，公告並申報經會計師查核簽證、董事會通過及監察人承認之財務報告（證券交易法§36Ⅰ①）。

② 於每會計年度第一季、第二季及第三季終了後四十五日內，公告並申報經會計師核閱及提報董事會之財務報告（證券交易法§36Ⅰ②）。

③ 於每月十日以前，公告並申報上月份營運情形（證券交易法§36Ⅰ③）。

(4) 有股東常會承認之年度財務報告與公告並向證券主管機關申報之年度財務報告不一致或發生對股東權益或證券價格有重大影響之事項者，應於事實發生之日起二日內公告並向證券主管機關申報（證券交易法§36Ⅲ）。

(5) 已依證券交易法發行有價證券之公司應編製年報，於股東常會分送股東（證券交易法§36Ⅳ）。

三、公　積

（一）概　說

1. 公積之意義

所謂公積，乃為穩固公司之財產基礎，健全其財務狀況，將其超過資本額之純財產額不分派於股東而積存於公司之金額。

2. 提存公積之理由

蓋以股份有限公司之股東，僅就其所認之股份負有限責任，致公司之信用，除其財產之外，別無依據，故公司法乃設置公積之制度，俾能充實公司之財產，增強公司信用，藉以保護債權人。

（二）公積之種類

1. 依其提存有無強制性而區分

(1) 法定盈餘公積

① 亦稱強制公積,即依法律之規定強制其提存,不許公司以章程或股東會之決議予以取消或變更者。

② 公司於完納稅捐後,分派盈餘時,應先提出百分之十為法定盈餘公積。但法定盈餘公積之提存,已達資本總額時,則不在此限(公§237 I)。

③ 公司負責人違反公司法第 237 條第 1 項規定,不提法定盈餘公積時,各處新臺幣二萬元以上十萬元以下罰鍰(公§237Ⅲ)。

(2) 特別盈餘公積

① 任意盈餘公積又稱任意公積。為除法定公積之外,公司得以章程訂定或股東會議決,另提特別提盈餘公積(公§237Ⅱ)。

② 特別盈餘公積之來源為營業上之盈餘。

③ 因提存目的之不同,特別盈餘公積可分為:損失填補公積、分派平衡公積、償還公司債公積、折舊公積、一般公積等,而各得就其提出之目的而為使用。

④ 特別盈餘公積可依變更章程之方法或由股東會再為新決議,而變更其提存之目的及此例。

2. 依學理上之分類

(1) 秘密公積

① 為形式上雖無公積之名,但具有公債之實質者,如故意估低公司之資產、虛增公司債務、增列負債準備等,均將發生秘密公積。

② 秘密公積之存在,將使公司之損益情形與實際狀況不符,致影響股權之價值之公正評價且有逃漏稅損之虞,故為法律所不許。

(2) 類似公積

① 乃無公積之實質,但於形式上卻有公積之名者,如於資產負債表公積項下,記載折舊公積是。

② 類似公積應否允許,法無明文,似應從德國立法例許之。

(3) 命令特別公積

① 主管機關認為有必要時，對於依證券交易發行有價證券之公司，得以命令規定其於分派盈餘時，除依法提出法定盈餘公積外，並應另提一定比率之特別盈餘公積（證券交易法§41）。

② 特別公積具有法定公積之性質。

（三）公積之使用

1. 法定盈餘公積及資本公積之使用

(1) 以填補公司之虧損為原則

① 要件

公司無盈餘時，不得分派股息及紅利（公§232Ⅱ）。又法定盈餘公積及資本公積，除填補公司虧損外，不得使用之。但第 241 條規定之情形，或法律另有規定者，不在此限（公§239Ⅰ）。

② 填補虧損之作法

A. 以公積填補虧損僅書類處理，無須以現金為支付。

B. 即使有虧損，亦非強制填補，而可將之遞延至下期。

C. 毋庸一次即填補全額。

③ 使用公積填補虧損之順序

公司非於盈餘公積填補資本虧損，仍有不足時，不得以資本公積補充之（公§239Ⅱ）。

(2) 以發給新股或現金為例外

① 發給新股或現金之要件

公司無虧損者，得依公司法第 240 條第 1 項至第 3 項所定股東會決議之方法，將法定盈餘公積及下列資本公積之全部或一部，按股東原有股份之比例發給新股或現金（公§241Ⅰ）：

A. 超過票面金額發行股票所得之溢額。

B. 受領贈與之所得。

② 效力

A. 依公司法第 241 條發行新股，除公開發行股票之公司，應依證

券主管機關之規定辦理者外，於決議之股東會終結時，即生效力，董事會應即分別通知各股東，或記載於股東名簿之質權人（公§241 II 準用§240 IV）。

B. 公開發行股票之公司，得以章程授權董事會以三分之二以上董事之出席，及出席董事過半數之決議，將應分派股息及紅利之全部或一部，以發放現金之方式為之，並報告股東會（公§241 II 準用§240 V）。

③ 發給新股或現金之限制

以法定盈餘公積發給新股或現金者，以該項公積超過實收資本額百分之二十五之部分為限（公§241 III）。又公司盈餘轉增資發行之新股，應以普通股為限，不得以發行特別股之方式為之[670]。

④ 公積使用之相關實務

A. 公積轉增資之事項，應在召集事由中列舉並說明其主要內容，不得以臨時動議提出；其主要內容得置於證券主管機關或公司指定之網站，並應將其網址載明於通知（公§172 V）。又依證券交易法第 26 條之 1 規定，已依證券交易法發行有價證券之公司召集股東會時，關於公司法第 241 條第 1 項之決議事項，應在召集事由中列舉並說明其主要內容，不得以臨時動議提出。又公司法第 241 條第 1 項所規定將公積撥充資本，包括將法定盈餘公積、特別盈餘公積或資本公積撥充資本之情形[671]。

B. 資本公積轉增資及減資之過程，以現金收回資本公積轉增資配發股票之行為，仍為股利之分派，性質上屬營利所得，而應課稅[672]。

C. 公司法第 241 條第 3 項所稱實收資本額，係以公司依該條項之規定，為股東會之特別決議時之實收資本額為計算基礎[673]。

---

[670] 經濟部 110.2.9.經商字第 11002403250 號函。
[671] 最高法院 84 年度台上字第 2406 號民事判決。
[672] 最高行政法院 97 年度判字第 864 號判決。
[673] 經濟部 95.4.7.經商字第 09502045880 號函。

D. 公司擬將公積轉作資本,究竟應由股東常會或股東臨時會為決議,公司法並無限制規定[674]。

E. 公司法第 241 條第 1 項第 1 款所稱「超過票面金額發行股票所得之溢額」其範圍包括庫藏股票交易溢價,故註銷庫藏股票所產生之交易溢價,自屬上開函釋所稱「超過票面金額發行股票所得之溢額」[675]。

⑤ 效果

若以公積發行新股,股份總額即將因之而增加,故應一併變更章程。

⑥ 時期

若合於公司法第 241 條規定之要件,則公司即使於會計年度中,亦可將法定盈餘公積及資本公積對股東發給新股或現金。

2. 特別公積之使用

特別盈餘公積或任意公積之用途,則不受公司法之特別限制,其使用悉依章程規定或股東會之決議(公§237Ⅱ)。但若為證券交易法上之命令特別公積,其用途則依證券主管機關之命令定之。

四、股息紅利之分派

(一)有盈餘時之分派

1. 分派原則

(1) 股份有限公司之目的在乎營利,故每會計年度所獲之盈餘,自應分派於各股東。但若公司章程明定盈餘作為營運、公益或特定目的之用,而不分派給股東,以經營社會企業為宗旨,應無不可。

(2) 公司非彌補虧損及依公司法規定提出法定盈餘公積後,不得分派股息及紅利(公§232Ⅰ)。具體而言,每會計年度終了,公司如有盈餘,則經彌補虧損、扣除稅額(完納稅捐)、提存公積,並依章程

---

[674] 經濟部 91.3.11.經商字第 09102037480 號函。
[675] 經濟部 92.1.9.經商字第 09102306250 號函。

之規定分派員工酬勞後，得就其餘額，為股息或紅利之分派。

(3) 以往年度營業之虧損，不得列入本年度計算。但公司組織之營利事業，會計帳冊簿據完備，虧損及申報扣除年度均使用所得稅法第77 條所稱藍色申報書或經會計師查核簽證，並如期申報者，得將經該管稽徵機關核定之前十年內各期虧損，自本年純益額中扣除後，再行核課（所得稅法§39 I）。

(4) 為使公司法與國際規制相符並與商業會計法規範一致，將員工紅利非屬盈餘之分派予以修正，民國 104 年 5 月 1 日增訂公司法第 235 條之 1 規定，明定公司應於章程訂明以當年度獲利狀況之定額或比率，分派員工酬勞。但公司尚有累積虧損時，應予彌補（公§235-1 I）。

(5) 股息及紅利之分派，除公司法另有規定外，以各股東持有股份之比例為準（公§235）。

2. 股東之盈餘分派平等原則

(1) 基於股東之盈餘分派平等原則，股息及紅利之分派，除公司法另有規定外，以各股東持有股份之比例為準（公§235）。原則上，公司應依其股東名簿之記載，分派股息及紅利。

(2) 有關彌補虧損及分派盈餘，限以股東身分為之[676]。

3. 分派原則之決定機關

(1) 股東會得查核董事會造具之表冊、監察人之報告，並決議盈餘分派或虧損撥補（公§184 I）。因此，公司之盈餘分派，原則上屬股東會職權[677]。但若以發放現金方式為前三季或前半會計年度之期中盈餘分派，則由董事會決議之（公§228-1 IV）。

(2) 公開發行股票之公司，得以章程授權董事會以三分之二以上董事之出席，及出席董事過半數之決議，將應分派股息及紅利之全部或一部，以發放現金之方式為之，並報告股東會（公§240 V）。

---

[676] 經濟部 105.8.17.經商字第 10502423590 號函。

[677] 經濟部 94.8.4.經商字第 09402112840 號函、經濟部 98.8.17.經商字第 09302128770 號函。

(3) 分派股息及紅利，股東會除自行決議外，得將其分派基準日授權由董事會決議定之[678]。質言之，分派股息及紅利基準日得由董事會決議[679]。

(4) 股息紅利之發放應以股票或現金為限[680]，尚不得以實物分派。

(5) 盈餘分配係以股東常會承認盈餘分派議案之盈餘數額為依據，非以稅捐單位核定之盈餘數額為準[681]。

4. 彌補虧損與盈餘分派之課稅

(1) 以往年度營業之虧損，不得列入本年度計算。但公司組織之營利事業，會計帳冊簿據完備，虧損及申報扣除年度均使用所得稅法第77 條所稱藍色申報書或經會計師查核簽證，並如期申報者，得將經該管稽徵機關核定之前十年內各期虧損，自本年純益額中扣除後，再行核課（所得稅法§39 I）。

(2) 資本公積轉增資及減資之過程，以現金收回資本公積轉增資配發股票之行為，仍為股利之分派，性質上屬營利所得，而應課稅[682]。

(3) 公司有盈餘而未立即彌補虧損，尚非違法，僅不得分派股息紅利[683]。

(4) 公司法第 232 條所定之「虧損」，係指為完成決算程序經股東會承認後之累積虧損，與公司年度進行中所發生之本期淨損之合計[684]。

5. 股東之盈餘分派請求權及盈餘分派給付請求權

(1) 股東之盈餘分派請求權與盈餘分派給付請求權不同，盈餘分派請求權係股東權之一種，於公司有盈餘時，可能獲得分派之期待權，不得與股份分離而獨立存在，當股份轉讓時，應一併移轉於股份受讓人。盈餘分派給付請求權則自股東盈餘分派請求權分支而生，係對已經股東會承認之確定盈餘分派金額之具體的請求權，屬於單純之

---

[678] 最高行政法院 94 年度判字第 794 號判決。

[679] 經濟部 94.7.14.經商字第 09402095290 號函。

[680] 經濟部 90.7.13.經商字第 09002150810 號函。

[681] 經濟部 86.9.23.商字第 86217699 號函。

[682] 最高行政法院 97 年度判字第 864 號判決。

[683] 最高行政法院 94 年度判字第 1894 號判決。

[684] 最高行政法院 97 年度判字第 828 號判決。

債權，得與股份分離而獨立存在，亦不當然隨同股份移轉與受讓人[685]。換言之，股東盈餘分派請求權乃股東權之一種，於股東會決議分派盈餘時，股東之盈餘分派請求權即告確定，而成為具體的請求權，屬於單純之債權，故得與股份分離而成為讓與扣押之標的，而股份讓與時，上開獨立之債權並不當然隨同移轉予股份受讓人[686]。

(2) 公司股東之盈餘分派給付請求權雖源自股東盈餘分派請求權，惟二者並非相同，倘股東常會已合法決議分派盈餘，股東對公司即有具體之盈餘分派給付請求權存在[687]。具體而言，股東盈餘分配請求權，於股東會決議分派盈餘時，股東之盈餘分派請求權即告確定，股東自分派盈餘請求權成立時起，取得請求公司給付股息、紅利之請求權。公司自決議之時起，亦負有給付股息、紅利予股東之義務[688]。

(3) 拋棄當年度盈餘配股股息之意思表示，於到達公司時起發生效力[689]。又股東拋棄其股息及紅利之分派權利，股東會可對該項股東作不予分派之決議[690]。

(4) 股東若逾期未領股利，係屬企業之「其他收入」[691]。

(5) 公司依公司法第 240 條、公司法第 241 條規定所發給股東之新股，性質非屬民法規定之「債權」，尚無民法第 126 條五年短期消滅時效期間規定之適用[692]。即，公司因盈餘轉增資或公積轉增資發給股東之新股，於公司完成發行程序時已屬股東之財產，無待股東另向公司再為請求，自無消滅時效規定之適用。

---

[685] 最高法院 76 年度台上字第 1231 號民事判決。
[686] 最高法院 90 年度台上字第 1721 號民事判決。
[687] 最高法院 103 年度台上字第 2260 號民事判決。
[688] 臺灣新北地方法院 105 年度訴字第 3033 號民事判決。
[689] 經濟部 93.5.18.經商字第 09302076800 號函。
[690] 司法行政部 65.6.19.參字第 4948 號函。
[691] 經濟部 93.3.23.經商字第 09302041230 號函。
[692] 經濟部 88.1.14.經商字第 87229258 號函。

(二)盈餘分派之方法及時機

1. 盈餘分派之方法

　(1) 現金分派

　　　股息紅利之分派，原則上應以現金為之，因以現金分派，股東始能
　　現實的獲得利益。

　(2) 現股分派

　　①　現股分派即以發行新股之方式為股息紅利之分派。

　　②　關於分派之程序，因公司股票是否公開發行而有差異。

　　A. 非公開發行股票之公司

　　(A)公司得由有代表已發行股份總數三分之二以上股東出席之股
　　　　東會，以出席股東表決權過半數之決議，將應分派股息及紅利
　　　　之全部或一部，以發行新股之方式為之，其不滿一股之金額，
　　　　以現金分派之（公§240 I ）。但有關出席股東股份總數及表決
　　　　權數，章程有較高規定者，則從其規定（公§240Ⅲ）。

　　(B) 依上開發行新股，於決議之股東會終結時，即生效力，董事會
　　　　應即分別通知股東，或記載於股東名簿之質權人，其發行無記
　　　　名股票者，並應公告之（公§240Ⅳ）。

　　B. 公開發行股票之公司

　　(A)公開發行股票之公司，出席股東之股份總數不足公司法第 240
　　　　條第 1 項規定之公額者，則得以有代表已發行股份總數過半數
　　　　股東之出席，出席股東表決權三分之二以上之同意行之（公§
　　　　240 II ）。但上開出席股東股份總數及表決權數，章程有較高規
　　　　定者，從其規定（公§240Ⅲ）。

　　(B) 公開發行股票之公司，得以章程授權董事會以三分之二以上董
　　　　事之出席，及出席董事過半數之決議，將應分派股息及紅利之
　　　　全部或一部，以發放現金之方式為之，並報告股東會（公§240
　　　　V ）。

　　(C) 公開發行股票之公司依公司法第240條發行新股之方式分派股

息及紅利，應依證券主管機關之規定辦理（公§240Ⅳ前段）。
亦即，依公司法之規定發行新股時，非向主管機關申報生效
後，不得為之（證券交易法§22Ⅰ、Ⅱ）。

2. 盈餘分派或虧損撥補之時機

(1) 期末盈餘分派或虧損撥補

每會計年度終了，董事會應編造盈餘分派或虧損撥補之議案，於股
東常會開會三十日前交監察人查核（公§228Ⅰ③），並由股東會決
議盈餘分派或虧損撥補（公§184Ⅰ）。

① 股份有限公司於每會計年度終了，董事會應編造營業報告書、
財務報表、盈餘分派或虧損撥補之議案，於股東常會開會三十
日前交監察人查核，經股東常會承認後，將財務報表及盈餘分
派或虧損撥補之決議，分發各股東，則股份有限公司之盈餘分
派或虧損撥補，須每年會計年度終了，由董事會提案，經股東
常會決議[693]。

② 依公司法第 228 條、第 230 條規定，股份有限公司即需於年度
終了時，由董事會基於各項財務表冊編造盈餘分派之議案，交
監察人查核後，送股東常會請求承認。為避免公司於其後之年
度股東常會上變更決議，以迴避公司法第 232 條盈餘應以上年
度財務表冊為基礎，於彌補虧損及提出法定盈餘公積後方得分
派之規範意旨，股東常會分派盈餘之決議，應僅於股東常會召
開當年度營業終結前召開之股東臨時會，方得變更股東常會之
決議[694]。申言之，股份有限公司於股東常會為分派盈餘之決議
後，若未於股東常會召開當年度營業終結前召開之股東臨時會
變更該股東常會之決議，而係於其後年度召開之股東會為變更
之決議，該決議內容即違反公司法第 228 條、第 230 條與第 232

---

[693] 最高法院 103 年度台上字第 2249 號民事判決。
[694] 最高法院 90 年度台上字第 1721 號民事判決。

條規定意旨，依公司法第 191 條規定，應屬無效[695]。
(2) 期中盈餘分派或虧損撥補
① 章程訂明

股份有限公司章程得訂明盈餘分派或虧損撥補於每季或每半會計年度終了後為之（公§228-1Ⅰ）。

② 議案提出程序

股份有限公司前三季或前半會計年度盈餘分派或虧損撥補之議案，應連同營業報告書及財務報表交監察人查核後，提董事會決議之（公§228-1Ⅱ），不適用股東會相關規定，例如公司法第 184 條、第 230 條、第 240 條等規定。

③ 財務報表經會計師查核或核閱

公開發行股票之公司，依公司法第 228 條之 1 第 1 項至第 4 項規定分派盈餘或撥補虧損時，應依經會計師查核或核閱之財務報表為之（公§228-1Ⅴ）。

④ 股份有限公司依公司法第 228 條之 1 第 2 項規定分派盈餘時，應先預估並保留應納稅捐、依法彌補虧損及提列法定盈餘公積。但法定盈餘公積，已達實收資本額時，不在此限（公§228-1Ⅲ）。

⑤ 決議機關及決議方法

股份有限公司於前三季或前半會計年度分派盈餘而以發行新股方式為之時，應依第 240 條規定辦理；發放現金者，應經董事會決議（公§228-1Ⅳ）。因此，股份有限公司於前三季或前半會計年度分派盈餘時，其決議程序，應注意下列事項：

A. 發行新股：因涉及股權變動而影響股東權益較大，應經股東會之特別決議通過。亦即，由有代表已發行股份總數三分之二以上股東出席之股東會，以出席股東表決權過半數之決議同意。公開發行股票之公司，出席股東之股份總數不足前項定額者，

---

[695] 最高法院 90 年度台上字第 1934 號民事判決、臺灣高等法院 106 年上易字第 814 號民事判決。

得以有代表已發行股份總數過半數股東之出席，出席股東表決權三分之二以上之同意行之。上開出席股東股份總數及表決權數，章程有較高規定者，從其規定（公§228-1Ⅳ、§240Ⅰ、Ⅱ、Ⅲ）。又依公司法第 228 條之 1 第 2 項規定發行新股，除公開發行股票之公司，應依證券主管機關之規定辦理者外，於決議之股東會終結時，即生效力，董事會應即分別通知各股東，或記載於股東名簿之質權人（公§228-1Ⅳ、§240Ⅳ）。

B. 發放現金：因未涉及股權變動，僅須經董事會決議（公§228-1Ⅳ）。至於董事會之決議方法，解釋上應為普通決議。

3. 違法分派之效果

(1) 刑事責任

① 公司負責人違反公司法第 237 條第 1 項之規定，單純的不提法定盈餘公積時，各處新臺幣二萬元以上十萬元以下罰鍰（公§237Ⅲ）。

② 公司負責人違反第 232 條第 1 項或第 2 項之規定，不彌補虧損或不提法定盈餘公積而分派股息紅利，或公司無盈餘而分派股息紅利時，各處一年以下有期徒刑、拘役或科或併科新臺幣六萬元以下罰金（公§232Ⅲ）。

(2) 民事責任

公司違反公司法第 232 條之規定分派股息及紅利時，公司之債權人得請求退還，並得請求賠償因此所受之損害（公§233）。

（三）無盈餘時之分派

1. 公司無盈餘時，不得分派股息及紅利（公§232Ⅱ）。依公司法第 191 條規定，股東會決議之內容違反法令或章程者，無效。故盈餘分配，於決議前未依公司法第 232 條規定彌補虧損及提出法定盈餘公積，則該部分之決議自屬無效。又股東會得查核董事會造具之表冊，乃股東會之權利而非義務，至董事會編造送股東會請求承認之表冊內容如有

不實或其他舞弊情事，為董事應否負民刑事責任之問題，難謂股東會
該項決議違反法令或章程[696]。

2. 公司在本會計年度中無盈餘，或雖有盈餘以之彌補損失及提存法定盈
餘公積後，已無賸餘時，原則上不得分派股息及紅利。

（四）未開業前之分派股息

1. 基本原則

公司既未開業，當無盈餘可資分派，故本應不得分派股息及紅利。基
於資本維持原則，建設股息之發放，並非所有公司皆得任意以與投資
人間之契約而加以發放，而係在取得主管機關之許可後，始得為之。

2. 建設股息之分派（公§234）

(1) 建設股息之意義

所稱建設股息，為股份有限公司在開始營業前，於一定條件之下，
分派於股東之股息。蓋建設股息之分派，係指公司在開始營業前，
依公司章程規定分派股息予股東，則公司一旦開始營業，即須嚴守
資本維持原則，回歸公司法第 232 條盈餘分配之規定，不得再行發
放建設股息[697]。

(2) 承認建設股息之立法理由

在於獎勵一般大眾投資於需長時間準備而具有建設性之事業，俾發
展建設性企業。

(3) 分派建設股息之條件（公§234 I）

① 公司依其業務之性質，自設立登記後，需二年以上之準備，始
能開始營業者。

A. 建設股息之分派，係指公司開始營業前依公司章程規定分派股
息予股東，公司一旦開始營業，即須嚴守資本維持原則，回歸
盈餘分配之規定，不得發放建設股息。此外，開始營業，應係
為一事實狀態，於公司實際對外招攬客戶，出售公司之商品或

---

[696] 最高法院 109 年度台上字第 2435 號民事判決。
[697] 臺灣高等法院 103 年度上易字第 358 號民事判決。

勞務，而有營業收入時應即屬之，尚不以全面開始營業為必要。如公司營業項目屬特種及特許業務，則公司是否開始營業，自應先經該業務之目的事業主管機關加以認定，始得判斷[698]。

B. 「開始營業」，應係為一事實狀態，於公司實際對外招攬客戶，出售公司之商品或勞務，而有營業收入時應即屬之，應不以全面開始營業為必要，且非公司或相關主管機關得恣意延後或提前[699]。具體而言，建業股息係以資本分派股息，與資本維持原則有悖，為保護債權人之權益，其要件本應嚴格限制，即對「開始營業」解釋應以公司實際從事所營事業，即屬之，否則將致遞延以資本預付股息之情事，而危害資本維持原則及債權人之權益，且與公司法第 232 條第 2 項規定即營業無盈餘時不得分派股息及紅利精神不符，是上開規定之「開始營業」之定義不得任由公司或相關主管機關恣意延後或提前，應以公司實際開始營利活動之事實狀態為據[700]。

C. 公司符合第 234 條第 1 項規定時，固得於未開始營業而無盈餘時，分派股息，但開始營業後，須有盈餘始得為之。而所謂「營業」，係指公司經營其事業獲取利益之事實狀態，故「開始營業」應以該狀態之起始為認定時點，以判定其因營業而獲取利益後有無盈餘，當不以其全部營業據點均開始營業為必要[701]。

② 須經主管機關之許可。

③ 須事先以章程規定，於開始營業前分派股息。

(4) 建設股息分派後之會計處理

分派股息之金額，應以預付股息列入資產負債表之股東權益項下，公司開始營業後，每屆分派股息及紅利超過實收資本額百分之六

---

[698] 臺灣高等法院 103 年度重上字第 1011 號民事判決、臺灣高等法院 103 年度重上字第 637 號民事判決、臺灣高等法院 103 年度重上字第 404 號民事判決。

[699] 臺灣高等法院 103 年度重上字第 301 號民事判決。

[700] 臺灣高等法院 103 年度重上字第 401 號民事判決。

[701] 最高法院 104 年度台上字第 2120 號民事判決。

時，應以其超過之金額扣抵沖銷之（公§234Ⅱ）。

(5) 建設股息之分派，係指公司開始營業前依公司章程規定分派股息予股東，公司一旦開始營業，即須嚴守資本維持原則，回歸盈餘分配之規定，不得發放建設股息。此外，開始營業，應係為一事實狀態，於公司實際對外招攬客戶，出售公司之商品或勞務，而有營業收入時應即屬之，尚不以全面開始營業為必要。如公司營業項目屬特種及特許業務，則公司是否開始營業，自應先經該業務之目的事業主管機關加以認定，始得判斷[702]。

(6) 「開始營業」，應係為一事實狀態，於公司實際對外招攬客戶，出售公司之商品或勞務，而有營業收入時應即屬之，應不以全面開始營業為必要，且非公司或相關主管機關得恣意延後或提前[703]。

(7) 公司符合第 234 條第 1 項規定時，固得於未開始營業而無盈餘時，分派股息，但開始營業後，須有盈餘始得為之。而所謂「營業」，係指公司經營其事業獲取利益之事實狀態，故「開始營業」應以該狀態之起始為認定時點，以判定其因營業而獲取利益後有無盈餘，當不以其全部營業據點均開始營業為必要[704]。

五、員工酬勞之分派

（一）章程應訂明員工酬勞之定額或比率

公司應於章程訂明以當年度獲利狀況之定額或比率，分派員工酬勞。但公司尚有累積虧損時，應予彌補（公§235-1Ⅰ）。

1. 為降低公司無法採行員工分紅方式獎勵員工之衝擊，公司應於章程訂明以當年度獲利狀況之定額或比率，即參考公司法第 157 條第 1 項第 1 款及第 2 款體例之定額或定率方式，合理分配公司利益，以激勵員

[702] 臺灣高等法院 103 年度重上字第 1011 號民事判決、臺灣高等法院 103 年度重上字第 637 號民事判決、臺灣高等法院 103 年度重上字第 404 號民事判決。

[703] 臺灣高等法院 103 年度重上字第 301 號民事判決。

[704] 最高法院 104 年度台上字第 2120 號民事判決。

工士氣，惟獲利狀況係指稅前利益扣除分配員工酬勞前之利益，是以一次分配方式，爰為公司法第 235 條之 1 第 1 項規定，並增列但書規定「但公司尚有累積虧損時，應予彌補」。

2. 所謂獲利狀況，係指稅前利益扣除分派員工酬勞前之利益。實務上應指不含員工酬勞金額之稅前利益；亦即當年度除員工、董監事酬勞（公司得於章程訂定依獲利狀況之定額或比率分派董監事酬勞）未估算入帳外之稅前利益結算金額，並以此金額直接依章程所定比率或定額計算員工、董監事酬勞，不需導入聯立方程式計算員工、董監事酬勞。例如：未估算員工、董監事酬勞及所得稅費用之全年度稅前利益金額為一百萬元，即依公司章程所訂之 10%（舉例）員工酬勞計算員工酬勞金額，得出十萬元（1,000,000 元×10%＝100,000 元）[705]。

3. 依公司法第 235 條之 1 第 1 項規定：「公司應於章程訂明以當年度獲利狀況之定額或比率，分派員工酬勞。但公司尚有累積虧損時，應予彌補。」公司章程倘係以年度獲利之定額方式訂定員工、董監事酬勞之分派（例如於章程規定：公司如有獲利，應提撥○○元為員工酬勞、○○元為董監事酬勞。但公司尚有累積虧損時，應預先保留彌補數額），而公司當年度獲利小於章程所訂分派員工、董監事酬勞之定額者，依當年度獲利分派員工、董監事酬勞。但公司尚有累積虧損時，應予彌補（預先保留彌補數額）[706]。

4. 公司法第 235 條之 1 所謂定額，係指固定數額（一定數額）。區間或上下限之訂定方式，均與定額不符。另章程訂定方式：「當年度獲利扣除累積虧損後達新臺幣 X 元以上，提撥新臺幣○○元為員工酬勞，新臺幣○○元為董監事酬勞。當年度獲利扣除累積虧損後未達新臺幣 X 元，提撥員工酬勞○○%，董監事酬勞不高於○○%。」尚無不可[707]。

---

[705] 經濟部 105.1.4.經商字第 10402436190 號函。
[706] 經濟部 105.1.4.經商字第 10402436190 號函。
[707] 經濟部 105.1.4.經商字第 10402436390 號函。

5. 公司法第 235 條之 1 第 1 項所謂「當年度獲利狀況之定額或比率」，其中當年度獲利狀況，應以會計師查核簽證之財務報表為準；但資本額未達中央主管機關所定一定數額（新臺幣三千萬元）以上者，則以董事會決議編造之財務報表為準。至於比率訂定方式，選擇以固定數（例如：百分之二）、一定區間（例如：百分之二至百分之十）或下限（例如：百分之二以上、不低於百分之二）三種方式之一，均屬可行[708]。

6. 依公司法第 235 條之 1 第 1 項立法理由略以：「所謂獲利狀況係指稅前利益扣除分派員工酬勞前之利益，是以一次分派方式為之。」準此，員工酬勞係一年分派一次，至於發放給員工時，一次全額發放或分次發放，均屬可行，由公司自行決定。倘公司無員工編制時，可不提列員工酬勞[709]。

（二）公營事業之例外

公營事業除經該公營事業之主管機關專案核定於章程訂明分派員工酬勞之定額或比率外，不適用前項之規定（公§235-1 II）。公營事業之經營係基於各種政策目的及公共利益，以發揮經濟職能，其性質實與民營事業有所區別與不同，其員工酬勞得否分配予員工，應視個別情況而定。

（三）決定機關

員工酬勞以股票或現金為之，應由董事會以董事三分之二以上之出席及出席董事過半數同意之決議行之，並報告股東會（公§235-1 III）。

1. 為權衡人才與資金對企業經營的重要性及必要性，員工酬勞以現金發放或股票須經董事會特別決議通過，嗣後並報告股東會並兼顧股東權益。

2. 公司如以股票方式發給員工酬勞者，得於同次董事會決議以發行新股為之，或於同次董事會決議以收買自己已發行股份方式為之。至於依

---

[708] 經濟部 104.6.11.經商字第 10402413890 號函。
[709] 經濟部 104.6.11.經商字第 10402413890 號函。

公司法其他條文或其他法律規定收買之股份，尚不得用以支應員工酬勞之發放[710]。

（四）適用對象

章程得訂明前項發給股票或現金之對象，包括符合一定條件之從屬公司員工（公§235-1 V）。

1. 員工酬勞發給現金或股票時，其發放之範圍對象可擴大至從屬公司員工。所稱「一定條件之控制或從屬公司」，包括國內外控制或從屬公司，認定上，依公司法第 369 條之 2、第 369 條之 3、第 369 條之 9 第 2 項、第 369 條之 11 之標準為之[711]。

2. 公司法第 235 條之 1 規定所稱「員工」，除董事、監察人非屬員工外，其餘人員是否屬員工，應由公司自行認定。倘公司董事長兼任員工時，係身兼二種身分，可基於員工身分受員工酬勞之分派[712]。至於控制公司派任至從屬公司之董事或監察人，非從屬公司員工之範疇[713]。

（五）關於員工酬勞之章程範例

第 X 條：公司當年度如有獲利，應提撥○○%（或○○元）為員工酬勞。但公司尚有累積虧損時，應預先保留彌補虧損數額。前項所稱之當年度獲利，係指當年度稅前利益扣除分派員工酬勞及董事及監察人酬勞前之利益。

員工酬勞發給之對象，包括符合一定條件（或＿＿＿＿條件）之控制或從屬公司員工。

---

[710] 經濟部 108.1.21.經商字第 10802400650 號函。
[711] 經濟部 107.11.30.經商字第 10702427750 號函。
[712] 經濟部 110.1.18.經商字第 10900116680 號函。
[713] 經濟部 92.10.15.經商字第 09202214370 號函。

第八節　股份有限公司之公司債

一、　公司債之意義

公司債者，乃股份有限公司為募集資金，以發行債券之方法，向公眾大量的、集團的負擔之債務，申言之，公司債係一種債務，公司為債務人，購買公司債之公眾或特定人則為債權人。又公司債係以發行債券方式所負擔之債務，性質上為直接金融；而公司一般舉債之方式，則多係向銀行借貸，性質上為間接金融。公司債係公司向公眾募集或向特定人私募而負擔之債務，而一般之金錢借貸則僅向特定銀行、企業或個人洽借。

二、公司債之種類

（一）有擔保公司債與無擔保公司債

公司債以是否有附擔保品為區別標準，可分為有擔保公司債與無擔保公司債。

1. 有擔保公司債

   為公司債之還本付息有特定財產供作擔保者。

   (1) 公司債之發行如由金融機構擔任保證人者，得視為有擔保之發行（證券交易法§29）。

   (2) 公司為發行公司債所設定之抵押權或質權，得由受託人為債權人取得，並得於公司債發行前先行設定（公§256 I）。受託人對於上開之抵押權或質權或其擔保品，應負責實行或保管之（公§256 II）。

   (3) 公開發行公司以動產或不動產作為擔保品發行公司債，除該擔保品須設定抵押權或質權予債權人之受託人外，該擔保品表彰之擔保價值須足以償付公司債未來應負擔之本息，並應於受託契約明定，受託人於公司債存續期間應持續對該擔保品進行評價，因擔保品之市價波動而發生跌價情事時，受託人應即通知發行公司限期補足差

額，公司債之發行符合前述條件者，得視為有擔保公司債[714]。

(4) 民法上關於抵押權、質權之設定，係屬物權行為，是以公司以出具承諾將於該債券發行一定時間內取得該擔保品設定抵押權或質權方式為之者，在完成設定抵押權或質權前，尚未具民法上之物權效力，不宜算入有擔保公司債範疇[715]。

2. 無擔保公司債

乃無特定財產供作還本付息擔保之公司債。

3. 區別實益

區分有擔保公司債與無擔保公司債之實益，在於發行條件之寬嚴不同。

(1) 無擔保公司債之總額，不得逾公司現有全部資產減去全部負債後之餘額二分之一（公§247 II）。

(2) 公司有下列情形之一者，不得發行無擔保公司債（公§249）：

① 對於前已發行之公司債或其他債務，曾有違約或遲延支付本息之事實已了結，自了結之日起三年內。

② 最近三年或開業不及三年之開業年度課稅後之平均淨利，未達原定發行之公司債，應負擔年息總額之百分之一百五十。

(3) 公司最近三年或開業不及三年之開業年度課稅後之平均淨利，未達原定發行之公司債應負擔年息總額之百分之一百者，不得發行公司債。但經銀行保證發行之公司債不受限制（公§250 ②）。

(4) 已依證券交易法發行股票之公司，募集與發行公司債，其發行總額，除經主管機關徵詢目的事業中央主管機關同意者外，依下列規定辦理，不受公司法第 247 條規定之限制（證券交易法§28-4）：

① 有擔保公司債、轉換公司債或附認股權公司債，其發行總額，不得逾全部資產減去全部負債餘額之百分之二百。

② 前款以外之無擔保公司債，其發行總額，不得逾全部資產減去

---

[714] 經濟部 88.3.1.商字第 88203546 號函。
[715] 經濟部 88.9.1.商字第 88216445 號函。

全部負債餘額之二分之一。

（二）記名公司債與無記名公司債

公司債若以公司債券上是否記載債權人之姓名為區別標準，可分為記名公司債與無記名公司債。

1. 記名公司債

為公司債之債券上記載公司債債權人之姓名者。

2. 無記名公司債

乃債券上未記載債權人之姓名者。

3. 區別實益

(1) 記名式之公司債券，得由持有人以背書轉讓之。但非將受讓人之姓名或名稱，記載於債券，並將受讓人之姓名或名稱及住所或居所記載於公司債存根簿，不得以其轉讓對抗公司（公§260）。因此，區分記名公司債與無記名公司債之實益，在於轉讓與設質方式之不同。

(2) 債券為無記名式者，債權人得隨時請求改為記名式（公§261）。

(3) 公開發行公司其公司債信託公示登記，應將原為無記名式之公司債改為記名式[716]。

（三）特別公司債與普通公司債

公司債若以債權人是否具有請求將公司債轉換為公司股份、交換為其他公司股份或請求公司發行新股以供認購等權利為區別標準，可分為特別公司債與普通公司債。

1. 特別公司債

例如轉換公司債、附認股權公司債、交換公司債等。

(1) 所謂轉換公司債，為公司債發行後，於經過一定之期間，得按公司規定之轉換辦法，請求轉換為公司之股份者。

(2) 所謂附認股權公司債，為公司債權人，得按公司規定之認購辦法，

---

[716] 金融監督管理委員會 94.3.15.金管證法字第 0940100477 令。

　　請求公司發行股份，以供其認購者。

(3) 公開發行公司可募集或私募轉換公司債及附認股權公司債。

(4) 私募公司債之發行公司不以上市、上櫃、公開發行股票之公司為限
　　（公§248Ⅱ後段）。因此，非公開發行公司亦可私募普通公司債、
　　轉換公司債及附認股權公司債。

(5) 從屬公司得持有控制公司轉換公司債，而不進行轉換[717]。

2.　普通公司債

　　乃公司債權人不得請求將公司債轉換為公司股份、交換為其他公司股
　　份或請求公司發行新股以供認購之公司債。

3.　區別實益

(1) 公司發行轉換公司債時，應將轉換辦法，申請證券主管機關申報生
　　效（公§248Ⅰ⑱）。

(2) 公司發行附認股權公司債時，應將認購辦法，申請證券主管機關申
　　報生效（公§248Ⅰ⑲）。

(3) 公司依公司法第 248 條第 2 項私募轉換公司債或附認股權公司債
　　時，因可能涉及股權變動而影響股東權益較深，故除應經第 246
　　條董事會之決議，並應經股東會決議。但公開發行股票之公司，證
　　券主管機關另有規定者，從其規定（公§248-1）。

(4) 公司募集或私募普通公司債時，則經董事會決議即可（公§246）。

(5) 公開發行股票之公司，若為普通公司債之私募，其發行總額，除經
　　主管機關徵詢目的事業中央主管機關同意者外，不得逾全部資產減
　　去全部負債餘額之百分之四百，不受公司法第 247 條規定之限制。
　　並得於董事會決議之日起一年內分次辦理（證券交易法§43-6Ⅲ）。

（四）本國公司債與外國公司債

　　若以公司債之募集地為區分標準，可分為本國公司債與外國公司債。

1.　本國公司債：為公司在本國募集之公司債。

---

[717] 經濟部 91.4.16.經商字第 09102071760 號函。

2. 外國公司債：乃公司在外國募集之公司債。外國公司債之發行，現行公司法雖無明文規定，解釋上應無不可。惟公開發行公司募集與發行海外有價證券，除應受外國資本市場法令之限制外，尚應注意證券交易法第 22 條第 4 項及「發行人募集與發行海外有價證券處理準則」之適用。

三、公司債發行之限制

主要為發行總額或起債條件之限制。

（一）公司債總額之限制

公開發行股票公司之公司債總額，不得逾公司現有全部資產減去全部負債後之餘額（公§247 I）。至於非公開發行股票公司，其公司債總額則無上開限制。

（二）特別公司債之限制

1. 已依證券交易法發行股票之公司，募集與發行有擔保公司債、轉換公司債或附認股權公司債，除經主管機關徵詢目的事業中央主管機關同意者外，其發行總額，不得逾全部資產減去全部負債餘額之百分之二百，不受公司法第 247 條規定之限制（證券交易法§28-4 ①）。

2. 依證券交易法第 43 條之 6 第 3 項規定，私募轉換公司債及附認股權公司債，其私募數額仍須受公司法第 247 條規定之限制。換言之，公開發行股票公司私募上開種類之特別公司債仍有舉債額度限制，以免影響公司財務健全。至非公開發行股票之公司，為便利其籌資，私募公司債之總額，亦無限制。

（三）無擔保公司債之限制

1. 無擔保公司債之總額，不得逾公司現有全部資產減去全部負債後之餘額二分之一（公§247 II），蓋因其無擔保，保障力差，故減少其發行額。

2. 已依證券交易法發行股票之公司，募集與發行無擔保公司債，除經主
   管機關徵詢目的事業中央主管機關同意者外，其發行總額，不得逾全
   部資產減去全部負債餘額之二分之一，不受公司法第 247 條規定之限
   制（證券交易法§28-4 ②）。

（四）普通公司債之限制

　　公開發行股票之公司，若為普通公司債之私募，其發行總額，除經主
管機關徵詢目的事業中央主管機關同意者外，不得逾全部資產減去全部負
債餘額之百分之四百，不受公司法第 247 條規定之限制（證券交易法§43-6
Ⅲ）。

四、公司債發行之禁止及例外

（一）公司債發行之禁止

　　公司有下列原因時，不得發行公司債：

1. 對於前已發行之公司債或其他債務有違約或遲延支付本息之事實，尚
   在繼續中者（公§250 ①）。應注意者，債務雖經債權人同意展延，仍
   有公司法第 250 條第 1 款之情事[718]。
2. 最近三年或開業不及三年之開業年度課稅後之平均淨利，未達原定發
   行之公司債應負擔年息總額之百分之一百者。但經銀行保證發行之公
   司債不受限制（公§250 ②）。應注意者，公司雖連續三年虧損，但若
   以前所發行且流通在外及本次擬發行之公司債，其票面利率及實質利
   率（投資人賣回殖利率及公司贖回殖利率）均為零，因無應負擔年息
   總額之問題，似無違反公司法第 250 條第 2 款規定。

（二）無擔保公司債發行之禁止

　　公司有下列情形之一者，不得發行無擔保公司債：

1. 對於前已發行之公司債或其他債務，曾有違約或遲延支付本息之事實

---

[718] 經濟部 92.3.18.經商字第 09200042900 號函。

已了結，自了結之日起三年內（公§249①）。

2. 最近三年或開業不及三年之開業年度課稅後之平均淨利，未達原定發行之公司債，應負擔年息總額之百分之一百五十者（公§249②）。至於公司雖連續三年虧損，但若以前所發行且流通在外及本次擬發行之公司債，其票面利率及實質利率（投資人賣回殖利率及公司贖回殖利率）均為零，因無應負擔年息總額之問題，似未違反公司法第 249 條第 2 款規定。

（三）公司債發行禁止之例外

普通公司債、轉換公司債或附認股權公司債之私募不受公司法第 249 條第 2 款及第 250 條第 2 款之限制，並於發行後十五日內檢附發行相關資料，向證券主管機關報備；私募之發行公司不以上市、上櫃、公開發行股票之公司為限（公§248Ⅱ）。

五、公司債之發行程序

（一）董事會或股東會之特別決議

1. 公司經董事會決議後，得募集公司債（公§246Ⅰ前段）。又公司債之募集，須經董事會之特別決議，始得為之，即應由三分之二以上董事之出席，及出席董事過半數之同意行之（公§246Ⅱ）。

2. 公司債之募集屬董事會之專屬權限，既不必經股東會之決議，亦不需再經股東會之決議承認，董事會只須將募集公司債之原因及有關事項報告股東會即可（公§246Ⅰ後段）。

3. 公司依公司法第 248 條第 2 項私募轉換公司債或附認股權公司債時，應經第 246 條董事會之決議，並經股東會決議。但公開發行股票之公司，證券主管機關另有規定者，從其規定（公§248-1）。所稱經第 246 條董事會之決議，係指應以特別決議為之。

4. 公開發行股票之公司私募具有股權性質之公司債，應經股東會之決議。亦即，公開發行股票之公司，得以有代表已發行股份總數過半數

股東之出席，出席股東表決權三分之二以上之同意，對下列特定人進行有價證券之私募（證券交易法§43-6 I）：

(1) 銀行業、票券業、信託業、保險業、證券業或其他經主管機關核准之法人或機構。

(2) 符合主管機關所定條件之自然人、法人或基金。

(3) 該公司或其關係企業之董事、監察人及經理人。

5. 公開發行股票之公司，其普通公司債之私募，並得於董事會決議之日起一年內分次辦理（證券交易法§43-6Ⅲ）。

6. 公開發行股票之公司私募公司債，證券交易法第 43 條之 6 第 1 項第 2 款及第 3 款之應募人總數，不得超過三十五人（證券交易法§43-6 Ⅱ）。

（二）公司債受託契約之訂立

1. 公司發行公司債時，應載明公司債權人之受託人名稱及其約定事項，向證券主管機關辦理之。但公司債之私募不在此限（公§248 I ⑫）。

2. 公司法第 248 條第 1 項第 12 款之受託人，以金融或信託事業為限，由公司於申請發行時約定之，並負擔其報酬（公§248Ⅵ）。因此，公司在擬募集公司債前，應與金融或信託事業成立公司債受託契約（利他性信託契約），以金融或信託事業擔任受託人，藉由金融或信託事業以受託人之地位介入其間，以代表債權人之利益。

3. 受託人之報酬，由發行公司負擔之（公§248Ⅵ）。

（三）受託人之職責

1. 董事會在實行公司法第 254 條請求前，應將全體記名債券應募人之姓名、住所或居所暨其所認金額，及已發行之無記名債券張數、號碼暨金額，開列清冊，連同第 248 條第 1 項各款所定之文件，送交公司債債權人之受託人（公§255 I）。公司債受託人，為應募人之利益，有查核及監督公司履行公司債發行事項之權（公§255Ⅱ）。

2. 公司為發行公司債所設定之抵押權或質權，得由受託人為債權人取

得，並得於公司債發行前先行設定（公§256Ⅰ）。受託人對於該項抵押權或質權或其擔保品，應負責實行或保管之（公§256Ⅱ）。應注意者，公司發行公司債已有提供擔保品而由受託人為全體債權人利益取得，按其性質，自屬有擔保公司債[719]。

3. 公司債受託人於必要時，得為公司債債權人之共同利害關係事項，召集同次公司債債權人會議（公§263Ⅰ）。

4. 受託人，為應募人之利益，有查核及監督公司履行公司債發行事項之權（公§255Ⅱ）。

（三）募集公司債之聲請

1. 公司募集公司債時，應將下列事項，並加具公開說明書（證券交易法§30），向證券主管機關辦理之（公§248Ⅰ）。

    (1) 公司名稱。

    (2) 公司債之總額及債券每張之金額。

    (3) 公司債之利率。

    (4) 公司債償還方法及期限。

    (5) 償還公司債款之籌集計畫及保管方法。

    (6) 公司債募得價款之用途及運用計畫。

    (7) 前已募集公司債者，其未償還之數額。

    (8) 公司債發行價格或最低價格。

    (9) 公司股份總數及已發行股份總數及其金額。

    (10) 公司現有全部資產，減去全部負債及無形資產後之餘額。

    (11) 證券主管機關規定之財務報表。

    (12) 公司債權人之受託人名稱及其約定事項。公司債之私募不在此限。

    (13) 代收款項之銀行或郵局名稱及地址。

    (14) 有承銷或代銷機構者，其名稱及約定事項。

    (15) 有發行擔保者，其種類、名稱及證明文件。

---

[719] 經濟部 75.1.4.商字第 00237 75 號函。

(16)有發行保證人者，其名稱及證明文件。

(17)對於前已發行之公司債或其他債務，曾有違約或遲延支付本息之事實或現況。

(18)可轉換股份者，其轉換辦法。

(19)附認股權者，其認購辦法。

(20)董事會之議事錄。

(21)公司債其他發行事項，或證券主管機關規定之其他事項。

2. 公司法第 248 條第 1 項第 7 款、第 9 款至第 11 款、第 17 款，應由會計師查核簽證；第 12 款至第 16 款，應由律師查核簽證（公§248 V）。

3. 公司就公司法第 248 條第 1 項各款事項有變更時，應即向證券主管機關申請更正；公司負責人不為申請更正時，由證券主管機關各處新臺幣一萬元以上五萬元以下罰鍰（公§248 IV）。

4. 公司法第 248 條第 1 項第 18 款之可轉換股份數額或第 19 款之可認購股份數額加計已發行股份總數、已發行轉換公司債可轉換股份總數、已發行附認股權公司債可認購股份總數、已發行附認股權特別股可認購股份總數及已發行認股權憑證可認購股份總數，如超過公司章程所定股份總數時，應先完成變更章程增加資本額後，始得為之（公§248 VII）。

5. 僅於公司債券面上載明得提前清償，似難遽認為無效[720]。

6. 公司債之募集及發行，除政府債券或經主管機關核定之其他有價證券外，非向主管機關申報生效後，不得為之（證券交易法§22 I）。又依據證券交易法第 22 條第 4 項之授權，金監督管理委員會則訂定發布「發行人募集與發行有價證券處理準則」，明定公司發行普通公司債、有擔保公司債、交換公司債、轉換公司債及附認股權公司債（附可分離認股權公司債與不可分離認股權公司債）之申報事項及相關規範，以資遵循。此外，公司募集、發行公司債，於申請審核時，除依公司法第 248 條第 1 項所規定記載事項外，應另行加具公開說明書（證

---

[720] 經濟部 75.12.3.商字第 33507 號函。

券交易法§30Ⅰ）。

（四）私募公司債之決議及報備

1. 普通公司債、轉換公司債或附認股權公司債之私募不受第 249 條第 2 款及第 250 條第 2 款之限制，並於發行後十五日內檢附發行相關資料，向證券主管機關報備；私募之發行公司不以上市、上櫃、公開發行股票之公司為限（公§248Ⅱ）。又公司債之私募人數不得超過三十五人。但金融機構應募者，不在此限（公§248Ⅲ）。

2. 公開發行股票之公司，進行普通公司債之私募，其發行總額，除經主管機關徵詢目的事業中央主管機關同意者外，不得逾全部資產減去全部負債餘額之百分之四百，不受公司法第 247 條規定之限制。並得於董事會決議之日起一年內分次辦理（證券交易法§43-6Ⅱ）。又該公司應於股款或公司債等有價證券之價款繳納完成日起十五日內，檢附相關書件，報請主管機關備查（證券交易法§43-6Ⅳ）。此外，符合主管機關所定條件之自然人、法人或基金、發行公司或其關係企業之董事、監察人及經理人之應募人總數，不得超過三十五人（證券交易法§43-6Ⅲ）。

（五）募集之公告

1. 公司發行公司債之申請經核准後，董事會應於核准通知到達之日起三十日內，備就公司債應募書，附載公司法第 248 條第 1 項各款事項，加記核准之證券管理機關與年、月、日、文號，並同時將其公告，開始募集。但第 248 條第 1 項第 11 款之財務報表，第 12 款及第 14 款之約定事項，第 15 款及第 16 款之證明文件，第 20 款之議事錄等事項，得免予公告（公§252Ⅰ）。

2. 超過公司法第 252 條第 1 項期限未開始募集而仍須募集者，應重行申請（公§252Ⅱ）。

3. 代表公司之董事，違反公司法第 252 條第 1 項規定，不備應募書者，由證券管理機關處新臺幣一萬元以上五萬元以下罰鍰（公§252Ⅲ）。

（六）公司債之招募與應募

1. 公司於備就公司債應募書及依法令為公告後，即可開始募集，但募集時應向應募人交付公開說明書（證券交易法§31）。

2. 應募人應在應募書上填寫所認金額及其住所或居所，簽名或蓋章，並照所填應募書負繳款之義務（公§253 I）。應募人以現金當場購買無記名公司債券者，免填前項應募書（公§253 II）。

（七）所認金額之繳款及請求繳足

1. 應募人於認購後，有照所填應募書負繳款之義務（公§253 I），代收機構於收款後，則應向各該繳款人交付經公司簽章之繳納憑證，俾據以交換債券（證券交易法§33、§34）。

2. 除以現金當場購買無記名公司債券者外，董事會應向未交款之各應募人請求繳足其所認金額（公§254），但董事會為此請求之前，應將全體記名債券應募人之姓名、住所或居所，暨其所認金額，及已發行之無記名債券張數、號碼暨金額，開列清冊，連同公司法第 248 條第 1 項各款所定之文件，送交公司債債權人之受託人（公§255 I）。

（八）債券之發行與公司債存根之備置

1. 公司債之債券應編號載明發行之年、月、日及公司法第 248 條第 1 項第 1 款至第 4 款、第 18 款及第 19 款之事項，有擔保、轉換或可認購股份者，載明擔保、轉換或可認購字樣，由代表公司之董事簽名或蓋章，並經依法得擔任債券發行簽證人之銀行簽證後發行之（公§257 I）。

2. 有擔保之公司債除前項應記載事項外，應於公司債正面列示保證人名稱，並由其簽名或蓋章（公§257 II）。

（九）債券之無實體化及登錄

1. 公司發行之公司債，得免印製債票，並應洽證券集中保管事業機構登錄及依該機構之規定辦理（公§257-2 I）。經證券集中保管事業機構

登錄之公司債，其轉讓及設質應向公司辦理或以帳簿劃撥方式為之，不適用公司法第 260 條及民法第 908 條之規定（公§257-2Ⅱ）。

2. 公司發行之公司債，若未印製表示其權利之實體有價證券者，亦視為有價證券（證券交易法§6Ⅲ）。

（十）主管機關之撤銷核准

公司發行公司債經核准後，如發現其申請事項，有違反法令或虛偽情形時，證券管理機關得撤銷核准（公§251Ⅰ）。

六、公司債之轉讓

（一）記名式公司債券之轉讓

其轉讓須由持有人以背書為轉讓，且非將受讓人姓名或名稱記載於公司債券，並將受讓人之姓名或名稱及住所記載於公司債存根簿，不得以其轉讓對抗公司（公§260）。

（二）無記名式公司債券之轉讓

無記名式公司債券之轉讓，依無記名有價證券之通例，非經交付，不生效力。但債券為無記名式者，債權人得隨時請求改為記名式（公§261）。

七、公司債用途之限制

（一）限制理由

在於預防公司負責人濫用職權，於不必要時擅行決議募集公司債，而於募集後變更其用途。

（二）用途之限制

公司募集公司債款後，未經申請核准變更，而用於規定事項以外者，處公司負責人一年以下有期徒刑、拘役或科或併科新臺幣六萬元以下罰金，如公司因此受有損害時，對於公司並負賠償責任（公§259）。

八、公司債券之設質

(一)　公司債券既為有價證券，自得為質權之標的。

(二)　其設質方式，因標的之不同而異。

1. 以無記名式之債券設定質權者因債券之交付而生質權設定之效力。

2. 以記名式之債券設定質權者：除交付債券外，並應依背書方法為之（民§908）。

(三)　經證券集中保管事業機構登錄之公司債，其轉讓及設質應向公司辦理或以帳簿劃撥方式為之，不適用公司法第 260 條及民法第 908 條之規定（公§257-2 II）。上開情形，於公司已印製之債券未繳回者，不適用之（公§257-2 III）。

九、公司債之償還

（一）公司債之付息

1. 公司債之利率，均依債券所載條件而定（公§248 I ③），而公司債有附以息券者，亦有不附息券者。若為附有息券者，債權人於規定付息時，截取息券，以換取利息，該息券並得由債券本身分離而為轉讓。不附息券之公司債，則於償還債款時，以其全部利息一次給付之。

2. 公司債債權人之利息給付請求權，自得為請求之日起，經過五年不行使，因時效而消滅（民§126）。

（二）公司債之還本

　　償還之方法及期限，亦應依債券所載條件而定，如已屆還本期限，公司自應依原定方法為之。

十、公司債之轉換

(一)　公司募集公司債時，得訂明公司債能轉換為股份，而為轉換公司債之發行。

(二)　轉換公司債之發行，其持有人既得保持公司債之安全性，又可請求

轉換為股份以作投機，故頗具吸引力。

(三)　公司發行轉換公司債時，須將其轉換辦法申請證券管理機關審核之（公§248 I ⑱），公司債約定得轉換股份者，公司有依其轉換辦法核給股份之義務。但公司債債權人有選擇權（公§262 I）。

(四)　轉換股份額，如超過公司章程所定可轉換股份之數額時，應先完成變更章程增加可轉換股份之數額後，始得為之（公§248 VII）。

(五)　轉換公司債之債券，應載明轉換字樣（公§257）。

(六)　以轉換公司債轉換為股份而增發新股時，不適用公司法第 267 條有關員工保留股及股東新股認購權之規定（公§267 VIII）。

十一、公司債債權人會議

（一）公司債債權人會議之意義

公司債債權人會議者，乃同次公司債債權人所組成之臨時會議團體。

（二）設置公司債債權人會議之理由

公司債債權人為數甚多，如皆個別行使其權利，則於債權人與公司雙方均屬不便，故仿瑞、日之立法例，設公司債債權人會議，就有關公司債債權人之共同利害關係事項而為決議，以收劃一之效。

（三）公司債債權人會議之召集

1. 召集權人（公§263 I）

(1)　發行公司債之公司。

(2)　公司債債權人之受託人。

(3)　有同次公司債總數百分之五以上之公司債債權人。

上述三者，均得為公司債債權人之共同利害關係事項，召集同次公司債債權人會議。

2. 召集程序

公司債債權人會議之召集程序如何，公司法尚無明文規定，應類推適用有關公開發行股票之公司股東臨時會召集程序之規定。換言之，公司債

債權人會議之召集，應於十五日前通知同次各公司債債權人，對於持有無記名公司債券者，應於三十日前公告之。通知及公告應載明召集事由[721]。

（四）集公司債債權人會議之出席、主席及決議

1. 公司債債權人之出席

(1) 公司債債權人得出席公司債債權人會議，親自行使其表決權。至公司債債權人如委託代理人出席會議時，其表決權如何代理行使，公司法尚無明文規定，解釋上，得類推適用公司法第 177 條第 1 項及第 3 項規定。至第 177 條第 2 項規定，則不在類推適用之列，因公司債債權人非公司之構成員，其表決權之行使，與公司支配無關[722]。

(2) 公司債債權人對於會議之事項，如有自身利害關係致有害於公司利益之虞時，得否加入表決，及能否代理他公司債債權人行使表決權，又發行公司對於持有自己之公司債能否行使表決權，公司法尚無明文規定，解釋上，得類推適用公司法第 178 條及第 179 條第 2 項規定[723]。

(3) 無記名公司債債權人，出席第 1 項會議者，非於開會五日前，將其債券交存公司，不得出席（公§263Ⅲ）。

(4) 公司債債權人為政府或法人時，其代表人之人數有無限制及表決權如何行使，公司法尚無明文規定，解釋上，得類推適用公司法第 181 條第 1 項及第 2 項規定[724]。

2. 主席

公司債債權人會議應以何人為主席，公司法尚無明文規定。解釋上，如會議由發行公司召集，依同法第 208 條第 3 項規定辦理。如由受託人召集，由受託人為主席。如由公司債債權人召集，由公司債債權人中互推一人為主席[725]。

---

[721] 經濟部 93.8.27.經商字第 09302137800 號函。
[722] 經濟部 94.2.15.經商字第 09402403110 號函。
[723] 經濟部 94.2.15.經商字第 09402403110 號函。
[724] 經濟部 94.2.15.經商字第 09402403110 號函。
[725] 經濟部 94.2.15.經商字第 09402403110 號函。

3. 決議方法

　　公司債債權人會議之決議，應有代表公司債債權總額四分之三以上債權人之出席，以出席債權人表決權三分之二以上之同意行之，並按每一公司債券最低票面金額有一表決權（公§263 II）。

4. 議事錄之製成、決議之效力及執行

(1) 公司法第 263 條債權人會議之決議，應製成議事錄，由主席簽名，經申報公司所在地之法院認可並公告後，對全體公司債債權人發生效力，由公司債債權人之受託人執行之。但債權人會議另有指定者，從其指定（公§264）。因此，經申報由法院認可債權人會議之決議，並於公告後，即對全體公司債債權人發生效力。

(2) 債權人會議之決議，其議事錄如何製作及保存，公司法尚無明文規定，解釋上，得類推適用公司法第 183 條第 1 項、第 3 項及第 4 項規定[726]。

5. 法院不予認可之決議事項

　　基本上，何種事項得由債權人會議決議，除應募書上有所記載外，其他允屬法院認可職權範疇[727]。公司債債權人會議之決議，有下列情事之一者，法院不予認可（公§265）：

(1) 召集公司債債權人會議之手續或其決議方法，違反法令或應募書之記載者。

(2) 決議不依正當方法達成者。

(3) 決議顯失公正者。

(4) 決議違反債權人一般利益者。

---

[726] 經濟部 94.2.15.經商字第 09402403110 號函。
[727] 經濟部 93.8.27.經商字第 09302137800 號函。

第九節　股份有限公司之發行新股

一、發行新股之意義

(一)　發行新股，乃股份有限公司成立後，第二次發行股份之謂。

(二)　公司若採用授權資本制，依公司法第 156 條第 4 項分次發行股份者
（公§266 I），在章定股份總數範圍內，原則上授權董事會決議發
行新股。公司辦理發行新股係屬董事會之職權，應明確訂明發行新
股金額、股數等。倘公司發行新股認繳不足致無法於增資基準日完
成者，亦得召開董事會決議修正發行新股數額及增資基準日，以實
際已認購繳款之金額辦理[728]。

(三)　發行新股因發行方式、對象及目的之不同，其程序、決策機關及受
監管程度有所差異。

二、發行新股之情形

（一）不增資發行與增資發行

1. 不增資發行

　　公司章程所定股份總數，得分次發行（公§156IV前段）。故所謂不增
資發行，乃公司依公司法第 156 條第 4 項規定之分次發行時，所為第二次
以後之新股發行。此種發行在章程原定之股份總數以內，故無須變更章程
以增加章定資本。

2. 增資發行

(1)　即公司已將章程規定之股份總數全數發行完畢，然後增加資本，變
更章程，再發行新股者。

(2)　倘公司未經修改章程增加股份總數，而發行超過章程所訂股份總數
之股票時，自應解為無效[729]。

---

[728] 經濟部 105.1.28.經商字第 10502005270 號函。
[729] 最高法院 99 年度台上字第 1792 號民事判決。

（二）通常發行與特殊發行

1. 通常發行

(1) 所謂通常發行，即公司以調度資金為目的所為之發行。例如公司法第五章第八節關於發行新股之規定。一般現金增資發行新股，即為通常發行。

(2) 公司依公司法第 156 條第 4 項分次發行新股，依第五章第八節之規定（公§266 I ）。

2. 特殊發行

(1) 所稱特殊發行，即係不以籌措資金為主要目的，基於特殊目的所為之發行。例如公司法第 240 條（因盈餘轉增資而發行新股）、第 241 條（公積轉增資而發行新股）、第 262 條（依轉換公司債之轉換辦法或附認股權公司債之認購辦法核給股份之發行新股）、第 267 條第 6 項（因合併他公司、分割、公司重整而增發新股）、第 167 條之 2（因員工認股權契約之履行而發行新股）、第 268 條之 1 第 1 項（依認股權憑證或附認股權特別股之認股辦法核給股份而增發新股）、第 267 條第 9 項（因實施員工獎酬而發行限制員工權利新股）等是。

(2) 應注意者，已依證券交易法發行股票之公司，於依公司法之規定發行新股時，除依第 43 條之 6 第 1 項及第 2 項規定辦理者外，仍應依證券交易法第 22 條第 1 項規定辦理（證券交易法§22 II ）。亦即，公司依公司法之規定發行新股，非向證券主管機關申報生效後，不得為之。

(3) 存續公司吸收合併消滅公司，毋庸就自己持有消滅公司之股份發行新股[730]。

---

[730] 經濟部 91.3.11.經商字第 09102038310 號函。

（三）不公開發行與公開發行

1. 不公開發行

　　一般所稱不公開發行新股，乃由員工及股東全部認足或其餘額洽由特定人認購，而不向公眾募集發行股份者。

2. 公開發行

　　所謂公開發行新股，係指除去股東認購，員工承購者外，其餘額並不洽由特定人認購，而向公眾募集發行股份者。公開發行新股，受到證券主管機關高度監理，主要規範如下：

(1) 公開發行具有優先權利特別股之資格限制（公§269）。

(2) 公開發行新股之資格限制（公§270）。

(3) 公司公開發行新股時，應向證券主管機關申請核准（審核）（公§268Ⅰ），並加具公開說明書（證券交易法§30Ⅰ）。又公司募集及發行新股時，非向主管機關申報生效後，不得為之（證券交易法§22Ⅰ）。

(4) 股票未在證券交易所上市或未於證券商營業處所買賣之公開發行股票公司，其股權分散未達主管機關依證券交易法第 22 條之 1 第 1 項所定標準者，於現金發行新股時，除主管機關認為無須或不適宜對外公開發行者外，應提撥發行新股總額之一定比率，對外公開發行，不受公司法第 267 條第 3 項關於原股東儘先分認規定之限制（證券交易法§28-1Ⅰ）。上開提撥比率定為發行新股總額之百分之十。但股東會另有較高比率之決議者，從其決議（證券交易法§28-1Ⅲ）。

(5) 股票已在證券交易所上市或於證券商營業處所買賣之公開發行股票公司，於現金發行新股時，主管機關得規定提撥發行新股總額之一定比率，以時價向外公開發行，不受公司法第 267 條第 3 項關於原股東儘先分認規定之限制（證券交易法§28-1Ⅱ）。上開提撥比率定為發行新股總額之百分之十。但股東會另有較高比率之決議者，從其決議（證券交易法§28-1Ⅲ）。

三、發行新股之決定

（一）不增資發行之決定

1. 應由董事會以董事三分之二以上之出席，及出席董事過半數之決議行之（公§266 II）。

2. 在授權資本制下之分次發行，公司發行新股之決定專屬於董事會之權限，公司不得以章程規定其由股東會決定之，違反者，其章程應屬無效。董事會依此專屬權限所得決議之事項，有分次發行之新股種類、股數、發行價額、繳納股款日期等。

3. 公司公開發行新股時，應以現金為股款。但由原有股東認購或由特定人協議認購，而不公開發行者，得以公司事業所需之財產為出資（公§272）。股東依公司法第 272 條規定以技術授權入股，亦無不可[731]。

4. 依公司法第 272 條規定，由原有股東認購或由特定人協議認購，而不公開發行時之出資，亦得以技術抵繳股款；又股東之出資，除現金外，得以對公司所有之貨幣債權、公司事業所需之財產或技術抵充之；其抵充之數額需經董事會決議（公§156 V）。因此，公司不公開發行新股時，是否接受股東以公司事業所需之財產出資，亦為董事會專屬決定事項之一，應經董事會以普通決議同意始可。

5. 公司設立後得發行新股作為受讓他公司股份之對價，需經董事會三分之二以上董事出席，以出席董事過半數決議行之，不受公司法第 267 條第 1 項至第 3 項之限制（公§156-3）。

   (1) 公司法第 156 條之 3 規定之股份交換，不包括受讓他公司已發行股份達百分之百之情形。蓋讓與已發行股份達百分之百之情形，屬企業併購法第 4 條第 5 款、第 29 條、第 30 條等所規定股份轉換之規範範疇。

   (2) 公司法第 156 條之 3 規定之股份交換，係以公司發行新股作為受讓他公司股份之對價，所謂「他公司股份」包括三種：（一）他

---

[731] 經濟部 110.3.11.經商字第 11002406410 號函。

公司已發行股份；（二）他公司新發行股份；（三）他公司持有之長期投資。其中「他公司已發行股份」，究為他公司本身持有或其股東持有，尚非所問[732]。

6. 公司設立後，為改善財務結構或回復正常營運，而參與政府專案核定之紓困方案時，得發行新股轉讓於政府，作為接受政府財務上協助之對價；其發行程序不受本法有關發行新股規定之限制，其相關辦法由中央主管機關定之（公§156-4 I）。又紓困方案達新臺幣十億元以上者，應由專案核定之主管機關會同受紓困之公司，向立法院報告其自救計畫（公§156-4 II）。

7. 公司發行新股係屬董事會之專屬權限，無論分次發行新股或發行增資後之新股，均應由董事會以特別決議方式議決之[733]。又發行新股須經董事會之特別決議，違反者應屬無效[734]。

（二）增資發行之決定

1. 若因增資發行涉及公司章程所定股份總數之變更，則必須先變更章程之程序。

2. 公司非經股東會決議，不得變更章程（公§277 I）。股東會之決議，應由代表已發行股份總數三分之二以上之股東出席，以出席股東表決權過半數之同意，方得為新股之發行（公§277 II）。公開發行股票之公司，出席股東之股份總數不足上述定額者，得以有代表已發行股份總數過半數股東之出席，出席股東表決權三分之二以上之同意行之（公§277 III）。上開出席股東股份權數及表決權數於章程有較高之規定者，均從其規定（公§277 IV）。

3. 若股東不同意增資案時，股東間具有得請求其他股東收買其股份之約定，性質上僅為股東間之內部約定[735]。

---

[732] 經濟部 107.12.19.經商字第 10702426510 號函、經濟部 94.3.23.經商字第 09402405770 號令。

[733] 臺灣高等法院 95 年度上更（一）字第 86 號民事判決。

[734] 最高法院 95 年度台上字第 761 號民事判決。

[735] 最高法院 94 年度台上字第 1424 號民事判決。

四、新股承購權與新股認購權

（一）新股承購權及新股認購權之意義

1. 所謂新股承購權或新股認購權，乃股份有限公司發行新股時，員工或原有股東享有優先承購或認購新股之權利。

2. 新股承購權為員工之法定認購權。公司員工雖無股東之地位，亦得在法令限制之範圍內享有新股承購權，可謂係法定認購權，故原有股東之新股認購權不概括所發行之新股總數。新股認購權則為股東之固有權利，既不經章程之規定而發生，亦不得由公司依章程限制或剝奪之。

（二）享有新股承購權或新股認購權之人

1. 員　工

(1) 公司發行新股時，除經目的事業中央主管機關專案核定者外，應保留發行新股總數百分之十至十五之股份由公司員工承購（公§267 I）。

　① 公司發行新股保留部分予員工認購係屬強制規定[736]。

　② 公司不得以實收資本額之一定比例辦理現金增資發行新股專供員工承購[737]。

　③ 公司發行特別股時，員工及原股東仍享有認購權[738]。

　④ 兼具股東及員工身分者，於公司發行新股時，似得分別以員工身分及股東身分認購新股[739]。

(2) 公營事業經該公營事業之主管機關專案核定者，得保留發行新股由員工承購；其保留股份，不得超過發行新股總數百分之十（公§267 II）。

(3) 公司章程得訂明依公司法第 267 條第 1 項規定承購股份之員工，包括符合一定條件之控制或從屬公司員工（公§267VII）。

---

[736] 經濟部 83.11.9.商字第 221194 號函。

[737] 經濟部 80.8.27.商字第 221116 號函。

[738] 經濟部 83.11.9.商字第 221194 號函。

[739] 法務部 75.6.4.法參字第 6723 號函。

(4) 金融控股公司為子公司業務而發行新股，金融控股公司之子公司員工得承購金融控股公司之股份，並準用公司法第 267 條第 1 項、第 2 項、第 4 項至第 6 項規定（金融控股公司法§30 I）。蓋金融控股公司盈餘大多來自各子公司盈餘上繳，如為子公司業務而發行新股，金融控股公司之股份應可由各子公司員工承購，以求公允。

(5) 金融控股公司持有子公司已發行全部股份或資本總額者，該子公司發行新股時，得不受公司法第 267 條第 1 項規定之限制（金融控股公司法§30 II），以維持一人公司之股東結構。

(6) 公司負責人違反公司法第 267 條第 1 項規定者，各處新臺幣二萬元以上十萬元以下罰鍰（公§267 XIII）。

(7) 公司法上之員工獎酬制度

制度名稱	決策機關及決議方法	適用對象（章程得訂明包括符合一定條件之控制或從屬公司員工）	法律依據
員工庫藏股	董事會特別決議	V	公§167-1
員工認股權契約	董事會特別決議	V	公§167-2
員工酬勞	董事會特別決議，並報告股東會	V	公§235-1、§110 III
員工新股承購權	董事會特別決議	V	公§267 I、VII
限制員工權利新股	股東會特別決議	V	公§267 IX～XII

註：有限公司依公司法第 110 條第 3 項準用第 235 條之 1 規定，亦應於章程訂明以當年度獲利狀況之定額或比率，分派員工酬勞。但其員工酬勞應以現金為之，並由董事三分之二以上之出席及出席董事過半數同意之決議行之，事後再向股東報告。

2. 股　東

(1) 公司發行新股時，除依公司法第 267 條第 1 項及第 2 項保留者外，應公告及通知原有股東，按照原有股份比例儘先分認，並聲明逾期不認購者，喪失其權利；原有股東持有股份按比例不足分認一新股者，得合併共同認購或歸併一人認購；原有股東未認購者，得公開發行或洽由特定人認購（公§267 III）。

① 股東之新股認購權尚不包括特定人認購之部分在內[740]。

② 股東之新股認購權為其固有權，具有自益權之性質，不得侵害。例如公司辦理現金增資時，不得全數保留由員工承購，而排除原有股東之新股認購權。

③ 股東依法享有新股優先認購權不得以章程限制之[741]。

④ 早期實務見解雖有認為，股東依公司法第 267 條所享有之新股認購權利，係股東依法享有之固有權利，應不受公司重整之影響[742]，但公司法於民國 95 年 2 月 3 日修正時，業已明定第 267 條規定對因公司重整而增發新股者，不適用之（公§267Ⅷ）。經查其旨在公司依重整計畫發行新股，如可排除員工及原有股東之優先承購權。重整人即可依計畫內容逕自尋求認購，無需再費時探詢公司員工及原有股東是否優先承購，可節省勞力、時間、費用，並提高債權人及投資者之投資意願，有助於重整程序之進行。故重整時無須保留員工之新股承購權及原股東之新股認購權[743]。因此，未來法院裁定准予公司重整，而重整公司關係人會議通過重整計畫發行新股，重整人即可依重整計畫內容逕行尋求認購者，無需再費時探詢公司員工及原有股東是否優先承購，藉以彰顯社會正義，同時也提高債權人及投資者之投資意願，俾利重整程序之進行。

(2) 公司法第 267 條第 3 項規定係屬強制規定，於公司發行新股時，應依原有股份比例儘先分認，其乃為防止原股東之股權被稀釋，而影響其基於股份所享有之權利，惟為保護交易安全，非謂原股東以外第三人認購新股之法律行為即為無效。又原股東可於發行新股完畢前對董事會行使股東制止請求權，若股份已發行完畢，原股東亦得

---

[740] 經濟部 84.4.29.商字第 207018 號函。

[741] 經濟部 80.4.1.經商字第 206033 號函。

[742] 司法院秘書長 78.6.1.秘（一）字第 1513 號函。

[743] 經濟部 96.1.4.經商字第 09502185160 號函。

就其股份被稀釋之損害請求董事會負連帶損害賠償責任[744]。

(3) 按公司法第 267 條第 3 項所謂「原股東新股認購權」，係指原股東於公司發行新股時有優先認購之機會，倘原股東依公司所定配股比例、股價及認購期限表示認股者，公司即不得拒絕原股東之認股，應接受其認股。此項規定僅係賦予原股東優先認股之機會，而原股東行使新股認購權時，乃對公司之增資為「認股行為」。至於「認股行為」之法律性質，係認股人與發行公司間之以加入公司為目的之一種契約。因而原股東新股認購權僅因公司不得拒絕原股東之認股，乃被認為性質上與形成權相似，惟尚不得以此特性遽以否認公司對外之公告招募非為要約，原股東之認股非為承諾[745]。

五、發行新股之程序

（一）不公開發行新股之程序

1. 董事會之決議

(1) 公司發行新股，應由董事三分之二以上之出席，及出席董事過半數同意之決議行之（公§266Ⅱ）。

(2) 發行新股須經董事會特別決議，違反者應屬無效[746]。

(3) 股份有限公司董事會決議發行新股，未依法保留發行新股由公司員工承購，且決議於當日前完成認股並繳足股款，其決議似應認為無效[747]。

2. 由員工承購、股東認購或洽由特定人認購

(1) 除經目的事業中央主管機關專案核定者外，應保留原發行新股總數百分之十至十五之股份由公司員工承購（公§267Ⅰ）。公營事業經該公營事業之主管機關專案核定者，得保留發行新股由員工承購，

---

[744] 最高法院 103 年度台上字第 1681 號民事判決。
[745] 臺灣高等法院 100 年度金上字第 42 號民事判決。
[746] 最高法院 91 年度台上字第 2183 號民事判決。
[747] 法務部 76.2.23.法參字第 2345 號函。

其保留股份不得超過發行新股總數百分之十（公§267Ⅱ）。

(2) 公司發行新股時，除依前二項保留者外，應公告及通知原有股東，按照原有股份比例儘先分認，並聲明逾期不認購者，喪失其權利，而原有股東持有股份按比例不足分認一新股者，得合併共同認購或歸併一人認購，原有股東未認購者，得公開發行或洽由特定人認購（公§267Ⅲ）。

(3) 股東之新股認購權，係基於股東之資格，而屬於股東權中之一種權利，得與原有股份分離，而獨立轉讓（公§267Ⅳ）。至於員工之新股承購權，則不得轉讓。

① 股份轉讓時，具體之新股認購權並不當然隨同股份移轉於受讓人[748]。

② 公司發行新股，股東之一筆認購股份權利可分割為部分自行認購，部分轉讓他人認購[749]。

③ 公司股東所有之股票被法院命令禁止移轉，而公司辦理現金增資發行新股時，該股東之新股認購權似應不得再自由轉讓[750]。

(4) 公司於以公積抵充（公積轉增資），核發新股予原有股東者，公司法第 267 條第 1 項及第 2 項所定保留員工承購股份之規定，均不適用（公§267Ⅴ）。

(5) 公司對員工依公司法第 267 條第 1 項、第 2 項承購之股份，得限制在一定期間內不得轉讓。但其期間最長不得超過二年（公§267Ⅵ）。

① 股份有限公司發行新股保留員工承購而限制轉讓之股份尚不得設定質權[751]。

② 質權人認購新股之權利係屬債權代位性質[752]。

③ 公司不得對員工承購之股份轉讓對象有所限制[753]。

---

[748] 臺灣高等法院 89 年度重上字第 586 號民事判決。

[749] 經濟部 77.2.3.商字第 03273 號函。

[750] 經濟部 78.3.1.商字第 055125 號函。

[751] 經濟部 90.4.26.經商字第 09000097880 號函。

[752] 經濟部 86.5.16.商字第 86209163 號函。

[753] 經濟部 84.4.13.商字第 205633 號函。

④　公司發行新股保留股份由公司員工承購之權利不能獨立轉
讓[754]。

⑤　員工繳納股款後仍得請求公司交付股票，不因公司轉讓期限規
定而受影響[755]。

⑥　公司不得規定強制員工於離職時應將承購之股份轉讓與特定對
象[756]。

(6)　公司法第 267 條第 1 項至第 3 項等規定，對因合併他公司、分割、
公司重整或依第 167 條之 2、第 235 條之 1、第 262 條、第 268 條
之 1 第 1 項而增發新股者，不適用之（公§267Ⅷ）。

(7)　發行限制員工權利新股之特殊規定

①　為符合員工獎酬制度之國際發展趨勢，公司法於民國 100 年 6
月 29 日修正時，特別引進限制員工權利新股制度，明定公開發
行股票之公司得經股東會之特別決議，發行限制員工權利新
股。民國 107 年 8 月 1 日修正公司法後，不論公開發行股票之
公司或非公開發行股票之公司均得發行限制員工權利新股，不
適用公司法第 267 條第 1 項至第 6 項之規定，且應有代表已發
行股份總數三分之二以上股東出席之股東會，以出席股東表決
權過半數之同意行之（公§267Ⅸ）。又公開發行股票之公司出席
股東之股份總數不足上開定額者，得以有代表已發行股份總數
過半數股東之出席，出席股東表決權三分之二以上之同意行之
（公§267Ⅹ）。又鑑於發行股票之公司所發行限制員工權利股
票，係為激勵員工績效達成之特殊性，故明定排除公司法第 267
條第 1 項至第 6 項所定員工承購權相關規定之適用。

②　所稱限制員工權利新股，謂發行人依公司法第 267 條第 9 項發給
員工之新股附有服務條件或績效條件等既得條件，於既得條件達

---

[754]　經濟部 80.11.19.商字第 226843 號函。

[755]　經濟部 80.10.5.商字第 224559 號函。

[756]　經濟部 80.3.23.商字第 204488 號函。

成前，其股份權利受有限制（發行人募集與發行有價證券處理準則§60-1 I）。

③ 公司章程得訂明依公司法第 267 條第 9 項規定發行限制員工權利新股之對象，包括符合一定條件之控制或從屬公司員工（公§267XI）。

④ 公開發行股票之公司依公司法第 267 條第 9 項及第 10 項規定發行新股者，其發行數量、發行價格、發行條件及其他應遵行事項，由證券主管機關定之（公§267 XII）。金融監督管理委員會依據上開授權，即於「發行人募集與發行有價證券處理準則」第 60 條之 1 至第 60 條之 9 明定發行限制員工權利新股之相關規範。

3. 備置認股書

公司發行新股，而依公司法第 272 條但書不公開發行時，仍應依第 273 條第 1 項之規定，備置認股書；如以現金以外之財產抵繳股款者，並於認股書加載其姓名或名稱及其財產之種類、數量、價格或估價之標準及公司核給之股數（公§274 I）。

4. 繳納股款

(1) 新股認足後，公司應向各認股人催繳股款，以超過票面金額發行時，其溢額應與股款同時繳納（公§266 III 準用§141、§142）。

(2) 認股人延欠應繳之股款時，公司應定一個月以上之期限催告該認股人照繳，並聲明逾期不繳失其權利。公私人已為上開之催告，認股人不照繳者，即失其權利，所認股份另行洽由特定人認購。上開情形，如有損害，仍得向認股人請求賠償（公§266 III 準用§142）。

(3) 股款原則上應為現金，但由原有股東認購或由特定人協議認購，而不公開發行者，得以公司事業所需之財產為出資（公§272）。

(4) 如以現金以外之財產抵繳股款者，於財產出資實行後，董事會應送請監察人查核加具意見，報請主管機關核定之（公§274 II）。例如公開發行股票公司不公開發行新股時，而以現金以外之財產抵繳股

款者，董事會應送請監察人查核加具意見[757]。

(5) 公開發行股票公司私募股票之應募人，得以非現金之方式出資[758]。

(6) 自然人及法人之認股人，均得以財產抵繳股款[759]。

(7) 認股行為一經成立，認股人即取得公司股東之資格[760]。具體而言，認股人於公司增資認購新股時，一經完成認股行為，即取得公司股東之資格，得享受股東之權利，不以辦理股東登記或交付股票為生效要件[761]。

5. 董事及監察人之改選

(1) 公司發行新股，對於董事監察人，並非當然應予改選。蓋董事、監察人之任期於公司章程中均已明定，且各公司現金增資額度不一，若辦理現金增資即須應少數股東之請求改選董事及監察人，易引起公司經營權紛爭。

(2) 若公司因股權結構重大變動而辦理董事及監察人之改選，新股東自亦得當選董監事。例如繼續三個月以上持有已發行股份總數過半數股份之股東，得自行召集股東臨時會（公§173-1 I），據以改選董事及監察人。

(3) 股份有限公司董事及監察人之選舉，應依第 198 條之規定採累積投票制。但閉鎖性股份有限公司股東會選任董事及監察人之方式，除章程另有規定者外，依第 198 條規定（公§356-3 VII）。

6. 發行新股之登記

(1) 公司發行新股，於每次發行新股結束後應向主管機關申請登記。公司登記事項如有變更者，應於變更後十五日內，向主管機關申請為變更之登記（公司登記辦法§4 I）。

(2) 發行新股登記，屬變更登記之一種，並不發生創設登記之效力。

---

[757] 經濟部 92.11.6.經商字第 09202234840 號函。
[758] 經濟部 92.3.12.經商字第 09202047660 號函。
[759] 經濟部 91.8.23.經商字第 09102178250 號函。
[760] 最高法院 57 年度台上字第 1374 號民事判決。
[761] 最高法院 87 年度台上字第 1522 號民事判決。

（二）公開發行新股之程序

1. 董事會之決議（同不公開發行）

(1) 在公司採用授權資本制下，公司發行新股，應由董事三分之二以上之出席，及出席董事過半數同意之決議行之（公§266Ⅱ）。

(2) 公司發行新股應由董事會以特別決議方式議決之，違反應屬無效 [762]。

2. 申請核准

(1) 公司發行新股時，除由原有股東及員工全部認足或由特定人協議認購而不公開發行者外，應將下列事項，申請證券主管機關核准，公開發行（公§268Ⅰ）。

　① 公司名稱。

　② 原定股份總數、已發行數額及金額。

　③ 發行新股總數、每股金額及其他發行條件。

　④ 證券管理機關規定之財務報表。

　⑤ 增資計畫。

　⑥ 發行特別股者，其種類、股數、每股金額及第 157 條第 1 項第 1 款至第 3 款、第 6 款及第 8 款事項。

　⑦ 發行認股權憑證或附認股權特別股者，其可認購股份數額及其認股辦法。

　⑧ 代收股款之銀行或郵局名稱及地址。

　⑨ 有承銷或代銷機構者，其名稱及約定事項。

　⑩ 發行新股決議之議事錄。

　⑪ 證券主管機關規定之其他事項。

(2) 公司就前項各款事項有變更時，應即向證券主管機關申請更正；公司負責人不為申請更正者，由證券主管機關各處新臺幣一萬元以上五萬元以下罰鍰（公§268Ⅱ）。

(3) 公司法第 268 條第 1 項第 2 款至第 4 款及第 6 款，由會計師查核簽

---

[762] 臺灣高等法院 96 年度上更（二）字第 173 號民事判決。

證；第 8 款、第 9 款，由律師查核簽證（公§268Ⅲ）。

(4) 公司法第 268 條第 1 項、第 2 項規定，對於第 267 條第 5 項之發行新股，不適用之（公§268Ⅳ）。

(5) 公司發行新股之股數、認股權憑證或附認股權特別股可認購股份數額加計已發行股份總數、已發行轉換公司債可轉換股份總數、已發行附認股權公司債可認購股份總數、已發行附認股權特別股可認購股份總數及已發行認股權憑證可認購股份總數，如超過公司章程所定股份總數時，應先完成變更章程增加資本額後，始得為之（公§268Ⅴ）。

(6) 公司公開發行新股時，應向證券主管機關申請核准（審核）（公§268Ⅰ），並加具公開說明書（證券交易法§30Ⅰ）。事實上，為增進募集與發行之時效，簡化審核程序，我國現行證券交易法對於發行市場之管理，係採取申報生效制。亦即，公司募集及發行新股時，非向主管機關申報生效後，不得為之（證券交易法§22Ⅰ）。

3. 募　股

(1) 公司發行新股時，其募股之程序，與募集設立時之募股類似。

(2) 備置認股書

董事會應備置認股書，載明下列事項，由認股人填寫所認股數、種類、金額及其住所或居所，簽名或蓋章（公§273Ⅰ）：

① 第 129 條及第 130 條第 1 項之事項。

② 原定股份總數，或增加資本後股份總數中已發行之數額及其金額。

③ 第 268 條第 1 項第 3 款至第 11 款之事項。

④ 股款繳納日期。

(3) 公告與發行

公司應將認股書中所載各事項，於證券主管機關核准通知到達後三十日內，加記核准文號及年月日，公告並發行之。營業報告、財產目錄、議事錄、承銷或代銷機構約定事項，得免予公告（公§273

Ⅱ）。至於三十日之期限，公司應予遵守，若超過此期限仍須公開
發行時，應重行申請（公§273Ⅲ）。

(4) 代表公司之董事，違反公司法第 273 條第 1 項規定，不備置認股書
者，由證券主管機關處新臺幣一萬元以上五萬元以下罰鍰（公§273
Ⅳ）。

4. 其他事項

其他諸如股款之繳納，董事及監察人改選、發行新股之登記等，均與
不公開發行同。

六、發行認股權憑證或附認股權特別股

公司發行認股權憑證或附認股權特別股者，有依其認股辦法核給股份
之義務，不受公司法第 269 條及第 270 條規定之限制。但認股權憑證持有
人有選擇權（公§268-1 Ⅰ）。又公司法第 266 條第 2 項、第 271 條第 1 項、
第 2 項、第 272 條及第 273 條第 2 項、第 3 項之規定，於公司發行認股權
憑證時，準用之（公§268-1 Ⅱ）。

七、公司發行新股之限制

（一）限制公司發行新股之原因

股份有限公司因採授權資本制，為保護一般債權人，對於新股之發
行，乃設有嚴格之限制。

（二）公開發行新股之限制

1. 公開發行新股之禁止

(1) 公司有下列情形之一者，不得公開發行新股（公§270）：

①　最近連續兩年有虧損者，但依其事業性質，須有較長準備期間
或具有健全之營業計畫，確能改善營利能力者，不在此限。

②　資產不足抵償債務者。

(2) 公司發行認股權憑證或附認股權特別股者，有依其認股辦法核給股

份之義務，不受第 269 條及第 270 條規定之限制。但認股權憑證持
有人有選擇權。因此，公司因發行認股權憑證或附認股權特別股而
核給股份者，不受公司法第 269 條及第 270 條限制[763]。

(3) 公開發行股票上市之公司，發行新股時，縱其發行之新股，係由股
東、員工及特定人認購，仍無礙為公開發行之本質[764]。

2. 公開發行優先權利特別股之禁止

(1) 公司有下列情形之一者，不得發行具有優先權利之特別股（公
§269）：

① 最近三年或開業不及三年之開業年度課稅後之平均淨利，不足
支付已發行及擬發行之特別股股息者。

② 對於已發行之特別股約定股息，未能按期支付者。

(2) 所謂「最近連續二年有虧損者」之「虧損」，係指最近連續二個會
計年度有虧損者而言[765]。

(3) 公司如有公司法第 269 條所述任何一種情形，即顯示債信不健全，
故應予以限制。惟如公司盈餘足夠分派特別股股息，而全體特別股
股東均放棄分派，當無公司法第 269 條規定之情事[766]。

八、核准發行新股之撤銷

(一) 公司發行新股時，與發行公司債同，於核准後，如發現其申請事項，有
違反法令或虛偽情形時，證券主管機關得撤銷其核准（公§271 I）。

(二) 發行新股之核准經撤銷後，其新股未發行者，停止發行；已發行者，
股份持有人得於撤銷時起，向公司依股票原定發行金額加算法定利
息，請求返還；股票持有人因此所生之損害，並得請求賠償（公
§271 II）。惟若增資案係於申請核准後，因認股特定人未能依限繳
足股款，而經主管機關撤銷核准，則既非因發現其申請事項，有違

---

[763] 經濟部 91.2.19.經商字第 09102027940 號函、經濟部 91.4.9.經商字第 09102064760 號函。

[764] 最高行政法院 76 年度判字第 1612 號判決。

[765] 經濟部 92.7.1.經商字第 09202128120 號函。

[766] 經濟部 75.11.19.商字第 50843 號函。

反法令或虛偽情形,而被撤銷核准,自無公司法第 271 條第 2 項之適用[767]。

(三)　發行新股之申請事項,有違反法令或虛偽情形時,公司負責人有公司法第 135 條第 1 項第 2 款所規定申請事項有變更,經限期補正而未補正者情事時,由證券主管機關各處新臺幣二萬元以上十萬元以下罰鍰(公§135 II 、§271 III)。此外,發行人於依證券交易法第 30 條規定之申請事項為虛偽之記載,對其為行為之負責人處一年以上七年以下有期徒刑,得併科新臺幣二千萬元以下罰金(證券交易法§174 I ①、§179)。

第十節　股份有限公司之變更章程、增資及減資

一、章程之變更

(一)變更章程之程序

1.　公司非經股東會決議,不得變更章程(公§277 I)。股東會之變更章程決議,應有代表已發行股份總數三分之二以上之股東出席,以出席股東表決權過半數之同意行之(公§277 II)。公開發行股票之公司,出席股東之股份總數不足前項定額者,得以有代表已發行股份總數過半數股東之出席,出席股東表決權三分之二以上之同意行之(公§277 III)。上開出席股東股份總數及表決權數,章程有較高之規定者,從其規定(公§277 IV)。

2.　公司法既僅於特定條文中規定股東會或董事會決議之出席及同意門檻「章程有較高之規定者,從其規定」,為保障交易安全,尚難期待新加入股東或債權人均已查閱公司章程,而知悉章程已有異於公司法明定之出席及同意門檻,及為避免干擾企業正常運作造成僵局,應僅於公司法有明定章程得規定較高之規定時,始得依該規定為之[768]。

---

[767] 最高法院 81 年度台上字第 555 號民事判決。

[768] 經濟部 108.5.8.經商字第 10802410490 號函。

3. 股東會之變更章程議案，應在召集事由中列舉並說明其主要內容，不得以臨時動議提出（公§172V）。

（二）章程變更之生效時點

1. 公司修訂章程，一經股東會通過後，即發生效力。至在未經主管機關核准登記前，僅不得以其事項對抗第三人[769]。

2. 股東會為公司之最高意思機關，依公司法第 277 條之規定，自得修正章程，新章程一經股東會通過後，應即時發生效力，其後董監事之改選，無論是否併同次股東會舉行，應依新章程規定辦理[770]。因此，修改章程與改選董監事可併同次股東會決議。

3. 股份有限公司之股東會依公司法第 277 條有關變更章程之規定修訂章程，並在符合法定董事人數、任期等規定之下，得自行增減董事名額及適用日期[771]。

二、增　資

（一）　在授權資本制之下，公司得於章程所定股份總數（即授權股份數）之範圍內，按照實際需要，經董事會決議，分次發行股份，毋庸經變更章程之程序。倘公司欲發行新股之股數加計已發行股份數，逾章程所定股份總數時，公司法允許公司可逕變更章程將章程所定股份總數提高，不待公司將已規定之股份總數，全數發行後，始得變更章程提高章程所定股份總數（增加資本），以利公司於適當時機增加資本，便利企業運作。因此，公司章程所規定之股份總數即使未全數發行，亦得依公司法第 277 條之程序變更章程，將章程所定股份總數提高，以增加資本。

（二）　公司章程所定資本額如須調整，在未經股東會通過修正前，依法不得辦理增資，否則即係違反章程[772]。

---

[769] 經濟部 68.6.16 商字第 17805 號函。

[770] 經濟部 86.12.8.商字第 86224598 號函、經濟部 68.5.18 商字第 14766 號函。

[771] 法務部 96.2.13.法律決字第 0950048750 號函。

[772] 經濟部 74.5.14 商字第 19482 號函。

(三)　股份有限公司經股東會決議增加資本者，除經股東依公司法第 189
　　　條規定訴請法院予以撤銷，或決議之內容因違反法令或章程而無效
　　　外，股東對於公司間之增資關係即已發生，至於各股東是否已依決
　　　議繳足股款，是為股東是否依決議認股並繳足股款，取得股份之問
　　　題，與增加資本之法律關係存否無涉[773]。

(四)　公司發行新股係屬董事會之專屬權，無論分次發行新股或發行增資
　　　後之新股，均應由董事會以特別決議方式議決之[774]。

(五)　公司章程所定之股份總數，得分次發行（公§156IV），其新股發行
　　　由董事會以特別決議行之（公§266 I 、 II ）。

(六)　「員工認股權憑證之數額」非屬公司法第 129 條及第 130 條所規定
　　　之必要記載事項或相對記載事項。實務上，非公開發行股票公司可
　　　在一授權資本範圍下，視實際需要，彈性調整「員工認股權憑證之
　　　數額」，以掌握時效，有利企業經營。是以，非公開發行股票公司
　　　如修正章程提高資本總額，並將新增資本總額全數保留供發行認股
　　　權憑證使用時，應屬可行[775]。

三、減　資

（一）減資之種類

　　減資，乃係註銷股票，使股份所表彰之股東權絕對消滅，學理上通常
分為實質減資及形式（名義）減資兩種。減資是在公司之財務計算上，依
減少資本之方法，平衡公司資本與現實財產不一致之現象。

1. 實質減資

(1)　所謂實質減資，一般是指將公司章程所定資本總額降低，而將多餘
　　　之股款按股東之持股比例發還給各股東，以解決資金過剩之問題。
　　　公司降低資本總額之方法，不僅可減少已發行股份，亦可降低每股

---

[773] 最高法院 80 年度台上字第 2815 號民事判決。
[774] 臺灣高等法院 95 年度上更（一）字第 86 號民事判決。
[775] 經濟部 92.3.3.經商字第 09202033370 號函。

金額。

(2) 公司非依股東會決議減少資本，不得銷除其股份；減少資本，應依股東所持股份比例減少之。但公司法或其他法律另有規定者，不在此限（公§168 I）。公司減少資本，得以現金以外財產退還股款；其退還之財產及抵充之數額，應經股東會決議，並經該收受財產股東之同意（公§168 II）。又該財產之價值及抵充之數額，董事會應於股東會前，送交會計師查核簽證（公§168 III）。

(3) 公司負責人違反公司法第 168 條第 1 項至第 3 項規定者，各處新臺幣二萬元以上十萬元以下罰鍰（公§168 IV）。

(4) 公開發行公司依證券交易法第 28 條之 2 第 1 項第 3 款實施庫藏股，依同條第 4 項規定應於買回之日起六個月內辦理變更登記，亦屬實質減資。

(5) 減資不得由公司或股東選擇特定來源股票減少[776]，始符股東平等原則。

2. 形式減資

(1) 所謂形式減資，通常係公司為平衡股價低迷或填補公司虧損常見之減資方式，其僅是將公司財務報表上之資本減少，並無將資金發還給股東，以實際反映公司資產之價值。

(2) 公司為彌補虧損，於會計年度終了前，有減少資本及增加資本之必要者，董事會應將財務報表及虧損撥補之議案，於股東會開會三十日前交監察人查核後，提請股東會決議（公§168-1 I）。

(3) 實務上，公司利用形式減資之作法通常與增資案併行，藉以彌補虧損，改善虧損嚴重公司之財務體質。換言之，若公司並未將公司財產返還給股東，則稱為形式減資。

---

[776] 經濟部 93.2.10.經商字第 09302018470 號函。

（二）減資之程序

1. 股東會之決議

(1) 公司非依股東會決議減少資本，不得銷除其股份；減少資本，應依股東所持股份比例減少之。但公司法或其他法律另有規定者，不在此限（公§168 I）。

(2) 所稱「本法或其他法律另有規定者」之情形，例如因公司法第 167 條第 2 項、第 167 條之 1 第 2 項、證券交易法第 28 條之 2 第 4 項等規定，而必須辦理變更登記之法定減資事由。

(3) 公司為彌補虧損，於會計年度終了前，有減少資本及增加資本之必要者，董事會應將財務報表及虧損撥補之議案，於股東會開會三十日前交監察人查核後，提請股東會決議（公§168-1 I）。

(4) 股東會之減資議案，應在召集事由中列舉並說明其主要內容，不得以臨時動議提出（公§172 V）。

(5) 按股東臨時會決議減資如係採銷除股份之方式為之，並非減少股份金額或減少股份總數，未因而變更公司章程，不適用公司法第 277 條第 2 項公司變更章程，應有代表已發行股份總數三分之二以上之股東出席，以出席股東表決權過半數之同意行之規定，僅須依公司法第 174 條規定由股東會為普通決議，亦即有代表已發行股份總數過半數股東之出席，以出席股東表決權過半數之同意行之即可[777]。

(6) 依公司法第 193 條第 3 款、第 130 條第 1 項第 2 款規定，章程所載股份總數為授權資本制下之授權資本額，該授權資本額得於公司設立時一次發行完畢，亦得分次發行，如該授權資本額於全部發行後增加資本或銷除資本，涉及公司章程所載股份總數，應經股東會以特別決議方法決議變更章程後始得為之，惟在授權資本額度內減資，僅涉及實收資本之減少，既不涉及公司章程所載股份總數，自無須變更章程，僅經股東會普通決議即可[778]。申言之，公司減資依

---

[777] 臺灣高等法院 101 年度上字第 188 號民事判決。
[778] 最高法院 102 年度台上字第 808 號民事判決。

公司法第 168 條規定之文義，本係由股東會以普通決議行之[779]。蓋
若未涉及變更章程之股份總數或每股金額，依公司法第 174 條規
定，公司減少資本僅須經股東會之普通決議，即可為之。

(7) 授權資本額於全部發行後銷除資本或增加資本，既涉及公司章程所
載資本額之變動，自應經股東會以特別決議變更章程關於資本額之
記載後始得為之。因此，股份有限公司章程所定之資本額已全部發
行後，依公司法第 168 條之 1 規定同時辦理減少資本及增加資本
時，自須先經股東會特別決議變更章程後為之[780]。

2. 向債權人通知及公告

(1) 公司法第 73 條及第 74 條之規定，於減少資本準用之（公§281）。
亦即應準用公司合併時有關通知及公告債權人之程序。

(2) 若因法定事由所辦理之減資，則毋庸向債權人通知及公告[781]。

3. 辦理股份之銷除及通知各股東換取股票

(1) 因減少資本換發新股票時，公司應於減資登記後，定六個月以上之
期限，通知各股東換取，並聲明逾期不換取者，喪失其股東之權利；
發行無記名股票者，並應公告之（公§279Ⅰ）。股東於上開期限內
不換取者，即喪失其股東之權利，公司得將其股份拍賣，以賣得之
金額，給付該股東（公§279Ⅱ）。

(2) 公司負責人違反公司法第 279 條第 1 項通知或公告期限之規定時，
各處新臺幣三千元以上一萬五千元以下罰鍰（公§279Ⅲ）。

(3) 因減少資本而合併股份時，其不適於合併之股份之處理，準用公司
法第 279 條第 2 項之規定（公§280）。

(4) 公司買回庫藏股辦理註銷時，係就買回之股份予以註銷，與為退還
股款或彌補虧損而減少股份情形，未盡相同，且未經公司收買之股
份並無需比例減少，相關股東所持有之股份數額並未受影響，故依

---

[779] 經濟部 100.2.17.經商字第 10002402520 號函。
[780] 最高法院 110 年度台上字第 894 號民事判決。
[781] 經濟部 92.6.16.經商字第 09202120760 號函。

　　證券交易法第 28 條之 2 規定買回庫藏股並辦理減資變更登記，無
　　公司法第 279 條規定之適用[782]。

(5) 公司減資以現金收回資本公積轉增資配發之增資股票，發現金給股
　　東，應計入股東當年所得課徵所得稅[783]。

第十一節　股份有限公司之重整

一、重整之意義

(一)　　公司重整，乃公開發行股票或公司債之公司，因財務困難，暫停營
　　　　業或有停業之虞，而有重建更生之可能者，經法院裁定予以整頓或
　　　　整理，以謀公司事業復興之制度。亦即，公司重整係在法院監督下，
　　　　以調整其債權人、股東及其他利害關係人利益之方式，達成企業維
　　　　持與更生，用以確保債權人及投資大眾之利益，維護社會經濟秩序
　　　　為目的[784]。

(二)　　公司是否有重建之價值，應以公司業務及財務狀況有無重建更生之
　　　　可能為斷[785]。

(三)　　公司有無重建更生之可能，須其重整後能達到收支平衡，且具有盈
　　　　餘可資為攤還債務者，始得謂其有經營之價值[786]。

二、重整之目的

（一）直接目的

　　　拯救公司免於破產，以達公司事業之再生。

---

[782] 經濟部 90.3.7.經商字第 09002037050 號函。
[783] 最高行政法院 94 年度判字第 129 號判決。
[784] 最高法院 92 年度台抗字第 283 號民事裁定。
[785] 最高法院 94 年度台抗字第 941 號民事裁定。
[786] 臺灣高等法院 85 年度抗字第 1112 號民事裁定。

（二）間接目的

1. 保護投資大眾及債權人之利益，以維護社會經濟秩序之安定。因此，不僅公司得經董事會之特別決議向法院提出重整聲請，股東、債權人、工會及受僱員工等利害關係人亦得向法院聲請重整。

2. 對債權人而言，公司爆發財務危機，若任其倒閉或破產，則債權人債權往往無法獲得全額或高比例清償，且所影響者非僅為該公司自身或其股東，亦與社會大眾之利益息息相關，然倘對於一時陷入困境而仍有經營價值之企業幫助重生，在維持正常營運繼續獲利之情況下，債權人短期利益雖有所犧牲，但長期仍可獲得較多之補償，且全體債權人利用重整程序公平獲償，亦可避免因債權人或債務人各謀自保而履行債務、行使債權之不公平現象，各債權人均能公平獲得最大程度債權滿足，因此行重整程序者，當含有使企業繼續經營及各債權人能公平受償之目的[787]。

三、立法理由

　　股份有限公司經營之成敗，已非僅公司本身或其投資人的問題，而與社會大眾之利益攸關。若不能支付或資產不足抵償之公司，只有宣告破產一途，別無解救辦法，影響所及，整個社會為之騷動，實為不妥，故現行公司法，特仿日本「會社更生法」之法例，增訂「公司重整」一節，使其一面清理債務，一面維持企業重振旗鼓，俾可促進社會經濟之繁榮。

四、重整之性質

　　公司重整為非訟事件，故除公司法就公司重整之管轄、聲請、通知，送達、公告、裁定或抗告等履行之程序，明文準用民事訴訟之規定外（公§314），適用非訟事件法之規定。具體規定如下：

（一）　就公司重整程序所為各項裁定，除公司法另有規定外，準用非訟事

---

[787] 臺灣高等法院 108 年度重上更一字第 4 號民事判決。

件法第 172 條第 2 項之規定（非訟事件法§185 I）。法院之裁定，應附理由；其認可重整計畫之裁定，抗告中應停止執行（非訟事件法§185 II）。

(二) 依公司法第 287 條第 1 項第 1 款及第 6 款所為之財產保全處分，如其財產依法應登記者，應囑託登記機關登記其事由；其財產依法應註冊者亦同（非訟事件法§186 I）。駁回重整聲請裁定確定時，法院應囑託登記或註冊機關塗銷前項事由之登記（非訟事件法§186 II）。

(三) 依公司法第 287 條第 1 項第 2 款、第 3 款及第 5 款所為之處分，應黏貼法院公告處，自公告之日起發生效力；必要時，並得登載本公司所在地之新聞紙（非訟事件法§187 I）。駁回重整聲請裁定確定時，法院應將前項處分已失效之事由，依原處分公告方法公告之（非訟事件法§187 II）。

(四) 依公司法第 305 條第 1 項、第 306 條第 2 項至第 4 項及第 310 條第 1 項所為裁定，應公告之，毋庸送達。前項裁定及准許開始重整之裁定，其利害關係人之抗告期間，應自公告之翌日起算（非訟事件法§188 I）。非訟事件法第 188 條第 2 項之公告方法，準用非訟事件法第 187 條第 1 項之規定。准許開始重整之裁定，如經抗告者，在駁回重整聲請裁定確定前，不停止執行（非訟事件法§188 II）。

五、公司重整與公司破產不同之處

（一）目的不同

前者在挽救公司免於破產，以達重建更生機會。後者在清算公司，處分其財產，使各債權人能平均受償。

（二）對象不同

前者以公開發行股票或公司債之股份有限公司為限。後者則無限制，凡具破產原因者，均可適用。

（三）聲請原因不同

前者以公司財務困難，暫停營業或有停業之虞為原因。後者以不能清償債務為原因。

（四）聲請程序不同

前者無依職權宣告之制，後者以聲請主義為原則，例外法院亦得依職權宣告之。

（五）效力不同

公司裁定重整後，公司之破產、和解、強制執行及因財產關係所生之訴訟程序，當然停止，可見公司重整裁定之效力，優於破產宣告之效力。

六、重整之聲請人

除公司得經董事會之特別決議向法院提出重整聲請外，股東、債權人、工會及受僱員工等亦得向法院聲請重整，以兼顧利害關係人之權益。公司重整之聲請，有聲請權者如下（公§282 I）：

（一）公　司

公司為重整之聲請，應經董事會以董事三分之二以上之出席及出席董事過半數同意之決議行之（公§282 II）。

（二）股　東

繼續六個月以上持有已發行股份總數百分之十以上股份之股東，有權聲請重整（公§282 I ①）。所稱「股份總數百分之十以上股份」，不論該股份有無表決權，皆計算在內。

（三）債權人

相當於公司已發行股份總數金額百分之十以上之公司債權人，亦得聲請公司重整（公§282 I ②）。

（四）工 會

工會亦得為重整之聲請（公§282 I ③）。所稱之工會，指下列工會（公§282 III）：

1. 企業工會。
2. 會員受僱於公司人數，逾其所僱用勞工人數二分之一之產業工會。
3. 會員受僱於公司之人數，逾其所僱用具同類職業技能勞工人數二分之一之職業工會。

（五）受僱員工

公司三分之二以上之受僱員工亦得為重整之聲請（公§282 I ④）。所稱之受僱員工，以聲請時公司勞工保險投保名冊人數為準（公§282 IV）。

七、聲請重整之原因

公司重整須具有法定原因始得為之，否則不得任意聲請，其法定原因，即為下列二種情形（公§282 I）：

（一） 公司因財務困難而暫停營業：如公司因資金周轉失靈，營業已暫行停止。
（二） 公司因財務困難而有停業之虞：如公司資金的調度困難，有停止營業的危險。

八、聲請重整之手續

（一） 聲請人以書狀連同副本五份向法院為之，書狀應載明下列事項（公§283 I）：

1. 聲請人之姓名及住所或居所；聲請人為法人、其他團體或機關者，其名稱及公務所、事務所或營業所。
2. 有法定代理人、代理人者，其姓名、住所或居所及法定代理人與聲請人之關係。
3. 公司名稱、所在地、事務所或營業所及代表公司之負責人姓名、住所

　　或居所。

4.　聲請之原因及事實。

5.　公司所營事業及業務狀況。

6.　公司最近一年度依第 228 條規定所編造之表冊；聲請日期已逾年度開始六個月者，應另送上半年之資產負債表。

7.　對於公司重整之具體意見。

(二)　公司法第 283 條第 1 項第 5 款至第 7 款之事項，得以附件補充之（公§283Ⅱ）。

(三)　公司為聲請時，應提出重整之具體方案。股東、債權人、工會或受僱員工為聲請時，應檢同釋明其資格之文件，對公司法第 283 條第 1 項第 5 款及第 6 款之事項，得免予記載（公§283Ⅲ）。

九、重整之管轄法院

　　公司重整事件之管轄，準用民事訴訟法之規定，應由本公司所在地之地方法院管轄（公§314 準用民事訴訟法§2Ⅱ）。

　　公司法所定由法院處理之公司事件，由本公司所在地之法院管轄（非訟事件法§171）。

十、重整裁定前之調查及緊急處分

（一）重整裁定前之調查

　　公司法第 287 條第 1 項至第 3 項之規範目的，在於法院就重整之聲請應否准許，依同法第 284 條、第 285 條規定應先為必要之詢問及相當之調查，以明瞭有無重建更生之可能性，始能為准駁之裁定，法院倘不及時為各項必要之處分，而聽任利害關係人對公司個別或集體行使債權，致公司總財產減少，則聲請時尚有重整可能之公司，迄重整裁定時，可能因財產之變異而失其重整價值。未來如有重整可行性，重整計劃須就公司之全部財產加以統籌規劃，是裁定重整准駁前，自有先為各類保

全處分之必要[788]。詳言之，法院於受理重整的聲請後，於裁定前，應為如下之措施：

1. 法院對於重整之聲請，除裁定駁回者外，應即將聲請書狀副本，檢送主管機關、目的事業中央主管機關、中央金融主管機關及證券管理機關，並徵詢其關於應否重整之具體意見（公§284 I）。法院對於重整之聲請，並得徵詢本公司所在地之稅捐稽徵機關及其他有關機關、團體之意見（公§284 II）。

2. 聲請人為股東或債權人時，法院應檢同聲請書狀副本，通知被聲請公司（公§284 IV）。

3. 選任檢查人，檢查公司實況及是否具備重整條件（公§285），如無不合法情事，法院應為重整之裁定。重整人、檢查人有違反情事者逕向法院提出異議[789]。

4. 法院於裁定重整前，得令公司負責人，於七日內就公司債權人及股東，依其權利之性質，分別造報名冊，並註明住所或居所及債權或股份總金額（公§286）。亦即，命令公司負責人造報債權人或股東名冊。

（二）重整裁定前之緊急處分

1. 法院為公司重整之裁定前，得因公司或利害關係人之聲請或依職權，以裁定為下列各款處分（公§287 I）。

   (1) 公司財產之保全處分。法院於裁定重整前，為公司財產之保全處分，基於權利保護必要之原則，債權人無再為聲請假扣押之必要[790]。

   (2) 公司業務之限制。

   (3) 公司履行債務及對公司行使債權之限制。法院為公司重整裁定前，就公司履行債務及對公司行使債權為限制處分，係在維持公司現狀，解釋上應視為僅係限制公司為現實給付[791]。

---

[788] 臺灣臺北地方法院 97 年度整聲字第 1 號民事裁定。

[789] 經濟部 72.10.3.商字第 40345 號函。

[790] 最高法院 94 年度台抗字第 453 號民事裁定。

[791] 司法院 72.6.20.廳民一字第 0394 號函。

(4) 公司破產、和解或強制執行程序之停止。

(5) 公司記名式股票轉讓之禁止。

(6) 公司負責人對於公司損害賠償責任之查定及其財產之保全處分。

2. 公司聲請重整之緊急處分裁定，屬聲請公司重整程序定暫時狀態處分之特別程序[792]。法院為公司法第 287 條第 1 項處分時，除法院准予重整外，其期間不得超過九十日；必要時，法院得由公司或利害關係人之聲請或依職權以裁定延長之；其延長期間不得超過九十日（公§287 Ⅱ）。又該期間屆滿前，重整之聲請駁回確定者，公司法第 287 條第 1 項之裁定失其效力（公§287 Ⅲ）。

3. 法院為公司法第 287 條第 1 項之裁定時，應將裁定通知證券管理機關及相關之目的事業中央主管機關（公§287 Ⅳ）。

4. 就公司履行債務及對公司行使債權雖已為限制處分，但民事訴訟僅在確定私權，故已經起訴之案件，應得繼續進行訴訟，未起訴之案件，仍得起訴[793]。

十一、法院准許重整之裁定

（一）重整裁定

法院就公司重整之聲請，經審查結果，認為公司確因財務困難，暫停營業或有停業之虞，而有重建更生之可能者，得依聲請，裁定准予重整（公§282）。

1. 公司重整事件屬非訟事件，是對於公司重整事件所為裁定提起抗告，應由地方法院以合議裁定之[794]。

2. 公司有無重建更生之可能，應依公司業務及財務狀況判斷，須其在重整後能達到收支平衡，且具有盈餘可資為攤還債務者，始得謂其有經

---

[792] 最高法院 94 年度台抗字第 1158 號民事裁定。

[793] 臺灣高等法院 95 年度上字第 41 號民事判決。

[794] 臺灣高等法院 97 年度非抗字第 33 號民事裁定。

營之價值，而許其重整[795]。

（二）重整監督人之選任

　　法院為重整裁定時，應就對公司業務，具有專門學識及經營經驗者或金融機構，選任為重整監督人，並決定下列事項（公§289 I）：

1. 債權及股東權之申報期間及場所，其期間應在裁定之日起十日以上，三十日以下。法院應就有異議之重整債權為形式之審查，以為裁定之依據[796]。

2. 所申報之債權及股東權之審查期日及場所，其期日應在前款申報期間屆滿後十日以內。

3. 第一次關係人會議期日及場所，其期日應在第 1 款申報期間屆滿後三十日以內。

十二、重整裁定後之公告、送達及登記

（一）重整裁定之公告

　　法院為重整裁定後，應即公告左列事項（公§291 I）：

1. 重整裁定之主文及其年、月、日。
2. 重整監督人、重整人之姓名或名稱、住址或處所。
3. 第 289 條第 1 項所定期間、期日及場所。
4. 公司債權人怠於申報權利時，其法律效果。

（二）重整裁定之送達

　　法院對於重整監督人、重整人、公司、已知之公司債權人及股東，仍應將公司法第 291 條第 1 項裁定及所列各事項，以書面送達之（公§291 II）。

---

[795] 最高法院 92 年度台抗字第 283 號民事裁定。
[796] 臺灣高等法院 85 年度抗字第 3499 號民事裁定。

（三）重整裁定之通知及重整開始之登記

　　法院為重整裁定後，應檢同裁定書，通知主管機關，為重整開始之登記，並由公司將裁定書影本黏貼於該公司所在地公告處（公§292）。

十三、重整裁定之效力

（一）業務經營及財產管理處分權之移轉

　　重整裁定送達公司後，公司業務之經營及財產管理處分權移屬於重整人，由重整監督人監督交接，並聲報法院。於是乎公司股東會、董事及監察人之職權，應予停止（公§293 I）。據此，董事長依公司法第 208 條第 3 項規定對外代表公司之職權，亦隨之停止。

（二）各項程序之中止

1. 裁定重整後，公司之破產、和解、強制執行及因財產關係所生之訴訟程序等，當然停止（公§294）。

2. 所謂因財產關係所生之訴訟等程序，係指重整債權有關之程序而言[797]。

3. 公司裁定重整後，公司之破產、和解、強制執行及財產關係所生之訴訟程序，當然停止，應包括非訟程序在內[798]，亦包括拍賣抵押物之程序[799]。

4. 非訟事件法第 185 條第 1 項規定所謂「就公司重整程序」所為各項裁定，應指裁定重整後進行重整程序中所為之裁定[800]。

5. 准許開始重整之裁定，如經抗告者，在駁回重整裁定確定前，不停止執行[801]。

6. 裁定重整後，訴訟程序當然停止，法院及當事人不得為關於本案之訴

---

[797] 最高法院 103 年度台上字第 1525 號民事判決。
[798] 最高法院 94 年度台抗字第 284 號民事裁定。
[799] 臺灣高等法院 89 年度抗字第 3055 號民事裁定。
[800] 臺灣高等法院 85 年度抗字第 1410 號民事裁定。
[801] 司法院秘書長 72.3.11 祕（一）字第 1165 號函。

訟行為,期間亦停止進行[802]。

7. 公司裁定重整後未停止訴訟程序,而仍進行言詞辯論及判決,有上訴權之人亦應俟訴訟程序有停止原因消滅,始能再行上訴[803]。

8. 公司經裁定重整後,公司之破產、和解、強制執行及因財產關係所生之訴訟等程序當然停止,包括拍賣抵押物之程序[804]。

(三)重整裁定後仍得為各項保全處分

法院依公司法第 287 條第 1 項第 1 款、第 2 款、第 5 款及第 6 款所為之處分,不因裁定重整失其效力,其未為各該款處分者,於裁定重整後,仍得依利害關係人或重整監督人之聲請,或依職權裁定之(公§295)。

(四)重整債權行使之限制

1. 對公司之債權,在重整裁定前成立者,為重整債權。其依法享有優先受償權者為優先重整債權。其有抵押權、質權或留置權為擔保者,為有擔保重整債權。無此項擔保者,為無擔保重整債權。各該債權,非依重整程序,均不得行使(公§296 I)。

   (1) 重整債權非依重整程序,不得行使權利,本票執票人聲請法院裁定准予強制執行,屬「行使權利」[805]。

   (2) 關於重整裁定生效前之藥害救濟徵收金,為特別公課屬於重整債權,非依重整程序,不得行使該權利,因此,不得移送行政執行處執行之[806]。

2. 重整債權人均應提出足資證明其權利存在文件,向重整監督人申報。重整債權經申報者,有中斷時效之效力,其未經申報者,不得依重整程序而受清償(公§297 I)。

   (1) 重整公司之債權人申報重整債權後,在法院宣告審查終結前,如未

---

[802] 最高法院 93 年度台抗字第 1023 號民事裁定。
[803] 最高法院 91 年度台上字第 1121 號民事判決。
[804] 臺灣高等法院 89 年度抗字第 3055 號民事裁定。
[805] 最高法院 84 年度台抗字第 34 號民事裁定。
[806] 法務部行政執行署 97.8.12.行執一字第 0976000375 號函。

遭重整公司及其他關係人聲明異議,則該重整債權人之債權金額即告確定,且對重整公司及全體股東、債權人視為有確定判決同一之效力,任何人均不得再為爭執[807]。

(2) 公司之債權,如未經申報,縱屬「重整債權」並經「異議」,重整法院不得擅加審查逕以裁定列入重整債權[808]。

(3) 重整監督人縱認債權人申報之債權不得依重整程序行使權利,或其評價額不相當,惟仍應予列入債權人清冊[809]。

3. 取回權、解除權或抵銷權之行使不受限制。

(1) 破產法破產債權節之規定,於前項債權準用之。但其中有關別除權及優先權之規定,不在此限(公§296 II)。亦即,債權人之別除權及優先權,仍應依重整程序行使權利。

(2) 取回權、解除權或抵銷權之行使,應向重整人為之(公§296 III)。關於抵銷權行使之期間,公司法及破產法均未設有規定。是於重整程序終結前,重整債權人得隨時向重整人為抵銷之意思表示,至重整債權之申報,要非抵銷權行使之前提[810]。

(3) 破產債權人於破產宣告時,對於破產人負有債務者,依破產法第113條第1項之規定,固得不依破產程序而為抵銷,惟破產債權人不為抵銷時,破產人所有此項債權,依破產法第82條第1項第1款之規定,為屬於破產財團之財產,破產管理人自應收取之以充分配之用,不得以之與破產債權抵銷,最高法院27年滬抗字第51號著有判例,而上揭判例於重整程序中亦應有相同之適用。對照公司法第296條第2項「重整債權非依重整程序,不得行使權利」之規定,是重整債權人於「重整裁定時」對重整人負有債務者,在符合民法抵銷要件時,賦予重整債權人得以屬重整公司之特定債權,供自己債權之清償而滿足,不必參與重整程序而受損失之分配。惟

---

[807] 最高法院104年度台上字第242號民事判決。
[808] 臺灣高等法院88年度抗字第4515號民事裁定。
[809] 最高法院89年度台抗字第18號民事裁定。
[810] 最高法院100年度台上字第1936號民事判決、最高法院102年度台上字第2075號民事判決。

若重整債權人不依民法而為抵銷者，因重整計畫具強制和解效力，重整債權人既選擇依重整程序申報債權，即應受法院認可重整計畫之償債方法所拘束；重整債權人如未申報債權而於重整完成後，依公司法第 311 條第 1 項第 1 款之規定，其重整債權之請求權即消滅。準此，重整債權人於重整裁定時，究依民法或依重整程序行使權利，自須從速決定，若任令重整債權人於重整程序中之任何時點隨時主張抵銷者，重整財團之範圍隨時處於不確定狀態，對於後續重整計畫之執行勢必有重大影響，故公司法第 296 條第 2 項準用破產法第 113 條第 1 項，即有限制重整債權人行使其抵銷權之時點之必要性[811]。

(4) 破產程序與重整程序之性質有所不同，前者為清算型債務清理程序，其制度目的係為快速分配清算破產人之財產而設；後者為重建型債務清理程序，其制度目的則係為謀求重整公司得以重建更生，繼續公司營業而設計，故對於債權人個別之權利行使自應設有較為嚴格之限制。鑑於破產程序與重整程序在性質上之差異，對於重整債權人之抵銷權行使，自應依重整程序之特性及公司法之規定而進行調整。若重整債權人不為抵銷時，重整公司對重整債權人之債權，應解為屬於重整財團之財產。又因重整財團之債權債務復有早日確定之必要，以利重整計畫之進行，故在重整程序中，重整債權人抵銷權之行使時間，即應認與公司法第 289 條第 1 項第 1 款、第 291 條第 1 項第 3 款所規範之「重整債權申報期間」相同，俾使重整債權人擇一決定係欲依民法行使抵銷權或依重整程序申報債權，逾期即不應准重整債權人恣意行使抵銷權。因此，若債權人欲行使抵銷權，其行使抵銷權之期限，解釋上應於債權申報期日屆滿前向重整人為之，始為合法。

(5) 按不屬於重整人之財產，其權利人得不依重整程序，由重整人取回

---

[811] 臺灣新竹地方法院 100 年度重訴字第 154 號民事判決、臺灣臺北地方法院 98 年度重訴字第 531 號民事判決。

之，公司法第 296 條第 2 項準用破產法第 110 條規定甚明。此即所謂「一般取回權」之規定，指就不屬於重整人之財產，其權利人得不依重整程序向重整人取回之權。例如，重整公司於重整裁定前基於租賃、承攬、委任及寄託等契約關係，而占有他人之財產。此等財產於其原來之契約關係消滅後，自應許所有權人取回。因此，此類不屬於重整公司之財產，其權利人自得不依重整程序，由重整人取回之。取回權係基於實體法之規定而發生，故不依重整程序行使，而許由權利人在訴訟上或訴訟外對重整人行使之，且亦得依抗辯主張[812]。

十四、重整之機關

（一）原公司機關之職權停止

公司經重整裁定後，其股東會、董事及監察人之職權，應予停止（公§293 I 後段），而分別由重整人接管公司業務之經營及財產之管理，重整監督人監督重整人職務之執行，關係人會議則取代股東會之職權，故公司原來之公司機關，於重整期間為重整之機關所取代。

（二）重整人

1. 公司重整人由法院就債權人、股東、董事、目的事業中央主管機關或證券管理機關推薦之專家中選派之（公§290 I）。但公司法第 30 條有關資格消極限制之規定，於公司重整人仍準用之（公§290 II）。

2. 關係人會議，依公司法第 302 條分組行使表決權之結果，有二組以上主張另行選定重整人時，得提出候選人名單，聲請法院選派之（公§290 III）。

3. 公司重整人非以自然人為限，應以是否能妥適執行重整計畫為優先考量，並非以重整人本身知識背景為斟酌重點[813]。

---

[812] 臺灣臺北地方法院 86 年度訴字第 1909 號民事判決。
[813] 最高法院 87 年度台抗字第 588 號民事裁定。

4. 法院選派重整人時，應於選派前訊問利害關係人，並於裁定中詳敘其理由[814]。

5. 法院裁定撤換重整人，如經抗告，在駁回撤換重整人聲請裁定確定前，不停止執行[815]。

6. 重整人有數人時，關於重整事務之執行，以其過半數之同意行之（公§290 IV）。

7. 重整人執行職務應受重整監督人之監督，其有違法或不當情事者，重整監督人得聲請法院解除其職務，另行選派之（公§290 V）。

（三）重整監督人

1. 重整監督人，應就對公司業務經營，具有專門學識及經驗者，或金融機構選任之（公§289 I）。

2. 重整監督人，應受法院監督，並得由法院隨時改選（公§289 II）。

3. 重整監督人有數人時，關於重整事務之監督執行，以其過半數之行之（公§289 III）。亦即，以多數決執行重整事務之監督。

4. 重整人為下列行為時，應於事前徵得重整監督人之許可（公§290 VI）：

   (1) 營業行為以外之公司財產之處分。

   (2) 公司業務或經營方法之變更。

   (3) 借款。

   (4) 重要或長期性契約之訂立或解除，其範圍由重整監督人定之。

   (5) 訴訟或仲裁之進行。

   (6) 公司權利之拋棄或讓與。

   (7) 他人行使取回權、解除權或抵銷權事件之處理。

   (8) 公司重要人事之任免。

   (9) 其他經法院限制之行為。

5. 公司法第290條第6項第7款雖然規定重整人針對權利人行使取回權時，應事先徵得重整監督人之許可，惟依法條規定意旨觀之，其顯屬

---

[814] 最高法院84年度台抗字第240號民事裁定。
[815] 最高法院85年度台聲字第594號民事判決。

為使重整正常進行，而賦予重整監督人監督重整人處理重要行為而設，非為賦予重整監督人准否權利人之取回權而規定，否則若解釋為於公司重整中，非經重整監督人許可，權利人不得取回屬於其自己之財產，將使取回權之規定形同具文，非但與取回權係基於實體法之規定而發生之精神不符，亦係限制人民財產權之行使，實有違反憲法保障人民財產權之意旨[816]。

（四）關係人會議

1. 重整債權人及股東，為公司重整之關係人，出席關係人會議，因故不能出席時，得委託他人代理出席（公§300 I）。

2. 法院為重整裁定時，應就對公司業務，具有專門學識及經營經驗者或金融機構，選任為重整監督人，並決定第一次關係人會議期日及場所，其期日應在第一款申報期間屆滿後三十日以內（公§289 I ③）。故第一次關係人會議係由法院所召開。

3. 關係人會議由重整監督人為主席，並召集除第一次以外之關係人會議（公§300 II）。

4. 關係人會議應以召開會議之方式為之，而不得僅由關係人以書面對議案表示同意與否之方式為之[817]。

5. 重整監督人，依規定召集關係人會議時，於五日前訂明會議事由，以通知及公告為之。一次集會未能結束，經重整監督人當場宣告連續或展期舉行者，得免為通知及公告（公§300 III）。

6. 關係人會議之任務，主要如下（公§301）：
   (1) 聽取關於公司業務與財務狀況之報告及對於公司重整之意見。
   (2) 審議及表決重整計畫。
   (3) 決議其他有關重整之事項。

7. 重整人應擬訂重整計畫，連同公司業務及財務報表，提請第一次關係人會議審查（公§303 I）。

---

[816] 臺灣臺北地方法院 86 年度訴字第 1909 號民事判決。
[817] 經濟部 84.5.2.商字第 206447 號函。

8. 重整人及公司負責人亦應列席備詢（公§300Ⅳ）。公司負責人無正當
   理由對於關係人會議之詢問不為答覆或為虛偽之答覆者，各處一年以
   下有期徒刑、拘役或科或併科新臺幣六萬元以下罰金（公§300Ⅴ）。
9. 關係人會議之決議方式較為特殊，應按重整債權人及股東分組行使表
   決權。其決議以經各組表決總額二分之一以上同意行之（公§302Ⅰ）。
10. 如公司無資本淨值時，股東組則不得行使表決權（公§302Ⅱ）。若公
    司之負債超過資產，並無資產淨值時，股東組就關係人會議並無表決
    權，股東組既無表決權，其所表達之意見即無法改變關係人會議決
    議，則關係人會議未通知股東出席，股東是否在場，就關係人會議可
    決重整計畫部分，自無何違法可言[818]。

十五、重整計畫

（一）重整計畫之擬訂與提出

1. 重整人應擬訂重整計畫，連同公司業務及財務報表，提請第一次關係
   人會議審查（公§303Ⅰ）。重整人經依公司法第 290 條之規定另選者，
   重整計畫，應由新任重整人於一個月內提出之（公§303Ⅱ）。
2. 重整計畫，除記載公司重整之必要事項外，並應記載如下事項（公
   §304Ⅰ）。
   (1) 全部或一部重整債權人或股東權利之變更。
   (2) 全部或一部營業之變更。
   (3) 財產之處分。
   (4) 債務清償方法及資金來源。
   (5) 公司資產之估價標準及方法。
   (6) 章程之變更。
   (7) 員工之調整及裁減。
   (8) 新股或公司債之發行。

---

[818] 臺灣臺北地方法院 99 年度整抗字第 5 號民事裁定。

(9) 其他必要事項。

3. 上開重整計畫之執行,除債務清償期限外,自法院裁定認可確定之日起算不得超過一年;其有正當理由,不能於一年內完成時,得經重整監督人許可,聲請法院裁定延展期限;期限屆滿仍未完成者,法院得依職權或依關係人之聲請裁定終止重整(公§304 II)。

4. 公司法第 304 條第 1 項第 7 款規定,公司重整如有員工之調整或裁減事項,應訂明於重整計畫,惟就法院對公司為重整裁定前,公司仍得為員工之調整或裁減,對於公司為重整裁定前之員工調整情事未記載於重整計畫,尚難認定係違反公司法第 304 條第 1 項第 7 款、第 305 條等規定[819]。

(二)重整計畫之可決及認可

1. 重整計畫應經關係人會議之可決,其可決依有表決權各組之可決為之。

2. 重整計畫經關係人會議可決者,重整人應聲請法院裁定認可後執行之,並報主管機關備查(公§305 I)。法院再次審核,旨在防範關係人會議多數決之濫用,俾重整計畫能符合公正原則,以維護公司、公司債權人及股東之權益[820]。

3. 經關係人會議可決之重整計畫,重整人應聲請法院裁定認可,並生如下之效力:

   (1) 該計畫對於公司及關係人均有拘束力,故重整人執行該計畫所載事項時,公司及關係人均有遵守之義務(公§305 II)。

   (2) 債權人依重整計畫之內容,對於公司取得執行名義。

   (3) 重整計畫免除重整本金債權所衍生之利息及違約金,則債權人不得請求[821]。

---

[819] 臺灣高等法院 99 年度非抗字第 61 號民事裁定。

[820] 最高法院 78 年度台抗字第 133 號民事裁定。

[821] 最高法院 97 年度台上字第 48 號民事判決。

（三）重整計畫之修正

1. 關係人會議分針之變更

　　重整計畫未得關係人會議有表決權各組之可決時，重整監督人應即報告法院，法院得依公正合理之原則，指示變更方針，命關係人會議在一個月內再予審查（公§306 I）。

2. 法院之修正及認可

　　重整計畫，經法院指示變更再予審查，仍未獲關係人會議可決時，應裁定終止重整。但公司確有重整之價值者，法院就其不同意之組，得以下列方法之一，修正重整計畫裁定認可之（公§306 II）：

(1) 有擔保重整債權人之擔保財產，隨同債權移轉於重整後之公司，其權利仍存續不變。

(2) 有擔保重整債權人，對於擔保之財產；無擔保重整債權人，對於可充清償其債權之財產；股東對於可充分派之賸餘財產；均得分別依公正交易價額，各按應得之份，處分清償或分派承受或提存之。

(3) 其他有利於公司業務維持及債權人權利保障之公正合理方法。

3. 關係人會議重行可決修正

(1) 重整計畫可決修正及認可修正後，因情事變遷或有正當理由致不能或無須執行時，法院可依重整監督人、重整人或關係人之聲請，以裁定命關係人會議重行審查，其顯無重整之可能或必要者，得裁定終止重整（公§306 III）。

(2) 重整計畫之重行可決修正，仍應聲請法院裁定認可，始生效力（公§306 IV）。

十六、公司重整之終了

（一）終　止

1. 公司重整無法完成，由法院裁定終止，其情形有下列四種：

(1) 因重整計畫未獲關係人會議可決而終止（公§306 I、II）。

(2) 因重整計畫顯無重整之可能或必要者而終止（公§306 III）。重整計

畫因情事變更或有正當理由致不能執行,且顯無重整之可能或必要時,法院得逕行裁定終止重整[822]。

(3) 關係人會議,未能於重整裁定送達公司一年內可決重整計畫而終止(公§306V 前段)。

(4) 經法院裁定命重行審查,而未能於裁定送達後一年內可決重整計畫而終止(公§306V 後段)。

2. 法院為終止重整之裁定,應檢同裁定書通知主管機關;裁定確定時,主管機關應即為終止重整之登記;其合於破產規定者,法院得依職權宣告其破產(公§307Ⅱ)。

3. 法院裁定終止重整時併為破產之宣告,乃法院職權裁量之範圍[823]。法院為破產宣告後,屬於別除權之財產,亦為破產財團之財產,破產人喪失對其管理及處分權,故除別權之行使,應以破產管理人為相對人[824]。

4. 公司債務超過,縱資產不足清償優先債權,亦非無聲請宣告破產之實益[825]。

(二)完　成

1. 重整完成後,股東會、董事會、董事、監察人等公司機關之職權被停止之狀態,即被解除。

2. 重整完成後,公司重整人應召集重整後之股東會,而重整後之公司董事、監察人於就任後,應會同重整人向主管機關申請登記或變更登記(公§310Ⅱ)。

3. 公司重整經完成後,即發生如下效力:

(1) 已申報之債權未受清償部分,其請求權消滅,未申報之債權亦同,但其依重整計畫處理,由重整後之公司承受者,不在此限(公§311Ⅰ①)。

---

[822] 最高法院 94 年度台抗字第 1178 號民事裁定。
[823] 臺灣高等法院 94 年度整抗字第 1 號民事裁定。
[824] 最高法院 69 年度台抗字第 276 號民事裁定。
[825] 最高法院 96 年度台抗字第 255 號民事裁定。

(2) 股東之股權經重整而變更或減除之部分，其權利消滅。未申報之無記名股票之權利亦同（公§311 I ②）。

(3) 重整裁定前，公司之破產、和解、強制執行及因財產關係所生之訴訟程序即失其效力（公§311 I ③）。

(4) 但公司債權人對公司債務之保證人及其他共同債務人之權利，仍不因重整完成而受影響（公§311 II）。

① 參加公司重整程序之債權應受重整計畫之限制，故具有強制和解之性質，債權人對於債務人債務之減免，非必出於任意為之，公司法第 311 條第 2 項所以規定公司債權人對於公司債務之保證人之權利，不因公司重整而受影響，其立法意旨在使重整計畫於關係人會議中易獲可決[826]。

② 債權人對於重整公司債務之保證人之權利，於公司重整程序進行中，仍得行使，或聲請法院為強制執行[827]。

③ 對公司債務人之保證人之權利，不因公司重整而受影響，係指債權人得就因重整計畫而減免之部分，請求保證人代負履行責任而言[828]。

④ 按公司法第 311 條第 1 項規定，公司債權人對公司債務之保證人及其他共同債務人之權利，不因公司重整而受影響，係基於保證人原以擔保債務人債務之履行為目的，於公司重整，公司財務已陷於困難，該項不能清償之危險，應由保證人負擔，始符保證人擔保債務履行之本旨，並得使重整計畫於關係人會議易獲通過，此乃保證債務從屬性之例外規定。而公司債權人之設定抵押權以為擔保，乃在利用擔保物權之優先清償及追及效力，於擔保債權屆期未受清償時，得行使對擔保標的物直接變價之權，並就所得價金優先受償，使擔保債權獲得滿足，該擔保債權獲有物權保障之效果，重整公司發生財務困難、已暫停

---

[826] 最高法院 79 年台上字第 1301 號判例。
[827] 最高法院 93 年度台抗字第 531 號民事裁定。
[828] 最高法院 79 年度台上字第 1301 號民事判決。

營業或有停業之虞，正係擔保物權發揮確保債務獲得清償之時，物上保證人所負物之擔保責任倘因公司重整而受影響，未予排除，顯係輕重失衡，故在公司重整程序，物上保證人所提供之物之擔保履行責任，自應與保證人責任作相同之處理，俾免失衡，是我國公司法第 311 條第 2 項之規定，未如日本會社更生法第 203 條第 2 項規定：「重整債權人對於重整公司之保證人或其他重整公司之共同債務人所享有之權利，及重整公司以外之人為重整債權人所提供之擔保，均不因重整計畫而受影響」，稽之該條之立法資料，應係立法時顯在之法律漏洞。則對於其他重整公司以外之人為重整公司債權人所提供物之擔保，自得類推適用該條之規定，應解為不因公司重整而受影響[829]。

4. 公司重整完成後，在重整裁定前，公司之執行程序即行失其效力，已進入之程序，移併重整程序進行[830]。

5. 重整完成裁定確定後所召開之股東會之討論議案，屬公司自治事項[831]。

第十二節　股份有限公司之合併、解散及分割

公司之併購，依企業併購法之規定；企業併購法未規定者，依公司法、證券交易法、公平交易法、勞動基準法、外國人投資條例及其他法律之規定（企業併購法§2I）。依特別法優先適用於普通法之原則，公司法雖對於公司合併仍設有若干規定，但若企業併購法亦設有合併規定時，則應優先適用企業併購法之相關規定，合先敘明。又金融機構之併購，依金融機構合併法及金融控股公司法之規定；該二法未規定者，依企業併購法之規定（企業併購法§2Ⅱ）。蓋金融機構合併法及金融控股公司法為金融機構進行併購之特別法，故明定金融機構之併購應優先適用金融機構合併法及金

---

[829] 最高法院 100 年度台上字第 1466 號民事判決。
[830] 司法院 72.4.13.廳民二字第 252 號函。
[831] 經濟部 92.7.7.經商字第 09202140520 號函。

融控股公司法。

一、合　併

（一）準用規定

1. 股份有限公司，關於合併應為通知及公告程序，及對異議之債權人提供擔保，而因合併而消滅之公司，其權利與義務由合併後存續公司承受等規定，均準用無限公司之規定（公§319）。

2. 公司因合併需要修正章程者，亦得於合併前之股東會為之[832]。

3. 公司合併消滅之公司，其權利義務，應由合併後公司承受，包括實體法及程序法上之權利義務而言[833]。

4. 存續公司，應將未來相關勞動條件之內容告知勞工或與勞工協商同意後簽訂新約[834]。

5. 公司合併後有關不動產之移轉登記，由合併後存續或另立之公司單獨聲請辦理登記[835]。

（二）特別規定

1. 合併之決議

　　股東會對於公司解散、合併或分割之決議，應有代表已發行股份總數三分之二以上股東之出席，以出席股東表決權過半數之同意行之（公§316Ⅰ）。公開發行股票之公司，出席股東之股份總數不足前項定額者，得以有代表已發行股份總數過半數股東之出席，出席股東表決權三分之二以上之同意行之（公§316Ⅱ）。上開出席股東股份總數及表決權數，章程有較高之規定者，從其規定（公§316Ⅲ）。

2. 合併契約及股份收買請求權

　　(1) 公司與他公司合併時，董事會應就合併有關事項作成合併契約，提

---

[832] 經濟部 92.6.5.經商字第 09202110090 號函。
[833] 最高法院 78 年度台抗字第 187 號民事裁定。
[834] 最高法院 95 年度台上字第 2217 號民事判決。
[835] 最高法院 94 年度台抗字第 1052 號民事裁定。

出於股東會，股東在集會前或集會中，以書面表示異議或口頭表示異議經紀錄者，得放棄表決權，而請求公司按當時公平價格收買其持有之股份，其程序則準用公司法第 187 條及第 188 條之規定（公§317）。

(2) 合併契約應以書面為之，並應記載公司法第 317 條之 1 所規定之事項，於發送合併承認決議股東會之召集通知時，一併發送於股東（公§317-1 II）。

(3) 合併契約書應經股東會決議合併並承認通過後始生效力[836]。

(4) 消滅公司之反對股東請求收買股份，可於合併契約中約定於合併基準日一併銷除[837]。

(5) 於股份轉換基準日對未完成價款交付之異議股東股份，自得轉換股份[838]。

3. 合併後存續或新設公司應循之程序

(1) 股份有限公司相互間合併，或股份有限公司與有限公司合併者，其存續或新設公司以股份有限公司為限（公§316-1）。公司合併後，存續公司之董事會，或新設公司之發起人，於完成催告債權人程序後，其因合併而有股份合併者，應於股份合併後生效，其不適於合併者，應於該股份為處分後，分別依下列程序行之（公§318）。

① 存續公司應即召集合併後之股東會，為合併事項之報告，其有變更章程必要者，並為章程之變更。

② 新設公司應即召集發起人會議，訂立章程。

(2) 上述變更之章程或新設立之章程，均不得違反合併契約之規定。

（三）控制公司與從屬公司之合併

1. 決定機關及決議方法

控制公司持有從屬公司百分之九十以上已發行股份者，得經控制公司

---

[836] 經濟部 89.12.5.商字第 89224851 號函。

[837] 經濟部 89.3.7.商字第 89203888 號函。

[838] 經濟部 92.12.16.經商字第 09202250560 號函。

及從屬公司之董事會以董事三分之二以上出席，及出席董事過半數之決議，與其從屬公司合併。其合併之決議，不適用第 316 條第 1 項至第 3 項有關股東會決議之規定（公§316-2 I ）。

2. 股東之股份收買請求權

從屬公司董事會為合併決議後，應即通知其股東，並指定三十日以上期限，聲明其股東得於期限內提出書面異議，請求從屬公司按當時公平價格，收買其持有之股份（公§316-2 II ）。從屬公司股東與從屬公司間依上開規定協議決定股份價格者，公司應自董事會決議日起九十日內支付價款；其自董事會決議日起六十日內未達協議者，股東應於此期間經過後三十日內，聲請法院為價格之裁定（公§316-2 III ）。

3. 取消合併

從屬公司股東收買股份之請求，於公司取消合併之決議時，失其效力。股東於公司法第 316 條之 2 第 2 項及第 3 項規定期間內不為請求或聲請時，亦同（公§316-2 IV ）。

4. 排除規定

公司法第 317 條有關收買異議股東所持股份之規定，於控制公司不適用之（公§316-2 V ）。又控制公司因合併而修正其公司章程者，仍應依第 277 條規定辦理（公§316-2 VI ）。

二、解　散

（一）　股份有限公司解散之性質，與無限公司大致相同，關於無限公司解散之規定，大抵亦可適用於股份有限公司。

（二）　關於解散之事由，股份有限公司與其他種類之公司略有差別，茲將公司法有關股份有限公司解散之事由，分述如次（公§315）：

1. 章程所定解散事由。

2. 公司所營事業已成就或不能成就。

3. 股東會為解散之決議。

4. 有記名股票之股東不滿二人。但政府或法人股東一人者，不在此限。

5. 與他公司合併。

6. 分割。

7. 破產。

8. 解散之命令或裁判。

公司法第 315 條第 1 項第 1 款得經股東會議變更章程後，繼續經營；第 4 款本文得增加有記名股東繼續經營（公§315 II）。

(三) 應注意者，公司法第 315 條第 1 項所列事由，除因破產、與他公司合併、分割外，股份有限公司解散時，應行清算，並為解散之登記（公§24）。

(四) 股份有限公司無意經營所登記之事業，而變相經營其他事業者，應解為其所營事業不能成就而予解散[839]。

(五) 破產程序終結或終止後，公司如尚有賸餘之財產，則應行清算，於清算之必要範圍內，視為存續。法人受破產宣告者，依破產法第 75 條規定，對於應屬破產財團之財產，喪失管理及處分權，然並未喪失所有權，故尚難認其法人人格因宣告破產而當然歸於消滅，宜類推適用公司法第 25 條規定，認公司於依破產程序清理債務之必要範圍內，視為存續[840]。

(六) 公司解散經股東會決議通過即生效，尚無解散基準日問題[841]。

(七) 公司臨時管理人不得以房租到期無法營運為由決議解散公司[842]。

三、分　割

公司之併購，依企業併購法之規定；企業併購法未規定者，依公司法、證券交易法、公平交易法、勞動基準法、外國人投資條例及其他法律之規定（企業併購法§2I）。依特別法優先適用於普通法之原則，公司法雖對於公司分割仍設有若干規定，但若企業併購法亦設有分割合併規定時，則應

---

[839] 最高行政法院 74 年度判字第 779 號判決。
[840] 經濟部 100.4.8.經商字第 10002406660 號函。
[841] 經濟部 91.7.29.經商字第 09102143940 號函。
[842] 司法院秘書長 82.7.8.秘（三）字第 11505 號函。

優先適用企業併購法之相關規定，合先敘明。

（一）分割之意義

所謂公司分割，乃指將一公司藉由分割程序調整其業務經營及組織規模，將原為整體之營業部門以吸收分割或新設分割方式，分割營業部門或組織。公司分割得以適度縮小公司規模，並利用特定部門之分離獨立，促進企業經營之專業化與效率化，對於公司之組織調整有所助益。

（二）分割之決議

公司分割對於股東權益影響重大，故股東會對於分割之決議方式同解散合併。公司分割計畫書經股東會決議後，其分割營業範圍、金額、發行新股股數等調整，由其後股東臨時會決議變更之，尚不得由董事會變更股東會之決議[843]。

（三）分割計畫

公司法第 317 條第 1 項之分割計畫，應以書面為之，並記載下列事項（公§317-2 I）：

1. 承受營業之既存公司章程需變更事項或新設公司章程。
2. 被分割公司讓與既存公司或新設公司之營業價值、資產、負債、換股比例及計算依據。
3. 承受營業之既存公司發行新股或新設公司發行股份之總數、種類及數量。
4. 被分割公司或其股東所取得股份之總數、種類及數量。
5. 對被分割公司或其股東配發之股份不滿一股應支付現金者，其有關規定。
6. 既存公司或新設公司承受被分割公司權利義務及其相關事項。
7. 被分割公司之資本減少時，其資本減少有關事項。
8. 被分割公司之股份銷除所需辦理事項。

---

[843] 經濟部 95.8.22.經商字第 09500601300 號函。

9. 與他公司共同為公司分割者,分割決議應記載其共同為公司分割有關事項。

上開分割計畫書,應於發送分割承認決議股東會之召集通知時,一併發送於股東(公§317-2 II)。

(四)分割前公司所負之債務

分割後受讓營業之既存公司或新設公司,應就分割前公司所負債務於其受讓營業之出資範圍負連帶清償責任。但債權人之連帶清償責任請求權,自分割基準日起二年內不行使而消滅(公§319-1)。

第十三節　股份有限公司之清算

一、概　說

公司之清算,謂公司因破產或合併、分割以外之事由解散時,為了結公司之法律關係或處理其財產而踐行之程序。

無限公司解散後,得為任意清算,而在股份有限公司,則必須履行嚴格之清算程序。蓋股份有限公司係資合團體,股東僅負有限責任,若認其為任意清算,對外不足以保護公司之債權人,對內亦不足以防止股東之利益為董事等所侵害。因此,公司法乃將股份有限公司之清算分為普通清算及特別清算,並嚴格規定其程序。

二、普通清算

(一)普通清算之意義

所謂普通清算,係在無特別障礙下所為之清算。

(二)清算人之選任與解任

1. 清算人原則上以董事充之,但公司法或章程另有規定或股東會另選清算人時,不在此限。不能依上開規定定清算人時,法院得因利害關係人之聲請,選派清算人(公§322)。

2. 公司之清算人，得由股東會另選任之。又清算人除法院選派者外，亦得由股東會解任之，準此，清算中公司之股東仍得依公司法第 173 條之 1 規定自行召集股東臨時會選任清算人[844]。

3. 選任之清算人，未向法院聲報，則該人非公司之清算人[845]。

4. 公司董事縱僅對清算人中之一人為終止委任契約之意思表示，而未對全體清算人為之，仍難謂不生終止之效力[846]。

5. 公司經解散，未選任清算人，應以公司全體董事為清算人[847]。

6. 監察人既依公司法第 323 條第 2 項規定聲請法院解任清算人，自得依同法第 322 條第 2 項規定，以利害關係人之地位向法院聲請選派清算人[848]。

7. 公司法第 322 條第 1 項係指全體董事為清算人[849]。

8. 清算人就任之日為清算起算日[850]。

9. 清算人之就任、解任係向法院聲報，無需向公司登記主管機關辦理登記[851]。

10. 公司業經股東會決議解散並選任甲為清算人，甲並出具就任同意書就任為清算人，甲向法院陳報，非就任要件[852]。

11. 法院登記之清算人與公司決議解散時所推選之清算人，如非同一人，自應以向法院聲請解散清算人登記為準[853]。

12. 股東臨時會選任之清算人為辭任之意思表示，無須經公司同意即當然失其身分[854]。

---

[844] 經濟部 100.1.7.經商字第 10902436080 號函。
[845] 最高行政法院 96 年度判字第 1732 號判決。
[846] 最高法院 98 年度台上字第 480 號民事判決。
[847] 最高法院 92 年度台上字第 2451 號民事判決。
[848] 經濟部 94.12.28.經商字第 09402202440 號函。
[849] 經濟部 93.9.16.經商字第 09300161820 號函。
[850] 經濟部 91.5.17.經商字第 09100116720 號函。
[851] 經濟部 93.7.23.經商字第 09300116760 號函。
[852] 最高法院 97 年度台抗字第 332 號民事裁定。
[853] 經濟部 74.5.29.商字第 21920 號函。
[854] 經濟部 81.8.27.商字第 223740 號函。

13. 董事或清算人對公司提起之訴訟時，如監察人有二人以上，而未經股東會選任者，自應列全體監察人為公司之法定代理人，始為適法[855]。

14. 至於清算人之解任，除由法院選派者外，得由股東會決議解任之。但法院因監察人或繼續一年以上持有已發行股份總數百分之三以上股份股東之聲請，亦得將其解任（公§323）。

（三）清算人之權利、義務及責任

1. 清算人在執行事務之範圍內，其權利、義務及責任與董事同（公§324）。惟清算人係執行清算事務之機關，其性質與董事有別，可不受禁止競業之限制。

   (1) 清算人有數人時，如未推定代表公司之人時，對於第三人各有代表公司之權[856]。

   (2) 公司於清算程序中，如董事對公司為訴訟時，應由監察人或股東會所選任之人代表公司為之，始為適法[857]。

   (3) 分配賸餘財產前，未優先清償稅款，清算人就未繳稅捐，負繳納義務[858]。

2. 清算之之報酬，非由法院選派者，由股東會決定，由法院選派者，由法院決定（公§325 I）。清算費用及清算人之報酬，由公司現存財產中盡先給付（公§325 II），以資鼓勵清算之認真執行。

3. 有關清算人權利義務之實務：

   (1) 公司清算中，公司股東會與監察人依然存續，對董事之訴訟應由監察人或股東會所選任之人代表公司為之[859]。

   (2) 清算人有數人時，得推定一人或數人代表公司，如未推定時，各有對於第三人代表公司之權[860]。

---

[855] 最高法院 99 年度台抗字第 142 號民事裁定。
[856] 最高法院 98 年度台上字第 245 號民事判決。
[857] 臺灣高等法院 97 年度抗字第 1554 號民事裁定。
[858] 最高行政法院 96 年度判字第 1283 號判決。
[859] 最高法院 94 年度台上字第 230 號民事判決。
[860] 最高法院 102 年度台上字第 724 號民事判決。

(3) 特別清算程序中，法院得依聲請或依職權命令檢查公司之財產外，在普通清算程序中，自不容許股東聲請法院選派檢查人[861]。

(4) 董事以清算人身分對董事為訴訟，依法仍應由監察人或股東會所選任之人代表公司為之，始為適法[862]。

(5) 清算人於清算期間內，有召集股東會之權限[863]。

(6) 公司董事縱僅對清算人中之一人為終止委任契約之意思表示，而未對全體清算人為之，仍難謂不生終止之效力[864]。

(7) 清算人有數人時，如未推定代表公司之人時，對於第三人各有代表公司之權[865]。

(8) 股東依規定取得清算人所分派賸餘財產時，其中屬於股本部分不在課稅之列[866]。

(9) 清算人如有必要，亦得召集股東會[867]。

(10) 股份有限公司之清算人將公司營業包括資產負債轉讓於他人時，以經特別決議即得行之[868]。

(11) 公司於清算中既繼續原有之營業，對其所享有的財產權，自不能認為已當然消滅。故為維護公司之財產權益，對於公司受有侵害時，清算人甲自可為公司代表人，以公司名義提出刑事告訴及民事訴訟，始符公司法第 84 條規定[869]。

（四）清算人之職務

1. 檢查公司財產，造具財務報表及財產目錄等表冊（公§326 I）。
2. 了結現務（公§334 準用§84 I ①）。

---

[861] 臺灣高等法院 89 年度抗字第 3091 號民事裁定。
[862] 最高法院 95 年度台上字第 1047 號民事判決。
[863] 經濟部 88.7.27.商字第 88215709 號函。
[864] 最高法院 98 年度台上字第 480 號民事判決。
[865] 最高法院 98 年度台上字第 245 號民事判決。
[866] 最高行政法院 96 年度判字第 1487 號判決。
[867] 經濟部 95.3.16.經商字第 09502031380 號函。
[868] 最高法院 91 年度台上字第 2137 號民事判決。
[869] 臺灣高等法院暨所屬法院 97.11.12.法律座談會刑事類提案第 35 號。

3. 公告催報債權（公§327）。

4. 收取債權，清償債務（公§328）。

5. 分派賸餘財產（公§330）。

6. 聲請宣告破產（公§334 準用§89）。

（五）普通清算之完結

1. 清算人分派賸餘財產後，清算即歸完結，於是清算人應於十五日內造具清算期內收支表、損益表，連同各項簿冊送經監察人審查，並提請股東會承認（公§331 I）。股東會得另選檢查人檢查上述簿冊是否確當（公§331 II）。清算期內之收支表及損益表應於股東會承認後十五日內，向法院聲報（公§331 IV）。

2. 清算人違反聲報期限之規定時，各處新臺幣一萬元以上五萬元以下罰鍰，對於檢查有妨礙、拒絕或規避行為者，各處新臺幣二萬元以上十萬元以下罰鍰（公§331 V、VI）。

3. 簿冊經股東會承認後，視為公司已解除清算人之責任，但清算人有不法行為者，不在此限（公§331 III）。

4. 自聲報法院之日起，應將各項簿冊文件，保存十年。其保存人，由清算人及其利害關係人聲請法院指定之（公§332）。

5. 母公司受配子公司清算之財產，不得再分配予該公司股東[870]。

6. 股份有限公司普通清算於清償債務後，法定盈餘公積可作為盈餘分派[871]。

7. 清算完結，係指完成合法之清算程序而言[872]。

8. 清算終結係指清算人就清算程序中應為之清算事務，全部辦理完竣[873]。

9. 清算人向法院聲報清算完結，法院仍應依職權調查事實及必要之證據，作形式審查，倘有所處分，應以裁定為之[874]。

---

[870] 經濟部 95.7.11.經商字第 09502096910 號函。

[871] 經濟部 71.9.16.商字第 34094 號函。

[872] 最高法院 93 年度台抗字第 552 號民事裁定。

[873] 最高法院 92 年度台抗字第 621 號民事裁定。

[874] 最高法院 84 年度台抗字第 457 號民事裁定。

10. 所謂依法清算完結，係指依相關之法規實質清算完結而言，並不以依公司法清算完結為唯一之準據[875]。

11. 公司已為解散登記，倘未履行清算程序，公司人格未消滅[876]。

12. 所得稅法所謂之清算結束之日，係指清算人了結現務、收取債權、清償債務、分派賸餘財產時而言[877]。

13. 公司知有違章未結，卻怠於通知稽徵機關申報債權，雖經臺北地院准予備查，難謂其業經合法清算完結[878]。

14. 了結現務，並不限於財產上之現務，包括公司一切待為了結之事務均包括之[879]。

15. 為符合清算程序，監察人於審查期間死亡，清算人應召集股東會補選監察人[880]。

16. 聲報清算完結之性質屬公司非訟事件，法院應依職權調查事實及必要之證據，從非訟程序作形式審查[881]。

17. 清算完結後，如有可以分派之財產，法院因利害關係人之聲請，得選派清算人重行分派（公§333）。

三、特別清算

（一）特別清算之發生與聲請

1. 就特別清算之事由而言，清算之實行發生顯著障礙時，法院依債權人或清算人或股東之聲請或依職權，得命令公司開始特別清算；公司負債超過資產有不實之嫌疑者亦同。但其聲請，以清算人為限（公§335 I）。

---

[875] 最高行政法院 97 年度判字第 876 號判決。

[876] 最高行政法院 94 年度判字第 441 號判決。

[877] 最高行政法院 93 年度判字第 1239 號判決。

[878] 最高行政法院 89 年度判字第 3354 號判決。

[879] 臺灣高等法院 97 年度上字第 28 號民事判決。

[880] 經濟部 89.11.29.商字第 89224343 號函。

[881] 臺灣高等法院 88 年度抗字第 760 號民事裁定。

2. 清算之實行發生顯著障礙者，由債權人或清算人或股東之聲請；公司負債超過資產有不實之嫌疑者，限於由清算人聲請（公§335 I）。

3. 為使特別清算程序順利進行，民國 69 年 5 月 9 日公司法修正時，特別規定，公司法第 294 條關於破產、和解及強制執行程序當然停止之規定，於特別清算準用之（公§335 II）。

4. 清算之實行發生顯著之障礙，自係指已依普通清算程序清理公司事務而言[882]。

（二）清算人之選任與解任

1. 特別清算程序中，清算人之選任與解任，大抵與普通清算同。

2. 惟在特別清算開始時，如有重要事由者，則不論清算人如何產生，法院均得解任之（公§337 I）。

3. 清算人缺額或有增加人數之必要時，由法院選派之（公§337 II）。

（三）清算人之職務

1. 一般規定：與普通清算相同。

2. 特別規定：在特別清算，公司法關於清算人職務之特別規定者如下：

   (1) 聲請法院開始特別清算（公§335）。

   (2) 造具公司業務及財產狀況之調查書及會計表冊（公§344 前段）。

   (3) 向債權人會議陳述意見（公§344 後段）。

   (4) 對債權人會議提出協定之建議（公§347）。

   (5) 聲請法院命令檢查公司業務及財產（公§352）。

四、清算人之權限

(一)　一般規定：與普通清算同。

(二)　特別規定

1. 召集債權人會議（公§341）。

2. 得監理人之同意者，可為各種重要行為（公§346）。

---

[882] 臺灣高等法院 86 年度抗字第 2260 號民事裁定。

（三）　應特別說明者有二，即監理人及債權人會議。所謂監理人，乃為保
　　　　護公司債權人之共同利益，代表債權人監督清算人執行特別清算事
　　　　務之人。而債權人會議則係於特別清算程序中，由公司債權人臨時
　　　　集會決定其總意思之最高機關。

五、法院之特別監督

（一）公司財產及業務之檢查

1.　公司財產之狀況，於必要時，法院得據特定人之聲請或依職權選任檢
　　查人檢查公司之業務及財產。

2.　檢查人應將下列檢查結果之事項，報告於法院（公§353）：

　（1）　發起人、董事、監察人、經理人或清算人有無依法應負責之事由。

　（2）　有無為公司財產保全處分之必要。

　（3）　為行使公司之損害賠償請求權，對於發起人、董事、監察人、經理
　　　　人或清算人之財產，有無為保全處分之必要。

3.　檢查人於完成檢查後，應向法院提出檢查報告，則對於檢查有妨礙、
　　拒絕或規避行為者，亦應由法院裁罰[883]。

4.　股東聲請選任檢查人，應符合誠信原則，不得濫用權利[884]。

5.　檢查人之執行職務難謂皆受法院監督[885]。

6.　特別清算程序中，法院得依聲請或依職權命令檢查公司之財產外，在
　　普通清算程序中，自不容許股東聲請法院選派檢查人[886]。

（二）公司財產之保全處分

　　　法院除依認可債權人會議之決議，聽取檢查人之報告，監督特別清算
外，並依職權視情形而為必要處分或破產宣告。

---

[883] 最高法院 95 年度台抗字第 227 號民事裁定。
[884] 臺灣高等法院 97 年度非抗字第 104 號民事裁定。
[885] 臺灣高等法院 91 年度抗字第 4968 號民事裁定。
[886] 臺灣高等法院 89 年度抗字第 3091 號民事裁定。

1. 處　分

　　法院依檢查人檢查結果之報告，限於其認為必要時，得為如公司法第354 條第 1 項各款之處分。

2. 破產宣告

　　法院於命令特別清算開始後，而協定不可能時，應依職權為破產宣告，協定實行上不可能時，亦同（公§355）。

六、清算之終了

(一)　　特別清算因清算完成而終了，其不能完成者，因受破產宣告，亦歸終了。

(二)　　因受破產宣告而終了者，須另依破產程序處理之。

第十四節　閉鎖性股份有限公司

一、概　說

　　為建構我國成為適合全球投資之環境，促使我國商業環境更有利於新創產業，吸引更多國內外創業者在我國設立公司，另因應科技新創事業之需求，賦予企業有較大自治空間與多元化籌資工具及更具彈性之股權安排，引進英、美等國之閉鎖性公司制度，遂於民國 104 年 6 月 15 日增訂「閉鎖性股份有限公司」專節。閉鎖性股份有限公司之最大特點係股份之轉讓受到限制，且股東人數不超過五十人。閉鎖性公司設立之重點在於，如何透過章程設計符合股東需求，尤其是家族企業家族成員間之權利義務行使及利益衝突之調和。

二、閉鎖性股份有限公司之定義

　　我國參考新加坡、香港閉鎖性公司之股東人數為五十人；另基於閉鎖性股份有限公司之最大特點係股份之轉讓受到限制。因此，定義閉鎖性股份有限公司係指股東人數不超過五十人，並於章程定有股份轉讓限制之非

公開發行股票公司（公§356-1 I）。

　　考量未來社會經濟情況變遷及商業實際需要，有調整第 1 項所定股東人數之必要，故授權中央主管機關得增加閉鎖性股份有限公司之股東人數，並授權訂定股東人數之計算方式及認定範圍（公§356-1 II）。

三、公司閉鎖性之屬性應於章程載明，中央主管機關應公開於其網站

　　鑑於閉鎖性股份有限公司之公司治理較為寬鬆，企業自治之空間較大，為利一般民眾辨別，並達公示效果，以保障交易安全，明定公司於章程應載明閉鎖性之屬性，並由中央主管機關公開於其資訊網站（公§356-2）。

四、設立之方式，發起人之出資種類及其股數比例

(一)　應經全體發起人之同意，並全數認足第一次應發行之股份（公§356-3 I）。

1. 閉鎖性股份有限公司雖享有較大企業自治空間，惟亦受有不得公開發行及募集之限制，且股東進出較為困難。是以，發起人選擇此種公司型態時，須經全體發起人同意。

2. 又基於閉鎖性之特質，不應涉及公開發行或募集，僅允許以發起設立之方式為之，不得以募集設立之方式成立，且發起人應全數認足第一次應發行之股份，以充實公司資本，爰為第 1 項規定。

(二)　出資方式包括現金、公司事業所需之財產、技術或勞務。

1. 參酌其他國家之作法及因應實務需要，明定發起人出資種類，包括現金、公司事業所需之財產、技術或勞務。但以勞務抵充之股數，不得超過公司發行股份總數之一定比例（公§356-3 II）。

2. 基於信用界定不易，且現行勞務或其他權利出資，已足敷股東使用，故不再允許信用出資。

3. 有關勞務出資抵充之股數所占公司發行股份總數之一定比例，授權中

央主管機關定之（公§356-3Ⅲ）。如以勞務方式出資，其勞務履行期間為何，應由公司與該股東契約約定，股東有未依約定內容履行者，核屬契約之違約問題[887]。

4. 鑑於以技術或勞務出資者，其得抵充之金額及公司核給之股數等，涉及其他股東權益，故明定應經全體股東同意，章程並應載明其種類、抵充之金額及公司核給之股數。以該等方式出資者，中央或地方主管機關應依該章程所載明之事項辦理登記，並公開於中央主管機關之資訊網站（公§356-3Ⅳ），以達公示效果，同時保障交易安全。

(1) 會計師於查核簽證公司之登記資本額時，就非現金出資抵充部分，公司無須檢附鑑價報告，併予敘明。

(2) 所稱「全體股東」包含增（出）資前之現有股東及該次增（出）資股東。閉鎖性股份有限公司召開非現金出資會議，倘該會議紀錄內容足以表達全體股東同意之意思，以該會議紀錄代替股東同意書，尚無不可[888]。

(3) 鑑於非以現金出資者，其得抵充之金額及公司核給之股數等，涉及其他股東權益，故公司法第 356 條之 3 第 4 項明定應經全體股東同意，章程並應載明其種類、抵充之金額及公司核給之股數。但尚無規定股東同意書應記載勞務之種類及期間[889]。

5. 公司法第 356 條之 3 第 2 項所稱一定比例，由中央主管機關定之（公§356-3Ⅲ）。亦即，公司法第 356 條之 3 第 2 項所稱公司發行股份總數以勞務抵充出資股數之一定比例，於實收資本額未達新臺幣三千萬元部分，指勞務抵充出資之股數不得超過公司發行該部分股份總數二分之一；於實收資本額新臺幣三千萬元以上部分，指勞務抵充出資之股數不得超過公司發行該部分股份總數四分之一[890]。

(三) 章程得另定選任董事及監察人之方式。

---

[887] 經濟部 107.5.3.經商字第 10700566800 號函。
[888] 經濟部 105.5.30.經商字第 10502415080 號函。
[889] 經濟部 105.2.25.經商字第 10502404150 號函。
[890] 經濟部 108.6.4.經商字第 10802409490 號令。

1. 發起人選任董事及監察人之方式，除章程另有規定者外，準用公司法第 198 條規定（公§356-3 V）。亦即，除章程另有規定者外，應依累積投票制之方式為之。

2. 股東會選任董事及監察人之方式，除章程另有規定者外，依第 198 條規定（公§356-3 VII）。例如公司發行特別股，於章程中明定特別股股東被選舉為董事、監察人之禁止或限制，或當選一定名額之權利（公§356-7 I ④）。

(四)　閉鎖性股份有限公司禁止以募集設立之方式成立。因此，公司之設立，不適用公司法第 132 條至第 149 條及第 151 條至第 153 條等有關募集設立之規定（公§356-3 VI）。

五、公開發行或募集有價證券之限制

(一)　基於閉鎖性之特質，明定閉鎖性股份有限公司不得公開發行或募集有價證券。但經由證券主管機關許可之證券商經營股權群眾募資平台募資者，不在此限（公§356-4 I）。

(二)　依公司法第 356 條之 4 第 1 項但書規定辦理群眾募資者，仍受第 356 條之 1 之股東人數及公司章程所定股份轉讓之限制（公§356-4 II）。

六、股份轉讓之限制及效力

(一)　章程應載明股份轉讓之限制

基於閉鎖性股份有限公司之最大特點，係股份之轉讓受到限制，以維持其閉鎖特性，爰規定公司股份轉讓之限制，應於章程載明（公§356-5 I）。至於股份轉讓之限制方式，由股東自行約定，例如股東轉讓股份時，應得其他股東事前之同意、應經股東會之同意、應經董事會之同意等。

1. 閉鎖性股份有限公司之最大特點係股份之轉讓受到限制。倘閉鎖性股份有限公司章程規定股東持有股份達所定限制轉讓期間後即可自由

轉讓者，與公司法第 356 條之 1 第 1 項規定，尚有未合[891]。

2. 閉鎖性股份有限公司之最大特點，在於股份之轉讓受限制，公司法爰於第 356 條之 1 第 1 項規定及第 356 條之 5 第 1 項明定，應於章程中定有股份轉讓之限制，準此，股東違反章程限制而為轉讓，自屬無效。為提供適當管道使股份轉讓之受讓人知悉該項轉讓之限制，公司法第 356 條之 5 第 2 項規定，公司發行股票者，應於股票以明顯文字註記；不發行股票者，讓與人應於交付受讓人之相關書面文件中載明，且同條第 3 項規定，受讓人得請求公司給與章程影本，以避免發生受讓人不知轉讓限制之情形[892]。

3. 依公司法第 356 條之 1 規定，閉鎖性股份有限公司應於章程中定有股份轉讓之限制。閉鎖性股份有限公司之股東人格特性以及股東間具有高度緊密關係，基於該項特性，藉由章程限制股東轉讓股份，以維持成員之穩定性，乃為閉鎖性股份有限公司之核心特性。是以，股份轉讓之限制應適用於全體股東，並不區分普通股或特別股，且均應於章程中約定。倘閉鎖性股份有限公司章程載明部分股東股份轉讓不受限制或僅部分股東受有限制者，自與上開規定意旨尚屬有違[893]。

4. 依民法第 1147 條規定：「繼承，因被繼承人死亡而開始。」及第 1148 條第 1 項規定：「繼承人自繼承開始時，除本法另有規定外，承受被繼承人財產上之一切權利、義務。但權利、義務專屬於被繼承人本身者，不在此限。」倘閉鎖性股份有限公司章程就股東死亡所遺股份為處理之規定，如有違反公序良俗或民法繼承之規定或涉及權利濫用之情形，事涉私權，允屬司法機關認事用法範疇，應循司法途徑解決[894]。惟從家族閉鎖性公司之觀點，透過章程可進行家族企業世代傳承之規劃，家族企業之所以選擇閉鎖性公司做為家族接班之工具，無非係因其得限制股份之自由轉讓，從而可使家族企業免受企業併購之威脅，

---

[891] 經濟部 104.12.29.經商字第 10402137390 號函。

[892] 經濟部 108.8.20.經商字第 10802420910 號函。

[893] 經濟部 107.5.29.經商一字第 10702023420 號函。

[894] 經濟部 109.12.25.經商一字第 10902433700 號函。

也可以綁住子孫賣股以免家族企業流落外人之手。是繼承人雖因被繼承人死亡而當然繼受被繼承人所遺留之財產及其權利義務,惟此不代表該財產必須以原貌繼受。閉鎖性公司中股份轉讓之限制,既規定於公司章程中,被繼承人不論是參與公司之設立登記,或者於設立登記後依章程規定取得公司股份,皆屬自願成為公司股東,且出於自由意願接受此一章程限制,此可謂被繼承人遵守公司章程之義務,此一義務理應由其繼承人繼受。換言之,繼承人一方面繼承被繼承人之股份,另一方面也應繼承被繼承人應依公司章程處置股份之義務。由上說明,可知閉鎖性公司之特色在於排除適用股份自由轉讓原則,限制股東轉讓股份及限制股東人數上限,以此方式維持閉鎖性,俾創造符合新創事業經營模式公司型態,同時利於家族企業規劃事業傳承及確保經營權。又閉鎖性公司股東死亡時,其繼承人如有數人,極可能因此突破股東人數上限,導致公司喪失閉鎖性。考量閉鎖性公司具有上開維持閉鎖性之有別於民法之特別規範目的,應允章程就股份繼承設有合理限制,以維護規範目的並兼顧繼承人權利[895]。

5. 閉鎖性公司股份進行拍賣,無論有無發行股票(適用或準用動產執行規定),拍定人買受後,須受章程所定轉讓之限制,有足以影響競標意願、價格、風險評估或其他特殊情形,依強制執行法第 64 條第 2 項第 1 款、辦理強制執行事件應行注意事項第 37 點第 1 款規定,應在拍賣公告上載明,以促應買人注意。不因公司章程有股份轉讓限制規定,依公司法規定應予揭示,而免除拍賣公告上之記載。是以,應否載明拍賣公告上,應依拍賣標的物之性質而定,與公示性無涉[896]。

(二) 股份轉讓限制之公示

應於股票以明顯文字註記或相關書面文件中載明股份轉讓之限制。閉鎖性股份有限公司股份轉讓受有限制,股份受讓人如無適當管道知悉該項限制,對受讓人保障明顯不足。因此,股份轉讓之限制,

---

[895] 臺灣高等法院臺中分院 111 年度重上字第 204 號民事判決。
[896] 臺灣高等法院暨所屬法院 109 年法律座談會民執類提案第 17 號。

公司印製股票者,應於股票以明顯文字註記;不發行股票者,讓與人應於交付受讓人之相關書面文件中載明(公§356-5Ⅱ)。

(三) 股份轉讓之受讓人得請求公司給與章程影本(公§356-5Ⅲ),以為保障。

七、擇一採行公司票面金額股或無票面金額股

(一) 公司法於民國 104 年 7 月 1 日修正時,為提供新創事業之發起人及股東在股權部分有更自由之規劃空間,針對引進國外無票面金額股制度,允許閉鎖性股份有限公司得發行無票面金額股。但現行公司法已擴大適用範圍,容許所有股份有限公司均得發行無票面金額股,故刪除公司法第 356 條之 6 規定。

(二) 公司法第 129 條及第 156 條規定,所有股份有限公司均得採行無票面金額股制度,閉鎖性股份有限公司亦屬股份有限公司,是以,閉鎖性股份有限公司應以第 129 條及第 156 條為適用之依據。

(三) 閉鎖性股份有限公司應擇一採行票面金額股或無票面金額股(公§156Ⅰ),不允許公司發行之股票有票面金額股與無票面金額股併存之情形。

(四) 閉鎖性股份有限公司選擇採行無票面金額股發行者,應於章程載明(公§129③)。

(五) 閉鎖性股份有限公司發行無票面金額股所得之股款,應全數撥充資本(公§156Ⅱ),不適用第 241 條第 1 項第 1 款溢價發行之資本公積轉增資及發給現金之規定。至於公司股份如無票面金額者,第 129 條第 3 款所定章程應載明之「每股金額」及第 162 條第 1 項第 3 款所定股票應載明之「每股金額」,即毋庸記載,僅需載明「股份總數」。

(六) 閉鎖性股份有限公司原採票面金額股,其後改採無票面金額股者,得經有代表已發行股份總數三分之二以上股東出席之股東會,以出席股東表決權過半數之同意,將已發行之票面金額股全數轉換為無

票面金額股；其於轉換前依公司法第 241 條第 1 項第 1 款提列之資本公積，應全數轉為資本（公§156-1 I）。出席股東股份總數及表決權數，章程有較高之規定者，從其規定（公§156-1 II）。亦即，在票面金額股制度下，所提列之資本公積，應全數轉為資本，並改依無票面金額股制度下相關規定辦理相關事宜。

(七)　公司採行無票面金額股者，不得轉換為票面金額股（公§156-1 VI）。

八、公司發行特別股應於章程中訂定之事項

(一)　本於閉鎖性之特質，股東之權利義務如何規劃始為妥適，宜允許閉鎖性股份有限公司有充足之企業自治空間。此外，就科技新創事業而言，為了因應其高風險、高報酬、知識密集之特性，創業家與投資人間，或不同階段出資之認股人間，需要有更周密、更符合企業特質之權利義務安排，爰特別股之存在及設計，經常成為閉鎖性股份有限公司（特別是科技新創事業）設立及運作過程中不可或缺之工具。美國商業實務上，新創事業接受天使投資人或創投事業之投資時，亦多以特別股或種類股為之。

(二)　除過去公司法第 157 條所規定之固有特別股類型外，並於公司法第 356 條之 7 第 1 項第 3 款及第 5 款放寬公司可發行複數表決權之特別股、對於特定事項有否決權之特別股、可轉換成複數普通股之特別股等；公司法第 356 條之 7 第 1 項第 4 款允許章程得記載特別股股東被選舉為董事、監察人之禁止或限制，或當選一定名額之權利；另如擁有複數表決權之特別股、對於特定事項有否決權之特別股、可轉換成複數普通股之特別股，得隨意轉讓股份，對公司經營將造成重大影響，是以，公司法第 356 條之 7 第 1 項第 6 款允許公司透過章程針對特別股之轉讓加以限制。

1.　公司發行特別股時，應就下列各款於章程中定之（公§356-7 I）：

(1) 特別股分派股息及紅利之順序、定額或定率。

(2) 特別股分派公司賸餘財產之順序、定額或定率。

(3) 特別股之股東行使表決權之順序、限制、無表決權、複數表決權或對於特定事項之否決權。

(4) 特別股股東被選舉為董事、監察人之禁止或限制,或當選一定名額之權利。

(5) 特別股轉換成普通股之轉換股數、方法或轉換公式。

(6) 特別股轉讓之限制。

(7) 特別股權利、義務之其他事項。

2. 公司法第 356 條之 7 第 1 項第 4 款所稱「特別股股東被選舉為董事、監察人之禁止或限制,或當選一定名額之權利」,解釋上係指特別股股東可被選舉為董事、監察人或剝奪、限制特別股股東被選舉為董事、監察人之情形,並可保障特別股股東「當選一定名額董事、監察人」之意,不適用公司法第 198 條及第 227 條有關累積投票制之規定。至於公司法第 157 條第 1 項第 5 款僅規定得發行「當選一定名額董事」之特別股,二者規範內容略有不同。

3. 閉鎖性股份有限公司發行複數表決權之特別股者,關於董事、監察人之選舉,不適用公司法第 198 條及第 227 條有關累積投票制之規定。

4. 公司法第 356 條之 7 第 1 項第 3 款規定,公司發行特別股時,應就下列各款於章程中定之:「……複數表決權或對於特定事項之否決權。」是以,立法上既許就特定事項發行具否決權之特別股,依舉重以明輕之法理,尚無限制發行就特定事項具複數表決權,或排除特定事項具複數表決權之特別股,惟事涉特別股股東之權利義務事項,自應於章程中訂明[897]。

5. 特別股股東針對特定事項行使否決權時,應於討論該事項之股東會中行使,以避免法律關係懸而未決。縱使特別股發行條件另有約定「得於股東會後行使」,亦宜限於該次股東會後合理期間內行使,以使法律關係早日確定[898]。至於閉鎖性股份有限公司發行新股,屬於董事會

---

[897] 經濟部 109.8.13.經商字第 10902421340 號函。
[898] 經濟部 108.1.4.經商字第 10702430970 號函。

決議之事項，依經濟部民國 108 年 1 月 4 日經商字第 10702430970 號函意旨，尚不得由特別股股東對於「洽特定人增資」事項行使否決權[899]。

6. 閉鎖性股份有限公司發行之特別股轉換普通股，如涉及章程之修正者，應依公司法第 277 條規定經股東會修正章程。至於未涉及修正章程者，當轉換比例為一股換多股時致實收資本額增加者，由董事會依公司法第 266 條第 2 項決議發行新股；而轉換比例為多股換一股而有實收資本額減少情事，因屬法定減資事由，無須召開股東會決議通過，亦毋庸向債權人通知及公告，其減資依公司法第 202 條由董事會決議行之[900]。

7. 公司法第 356 條之 7 規定，特別股之權利義務事項，應於章程中載明，係指發行公司與特別股股東間之權利義務事項，應於公司章程中載明。至於特別股股東與外部第三人之權利義務關係，並非公司法第 356 條之 7 特別股之範疇。又公司型法人股東行使持有他公司股份之股東權，依公司法第 202 條規定，尚非法令明定之股東會應決議事項，爰屬公司董事會之職權，自不得藉由章程規定變更改由特定之特別股股東代表行使[901]。

(三) 為貫徹閉鎖性股份有限公司擁有較大自治空間之精神，明文規定公司法第 157 條第 2 項規定，於複數表決權特別股股東不適用之。換言之，閉鎖性股份有限公司具複數表決權特別股之股東，於選舉監察人時，仍得享有複數表決權（公§356-7Ⅱ）。

九、視訊會議與書面決議

（一）視訊會議

閉鎖性股份有限公司股東人數較少，股東間關係緊密，且通常股東實

---

[899] 經濟部 109.6.8.經商字第 10902414780 號函。
[900] 經濟部 105.8.25.經商字第 10502425760 號函。
[901] 經濟部 109.6.8.經商字第 10902414780 號函。

際參與公司運作，應放寬股東會得以較簡便方式行之。

1. 公司章程得訂明股東會開會時，以視訊會議或其他經中央主管機關公告之方式為之（公§356-8 I）。
2. 股東會開會時，如以視訊會議為之，其股東以視訊參與會議者，視為親自出席（公§356-8 II）。

（二）書面決議

為利閉鎖性股份有限公司召開股東會之彈性，公司章程得訂明經全體股東同意，就當次股東會議案採行書面決議方式，而不實際集會。

1. 公司章程得訂明經全體股東同意，股東就當次股東會議案以書面方式行使其表決權，而不實際集會（公§356-8 III）。
2. 章程若規定得以書面方式行使其表決權，視為已召開股東會；以書面方式行使表決權之股東，視為親自出席股東會（公§356-8 IV）。
3. 股東會議案依公司法第 356 條之 8 第 3 項及第 4 項規定採書面決議者，除全體股東就當次股東會議案應以書面方式行使其表決權，並無實際集會外，尚無排除公司法第 172 條規定之適用，故公司仍應將書面決議之事由及行使方式依限通知各股東[902]。

十、表決權拘束契約及表決權信託契約

（一）　為使閉鎖性股份有限公司之股東得以協議或信託之方式，匯聚具有相同理念之少數股東，以共同行使表決權方式，達到所需要之表決權數，鞏固經營團隊在公司之主導權，參照企業併購法第 10 條第 1 項及第 2 項規定，於第 1 項明定閉鎖性股份有限公司股東得訂立表決權拘束契約及表決權信託契約。

（二）　股東間協議與表決權拘束契約之概念不同。就股東間協議之合意內容而言，通常包括當事人應為之給付（出資）、當事人期待之對價及實現對價之手段。其中，當事人應為之給付（出資）與當事人期待之對價（利益分配），可稱為對價契約；至於實現對價之方法，

---

[902] 經濟部 111.2.25.經商字第 11102407120 號函。

通常會涉及股東之表決權行使，可稱為表決權拘束契約。

(三)　受託人之資格，原則上以股東為限，除非章程另有規定（公§356-9Ⅱ）。

(四)　股東非將公司法第 356 條之 9 第 1 項書面信託契約、股東姓名或名稱、事務所、住所或居所與移轉股東表決權信託之股份總數、種類及數量於股東常會開會三十日前，或股東臨時會開會十五日前送交公司辦理登記，不得以其成立股東表決權信託對抗公司（公§356-9Ⅲ）。

(五)　表決權信託，性質上為信託行為，因此，股東成立表決權信託時，必須將其股份移轉與受託人，並由受託人依書面信託契約之約定行使其股東表決權。受託人係以自己名義行使表決權，非代理委託股東行使表決權[903]。

十一、私募普通公司債、轉換公司債及附認股權公司債之程序

(一)　為期明確，明定閉鎖性股份有限公司私募普通公司債之程序，須經董事會特別決議。亦即，公司私募普通公司債，應由董事會以董事三分之二以上之出席，及出席董事過半數同意之決議行之（公§356-11Ⅰ）。

(二)　閉鎖性股份有限公司私募轉換公司債或附認股權公司債，應經前項董事會之決議，並經股東會決議。但章程規定無須經股東會決議者，從其規定（公§356-11Ⅱ），以明定私募轉換公司債或附認股權公司債之程序。鑑於公司債轉換為股權或行使認購權後，涉及股東人數之增加，故明定除章程另有規定者外，應經股東會以普通決議同意之。

(三)　閉鎖性股份有限公司私募轉換公司債或附認股權公司債，在公司債債權人行使轉換權或認購權後，基於閉鎖性之特質，仍應受第 356 條之 1 之股東人數及公司章程所定股份轉讓之限制（公§356-11Ⅲ）。

(四)　閉鎖性股份有限公司私募普通公司債、轉換公司債或附認股權公司債時，不適用公司法第 246 條、第 247 條、第 248 條第 1 項、第 4

---

[903] 經濟部 104.12.29.經商字第 10402137390 號函。

項至第 7 項、第 248 條之 1、第 251 條至第 255 條、第 257 條之 2、第 259 條及第 257 條第 1 項有關簽證之規定（公§356-11Ⅳ）。

十二、公司發行新股之程序、新股認購人之出資方式

(一)　公司發行新股，除章程另有規定者外，應由董事會以董事三分之二以上之出席，及出席董事過半數同意之決議行之（公§356-12Ⅰ），明定閉鎖性股份有限公司發行新股之程序。因此，章程得另訂閉鎖性股份有限公司發行新股之決議方法，降低或提高決議門檻。應注意者，依經濟部之解釋，在授權資本制原則下，發行新股仍屬董事會職權，公司法第 356 條之 12 第 1 項規定之「除章程另有規定者外」，僅係明定董事會決議之門檻，得以章程另訂較高之規定[904]。

(二)　閉鎖性股份有限公司設立後，新股認購人出資之方式，除準用公司法第 356 條之 3 第 2 項至第 4 項發起人之出資方式外，亦得以對公司所有之貨幣債權抵充之（公§356-12Ⅱ）。又閉鎖性公司第二次發行股份時，於經濟部依公司法第 356 條之 3 第 2 項公告之比例限制內，仍得以勞務出資認股[905]。

(三)　為使閉鎖性股份有限公司在股權安排上更具彈性，明定新股之發行，不適用公司法第 267 條規定（公§356-12Ⅲ）。

十三、公司得經股東過半數之同意變更為非閉鎖性股份有限公司之程序

(一)　閉鎖性股份有限公司可能因企業規模、股東人數之擴張，而有變更之需求，明定公司得變更為非閉鎖性股份有限公司，其程序應以股東會特別決議為之。

1.　公司得經有代表已發行股份總數三分之二以上股東出席之股東會，以出席股東表決權過半數之同意，變更為非閉鎖性股份有限公司（公

---

[904] 經濟部 109.6.8. 經商字第 10902414770 號函。
[905] 經濟部 109.4.9. 經商字第 10902014350 號函。

§356-13 I）。

2. 出席股東股份總數及表決權數，章程有較高之規定者，從其規定（公§356-13 II）。蓋基於尊重企業自治空間，賦予公司章程得對變更之決議，訂定較高之標準。

3. 閉鎖性股份有限公司以股東會特別決議變更為非閉鎖性股份有限公司時，其章程之變更如有損害特別股股東之權利時，並應經特別股股東會之決議（公§159 I）。例如閉鎖性股份有限公司有發行公司法第356條之7第1項第4款「當選一定監察人名額權利」之特別股，因變更為非閉鎖性股份有限公司時，公司法第157條第1項第5款並無「當選一定監察人名額權利」之特別股，即應修改章程。又因該章程之變更將損害具有「當選一定監察人名額權利」之特別股股東的權利，尚應經該種特別股股東會之特別決議為之。

（二）　公司倘不符合公司法第356條之1所規定閉鎖性股份有限公司之要件時，應變更為非閉鎖性股份有限公司，並辦理變更登記（公§356-13 III）。未依規定辦理變更登記者，主管機關得依第387條第5項規定責令限期改正，並按次處罰；其情節重大者，主管機關得依職權命令解散之（公§356-13 IV）。

十四、非公開發行股票之股份有限公司變更為閉鎖性股份有限公司之程序

（一）　為使非公開發行股票之股份有限公司有變更為閉鎖性股份有限公司之機會，明定非公開發行股票之股份有限公司得經全體股東同意，變更為閉鎖性股份有限公司（公§356-14 I）。

1. 由於閉鎖性股份有限公司應於章程定有股份轉讓之限制，故非公開發行股票之股份有限公司變更為閉鎖性股份有限公司時，應經全體股東同意。

2. 有限公司依公司法第106條第3項規定，得經股東表決權過半數之同意變更其組織為股份有限公司。所定「股份有限公司」包括「閉鎖性

股份有限公司」在內。

3. 無限公司依公司法第 76 條之 1 第 1 項規定，得經股東三分之二以上之同意變更章程，將其組織變更為股份有限公司。所定「股份有限公司」包括「閉鎖性股份有限公司」在內。

4. 兩合公司依公司法第 126 條第 4 項規定，得經股東三分之二以上之同意變更章程，將其組織變更為股份有限公司。所定「股份有限公司」亦包括「閉鎖性股份有限公司」在內。

(二) 為保障債權人權益，全體股東為同意變更為閉鎖性股份有限公司後，公司應即向各債權人分別通知及公告（公§356-14Ⅱ）。應注意者，全體股東同意變更為閉鎖性股份有限公司後，因股東之股份轉讓受章程規定之限制，故股東若已將其股份設定權利質權者，其債權人實現質權之可能性恐受影響。

(三) 股份有限公司變更為閉鎖性股份有限公司，原股東持有股份，不因改採無票面金額，而造成持有股份之變動。原採票面金額股，其後改採無票面金額股者，在票面金額股制度下，因「超過票面金額發行股票所得溢額」所提列之資本公積，應全數轉為資本[906]。

---

[906] 經濟部 105.10.18.經商字第 10502114660 號函。

第七章
關係企業

第一節　關係企業章之立法背景與目的

一、立法背景

　　我國公司法自民國 18 年制定以來，在制度設計上一貫以單一公司個體為規範對象，直至公司法增訂關係企業章以前，對關係企業之運作始終未設有完整、直接之規範。惟隨著企業生活及環境之變化，目前企業經營規模已走向集團化，而關係企業之型態，已逐漸取代單一企業而成為企業經營型態之主流。

　　按關係企業乃經濟發展之產物，公司如為業務或獲利之目的，轉投資於其他公司，不但可使業務發展穩定，亦可分散經營風險，原值加以鼓勵。但在實務上卻常見有控制公司利用旗下之從屬公司從事不利益之經營，導致該從屬公司及其少數股東、債權人遭受損害，而使控制公司或其他從屬公司獲利。抑有進者，則由控制公司操縱交易條件、調整損益，從事不合營業常規之交易，以達逃漏稅之目的，影響從屬公司之正常經營甚鉅，從而實有必要訂定關係企業之相關法令來規範。

　　在民國 72 年 12 月 7 日修訂公司法時，放寬公司轉投資之限制，促使關係企業更易形成及走向企業集團化現象，立法院亦附帶決議要求經濟部應盡速於公司法中增訂規範關係企業的專章，或制定一部關係企業法，促使經濟部更積極研擬規範關係企業之法令。其後，經濟部於民國 80 年將公司法「關係企業章」草案送請立法院審議，終在民國 86 年 5 月 31 日經立法院三讀通過，民國 86 年 6 月 25 日公布施行。

二、立法目的

　　關係企業章之立法目的，主要是為維護大眾交易之安全，保障從屬公司少數股東及其債權人之權益，促進關係企業健全營運，以配合經濟發展，達成商業現代化之目的。

第二節　關係企業之型態

　　所稱關係企業，指獨立存在而相互間具有下列關係之企業：其一為有控制與從屬關係之公司（公§369-1①）。其二為相互投資之公司（公§369-1②）。

　　關係企業縱然相互間具有緊密之經濟關係，但其公司法人格仍獨立存在。惟二公司間如為百分之百之母子公司，或為同一法人百分之百直接或間接持股之公司，或為關係企業，雖各公司獨立存在而有各別法人格，因在經濟意義上實為一體，或無利益衝突可言，則不構成競業行為[1]。

一、有控制與從屬關係之公司

(一)　關係企業之形成，主要在於公司間存在指揮監督關係，而此種關係則藉由控制公司對從屬公司之控制來達成，從而有控制與從屬關係之公司，即為關係企業之第一種型態。舉凡公司持有他公司有表決權之股份或出資額超過他公司已發行有表決權之股份總數或資本總額半數者（公§369-2Ⅰ）；或公司直接或間接控制他公司之人事、財務或業務經營者，其相互間即具有控制與從屬關係（公§369-2Ⅱ），前者為形式控制，後者為實質控制。

1. 控制與從屬關係之認定，與彼此間之持股數無必然之關聯[2]。

2. 公司直接或間接控制他公司之人事、財務或業務經營者，應以直接或間接控制他公司之人事任免權或支配其財務或業務經營之控制關係

---

[1] 最高法院109年度台上字第686號民事判決。
[2] 最高行政法院96年度判字第1461號判決。

為斷[3]。

3. 依公司法第 369 條之 2 第 2 項規定，控制人事、財務、業務經營者，為實質關係之控制。公司法令對於非公開發行公司間是否具有實質關係一節，並無另為規定，係參照金融監督管理委員會訂頒之「關係企業合併營業報告書關係企業合併財務報表及關係報告書編製準則」第 6 條規定認定之[4]。

4. 公開發行公司有下列情形之一者，應依「關係企業合併營業報告書關係企業合併財務報表及關係報告書編製準則」規定編製關係企業合併營業報告書及關係企業合併財務報表。但有相關事證證明無控制與從屬關係者，不在此限。(1)取得他公司過半數之董事席位者。(2)指派人員獲聘為他公司總經理者。(3)對他公司依合資經營契約規定，擁有經營權者。(4)對他公司資金融通金額達他公司總資產之三分之一以上者。(5)對他公司背書保證金額達他公司總資產之三分之一以上者(關係企業合併營業報告書關係企業合併財務報表及關係報告書編製準則§6 II)。

5. 公司法關係企業章有關是否具控制或從屬關係之認定，尚不包括「公益信託」對公司為控制之情形[5]。

6. 控制公司將持有之從屬公司股權信託予信託業者管理，因實務上信託業者多未具實質管理力，原則不影響既存之控制從屬關係。是以，倘為他益信託，因信託人（委託人）仍可藉指定諮詢委員會等方式保有控制力，故是否為自益信託或他益信託，應非認定有無控制力之唯一標準；又倘信託人（委託人）放棄運用決定權，實際仍可透過其他方式擁有控制力，故信託業者是否因信託關係取得控制公司地位，應依真實之股權控制力是否存在實質認定[6]。

(二)　公司與他公司間如有執行業務股東或董事半數以上彼此兼任，或股

---

[3]　經濟部 90.8.13.商字第 09000188860 號函。

[4]　經濟部 98.12.24.經商字第 09802173660 號函、經濟部 98.11.25.經商字第 09800702140 號函。

[5]　經濟部 109.4.1.經商字第 10900021920 號函。

[6]　經濟部 107.5.23.經商字第 10702410620 號函。

份總數或資本總額有半數以上為相同股東持有或出資者，亦推定為有控制與從屬關係（公§369-3）。惟公司得舉反證推翻之。

1. 公司法第 369 條之 3 第 2 款規定：「公司與他公司之已發行有表決權之股份總數或資本總額有半數以上為相同之股東持有或出資者。」以較高股份總數或資本總額之半數為準。例如甲公司股份總數為 10,000 股，乙公司股份總數為 6,000 股，計算甲、乙公司是否有半數以上股份為相同之股東持有時，係以較高之 10,000 股之半數 5,000 為計算標準。準此，如股東持有甲公司股份總數 5,000 股以上，持有乙公司股份總數為 5,000 股以上，則推定甲公司與乙公司有控制從屬關係[7]。

2. 公司法所稱關係企業，係指獨立存在而相互間具有控制與從屬關係及相互投資之公司，又公司與他公司之執行業務股東或董事有半數以上相同或公司與他公司之已發行有表決權之股份總數或資本總額有半數以上為相同之股東持有或出資亦屬之[8]。

二、相互投資之公司

(一) 公司與他公司相互投資各達對方有表決權之股份總數或資本總額三分之一以上者為相互投資公司，此乃關係企業之第二種型態（公§369-9Ⅰ）。

(二) 相互投資公司各持有對方已發行有表決權之股份總數或資本總額超過半數者，或互可直接或間接控制對方之人事、財務或業務經營者，互為控制公司與從屬公司（公§369-9Ⅱ）。

---

[7] 經濟部 99.5.11.經商字第 09900060500 號函。
[8] 經濟部 98.12.24.經商字第 09802173660 號函。

第三節　從屬公司股東及債權人權益之保護

一、控制公司及其負責人之義務

（一）控制公司及其負責人對從屬公司之善管義務

從屬公司既為控制公司所控制，則從屬公司股東及債權人之權益即易受控制公司之侵害。因此理論上應認為控制公司及其負責人應對從屬公司負善良管理人之注意義務。

（二）上市上櫃公司具控制能力之法人股東對其他股東之誠信義務

對上市上櫃公司具控制能力之法人股東，應遵守下列事項：1.對其他股東應負有誠信義務，不得直接或間接使公司為不合營業常規或其他不利益之經營。2.其代表人應遵循上市上櫃公司所訂定行使權利及參與議決之相關規範，於參加股東會時，本於誠信原則及所有股東最大利益，行使其投票權，並能善盡董事、監察人之忠實與注意義務。3.對公司董事及監察人之提名，應遵循相關法令及公司章程規定辦理，不得逾越股東會、董事會之職權範圍。4.不得不當干預公司決策或妨礙經營活動。5.不得以壟斷採購或封閉銷售管道等不公平競爭之方式限制或妨礙公司之生產經營。6.對於因其當選董事或監察人而指派之法人代表，應符合公司所需之專業資格，不宜任意改派（上市上櫃公司治理實務守則§18）。

二、控制公司及其負責人之賠償責任

(一)　為保障從屬公司股東及債權人之權益，以加強投資人之信心，爰規定控制公司使從屬公司為不合營業常規或其他不利益之經營者，如未於會計年度終了時為適當補償，致從屬公司受有損害者，應負賠償責任（公§369-4 I）。

1. 控制公司對從屬公司之補償責任，採取總額計算制，即應於會計年度終了時計算損益狀況，補償從屬公司所受之損失金額。

2. 控制公司直接或間接使從屬公司為不合營業常規或其他不利益之經

營者，如於營業年度終了前已為補償，則不生損害問題。

3. 所謂揭穿公司面紗之原則，就母子公司言，應以有不法目的為前提，僅在極端例外之情況下，始得揭穿子公司之面紗，否定其獨立自主之法人人格，而將子公司及母公司視為同一法律主體，俾使母公司直接對子公司之債務負責。次按法院審查個案是否揭穿公司面紗所應參酌之因素至夥，例如母公司之「過度控制」屬之，此項決定性因素非指母公司百分之百持有子公司即可揭穿，尚應考量母公司對子公司有密切且直接之控制層面。我國公司法第 99 條第 2 項、第 154 條第 2 項及第 369 條之 4 規定，應可謂均源自「揭穿公司面紗原則」（piercing the corporate veil）[9]。

4. 所謂「反向揭穿公司面紗原則」，要係為使從屬公司為控制公司或持有者之債務負責[10]，我國公司法並未設有明文。

5. 公司法第 369 條之 4 規定之適用，以公司間有控制及從屬關係為前提，否則亦無從適用該條之「揭穿公司面紗原則」[11]。

6. 按控制公司直接或間接使從屬公司為不合營業常規或其他不利益之經營，而未於會計年度終了時為適當補償，致從屬公司受有損害者，應負賠償責任，無論形式上或實質上之控制公司與從屬公司，均有其適用[12]。

7. 證券交易法第 171 條第 1 項第 2 款規定：「有下列情事之一者，處三年以上十年以下有期徒刑，得併科新臺幣一千萬元以上二億元以下罰金：……二、已依本法發行有價證券公司之董事、監察人、經理人或受僱人，以直接或間接方式，使公司為不利益之交易，且不合營業常規，致公司遭受重大損害者。」本罪構成要件所稱之「不合營業常規」，為不確定法律概念，因利益輸送或掏空公司資產之手段不斷翻新，所

---

[9] 引進「揭穿公司面紗原則」之目的，在防免股東利用公司之獨立人格及股東有限責任而規避其應負之責任。

[10] 最高法院 102 年度台上字第 1528 號民事判決。

[11] 臺灣新竹地方法院 90 年度訴字第 340 號民事判決。

[12] 最高法院 107 年度台上字第 4182 號刑事判決。

謂「營業常規」之意涵，自應本於立法初衷，參酌時空環境變遷及社會發展情況而定，不能拘泥於立法前社會上已知之犯罪模式，或常見之利益輸送、掏空公司資產等行為態樣[13]。該規範之目的既在保障已依法發行有價證券公司股東、債權人及社會金融秩序，則除有法令依據外，舉凡公司交易之目的、價格、條件，或交易之發生，交易之實質或形式，交易之處理程序等一切與交易有關之事項，從客觀上觀察，倘與一般正常交易顯不相當、顯欠合理、顯不符商業判斷者，即係不合營業常規，如因而致公司發生損害或致生不利益，自與本罪之構成要件該當。此與所得稅法第 43 條之 1 規定之「不合營業常規」，目的在防堵關係企業逃漏應納稅捐，破壞租稅公平等流弊，稅捐機關得將交易價格調整，據以課稅；公司法第 369 條之 4、第 369 條之 7 規定之「不合營業常規」，重在防止控制公司不當運用其控制力，損害從屬公司之利益，控制公司應補償從屬公司者，迴不相同，自毋庸為一致之解釋[14]。

8. 證券交易法第 171 條第 1 項第 2 款之使公司為不利益交易罪，規範對象限於公開發行公司之董事、監察人、經理人或受僱人。而該款非常規交易罪所指之公司，固指已依該法發行有價證券者而言。然解釋該罪「以直接或間接方式，使公司為不利益交易，且不合營業常規」要件時，應重其實質內涵，不應拘泥形式。又如控制公司對從屬公司之營運、財務等決策，具實質控制權，且控制公司之董事、監察人、經理人或受僱人，故意使從屬公司為不利益交易，因該從屬公司獨立性薄弱，形同控制公司之內部單位，應認構成該罪，方足保護投資人權益及健全證券市場交易秩序[15]。

(二) 控制公司負責人使從屬公司為前項之經營者，應與控制公司就前項損害負連帶賠償責任（公§369-4 II）。公司法第 369 條之 4 第 1 項

---

[13] 最高法院 98 年度台上字第 6782 號刑事判決、最高法院 99 年度台上字第 6731 號刑事判決。
[14] 最高法院 98 年度台上字第 6782 號刑事判決。
[15] 最高法院 108 年度台上字第 2390 號刑事判決。

之損害賠償請求權,其要件為控制公司直接或間接使從屬公司為不合營業常規或其他不利益之經營,而未於會計年度終了時為適當補償,致從屬公司受有損害。故控制公司縱使直接或間接使從屬公司為不合營業常規或其他不利益之經營,如於營業年度終了前已為補償,則不生損害問題。反之,如未補償,則從屬公司為直接被害人,其對控制公司應有損害賠償請求權,顯然非以控制公司侵害從屬公司之權利為要件,僅為適當補償即可免責,不同於侵權行為之加害人應對受害人負擔完全之賠償責任。是該條項之損害賠償請求權之本質與侵權行為損害賠償請求權不同,自無從類推適用民法第197條第2項規定,請求控制公司依不當得利返還其所獲得利益[16]。

(三)　從屬公司之債權人或繼續一年以上持有從屬公司已發行有表決權股份總數或資本總額百分之一以上之股東,得以自己之名義行使前二項從屬公司之權利,向控制公司、其負責人或受有利益之其他從屬公司請求賠償(公§369-4Ⅲ)。又前項權利之行使,不因從屬公司就該請求賠償權利所為之和解或拋棄而受影響(公§369-4Ⅳ)。

1. 股份有限公司之資本分成股份,股份分屬出資股東,各股東僅得依其股份對公司主張股東權;股份有限公司亦為獨立之法人,與他股份有限公司相互間得獨立存在而有控制與從屬關係,固為公司法第369條之1所明定。但各股份有限公司之股東雖得依其股份對公司主張股東權,卻不得本於其股東權對其公司之控制公司或從屬公司,行使股東權[17]。

2. 從屬公司之少數股東,必須持有從屬公司已發行有表決權股份總數或資本總額百分之一以上,始得提起代位訴訟。

(四)　所謂不合營業常規或其他不利益之經營,似可參酌所得稅法第43條之1之實務運作加以判斷,通常是指關係企業間就收益、成本、費用與損益之攤計不合理而言,其常見之類型如下:

---

[16] 臺灣高等法院100年度重上字第518號民事判決。
[17] 最高法院99年度台上字第1362號民事判決。

1. 關係企業間商品或股票之銷售或交易價格低於市場上正常交易之合理價格甚多者[18]。
2. 關係企業間相互融資而不計收利息者[19]。
3. 關係企業間借貸款項而以低於融資成本之利率計收利息者[20]。

三、他從屬公司之連帶責任

　　控制公司使從屬公司為前條第 1 項之經營，致他從屬公司受有利益，受有利益之該他從屬公司於其所受利益限度內，就控制公司依前條規定應負之賠償，負連帶責任（公§369-5）。

四、控制公司權利行使之限制

(一)　為警惕使從屬公司為不合營業常規或其他不利益經營之控制公司，更引進美國判例法上之「深石原則」，限制其抵銷權、別除權及優先權之行使。

(二)　控制公司直接或間接使從屬公司為不合營業常規或其他不利益經營者，如控制公司對從屬公司有債權，在控制公司對從屬公司應負擔之損害賠償限度內，不得主張抵銷（公§369-7Ⅰ）。

(三)　前項債權無論有無別除權或優先權，於從屬公司依破產法之規定為破產或和解，或依公司法之規定為重整或特別清算時，應次於從屬公司之其他債權受清償（公§369-7Ⅱ）。

(四)　尋繹公司法第 369 條之 7 之立法理由及上開「深石原則」所揭櫫之精神，關係企業之交易，如控制公司未實際交付貨物給從屬公司，卻大量向從屬公司收取貨款及營業稅款或以詐欺溢收貨款，即可認控制公司係直接或間接使從屬公司為不合營業常規或不利益之經

---

[18] 財政部 65.11.30.台財稅字第 37935 號函、財政部 82.7.31.台財稅字第 821491991 號函。
[19] 財政部 77.11.19.台財稅字第 38225 號函。
[20] 財政部 74.7.23.台財稅字第 19331 號函。

營[21]。

五、損害賠償請求權之短期時效

為免控制公司及其負責人或受有利益從屬公司之責任久懸未決,特規定請求權人自知悉控制公司有賠償責任及賠償義務人時起,二年間不行使而消滅,且自控制公司賠償責任發生時起逾五年不行使者亦消滅(公§369-6)。

第四節　投資狀況之公開

一、投資公開之理由

公司轉投資雖為現行公司法所允許(公§13),但公司間相互投資每有虛增公司資本之弊端,而應藉由公司公開相互投資之事實,使利害關係人周知,以免為資本虛增之假象所矇蔽。

二、初次通知之義務

亦即公司持有他公司有表決權之股份或出資額,超過他公司已發行有表決權之股份總數或出資總額三分之一者,應於事實發生之日起一個月內以書面通知他公司(公§369-8 I)。

三、繼續通知之義務

公司為初次通知後,如所持有表決權之股份或出資額有下列變動之一時,尚應於事實發生之日起五日內,以書面再為通知(公§369-8 II):

(一)　有表決權之股份或出資額低於他公司已發行有表決權之股份總數或出資總額三分之一時。

(二)　有表決權之股份或出資額超過他公司已發行有表決權之股份總數

---

[21] 最高法院 101 年度台上字第 1454 號民事判決。

或出資總額二分之一時。

(三)　前款之有表決權之股份或出資額再低於他公司已發行有表決權之股份總數或出資總額二分之一時。

四、受通知公司之公告義務

受通知之公司，則應於收到通知五日內，載明通知公司名稱及持有股份或出資額之額度公告周知（公§369-8Ⅲ）。

五、違反通知或公告義務之處罰

(一)　公司負責人違反前三項通知或公告之規定者，各處新臺幣六千元以上三萬元以下罰鍰（公§369-8Ⅳ前段）。

(二)　主管機關並應責令限期辦理；期滿仍未辦理者，得責令限期辦理，並按次連續各處新臺幣九千元以上六萬元以下罰鍰至辦理為止（公§369-8Ⅳ後段）。

第五節　相互投資公司表決權行使之限制

一、限制之理由

公司間相互投資除有虛增資本之弊端外，尚有董事及監察人用以長久維持其經營控制權或控制股東會之缺點，為避免相互投資之現象過度擴大，爰應就其表決權之行使予以必要之限制。但公司法未有禁止相互投資公司得否被選為董監事[22]。

二、限制之比例與要件

(一)　相互投資公司知有相互投資之事實者，其得行使之表決權，不得超過被投資公司已發行有表決權股份總數或資本總額之三分之一（公

---

[22] 經濟部 93.11.19.經商字第 09302175000 號函。

§369-10 I ）。

(二)　以盈餘或公積增資配股所得之股份，仍得行使表決權（公§369-10 I 但書）。

(三)　我國公司法對於公司間交叉持股採取雙軌制，即公司法第 179 條第 2 項第 2 款、第 3 款及第 369 條之 10 有不同規範，從而當公司間有單方控制或雙方互為控制相互投資關係時，於行使表決權應優先適用 179 條第 2 項規定，以落實該項之立法目的[23]。

(四)　假定公司依第 369 條之 8 規定通知他公司後，於未獲他公司相同之通知，且未知有相互投資之事實者，其股權之行使仍不受不得超過被投資公司已發行有表決權股份總數或資本總額三分之一之限制（公§369-10 II）。

(五)　在計算所持有他公司之股份或出資額時，尚應將從屬公司所持有他公司之股份或出資額，以及第三人為該公司及其從屬公司之計算而持有之股份或出資額，一併計入（公§369-11）。

第六節　股份或出資額之計算

一、本章涉及表決權計算之規定

關係企業章第 369 條之 2 第 1 項、第 369 條之 3 第 2 款、第 369 條之 8、第 369 條之 9 第 1 項、第 369 條之 10 第 1 項等規定，其股份或出資額之計算與比例，皆與關係企業之法律地位或權利義務息息相關。

二、從屬公司及第三人持股或出資額之併計

為防止公司以迂迴間接之方法持有股份或出資額，以規避相互投資之規範，並為正確掌握關係企業之形成，乃規定在計算本章公司所持有他公司之股份或出資額，應連同下列各款之股份或出資額一併計入：

(一)　公司之從屬公司所持有他公司之股份或出資額。

---

[23] 經濟部 100.8.4.經商字第 10002422170 號函。

(二)　第三人為該公司而持有之股份或出資額。

(三)　第三人為該公司之從屬公司而持有之股份或出資額。

第七節　關係報告書等書表之編製

一、應編製之書表種類

(一)　為明瞭控制公司與從屬公司間之法律關係及往來情形，以確定控制
　　　公司對從屬公司之責任，從屬公司為公開發行股票之公司者，應於
　　　每會計年度終了，造具其與控制公司間之關係報告書，載明相互間
　　　之法律行為、資金往來及損益情形（公§369-12 I）。

(二)　控制公司為公開發行股票之公司者，應於每會計年度終了，編製關
　　　係企業合併營業報告書及合併財務報表（公§369-12 II）。

二、應編製之公司

　　以公開發行股票之從屬公司及控制公司為限，始應造具或編製關係報
告書、關係企業合併營業報告書及合併財務報表等書表。

三、關係報告書等書表之編製準則

　　公司法第 369 條之 12 第 1 項及第 2 項書表之編製準則，由證券主管
機關定之（公§369-12 III）。金融監督管理委員會即依公司法第 369 條之 12
第 3 項之授權規定，訂定發布「關係企業合併營業報告書關係企業合併財
務報表及關係報告書編製準則」。

　　應注意者，證券交易法所稱財務報告，指發行人及證券商、證券交易
所依法令規定，應定期編送主管機關之財務報告（證券交易法§14 I）。關
於財務報告之內容、適用範圍、作業程序、編製及其他應遵行事項之財務
報告編製準則，由主管機關定之，不適用商業會計法第四章、第六章及第
七章之規定（證券交易法§14 II）。金融監督管理委員會依據上開授權規
定，即訂定發布「證券發行人財務報告編製準則（採國際財務報導準則版

本）」，亦設有發行人編製合併財務報告之相關規定。若依「關係企業合併營業報告書關係企業合併財務報表及關係報告書編製準則」應納入編製關係企業合併財務報表之公司，若與依國際財務報導準則第十號應納入編製母子公司合併財務報告之公司均相同，且關係企業合併財務報表所應揭露相關資訊於前揭母子公司合併財務報告中均已揭露者，得出具聲明書置於合併財務報告首頁，無須編製關係企業合併財務報表（證券發行人財務報告編製準則（採國際財務報導準則版本）§24Ⅱ）。

第八章
外國公司

第一節　外國公司之概念

一、外國公司之意義

(一)　一般所謂之外國公司，係指以營利為目的，而準據於外國法律所組織設立之社團法人。外國公司之設立準據法為外國法，故在涉外民事法律之適用上，係以其據以設立之法律為其本國法（涉外民事法律適用法§13）。

(二)　公司法上所稱外國公司，謂以營利為目的，依照外國法律組織登記之公司（公§4 I）。

二、外國公司之名稱

(一)　外國公司在中華民國境內設立分公司者，其名稱，應譯成中文，並標明其種類及國籍（公§370）。例如「美商美光亞太科技股份有限公司臺灣分公司」或「美商亞培股份有限公司臺灣分公司」。

(二)　依「公司名稱及業務預查審核準則」第 7 條第 2 項、第 3 項規定：「名稱中標明不同業務種類或可資區別之文字者，縱其特取名稱相同，其名稱視為不相同」、「前項所稱可資區別之文字，不含下列之文字：一、……外國國名……。」是以「外國國名」非為可資區別文字。例如「瑞士」大同顧問有限公司與「美國」大同顧問有限公司，因「外國國名」非為可資區別文字，故為同名公司。惟「外國國名」與「外國公司國籍別」於「公司名稱及業務預查審核準則」規定不同，前者為本國公司於其公司名稱中標明外國國名；後者為

依「公司名稱及業務預查審核準則」第6條第4項規定,外國公司於其名稱之前所標明之國籍。準此,因外國公司國籍別並未列於「公司名稱及業務預查審核準則」第 7 條第 3 項之非為可資區別文字中,故仍為可資區別文字。例如「瑞士商」大同顧問有限公司與「美國商」大同顧問有限公司,雖兩者特取名稱及業務種類均相同,惟因有可資區別文字,故仍為不同名公司[1]。

三、外國公司在中華民國之地位

(一)民法總則施行法對外國法人之規定

1. 外國法人,除依法律規定外,不認許其成立(民法總則施行法§11)。

2. 經認許之外國法人,於法令限制內,與同種類之中華民國法人有同一之權利能力,其服從中華民國法律之義務,亦與中華民國法人同(民法總則施行法§12)。

3. 未經認許,但在中華民國設事務所之外國法人,亦有權利能力(民法總則施行法§13)。

4. 未經認許其成立之外國法人,以其名義與他人為法律行為者,其行為人就該法律行為應與該外國法人負連帶責任(民法總則施行法§15)。

    (1) 所謂行為人係指以該外國法人之名義與他人為負義務之法律行為者而言,該外國法人之董事,僅列名於營業廣告,而未以該外國法人之名義與他人為負義務之法律行為者,非同條所稱之行為人。若外國廠商與與國內業者以電子郵件、傳真方式訂立買賣契約,其所發送、接收電子郵件及傳真生產排期表均在國外,且其在臺灣顯無任何營業行為,行為人亦未在臺灣以外國廠商名義與簽約廠商為法律行為,自無上開法條規定之適用[2]。

    (2) 民法總則施行法第 15 條雖僅謂由行為人與該外國法人負連帶責任,而未及於該外國法人得否基於該法律行為而為請求;但未經認

---

[1] 經濟部 108.1.4.經商字第 10702431080 號函。

[2] 最高法院 103 年度台上字第 391 號民事判決。

許成立之外國法人，雖不能認其為法人，但仍不失為非法人之團體。而非法人之團體雖無權利能力，然日常用其團體之名義為交易者，比比皆是，民事訴訟法第 40 條第 3 項即為因應此需求，特規定此等團體設有代表人或管理人者，亦有當事人能力[3]。

（二）公司法對外國公司之規定

1. 外國公司，於法令限制內，與中華民國公司有同一之權利能力（公§4Ⅱ），故自有當事人能力[4]。因此，公司法顯然不再對外國公司採用認許制度，而與民法總則施行法第 12 條規定不同。

2. 在國際化之趨勢下，國內外交流頻繁，依外國法設立之外國公司既於其本國取得法人格，我國對此一既存事實宜予尊重。且為強化國內外公司之交流可能性，配合實際貿易需要及國際立法潮流趨勢，公司法於民國 107 年 8 月 1 日修正時遂廢除外國公司認許制度。

   (1) 法人，以其據以設立之法律為其本國法（涉外民事法律適用法§13）。外國法人之內部事項，例如法人之設立、性質、權利能力及行為能力，依其本國法（涉外民事法律適用法§14①）。因此，即使未於我國設立分公司之外國公司，是否具有權利能力及行為能力，應採設立準據法主義。

   (2) 外國公司是否具有法人資格，應依其本國法決定之，且於法令限制內，與我國公司有同一之權利能力，故在民事或刑事案件是否具有當事人能力或告訴人之資格，亦應為相同之解釋。例如本國公司及其負責人或員工若擅自使用或洩漏外國公司之營業秘密，構成營業秘密法第 13 條之 1 之犯罪，外國公司自得依營業秘密法第 13 條之 3 規定，本於犯罪被害人之地位，向我國檢察機關提起告訴。

3. 公司法第 7 條、第 12 條、第 13 條第 1 項、第 15 條至第 18 條、第 20 條第 1 項至第 4 項、第 21 條第 1 項及第 3 項、第 22 條第 1 項、第 23 條至第 26 條之 2，於外國公司在中華民國境內設立之分公司準

---

[3] 最高法院 106 年度台上字第 132 號民事判決。
[4] 最高法院 110 年度台再字第 4 號民事判決。

用之（公§377Ⅰ）。

(1) 外國公司在中華民國境內之負責人違反公司法第377條第1項準用第20條第1項或第2項規定者，處新臺幣一萬元以上五萬元以下罰鍰；違反公司法第377條第1項準用第20條第4項規定，規避、妨礙或拒絕查核或屆期不申報者，處新臺幣二萬元以上十萬元以下罰鍰（公§377Ⅱ）。

(2) 外國公司在中華民國境內之負責人違反公司法第377條第1項準用第21條第1項規定，規避、妨礙或拒絕檢查者，處新臺幣二萬元以上十萬元以下罰鍰。再次規避、妨礙或拒絕者，並按次處新臺幣四萬元以上二十萬元以下罰鍰（公§377Ⅲ）。

(3) 外國公司在中華民國境內之負責人違反公司法第377條第1項準用第22條第1項規定，拒絕提出證明文件、單據、表冊及有關資料者，處新臺幣二萬元以上十萬元以下罰鍰。再次拒絕者，並按次處新臺幣四萬元以上二十萬元以下罰鍰（公§377Ⅳ）。

第二節　外國公司之特別規定

一、外國公司之分公司登記

外國公司非經辦理分公司登記，不得以外國公司名義在中華民國境內經營業務（公§371Ⅰ）。違反上開規定者，行為人處一年以下有期徒刑、拘役或科或併科新臺幣十五萬元以下罰金，並自負民事責任；行為人有二人以上者，連帶負民事責任，並由主管機關禁止其使用外國公司名稱（公§371Ⅱ）。

（一）分公司登記所應具備之條件

外國公司應具備下列條件，始得辦理分公司登記：

1. 積極條件

外國公司在中華民國境內設立分公司者，應專撥其營業所用之資金，

並指定代表為在中華民國境內之負責人（公§372 I）。

2. 消極條件

外國公司有下列情事之一者，不予分公司登記（公§373）：

(1) 目的或業務違反中華民國法律及公序良俗者：外國公司於其本國適法成立，並為適法之營業，但如其目的或業務違反中華民國法律，公共秩序或善良風俗者，不予分公司登記。因法律、公共秩序與善良風俗為社會安全之本也。

(2) 申請登記事項或文件，有虛偽情事者：分公司登記之申請必須報明法定事項於主管機關，如有虛偽情事者，不予分公司登記。

應注意者，若公司專為逃避我國法律之管制，依外國法律適法成立，而向我國申請分公司登記，期能在我國境內經營業務者，而有脫法行為時，應不予分公司登記。例如因第三國在我國得享有特別利益或權利時，企圖享受與第三國相同之利益或權利，而利用該第三國法律取得公司法人地位者，亦不予分公司登記。蓋因其屬於逃避我國禁止或強制規定之行為。

（二）登記之效力

外國公司非經辦理分公司登記後，有應登記之事項而不登記，或已登記之事項有變更而不為變更之登記者，不得以其事項對抗第三人（公§377 I、§12）。

（三）登記之廢止與撤銷

1. 申請廢止登記

(1) 外國公司在中華民國境內設立分公司後，無意在中華民國境內繼續營業者，應向主管機關申請廢止分公司登記。但不得免除廢止登記以前所負之責任或債務（公§378）。

(2) 外國公司在我國境內設立分公司並設置經理人者，若該公司未履行所負之責任或債務前即申請廢止登記者，依公司法第 23 條第 2 項規定，應以該分公司經理人與該外國公司為連帶債務人，對被害人負損害賠償責任。

2. 主管機關廢止或撤銷登記

(1) 外國公司在中華民國境內之負責人於登記後，將資金發還外國公司，或任由外國公司收回者，經法院判決有罪確定後，由中央主管機關撤銷或廢止其登記。但判決確定前，已為補正者，不在此限（公§372IV）。

(2) 外國公司之分公司之負責人、代理人、受僱人或其他從業人員以犯刑法偽造文書印文罪章之罪辦理設立或其他登記，經法院判決有罪確定後，由中央主管機關依職權或依利害關係人之申請撤銷或廢止其登記（公§372V）。

(3) 有下列情事之一者，主管機關得依職權或利害關係人之申請，廢止外國公司在中華民國境內之分公司登記（公§379 I）：

① 外國公司已解散。

② 外國公司已受破產之宣告。

③ 外國公司在中華民國境內之分公司，有第 10 條各款情事之一。

(4) 依公司法第 379 條第 1 項廢止登記，不影響債權人之權利及外國公司之義務（公§379 II）。至於中央主管機關依公司法第 372 條第 4 項或第 5 項撤銷或廢止其登記時，亦應為相同之解釋。

3. 撤銷及撤回之效果

(1) 外國公司在中華民國境內設立之所有分公司，均經撤銷或廢止登記者，應就其在中華民國境內營業所生之債權債務清算了結，未了之債務，仍由該外國公司清償之（公§380 I）。

(2) 外國公司將其在中華民國境內營業所生之債權債務清算時，除外國公司另有指定清算人者外，以外國公司在中華民國境內之負責人或分公司經理人為清算人，並依外國公司性質，準用公司法有關各種公司之清算程序（公§380 II）。

二、外國公司之權義規定

（一）與本國公司有同一權利能力

外國公司，於法令限制內，與中華民國公司有同一之權利能力（公§4Ⅱ），雖不以經辦理分公司登記為要件，但以外國公司名義在中華民國境內經營業務者，應先辦理分公司登記。

（二）可享受之權利

1. 該外國公司能在中華民國境內，為募集發行股份及公司債等籌措資金之重要行為。但因其對我國之國內經濟有重大影響，故舊公司法第383條設有限制，即「外國法律，不准中華民國公司在其境內募債者，該外國公司不得在中華民國境內募股募債」。惟此種限制並不及於其股東，該外國公司之股東仍得「依法令規定買賣股票債券」。又此等互惠原則之規定，於我國加入世界貿易組織（WTO）後，因須符合服務貿易總協定第2條最惠國待遇之規定，自民國91年1月1日予以刪除。

2. 在中華民國境內之法律行為與中華民國公司相同，但不得為目的外之行為，亦即不得違反所謂「權限外行為」之原則。

3. 外國公司於我國境內募集發行股份，須依證券交易法第22條第1項規定，向金融監督管理委員會申報生效後，始得為之[5]。

4. 外國公司在台分公司對他公司之債權，若該債權轉予該外國公司者可轉為在台分公司之營運資金[6]。

5. 外國公司不需以有正當理由始得申請停止營業[7]。

6. 外國公司在台分公司得設經理人二人以上[8]。

7. 因外國公司，於法令限制內，與中華民國公司有同一之權利能力，故外國公司得取得本國公司以股票設定之質權。

---

[5] 最高法院97年度台上字第2093號民事判決。
[6] 經濟部95.2.13.經商字第09402207820號函。
[7] 最高行政法院93年度判字第1284號判決。
[8] 經濟部87.2.20.商字第87201882號函。

8. 外國分公司申請土地權利登記，應以該外國公司（即總公司）之名義
　　為之，並以該外國公司在中華民國境內之負責人代為申請；登記簿權
　　利人住所欄應以上開外國公司（變更）登記表所登記在中華民國境內
　　負責人之地址記載之[9]。

（三）應遵從監督之義務

1. 分公司登記前

　(1) 外國公司未經辦理分公司登記者，在中華民國境內無營業權，不得
　　　以外國公司名義在中華民國境內經營業務（公§371 I）。

　(2) 外國公司因無意在中華民國境內設立分公司營業，未經申請分公司
　　　登記而派其代表人在中華民國境內設置辦事處者，應申請主管機關
　　　登記（公§386 I）。辦事處所為行為不必受限於業務上法律行為，
　　　縱從事蒐集市場資訊之事實行為，亦無不可。

　(3) 外國公司設置辦事處後，無意繼續設置者，應向主管機關申請廢止
　　　登記（公§386 II）。

　(4) 辦事處代表人缺位或辦事處他遷不明時，主管機關得依職權限期令
　　　外國公司指派或辦理所在地變更；屆期仍不指派或辦理變更者，主
　　　管機關得廢止其辦事處之登記（公§386 III）。

　(5) 指派代表人在中華民國境內設置辦事處之外國公司，其代表人並無
　　　指派二人以上之必要。指派代表人在中華民國境內設置辦事處之外
　　　國公司，若有必要，似可設置二個以上之代表人辦事處。

2. 分公司登記後

　(1) 外國公司在中華民國境內之負責人於登記後，將前項資金發還外國
　　　公司，或任由外國公司收回者，處五年以下有期徒刑、拘役或科或
　　　併科新臺幣五十萬元以上二百五十萬元以下罰金（公§372 II）。有
　　　上開情事時，外國公司在中華民國境內之負責人應與該外國公司連
　　　帶賠償第三人因此所受之損害（公§372 III）。

---

[9] 內政部 107.12.17 台內地字第 1071307321 號函。

(2) 外國公司在中華民國境內設立分公司者，應將章程備置於其分公司，如有無限責任股東者，並備置其名冊（公§374 I）。

(3) 外國公司在中華民國境內之負責人違反公司法第 374 條第 1 項規定，不備置章程或無限責任股東名冊者，各處新臺幣一萬元以上五萬元以下罰鍰。連續拒不備置者，並按次連續各處新臺幣二萬元以上十萬元以下罰鍰（公§374 II）。

(4) 外國公司在中華民國境內設立之分公司每屆會計年度終了，應將營業報告書、財務報表及盈餘分派或虧損撥補之議案，提請外國公司之股東同意或股東常會承認。主管機關並得隨時派員查核或令其限期申報（公§377、§20 I 、 IV）。

(5) 主管機關得會同目的事業主管機關，隨時派員檢查外國公司在中華民國境內設立之分公司業務及財務狀況，公司負責人不得妨礙、拒絕或規避（公§377、§21 I ）。

(6) 外國公司在中華民國境內設立之分公司，其性質上仍屬外國法人。

(7) 外國公司指定代表為在中華民國境內之負責人，應辦理負責人登記，且為有權代表外國公司於我國境內從事訴訟及非訟行為之人，而與民事訴訟法所規定之「訴訟代理人」及非訟事件法所規定之「非訟代理人」不同。

三、權利能力之限制

下列公司權利能力之法令上限制，對於外國公司均有其適用：

(一) 外國公司在中華民國境內設立之分公司不得為他公司之無限責任股東或合夥人（公§377 I 、§13 I ）。

(二) 外國公司在中華民國境內設立之分公司不得將資金貸與股東或任何他人（公§377 I 、§15 I ）。

(三) 外國公司在中華民國境內設立之分公司除依其他法律或公司章程規定得為保證者外，不得為任何保證人（公§377 I 、§16 I ）。

(四) 外國公司在中華民國境內設立之分公司經營之業務，依法律或基於

　　　法律授權所定之命令，須經政府許可者，於領得許可文件後，方得
　　　申請分公司登記（公§377Ⅰ、§17）。

(五)　外國公司在中華民國境內設立之分公司名稱，應使用我國文字，且
　　　不得與他公司或有限合夥名稱相同。二公司或公司與有限合夥名稱
　　　中標明不同業務種類或可資區別之文字者，視為不相同（公§377
　　　Ⅰ、§18）。在登記實務上，外國公司必須依「公司名稱及業務預查
　　　審核準則」之相關規定，預查外國公司中譯名稱，辦理中文分公司
　　　名稱之核准及預留程序。

四、解散與清算

（一）解　散

1. 外國公司之解散，理論上可分任意解散與命令解散兩種。所謂任意解
　　散，係依外國公司之章程或股東會決議定之。至於命令解散，因外國
　　公司僅在中華民國境內設立分公司，我國主管機關似無法對外國公司
　　命令解散，僅得廢止或撤銷其分公司登記。故依公司法第377條第1
　　項規定，第10條規定並不準用於外國公司在中華民國境內設立之分
　　公司。

2. 解散之外國公司，除因合併、破產而解散外，其在中華民國境內設立
　　之分公司應行清算（公§377Ⅰ、§24）。清算完結前於清算範圍內，仍
　　視為存續（公§377Ⅰ、§25）。

（二）清　算

1. 清算，除外國公司另有指定清算人者外，以外國公司在中華民國境內
　　之負責人或分公司經理人為清算人，並依外國公司性質，準用公司法
　　有關各種公司之清算程序（公§380Ⅱ）。

2. 外國公司在中華民國境內之財產，在清算時期中，不得移出中華民國
　　國境，除清算人為執行清算外，並不得處分（公§381）。

3. 外國公司在中華民國境內之負責人、分公司經理人或指定清算人，違

反公司法第 380 條或第 381 條規定時，對於外國公司在中華民國境內營業，或分公司所生之債務，應與該外國公司負連帶責任（公§382）。

國家圖書館出版品預行編目資料

實用公司法 / 賴源河著. -- 四版. -- 臺北
市：五南圖書出版股份有限公司，2023.09
　面；　公分
ISBN 978-626-366-559-0(平裝)

1.CST: 公司法

587.2　　　　　　　　112014449

1S97

實用公司法

作　　者 ― 賴源河(394.2)

修 訂 者 ― 王志誠

發 行 人 ― 楊榮川

總 經 理 ― 楊士清

總 編 輯 ― 楊秀麗

副總編輯 ― 劉靜芬

責任編輯 ― 林佳瑩

封面設計 ― 陳亭瑋

出 版 者 ― 五南圖書出版股份有限公司

地　　址：106臺北市大安區和平東路二段339號4樓

電　　話：(02)2705-5066　　傳　真：(02)2706-6100

網　　址：https://www.wunan.com.tw

電子郵件：wunan@wunan.com.tw

劃撥帳號：01068953

戶　　名：五南圖書出版股份有限公司

法律顧問　林勝安律師

出版日期　2014年 9 月初版一刷
　　　　　2018年 9 月二版一刷
　　　　　2020年 8 月三版一刷
　　　　　2023年 9 月四版一刷

定　　價　新臺幣620元

※版權所有·欲利用本書內容，必須徵求本公司同意※

全新官方臉書

五南讀書趣

WUNAN Books since1966

Facebook 按讚

1 秒變文青

五南讀書趣 Wunan Books

★ 專業實用有趣
★ 搶先書籍開箱
★ 獨家優惠好康

不定期舉辦抽
贈書活動喔！！

經典永恆・名著常在

五十週年的獻禮——經典名著文庫

五南，五十年了，半個世紀，人生旅程的一大半，走過來了。

思索著，邁向百年的未來歷程，能為知識界、文化學術界作些什麼？

在速食文化的生態下，有什麼值得讓人雋永品味的？

歷代經典・當今名著，經過時間的洗禮，千錘百鍊，流傳至今，光芒耀人；

不僅使我們能領悟前人的智慧，同時也增深加廣我們思考的深度與視野。

我們決心投入巨資，有計畫的系統梳選，成立「經典名著文庫」，

希望收入古今中外思想性的、充滿睿智與獨見的經典、名著。

這是一項理想性的、永續性的巨大出版工程。

不在意讀者的眾寡，只考慮它的學術價值，力求完整展現先哲思想的軌跡；

為知識界開啟一片智慧之窗，營造一座百花綻放的世界文明公園，

任君遨遊、取菁吸蜜、嘉惠學子！